The most complete course solution!

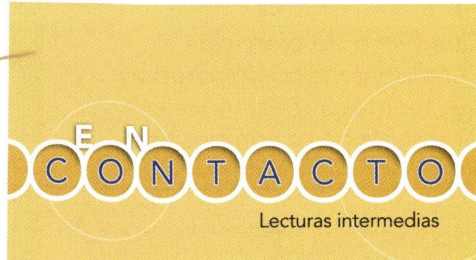

Put your students in touch with contemporary Hispanic culture with the best-selling *En contacto* program!

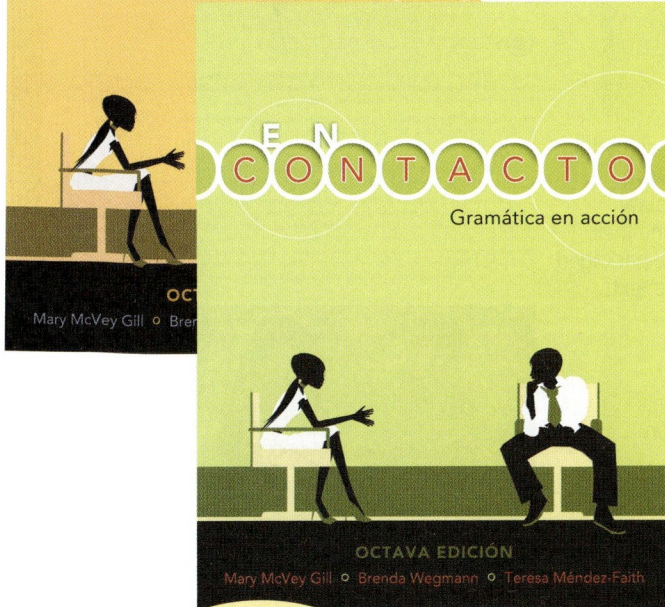

A fully integrated intermediate Spanish program designed for flexibility and success, **En contacto** has led thousands of students to Spanish-speaking confidence and proficiency. The strength of the **En contacto** program is how well the grammar text, reader, workbook, and video fit together in theme, vocabulary, and structures. This well-crafted curriculum creates an environment in which language is carefully introduced and recycled, promoting language acquisition and increased fluency.

At the heart of the **En contacto** program is **Gramática en acción** (with Audio CDs), which stresses communication, and **Lecturas intermedias**, which emphasizes reading and vocabulary skills as well as cultural awareness. Making this course solution even more comprehensive are the additional teaching and learning components, including:

You can further customize your course with the **Test Bank CD-ROM, QUIA™ Online Workbook/Lab Manual, Atajo 4.0 CD-ROM, Putumayo's *Nuevo Latino* music CD**, and more! See pages 7 and 8 for more information on the resources that are available to accompany your adoption.

- **Annotated Instructor's Edition**
  … including an abundance of helpful notes and teaching ideas (see page 6)
- *Cuaderno de ejercicios y Manual de laboratorio*
  … activities for additional reading, writing, pronunciation, and listening practice (see page 2)
- *En contacto* **Video**
  … coordinated with the core text chapter-by-chapter in theme and content (see page 2)
- **Book Companion Website**
  … Web activities and links to informative sites that relate to the themes or ideas of each chapter (see page 7)

Your tour of the **En contacto** learning and teaching program begins on the next page! ▶▶▶▶▶

THOMSON
HEINLE

Engaging themes connect students to the vibrant culture of the Spanish-speaking world

En contacto's Gramática en acción, Lecturas intermedias, and *Cuaderno de ejercicios y Manual de laboratorio* each consist of 12 chapters, with learning components coordinated by theme, topic, and high-frequency core vocabulary. Twelve engaging themes appeal to today's students and introduce cultural materials and stimulating topics for discussion or composition.

▶ In *Gramática en acción, Presentación del tema* begins each chapter. These sections have been rewritten and updated for the Eighth Edition, with two that are entirely new: *En busca de la felicidad* (Capítulo 1) and *Amor y amistad* (Capítulo 4). Dynamic new discussion and writing topics, as well as many new activities, are added to expand upon each chapter's theme.

Presentación del tema is recorded on the **Text Audio CDs**, allowing students to improve their aural comprehension and to refine their pronunciation. The CDs are packaged with every new copy of the text.

▼ In *Lecturas intermedias,* the themes are introduced in the *El arte, espejo de la vida* opening sections. Expanded for this edition, these sections include observation and analysis activities based on the stunning opening piece of fine art, which illustrates the chapter's theme. An Internet search exercise follows to encourage further exploration of the artist's life, work, and techniques, supported by relevant correlations on the *En contacto* website.

New *¿Sabe usted...?* preview questions about unusual facts and ideas appear at the beginning of each chapter to provoke curiosity and motivate students to read on and locate the answers found in the pages of the chapters.

NOMBRE _____ FECHA _____ CLASE _____

Vocabulario

CE 2-10 Una reunión familiar. *Mónica is introducing her friend Pablo to people in her family and describing her various relatives. Complete her sentences with the missing words for family members.*

Guillermo   Marta   Cristina   Alicia   Diego   Mónica   Pablo   Raquel

1. Pablo, te quiero presentar a mi prima Raquel; es la _____ de mis tíos Alicia y Diego.

2. Aquí están los padres de Raquel: Alicia, su _____, y Diego, su _____.

3. Raquel tuvo un bebé en agosto y entonces ahora Alicia y Diego ¡son _____!

4. La hija de Raquel se llama Patricia; Alicia y Diego están muy orgullosos *(proud)* de su nueva _____.

5. Éstas son Cristina y Marta, mis dos hermanas. Marta se casó en septiembre y éste es Guillermo, antes su novio y ahora su _____.

6. Nuestro _____ Antonio no pudo venir. Es el hijo de tía Rosa y de tío Carlos. Sólo tuvieron un hijo, así que Antonio no tiene _____.

7. Mamá quiere mucho a su _____ Antonio, es hijo único de su hermana Rosa.

8. La abuela de mamá, mi _____, murió hace poco; ¡tenía 98 años! Pero como puedes ver, tengo muchos parientes muy simpáticos.

Capítulo 2   23

◀ The ***Cuaderno de ejercicios y Manual de laboratorio*** closely follows the organization of the main text to provide additional reading, writing, listening and pronunciation practice outside of class. These activities and exercises are based on the chapter's theme, structures, and vocabulary. Listening sections can be completed with the use of the **Lab Audio CDs**.

▼ The integrated *En contacto* video program features exciting text-tied video segments that relate to chapter theme and content. These segments take students to Spanish-speaking countries for interviews with native professionals in unique cultural settings. A complete lesson on the video is included in each chapter of ***Gramática en acción***, beginning with vocabulary presentation and a preview activity. After viewing the video segment, students are presented with comprehension and discussion questions, as well as additional cultural information. These video segments can also be used with ***Lecturas intermedias***.

60

MODELOS *Nací en Tokio. Fui a África el verano pasado. El semestre pasado hablaba con el presidente de la universidad todos los días. Hace dos años vi a Cameron Díaz.*

2-33 Es la Red. Si creara *(If you were to create)* una página en la Red para su familia, ¿qué información incluiría? Dé la información esencial que pondría. Por ejemplo, ¿a qué familiares va a incluir? ¿Qué información sobre cada uno(a) va a dar: nombre, edad, descripción? ¿Qué va a decir sobre su familia? (Si prefiere,

VOCABULARIO

caerse	to fall *(off)*
la charrería *(Mexico)*	practice of traditional horsemanship
el charro (la charra) *(Mexico)*	horseman *(horsewoman)*
el miedo	fear
montar a caballo	to ride a horse
rodear el ganado	to round up cattle
el rodeo *(U.S.),* **el jaripeo** *(Mexico)*	rodeo
el socio (la socia)	member

puede inventar una familia: la familia perfecta o una familia muy imperfecta.)

2-34 A ESCRIBIR: Descripción de una foto familiar. Busque una fotografía de una escena de familia, de la suya *(yours)* si es posible. Va a escribir un párrafo sobre la foto. Podría usar algunas ideas del ejercicio 2-14 y también sus respuestas a 2-3 y 2-33.

1. Escriba una oración que describa la escena. Si lo prefiere, ¡invente los contextos! ¡¿Dónde estaban las personas de la foto? ¿Quiénes son? (Si no es su foto, use su imaginación.)

2. ¿Cuándo ocurrió la escena? Por ejemplo, ¿en qué día? ¿Qué pasaba ese día?

HABLANDO DEL TEMA

▶▶La palabra inglesa rodeo viene de la palabra española **rodeo** *(surrounding or penning of cattle).* También se usan en inglés palabras como bronco, *pinto, palomino, corral* y *lasso (lazo)* que son de origen español. En México el rodeo se llama **jaripeo**. Los árabes introdujeron los caballos a la España medieval y, más tarde, los españoles trajeron caballos a las Américas durante la conquista. Los españoles y los mexicanos establecieron grandes ranchos, o haciendas, en la región que es hoy el suroeste de Estados Unidos. Muchos de los vaqueros *(cowboys)* o *buckaroos* de Estados Unidos son de origen mexicano-americano.

61

3. ¿Qué cosas veían esas personas que no se pueden ver en la foto? ¿Qué escuchaban?
4. ¿Quién sacó la foto?
5. Escriba una oración final. Si usted está en la foto o sacó la foto, ¿cómo se sentía ese día? ¿Estaba contento(a)? ¿aburrido(a)? Si no es su foto, use su imaginación para describir cómo se sentían las personas que se ven.

▶▶La charreada

Para los mexicanos, la **charrería** es un deporte importante. Los **charros** montan a caballo y rodean el ganado. Los festivales, o encuentros competitivos, de los charros se llaman "charreadas". Guillermo Pérez Gavilán **es socio** de la Asociación Nacional de Charros desde 1942. También pertenecieron *(belonged)* a esa asociación sus padres y sus tíos. El señor Pérez habla del deporte y de la nueva generación de charros.

Charreada mexicana

PRÁCTICA DE VOCABULARIO

Empareje *(Match)* las siguientes palabras y frases.

1. hacienda	a. hombre que monta a caballo
2. miedo	b. pertenecer a una asociación
3. charro	c. rancho
4. rodeo	d. terror
5. ser socio	e. jaripeo

PREGUNTA DE ENFOQUE

▶▶La charrería se caracteriza por el uso de trajes ricamente adornados. La Asociación Nacional de Charros mantiene una página Web dedicada a la charrería. Esta página se puede visitar para conocer muchos detalles más de esta larga tradición.

Confident communication begins with *Gramática en acción*

With ***Gramática en acción***, language is carefully introduced and recycled to promote language acquisition and increased fluency. Solid grammar explanations are accompanied by exercises and activities that are personalized and contextualized.

▶ Functional vocabulary presentations focus on high-frequency words in a clear sequence, so that students are not overwhelmed with words they may never need. Practical language functions are addressed both in the *Para escuchar* listening segments and in the *En otras palabras* activities. Several **new** *Para escuchar* segments practice language functions and listening skills.

▶ **New** communicative activities have been added throughout the text in the *Gramática y vocabulario* sections. Solid grammar explanations are easy for students to understand. Following each grammar presentation, *Práctica* encourages creative use of the targeted structures through personalized and contextualized activities.

◀ Each chapter's **all-new** *En contacto* section provides games as well as pair and group activities for additional speaking opportunities that recycle vocabulary and grammar. A guided *A escribir* composition assignment gets students to put it all in writing.

▼ A variety of creative **new** Internet activities has been added to take advantage of the many fresh and informative Internet sites in the Spanish language. These involve communicative pair and group work for a lively class dynamic.

Creative use of margins to include proverbs and insightful quotes extend and deepen exposure to both "big C" and "small c" culture and serve at times for spontaneous use by the teacher to change the pace in the class routine. Some of these illustrate language structures.

Many new pieces of art and realia are found throughout the text. These carefully selected photos, humorous cartoons, thought-provoking images, and charts work well to elicit discussion among students.

Lecturas intermedias builds comprehension skills that last a lifetime

An ability to read Spanish will stay with your students long after the course ends—even if their conversational fluency diminishes. *En contacto: Lecturas intermedias* improves student reading skills and vocabulary acquisition by provoking intellectually challenging discussion on reading selections, both classic and contemporary.

◀ Each chapter includes two authentic readings, and this edition includes nine stimulating and provocative **new** reading selections. Expect the unexpected with an interview of Antonio Banderas; a cyber love story with a surprise ending by the talented young Paraguayan, Lucia Scosceria; an excerpt from a sci-fi adventure by Isabel Allende; and articles on a very special car, the difficulty of love in today's Spain, and an unusual Mexican TV show.

▶ Before each reading selection, the *Antes de leer* section offers pre-reading exercises and provides a variety of reading skills and strategies.

▼ Following the selection, *Después de leer* sections check for comprehension and encourage students to use the language in writing and conversation activities.

Aprender mejor learning tips appear in the margins of each chapter. These are presented in simple Spanish and include practical suggestions on how to acquire vocabulary through visualization, extend a conversation with short questions and clarification phrases, analyze a painting or poem, and more.

◀ **New** end-of-chapter *A escribir: Paso a paso* writing activities lead students through a review of the chapter and toward the creation of a composition on a theme that demands both thought and imagination. The emphasis in this section is on exactness and accuracy of expression, which then influences the improvement of students' speaking, listening, and reading skills. *A escribir* composition assignments are cross-referenced to **Atajo 4.0 CD-ROM: Writing Assistant Software for Spanish** (see page 8 for a complete description).

A comprehensive teaching solution

This complete learning program also features the most integrated and well-designed teaching curriculum you will find.

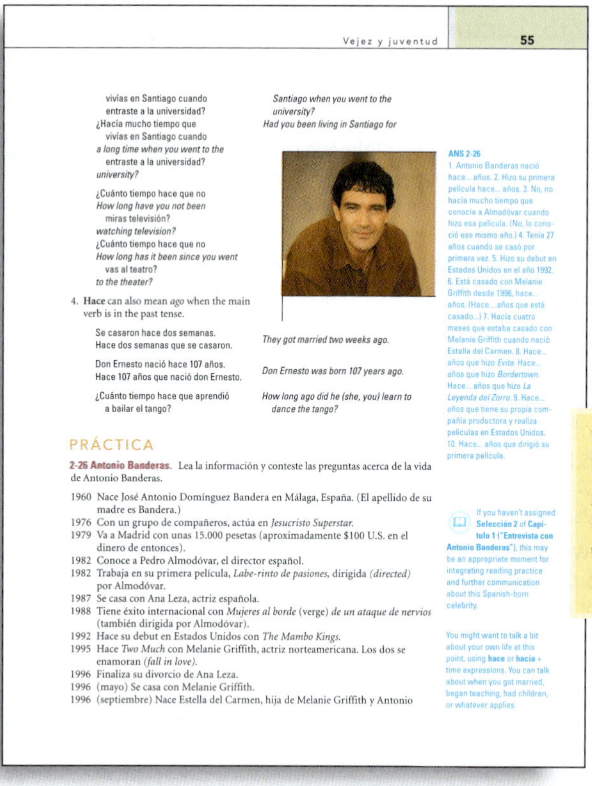

[Sample page image showing page 55 of textbook with Spanish exercises on Antonio Banderas]

Vejez y juventud	55

vivías en Santiago cuando entraste a la universidad?
¿Hacía mucho tiempo que vivías en Santiago cuando entraste a la universidad? *a long time when you went to the university?*

¿Cuánto tiempo hace que no miras televisión? *How long have you not been watching television?*

¿Cuánto tiempo hace que no vas al teatro? *How long has it been since you went to the theater?*

4. **Hace** can also mean *ago* when the main verb is in the past tense.

Se casaron hace dos semanas.
Hace dos semanas que se casaron. *They got married two weeks ago.*

Don Ernesto nació hace 107 años.
Hace 107 años que nació don Ernesto. *Don Ernesto was born 107 years ago.*

¿Cuánto tiempo hace que aprendió a bailar el tango? *How long ago did he (she, you) learn to dance the tango?*

PRÁCTICA

2-26 Antonio Banderas. Lea la información y conteste las preguntas acerca de la vida de Antonio Banderas.

1960 Nace José Antonio Domínguez Bandera en Málaga, España. (El apellido de su madre es Bandera.)
1976 Con un grupo de compañeros, actúa en *Jesucristo Superstar.*
1979 Va a Madrid con unas 15.000 pesetas (aproximadamente $100 U.S. en el dinero de entonces).
1982 Conoce a Pedro Almodóvar, el director español.
1982 Trabaja en su primera película, *Labe-rinto de pasiones,* dirigida *(directed)* por Almodóvar.
1987 Se casa con Ana Leza, actriz española.
1988 Tiene éxito internacional con *Mujeres al borde* (verge) *de un ataque de nervios* (también dirigida por Almodóvar).
1992 Hace su debut en Estados Unidos con *The Mambo Kings.*
1995 Hace *Two Much* con Melanie Griffith, actriz norteamericana. Los dos se enamoran *(fall in love).*
1996 Finaliza su divorcio de Ana Leza.
1996 (mayo) Se casa con Melanie Griffith.
1996 (septiembre) Nace Estella del Carmen, hija de Melanie Griffith y Antonio

ANS 2-26
1. Antonio Banderas nació hace... años. 2. Hizo su primera película hace... años. 3. No, no hacía mucho tiempo que conocía a Almodóvar cuando hizo esa película. (No, lo conoció ese mismo año.) 4. Tenía 27 años cuando se casó por primera vez. 5. Hizo su debut en Estados Unidos en el año 1992. 6. Está casado con Melanie Griffith desde 1996, hace... años. (Hace... años que está casado...) 7. Hacía cuatro meses que estaba casado con Melanie Griffith cuando nació Estella del Carmen. 8. Hace... años que hizo *Evita.* Hace... años que hizo *Bordertown.* Hace... años que hizo *La Leyenda del Zorro.* 9. Hace... años que tiene su propia compañía productora y realiza películas en Estados Unidos. 10. Hace... años que dirigió su primera película.

If you haven't assigned **Selección 2** of **Capítulo 1** ("Entrevista con **Antonio Banderas**"), this may be an appropriate moment for integrating reading practice and further communication about this Spanish-born celebrity.

You might want to talk a bit about your own life at this point, using **hace** or **hacía** + time expressions. You can talk about when you got married, began teaching, had children, or whatever applies.

◀ This **Annotated Instructor's Edition** includes everything you need to prepare for your course quickly and effectively. Margin notes are found throughout each chapter. These include teaching suggestions, activity suggestions, background information on each chapter's theme, relevant colloquial expressions, and answers to closed-ended exercises.

Taking advantage of the full *En contacto* program is easy with the **Annotated Instructor's Edition**. Connect-to-reader icons indicate when to bring *Lecturas intermedias* into the grammar discussion.

Sample lesson plans are included in the front matter. This section includes classroom hints, and guidelines for integrating the other *En contacto* program resources.

Test Bank CD-ROM
1-4130-1991-9

Creating the test you need is easy with the **newly revised and expanded** *En contacto* **Test Bank CD-ROM.** This helpful resource includes Microsoft® Word and Adobe PDF versions of chapter tests, final exams, and course midterms. Also included are two separate exams for each chapter, as well as two versions each of the midterms and finals, giving you flexibility in both preparing for and administering exams. Audio files for the aural sections of the chapter tests are included.

En contacto Video Program
DVD ISBN: 1-4130-1990-0

See page 3 for details.

Heinle Voices:
Selecciones literarias en español
www.textchoice.com/voices

The first of its kind! You choose the readings, we build the book! If you would like to customize or supplement *Lecturas intermedias* with additional readings, or if you would like to create your own course reader, the **Heinle Voices** literary collection is the ideal solution. This customizable database, featuring a wide range of classic and contemporary selections, allows you to choose only the readings you need for your intermediate Spanish course and offers an affordable alternative to the traditional anthology. Contact your Thomson Heinle representative for more information.

More ways for students to learn the language!

Text Audio CDs
1-4130-1376-7

The **Text Audio CDs**, automatically packaged with every new copy of *En contacto: Gramática en acción*, contain listening comprehension for reinforcement of structures and vocabulary presented in the text.

Cuaderno de ejercicios y Manual de laboratorio
1-4130-1984-6
Packaged with the text: 1-4130-4852-8

The *Cuaderno de ejercicios y Manual de laboratorio* closely follows the themes, vocabulary, and organization of the main texts to provide additional grammar, writing, listening and pronunciation practice outside of class. Listening sections can be completed with the use of the **Lab Audio CDs**.

Lab Audio CDs
1-4130-1986-2

The **Lab Audio CDs** provide listening input for the out-of-class activities, to be used with the *Cuaderno de ejercicios y Manual de laboratorio*.

Workbook/Lab Manual Answer Key (with Lab Audioscript)
1-4130-1985-4

Provides the answers to the Workbook and the script for the Lab Audio program.

Heinle iRadio

Heinle *iRadio* allows students to select from any of 20 audio-based Spanish-language tutorials (10 on discrete grammar structures and 10 on pronunciation). They may listen to them on the spot on their computers, download the MP3 to their hard drives, or feed the MP3 directly to their media player. Audio lessons not only improve students' grammar and pronunciation, but also hone their listening skills in general. To learn more visit us online at **www.thomsonedu.com/spanish.**

QUIA™ Online Workbook/Lab Manual
Passcard: 1-4130-1987-0
Packaged with the text: 1-4130-6085-4

Designed specifically for world language educators, **QUIA** is an advanced and easy-to-use e-learning platform for delivering activities to students over the web. Focus on giving your students the individual feedback they need by saving time on grading workbook and lab manual assignments, customizing activities and questions, and setting up your course in a few simple steps. Visit **http://books.quia.com** to learn more.

vMentor™

When you adopt *En contacto* and choose to package **vMentor™** access with every new copy at no additional cost to your students, you give your students access to virtual office hours—live, online tutoring help from a Spanish-language teaching expert with a copy of the text and significant experience. In the **vMentor** virtual classroom, students interact with the tutor and other students using two-way audio, an interactive whiteboard, and instant messaging. **vMentor** is accessible via **1pass™**. Ask your Thomson Heinle representative how to package **vMentor** access with *En contacto*.

Book Companion Website
www.thomsonedu.com/spanish/encontacto

The website for this edition includes many new links to fresh, entertaining, and informative sites that relate to the themes or ideas of each chapter. It also provides state-of-the-art support for the less technically savvy.

Additional student resources are available . . .

Turn the page to learn more

More ways for students to connect with culture!

Putumayo's *Nuevo Latino* Music CD
Package Version: 1-4130-1877-7

Putumayo's *Nuevo Latino* music CD features innovative Latin music by exciting new artists from Latin America and beyond. The CD's fresh and current sounds reflect hints of Cuban son, Argentinean tango, and Colombian cumbia alongside touches of contemporary blues, surf music, ragamuffin, trip-hop, and hip-hop. References to *Nuevo Latino* are found throughout *En contacto: Lecturas intermedias*. Margin notes indicate specific tracks on the CD that reflect the chapter's theme. *Not available for sale separately.*

Sonidos, sabores y palabras Activity Manual
Package Version: 1-4130-1875-0

Let music enrich your students' understanding of the Spanish language—as well as Spanish-speaking cultures! A diverse range of activities and exercises based on each song will have students call upon prior knowledge, reflect on and empathize with the lyrics, and make connections to their own experiences. The thought-provoking group activities encourage them to analyze the meaning behind the songs, as well as investigate and discuss how they relevantly reflect Latin cultures today. This fun and interactive book/CD combination will bolster your students' language acquisition skills as well as help them retain and recall everything they learn! (Also available for stand-alone purchase packaged with Putumayo's *Nuevo Latino* Music CD: 1-4130-2169-7.)

Additional learning resources

Atajo 4.0 CD-ROM: Writing Assistant for Spanish
1-4130-0060-6

This powerful program—a 2005 Codie Awards Finalist for excellence in educational technology—combines the features of a word processor with databases of language reference material, a searchable dictionary featuring the entire contents of **Merriam-Webster's® Spanish-English Dictionary**, a verb conjugating reference, and audio recordings of vocabulary, example sentences, and authentic samples of the language.

Merriam-Webster's® Spanish-English Dictionary
0-87779-916-4

Not available separately. **Merriam-Webster's Spanish-English Dictionary** meets the needs of English and Spanish speakers in a time of ever-expanding communication among the countries of the Western Hemisphere. This new dictionary provides accurate and up-to-date coverage of current vocabulary in both languages, as well as abundant examples of words used in context to illustrate idiomatic usage.

Typing Accents for Spanish Bookmark
0-7593-0659-1

Not available separately. This laminated bookmark includes keyboard instructions on how to type in accents on both Macintosh and Windows computers, making this tool invaluable for anyone composing on the computer.

Sample Lesson Plans

If you are using both *Gramática en acción* and *Lecturas intermedias* in the same course, you may alternate grammar and reading or cover first the entire *Gramática en acción* chapter and then the *Lecturas intermedias* chapter. Here are two sample lesson plans for Chapter 1 for a course that meets three times a week, in which Chapter 1 will be covered in two weeks (six class meetings), not including review and a quiz. Remember that you can choose from the activities presented and that it is not necessary to do all of them. Keep the pace lively but enjoyable.

Plan One: *Gramática en acción* **and** *Lecturas intermedias* **simultaneously**

Day 1

Gramática en acción:

1. Begin with the **Presentación del tema** section of the grammar, either reading through the section or having students listen to the audio compact disc as they follow along. Do the **Actividad** and have students answer the **Preguntas** and discuss the theme of the chapter.

2. After introducing the chapter theme, present the vocabulary and have students do the activities that follow.

3. Do the **Para escuchar** activities in class or assign them as homework.

4. For homework tell students to read through the sections on **gustar** and on the present tense of regular and irregular verbs; you might have them prepare or write out specific exercises. Write the homework assignments on the board.

5. Web activities: At this point, you may want to point out the Web icons in the chapter and explain how students can access the Web activities.

Day 2

Gramática en acción:

1. Go over the answers to **Para escuchar** if you assigned it as homework.

2. Check for comprehension of **gustar** by doing the exercise there. Then see if there are any questions on the first section of grammar (on the present tense of regular verbs). Do the following **Práctica** section, which includes pair activities. (There are suggestions for doing pair/group work in the preface to the student book.)

3. Continue with the second grammar section (on the present tense of irregular and spelling-changing verbs) and again check for comprehension. Do as many of the exercises in the following **Práctica** as you have time for. You might want to assign some or all of the remaining ones as homework.

Lecturas intermedias:

1. Go over the **Vocabulario preliminar** in the reader and do the exercises.

2. Tell students to read the **Enfoque del tema** as homework.

Day 3

Gramática en acción:

1. Go over any grammar exercises assigned as homework on Day 2.

2. Briefly review the use of the personal *a* and do the activities that follow.

3. Ask students to read the next two grammar sections (on nouns and articles and on definite and indefinite articles) as homework.

4. If there is time, you may want to use the *En contacto* **Video** at this point.

Lecturas intermedias:

1. Present the **Enfoque del tema,** which students should have read at home, and do the activities.

2. Choose one of the readings and do the pre-reading exercises for it in class, but assign the reading itself as homework.

Day 4

Gramática en acción:

1. Check for comprehension of the grammar sections on nouns and articles and on definite and indefinite articles and do some or all of the following exercises and activities. Assign the remaining ones as homework and have students read the section on the reflexive.

2. If you are going to have students do the **A escribir** writing assignment at the end of the chapter, you may want to discuss the topic and assign it at this point so that students will have time to turn it in by Day 6.

Lecturas intermedias:
Discuss the reading that you assigned and do the activities that follow.

Day 5

Gramática en acción:

1. Discuss the reflexive briefly and tell students this structure will be covered in Chapter 8, but they should be able to recognize reflexive forms and use the verbs presented in this section. Do the exercise and activity on the reflexive.

2. Have students read through **En otras palabras** as homework.

3. You might want to use the *En contacto* **Video** again at this point.

Lecturas intermedias:
If desired, introduce a second reading, doing the pre-reading exercises in class. Have students read the reading itself at home.

Day 6

Gramática en acción:

Do the exercises from **En otras palabras** and as many from the **En contacto** activities section as you plan to cover.

Lecturas intermedias:

Discuss the reading that you assigned on Day 5 and do the exercises and activities. If you have assigned the Web activities, these should also be discussed and completed at this point.

Cuaderno de ejercicios/Manual de laboratorio:

Assign exercises from the workbook as needed. For structures that students have more trouble with, assign more of the exercises for completion. Ideally, students should work on the workbook/lab manual on their own, completing the assignments and turning them in by Day 5 so that you have time to go over them before the chapter quiz or the midterm or final exam. The lab exercises are best prepared once all the grammar in the chapter has been covered. The **Answer Key** is now sold separately. Some instructors choose not to give students access to the answer key. However, most instructors prefer that students check their own work. For the workbook exercises that are open-ended, you have several options depending on time available: some teachers designate a time period to discuss and correct them in class; others correct them thoroughly outside class; still others simply spot-check them. If there are problem areas that you notice when students turn in the Chapter 1 workbook/lab assignment, make sure to address these before the quiz.

Plan Two: *Gramática en acción* followed by *Lecturas intermedias*

Day 1

See Plan One, Day 1.

Day 2

1. Go over the answers to **Para escuchar** in the *Gramática en acción* if you assigned it as homework.

2. Check for comprehension of **gustar** by doing the exercise there. Then see if there are any questions on the first section of grammar (on the present tense of regular verbs). Do the following **Práctica** section, which includes pair activities.

3. Continue with the second grammar section (on the present tense of irregular and spelling-changing verbs) and again check for comprehension. Do as many of the exercises in the following **Práctica** as you have time for. You might want to assign some of these as homework.

4. Go over the use of the personal *a* and do the exercise and activity that follow.

5. For homework, have students read through the remaining grammar sections.

Day 3

1. Go over any exercises assigned as homework on Day 2.

2. Check for comprehension of the grammar sections on articles and on the reflexive and do some or all of the following exercises and activities.
   If there is time, you may want to do the **En contacto** **Videocultura** section at this point, found in *Gramática en acción.*

3. For homework, assign any grammar practice you did not have time for and the **En otras palabras** exercises from *Gramática en acción.*

Day 4

1. Go over the homework from the previous day.

2. Do some or all of the activities in the **En contacto** activities section.

3. Discuss the composition topic (**A escribir**) with students and assign it as homework for Day 6.

4. Assign the **Vocabulario preliminar** and the **Enfoque del tema** from *Lecturas intermedias* as homework.

Day 5

1. Go over the activities from the **Vocabulario preliminar** section of *Lecturas intermedias.*

2. Do the activities for the **Enfoque del tema** of *Lecturas intermedias.*

3. Choose one of the readings and do the pre-reading exercises.

4. Assign the reading as homework.

Day 6

1. Discuss the reading that you assigned on Day 5 and do the exercises and activities.

2. If there is time, you may want to use the *En contacto* **Videocultura** section again.

3. If you have assigned the Web activities, these should also be discussed and completed at this point.

Student Audio CD

Audioscript
to accompany
En contacto: Gramática en acción Octava edición

Please note that this tapescript includes only the **Para escuchar** sections of the
Student Audio CDs. The tapescript for the **Presentación del tema** sections recorded
on the Student Audio CDs can be found at the beginning of each chapter in the main
textbook.

Capítulo 1
En busca de la felicidad

Para escuchar: En la fiesta

Conversación 1: Saludos y presentaciones. Mike Martin, un estudiante norteamericano, va a una fiesta en casa de un amigo colombiano.

MIKE:	¡Hola, Ramón! ¿Qué tal? ¿Cómo estás?
RAMÓN:	¡Qué gusto de verte, hombre! Estoy bien, gracias. ¿Y tú?
MIKE:	Así, así.
RAMÓN:	Mike, quiero presentarte a mi amiga Julia Gutiérrez. Julia, éste es mi amigo Mike Martin.
JULIA:	Mucho gusto.
MIKE:	El gusto es mío.
JULIA:	¿Quieren tomar una copa?
RAMÓN:	No, gracias. Tengo que saludar a algunos amigos. Con permiso.
JULIA:	¿Y tú, Mike?
MIKE:	Sí, cómo no.
JULIA:	¿Qué prefieres: vino, cerveza o...?
MIKE:	Agua mineral, por favor. Tengo que manejar después.
JULIA:	¡Qué prudente eres, Mike! Ustedes los gringos son muy prudentes, ¿no?
MIKE:	No siempre, Julia.

Conversación 2: Para iniciar una conversación. Mike habla con Julia en la fiesta.

MIKE:	¿Eres estudiante, Julia?
JULIA:	Sí, en la Universidad de los Andes. Y tú, ¿qué haces?
MIKE:	También estudio en la universidad.
JULIA:	Y... ¿qué tal los estudios?
MIKE:	Bien. Todo va bien... más o menos.
JULIA:	¡Ah, qué bien toca este grupo! La música es estupenda. ¿Te gusta?
MIKE:	Pues, sí. Me gusta mucho.
JULIA:	¿No piensas bailar?
MIKE:	¿Bailar? Bueno, prefiero mirar... por el momento. Estoy un poco cansado y el ritmo es diferente.
JULIA:	Hombre, es la cumbia. Tiene un ritmo fantástico. ¿Viste la película *La salsa?*

Capítulo 2

Vejez y juventud

Para escuchar: En el autobús

Conversación 1: Para preguntar sobre la familia de otra persona; expresiones de cortesía. Jessica Jones, una estudiante norteamericana, viaja de Bucaramanga, Colombia, a Bogotá, la capital, en autobús. En el autobús conoce al señor Miguel Gutiérrez.

JESSICA:	Perdóneme, señor. ¿Está ocupado este asiento?
EL SEÑOR GUTIÉRREZ:	No, señorita.
JESSICA:	¡Uf! Esta maleta...
EL SEÑOR GUTIÉRREZ:	¿Necesita ayuda? Mire, podemos poner su maleta aquí.
JESSICA:	Muchas gracias.
EL SEÑOR GUTIÉRREZ:	De nada.
JESSICA:	Este bus va a Bogotá, ¿no?
EL SEÑOR GUTIÉRREZ:	Sí, señorita. Llega a las cinco. Yo viajo allí a visitar a mi nieta.
JESSICA:	Ah, ¿tiene una nieta en Bogotá?
EL SEÑOR GUTIÉRREZ:	Sí. Estudia allí en la Universidad de los Andes.
JESSICA:	¿Pero usted vive aquí en Bucaramanga?
EL SEÑOR GUTIÉRREZ:	Sí, con la familia... mi esposa, mis hijos, mis hermanos, unos primos, muchos sobrinos... la familia de mi esposa también.
JESSICA:	¿Tiene una familia grande, pues?
EL SEÑOR GUTIÉRREZ:	Sí, somos una familia grande y muy unida. Sólo mi hijo Roberto está en Cartagena y, claro, mi nieta Julia está en Bogotá. A propósito, señorita, yo me llamo Miguel Gutiérrez, para servirle. ¿Cómo se llama usted?
JESSICA:	Me llamo Jessica Jones. Mucho gusto.
EL SEÑOR GUTIÉRREZ:	Encantado.

Conversación 2: Para describir a su propia familia; despedidas. Jessica habla de su familia al señor Gutiérrez.

EL SEÑOR GUTIÉRREZ:	Y usted, señorita Jones, ¿de dónde es?
JESSICA:	Nací en Boston, pero crecí en Canadá. Mis papás viven en la provincia de Alberta. Los dos son profesores.
EL SEÑOR GUTIÉRREZ:	¿Tiene hermanos?
JESSICA:	Sí, tengo uno, Jake. Tiene quince años y está en la escuela secundaria.
EL SEÑOR GUTIÉRREZ:	¿Uno solamente?
JESSICA:	Sí, las familias norteamericanas no son muy grandes, ¿sabe? Aunque en los tiempos de mis abuelos y bisabuelos no era así.
EL SEÑOR GUTIÉRREZ:	¿No?
JESSICA:	No. Por ejemplo, mi abuela tenía nueve hermanos. Todos mis abuelos eran de familias enormes.
EL SEÑOR GUTIÉRREZ:	Como aquí. Para mí, es muy triste ver a una mujer sin hijos.
JESSICA:	¿Triste? Entonces, ¿cree que yo soy una persona triste? Soy soltera.
EL SEÑOR GUTIÉRREZ:	(**Se ríe.**) ¡Claro que no! Usted es muy joven. ¿Tiene novio en Canadá?
JESSICA:	¿Yo? ¡No! Quiero trabajar, ver el mundo, conocer lugares interesantes... Pero me imagino que muchas colombianas piensan como yo, especialmente las jóvenes.
EL SEÑOR GUTIÉRREZ:	No sé. En mis tiempos no era así... Todo era diferente. No había divorcio. La gente no veía películas pornográficas. Los jóvenes no usaban drogas. Me parece que la juventud de hoy tiene muchos problemas. (*fade in, fade out*)
(NARRADOR:	Varias horas después, el autobús llega a Bogotá.)
JESSICA:	Fue un gusto conocerlo, señor Gutiérrez.
EL SEÑOR GUTIÉRREZ:	Igualmente, Jessica. Le voy a dar el número de teléfono de mi nieta. Llámela si tiene tiempo.
JESSICA:	Gracias. La llamo esta semana, quizás el viernes. Adiós.
EL SEÑOR GUTIÉRREZ:	Hasta pronto, si Dios quiere. ¡Que le vaya bien!

Capítulo 3

Presencia latina

Para escuchar: Conversaciones con inmigrantes

Conversación 1: Para expresar desaprobación. Antes de ir a Colombia, Mike entrevistó a tres inmigrantes hispanoamericanos. Les preguntó por qué vinieron a Estados Unidos, qué extrañaban de sus países y qué pensaban de la vida en Estados Unidos. En la primera conversación, habla Roberto Barragán.

MIKE: ¿Por qué vino a este país?

ROBERTO: Vine por cuestión de trabajo. Soy médico y en mi país, México, hay mucho desempleo en el campo profesional. Las universidades son fábricas de desempleo debido a la gran cantidad de profesionales que salen cada año. Son muy pocas las fuentes de trabajo. La situación económica es terrible... o sea, el sistema no funciona bien.

MIKE: ¿Qué extraña de su país?

ROBERTO: Sentimentalmente siento que no extraño nada quizás porque voy a menudo y por la facilidad que tengo de adaptarme a cada lugar que llego pensando en todas las cosas nuevas por descubrir...

MIKE: ¿Qué piensa de la vida acá?

ROBERTO: La vida en este país es para mí diferente en lo siguiente. Primero en la cultura, ya que cada pueblo tiene su propia cultura... Segundo, en este país hay más oportunidades de empleo para todos y eso hace que la vida sea más fácil. Aquí todo es más organizado laboralmente.

Conversación 2: Para expresar admiración. En la segunda conversación, habla Sethy Tomé.

MIKE: ¿Por qué vino a este país?

SETHY: Mi esposo vino porque aquí hay muchas oportunidades de trabajo y yo lo seguí para no estar separada de él. Somos de Honduras y los dos estudiamos informática, pero él tiene su residencia aquí y yo todavía no. Por eso no puedo trabajar.

MIKE: ¿Qué extraña de su país?

SETHY: La familia y la posición profesional conforme a la educación que había adquirido en la universidad. Mis amigos. El ritmo de vida de Honduras, que es más casual y lento... así que tenemos más oportunidades de disfrutar la vida. También el clima de allí, que es magnífico.

MIKE: ¿Qué piensa de la vida acá?

SETHY: Es un país de oportunidades y sacrificio. Aquí hay gente de muchos países y tenemos la oportunidad de conocer otras culturas.

Conversación 3: Para expresar sorpresa. En la tercera conversación, habla Prudencio Méndez.

MIKE: ¿Por qué vino a este país?

PRUDENCIO: Bueno, soy paraguayo, y vine por razones políticas, cuando el dictador Stroessner estaba en el poder.

MIKE: ¿Qué extraña de su país?

PRUDENCIO: Extraño nuestras tradiciones, como nuestra música, nuestras costumbres..., la mayor comunicación que hay entre la gente de los vecindarios. En la noche la gente sale y se sienta afuera. Aquí están adentro mirando televisión o salen en auto. Eso fue una sorpresa para mí.

MIKE: ¿Qué piensa de la vida acá?

PRUDENCIO: Prácticamente el ritmo de vida acá es más acelerado con relación al nuestro. No esperaba esto. En particular, en Paraguay la vida es más tranquila. Creo que el latino en general no interrumpe su sociabilidad ni en el trabajo. Las relaciones personales son muy importantes para él. Sólo que allá no tenemos oportunidades como acá las tenemos.

Capítulo 4

Amor y amistad

Para escuchar: Dos invitaciones

Conversación 1: Para hacer una invitación; para rehusar una invitación. Julia está en casa cuando recibe una llamada de Alberto, un amigo.

JULIA:	Aló.
ALBERTO:	Hola, Julia. Habla Alberto. ¿Qué tal? ¿Cómo estás?
JULIA:	Bien, gracias.
ALBERTO:	Oye, si estás libre hoy, ¿quieres salir a alguna parte?
JULIA:	Ay, Alberto, me gustaría verte, pero...
ALBERTO:	¿Qué te parece si vamos al cine? En el Cine Alejandro presentan *El día que me quieras,* con Carlos Gardel. Es una película clásica, ¿sabes? Con música de tango y...
JULIA:	Lo siento, Alberto. No tengo tiempo ahora.
ALBERTO:	Bueno, entonces... podríamos cenar juntos, ¿no? ¿Por qué no vamos al restaurante Casa Chile a comer empanadas? De todos modos tienes que comer.
JULIA:	Lo que pasa es que en estos días estoy muy ocupada porque vienen los exámenes. Otro día, quizás.
ALBERTO:	Pues, está bien; no te preocupes. Pero... dime, después de los exámenes, ¿tendrás un poco de tiempo libre?
JULIA:	Bueno, no sé. Es que voy a visitar a mis papás... hace mucho que no los veo.
ALBERTO:	Y... ¿no me puedes decir cuándo vas a regresar para que te vuelva a llamar?
JULIA:	Pues, mira, tengo un mes de vacaciones. ¿Te podría llamar yo cuando regrese?
ALBERTO:	Claro que sí. Llámame cuando quieras. Que te diviertas en tus vacaciones, y hasta pronto. Gracias.
JULIA:	Adiós.
ALBERTO:	Adiós.
JULIA:	(**a sí misma**) *¿El día que me quieras?* ¡Ay, ay, ay! ¡Qué hombre! ¿Por qué me invita cuando ya tiene novia? ¿Cree que yo no lo sé?

Conversación 2: Para aceptar una invitación. Julia recibe otra llamada telefónica.

JULIA:	Aló.
MIKE:	Hola, Julia. Habla Mike. ¿Cómo estás?
JULIA:	Bien, ¿y tú?
MIKE:	Más o menos. Mira, ¿no te gustaría ir al cine esta noche?
JULIA:	Sí, estoy aburrida de estudiar. ¿Qué películas muestran?
MIKE:	En el Cine Estrella muestran *Camila,* de María Luisa Bemberg.
JULIA:	La vi hace mucho, Mike. ¿Todavía está *Todo sobre mi madre,* de Pedro Almodóvar?
MIKE:	Sí, fui a verla ayer. Me gustó mucho la música.
JULIA:	Pues, ¿qué otra película podríamos ver?
MIKE:	¿Qué te parece la película *La vida sigue igual,* con Julio Iglesias?
JULIA:	Es una película vieja, pero dicen que es buena. Sí, me encantaría verla. ¿A qué hora empieza?
MIKE:	A las ocho. ¿Quieres cenar primero? Hay un buen restaurante allí cerca donde podríamos comer arepas.
JULIA:	¡Qué buena idea!
MIKE:	Entonces, ¿paso por tu casa a las seis y media?
JULIA:	Está bien. No veo la hora de salir. Lo malo es que después de la película, la vida sigue igual... ¡Aún tengo que estudiar para los exámenes!

Capítulo 5

Vivir y aprender

Para escuchar: Mensajes telefónicos

Conversación 1: Para saludar y despedirse por teléfono; para pedir permiso. Jessica Jones vive ahora en Bogotá con su amiga Julia Gutiérrez; las dos asisten a la Universidad de los Andes de esa ciudad. Están en clase o trabajando casi todo el día; cuando llegan a casa, escuchan los mensajes en el contestador automático. Escuche, en la Conversación 1, los mensajes que Jessica recibe.

Hola, Jessica. Soy Tomás, tu compañero de la clase de antropología. Mira, no estuve en clase el jueves pasado. ¿Me permites usar tus apuntes? ¿Está bien que pase por tu casa a hablarte hoy por la noche? Pues... volveré a llamar. Gracias. ¡Hasta luego!

    Jessica, habla Consuelo Díaz, de la librería universitaria. Tenemos el libro que usted pidió, *Civilizaciones indígenas de Colombia.* ¿Podría recogerlo aquí o quiere que se lo mandemos? Favor de llamarme. El número es 35-25-68. Hasta luego.

    Jessica Jones, habla Silvia Salazar, de la biblioteca. Dejó su cartera aquí. Le aconsejo que la recoja hoy antes de las seis o mañana después de las ocho. Hoy sólo estamos aquí hasta las seis.

Conversación 2: Para saludar y despedirse por teléfono (2); para expresar prohibición. Escuche, en la Conversación 2, los mensajes que Julia recibe.

¡Hola, Julia! Soy yo, Mike. ¿Está bien que invite a Esteban a cenar con nosotros mañana? Bueno... Volveré a llamar a las ocho. ¡Hasta luego!

    Julia, habla mamá. Te extraño mucho... ¿por qué no has llamado esta semana? Tu papá insiste en que vuelvas a casa para el cumpleaños de abuelita el 15 de febrero, ¿oyes? Espero que vengas. Cuídate, hija. Adiós.

    Julia, llama muy pronto a tu primo Antonio, por favor. Te llamo porque mamá está enferma y necesitamos que nos ayudes. Llámame, por favor.

    Julia, soy Víctor Lara de la agencia «Excursiones Andinas». Su boleto para el quince está listo. Si decide cambiar la fecha del viaje tendrá que pagar una cuota extra. ¿Sería tan amable de llamarme para decirme cuándo va a venir a recogerlo? Gracias.

Capítulo 6
De viaje

Para escuchar: En Cartagena

Conversación 1: Direcciones y sentidos.

Mike y Julia están de viaje en Cartagena con unos amigos.

JULIA:	Oiga, señor. ¿Nos podría decir cómo llegar al Castillo de San Felipe?
EL SEÑOR:	No sé. Soy turista también.
MIKE:	Por favor, señorita, ¿en qué sentido está el Castillo de San Felipe?
LA SEÑORITA:	El Castillo de San Felipe... A ver... Sigan adelante por esta calle. Caminen dos cuadras. Después de pasar por... pues... yo voy en ese sentido también. Si quieren, síganme.
MIKE:	¡Miren! Esas murallas deben tener 50 pies de ancho.
LA SEÑORITA:	Tenían que ser anchas para proteger al pueblo. Muchas veces llegaron piratas de Inglaterra o Francia a atacar la ciudad.
MIKE:	¿Por qué?
LA SEÑORITA:	Porque los españoles guardaban aquí en Cartagena el oro y otras cosas preciosas que habían traído de toda Latinoamérica. De aquí los mandaban a España. Ahora, crucen ustedes esta calle y vayan derecho. Allá está el castillo. ¡No se pueden perder!
JULIA:	Muchas gracias, señorita.
LA SEÑORITA:	De nada. ¡Que les vaya bien!

Conversación 2: Direcciones y sentidos. Mike y Julia deciden visitar el Castillo de San Felipe en Cartagena.

GUÍA:	Sigan derecho, señores. Vamos a doblar a la izquierda allí donde se ven los cañones... Estos cañones se usaron muchas veces para defender la ciudad... por ejemplo, cuando Francis Drake invadió Cartagena en el siglo XVI.
JULIA:	¿Se llevó Drake el oro que los españoles guardaban aquí?
GUÍA:	Sí, se llevó mucho oro y una gran esmeralda; se lo dio todo a la reina Isabel Primera de Inglaterra. Después, los franceses atacaron en el siglo XVII. Los ingleses vinieron otra vez en 1741... con los norteamericanos.
MIKE:	¿Cómo? ¿Los norteamericanos?
GUÍA:	Sí. Por primera vez en su historia, Inglaterra pidió el apoyo de las colonias en América: Rhode Island, Massachusetts, Virginia, etcétera.
MIKE:	Y... ¿vinieron aquí a luchar del lado de los ingleses?
GUÍA:	Sí... unos 4 mil soldados, incluso Lawrence Washington, medio hermano de George Washington. Había 30 mil hombres del lado de los ingleses. El líder fue el almirante inglés Edward Vernon. Y ahora, doblen a la derecha, por favor...
JULIA:	Mike, ¡mira esa estatua!
MIKE:	¿De quién es?
GUÍA:	Ésta es una estatua del comandante Blas de Lezo. Había luchado en muchas batallas en Europa antes de venir a Cartagena. Sólo tenía un ojo, una mano y una pierna, porque en cada batalla perdió un pedazo de cuerpo para ganar un poquito de gloria. Pero defendió Cartagena contra los ingleses en 1741.
MIKE:	Es un héroe de Cartagena, pues.
GUÍA:	Pues sí. Si no fuera por él, ahora estaríamos hablando inglés.

Capítulo 7
Gustos y preferencias

Para escuchar: En Bogotá

Conversación 1: Para expresar acuerdo y desacuerdo. Mike y Julia conversan en un lugar céntrico de Bogotá.

JULIA: Oye, Mike, ¿no te gusta esa música?

MIKE: Pues... sí, más o menos.

JULIA: ¿Más o menos? A mí me encanta. Tiene un ritmo irresistible.

MIKE: Sí, es cierto. En eso tienes razón.

JULIA: Entonces, ¿entramos?

MIKE: Pero Julia, tú sabes que no sé bailar, que...

JULIA: Tranquilo, hombre, no tienes que bailar. Puedes tomar una copa y escuchar. Entremos, ¿de acuerdo?

MIKE: Bueno, como quieras, Julia...

YA LO DIJO CAMPOAMOR
Willy Chirino

—Oye, Guillermo, te voy a hablar de las cosas de mi pueblo.
—Mentiras...
—No, no, escucha esto.

Willy Chirino:
En mi pueblo sucedían
las cosas más sorprendentes.
Había una burra sin dientes
experta en ortografía...
—No, hombre, no...
... un enano que crecía
cuando había mucha humedad,
un calvo que en Navidad
siempre le nacía pelo,
y un gallo con espejuelos
de noventa años de edad.
Y un gallo con espejuelos
de noventa años de edad.

Álvarez Guedes:
Eso no es nada.
Oye, no quiero menospreciar
a tu pueblo fabuloso
pero en el mío, había un oso
que fue campeón de billar...

—No existe.
... melones da el limonar
y hay un ciempiés con muletas;
Juan, un viejo anacoreta,
tiró un centavo al cantero;
creció un árbol de dinero
donde florecen pesetas.
—¿Cómo?
Creció un árbol de dinero
donde florecen pesetas.

Coro:
Ya lo dijo Campoamor,
todo encoge, todo estira;
que en este mundo traidor
nada es verdad ni es mentira;
todo es según el color
del cristal con que se mira.

Conversación 2: Para expresar desacuerdo. Julia y Mike están manejando por una calle de Bogotá.

JULIA: Mike, paremos un momento. ¿Ves ese restaurancito de puertas verdes? Allí se preparan las arepas más ricas de todo Colombia. Me muero por unas arepas calientes.

MIKE: Pero, Julia, ¿de qué hablas, si comiste sólo hace un par de horas? ¡Son las diez de la mañana!

JULIA: ¡Exacto! Es la hora que ustedes los güeros del norte llaman la hora del «snack». Para nosotros es la hora perfecta para unas arepas y una buena taza de café negro.

MIKE: ¡Qué tontería! Eso es un almuerzo.

JULIA: No estoy de acuerdo. Unas arepas ahora es sólo un «tentempié»: es decir, algo que te tiene de pie, que te da energía por unas horas antes de una comida completa. Ustedes comen barras de chocolate, una dona o un «danish» a media mañana, ¿no es cierto?

MIKE: Sí, es verdad.

JULIA: ¿Y entonces? ¿Qué dices? ¿No te gustaría un plato caliente que te ponga en forma hasta el almuerzo? ¿Sabes qué? Si te portas bien, te invito a comer un plato de rico menudo bien picante, con cebolla... Por la mañana no hay nada mejor.

Capítulo 8
Dimensiones culturales

Para escuchar: Un panorama cultural

Conversación: Para verificar la comprensión; para pedir que alguien hable más despacio. Jessica habla con su amiga Carmen.

JESSICA: ¿Cómo te fue en el viaje, Carmen? Viajaste por toda Latinoamérica, ¿verdad?

CARMEN: Fue una experiencia estupenda, muy especial, Jessica. Me sorprendió mucho descubrir que hay una gran variedad de gente y costumbres en los diferentes países que visité. No sabía yo que nosotros los latinoamericanos éramos tan interesantes.

JESSICA: ¿De veras? Y ¿qué quieres decir con eso, Carmen?

CARMEN: Bueno, para darte unos ejemplos, me sorprendió mucho encontrar salones de té típicamente ingleses en Chile y barrios japoneses en Perú.

JESSICA: Carmen, ¿podrías hablar un poco más despacio? No entendí. ¿Barrios japoneses?

CARMEN: Sí, Jessica. ¿Sabías que en los años recientes Perú ha tenido un presidente de ascendencia japonesa y argentina, un presidente de ascendencia árabe? Desde hace mucho tiempo ha venido gente de todas partes del mundo a los países latinoamericanos, no sólo los españoles y portugueses. Por eso se pueden encontrar colonias alemanas en Chile, restaurantes libaneses en México o escuelas ita-lia-nas en Argentina.

JESSICA: ¿Es decir que la gente en esas áreas no se mezcla con el resto de la población?

CARMEN: Se mezclan con el resto de la población, sí. Se han mezclado con las poblaciones indígenas por muchas generaciones. Por eso tenemos una cultura con sabor indio, europeo, africano y asiático.

JESSICA: Africano, sí. Eso me sorprendió al llegar a Colombia. No sabía que había una influencia africana aquí… sobre todo en la costa. Se nota en la música, el baile, el arte, la literatura… hasta en la comida.

CARMEN: Hablando de comida, no puedes imaginar la gran variedad de comida que pude probar en el viaje. En Perú, diferentes clases de pescado; en Paraguay, empanadas y carne asada; en México, tacos y enchiladas…

JESSICA: ¿Sabes qué? Antes de venir aquí, yo creía que todos ustedes los latinos comían tacos, se vestían con ponchos, escuchaban música mariachi y bailaban cha cha chá.

CARMEN: Pues, es cierto que bailamos cha cha chá… y salsa, bolero romántico, cumbia, samba, merengue, reggae, rumba, lambada, vals, tango, ranchera…

Costumbres y tradiciones únicas

Habla Luz Sánchez:
En México se celebra el Día de los muertos, una costumbre que tiene orígenes indígenas pero que coincide con el día de la fiesta católica de Todos los Santos. Según la tradición indígena, cada año los muertos regresan a este mundo. La noche del primero de noviembre vamos todos al cementerio. Llevamos las comidas favoritas de nuestros familiares o amigos muertos y adornamos sus tumbas con flores y velas. Se prepara un pan especial que se llama "pan de muerto". Pobres y ricos, ancianos y jóvenes, toda la comunidad participa.

Habla Néstor Cuba:
En Perú el 31 de diciembre, Noche Vieja, se queman muñecos hechos de ropa vieja rellenos de periódicos que representan el Año Viejo. A veces les ponemos a los muñecos nombres de políticos que no nos gustan. Hay bailes y fuegos artificiales. También se queman los calendarios, que significa la ida del año viejo y la llegada del año nuevo. Se lanzan trece monedas en señal de buena suerte del año que viene y también se comen doce uvas pidiendo una suerte para el año que viene. El día siguiente, Año Nuevo, se dan regalos. Si te dan una maleta vacía, quiere decir que vas a ir de viaje. Y se regala ropa interior de color amarillo para traer buena suerte.

Capítulo 9

Un planeta para todos

Para escuchar: El ecoturismo y la ecología

Conversación 1: Para dar consejos. Julia está de visita en el Parque Amacayacu, una reserva en la Amazonia colombiana cerca de la ciudad de Leticia. Un guía habla con un grupo de turistas.

EL GUÍA:	... Es importante que caminemos en grupos pequeños. Recomiendo que no hablen en voz alta o van a asustar a los animales. Y otra cosa: les pido que no tomen nada, ni una planta, ni una flor de recuerdo... ¿Hay alguna pregunta?
JULIA:	Parece que hay muchas clases de pájaros aquí, ¿no? Por ejemplo, ése que está allí arriba, ¿qué es?
EL GUÍA:	Es una guacamaya, señorita. El parque tiene más de 450 especies de pájaros, más de 150 especies de mamíferos, también muchos reptiles...
JULIA:	Ah, sí, ya vimos iguanas y tortugas desde la canoa...
EL GUÍA:	Hay también cocodrilos, anacondas... Y hay una cantidad extraordinaria de mariposas.
UN TURISTA:	¿Podemos pasar la noche aquí en el parque o tendremos que volver a Leticia?
EL GUÍA:	Se pueden quedar en el centro de visitantes, o también en uno de los refugios en la selva.
UNA TURISTA:	¿Hay un lugar aquí para comprar recuerdos del viaje?
EL GUÍA:	Le recomiendo que vaya a los mercados de Leticia, señora. Son muy interesantes. Sólo que le pediría que no comprara regalos hechos con pieles de animales, ni con plumas, ni con mariposas...

Conversación 2: Para expresar compasión. Jessica habla con Ana, una amiga colombiana.

JESSICA:	¿Hay una conciencia ecológica en Colombia, Ana? Es decir, ¿se preocupan mucho los colombianos por los problemas ecológicos?
ANA:	Bueno, tenemos el Ministerio del Medio Ambiente y hay leyes que protegen el agua, el aire y los recursos naturales. Pero siempre hay contaminación... especialmente la contaminación industrial... por ejemplo, en los ríos. La contaminación de un río afecta no sólo a los animales sino también a la gente que vive cerca. Es un gran problema para los indígenas de la Amazonia, ¿sabes? ¡Es una lástima!
JESSICA:	Sí, leí un libro sobre la industria petrolera en la Amazonia y la contaminación que causa. ¡Qué desgracia! Pobre gente indígena, cuando un río se pone negro y no se puede tomar el agua. Parece que las compañías multinacionales son las responsables... o, mejor dicho, las irresponsables.
ANA:	Yo diría que en Colombia estamos empezando a tener una actitud ecológica; por ejemplo, estamos tratando de enseñarles a los jóvenes y a los niños de los colegios a querer la naturaleza, porque si ellos la quieren la van a cuidar.
JESSICA:	Es cierto. Y dime, Ana, ¿hay programas de reciclaje aquí?
ANA:	Sí, los hay, pero también tenemos en Colombia lo que llamamos los cartoneros.
JESSICA:	¿Los cartoneros?
ANA:	Sí. Los cartoneros son gente pobre que van de basurero en basurero sacando cartones, latas y papel. Se los llevan y los venden a las fábricas para que los reciclen... Mucha gente colombiana, hasta el momento, no separa basuras y no les hace la vida fácil a los cartoneros, pero ellos, sin embargo, siguen con su trabajo de ir a los basureros y sacar lo que se puede reciclar.
JESSICA:	¡Pobrecitos! Pero parece que están haciendo mucho para ayudar a proteger el medio ambiente, ¿no?

Capítulo 10

Imágenes y negocios

Para escuchar: Anuncios comerciales:

Anuncio 1

A quince minutos de la ciudad de Bariloche en Argentina se encuentra ubicado el Oasis Piramidal de los Andes. El Oasis Piramidal de los Andes es un lugar especial que transmite energía y se encuentra en la base de la cordillera de los Andes en la Patagonia. Una visita al Oasis Piramidal de los Andes significa más que un descanso de los rigores de la vida moderna. Es la posibilidad de volver a descubrir la tranquilidad, el regocijo y el bienestar donde las montañas se encuentran rodeadas de aguas puras y cristalinas. Seguro que el tiempo que pase en este lugar será enriquecedor y reparador. Siga el ritmo de la naturaleza, relájese y olvídese de las exigencias de una vida estresante. El Oasis Piramidal de los Andes ofrece como alojamiento una pirámide principal cuyas tarifas incluyen habitación con baño privado, desayuno y el uso general de toda la pirámide. Las cabañas piramidales son espacios privados que incluyen cocina, áreas de descanso, baños, chimenea y jardín. Tarifas especiales para grupos o estadías prolongadas. Para mayor información, visite nuestro sitio Internet www.sinfronteras2000.com. Oasis Piramidal de los Andes en la ciudad de Bariloche, Argentina.

Anuncio 2

En Canadá el mejor club nocturno de la ciudad de Edmonton: Azúcar. El club nocturno latinoamericano Azúcar ofrece dos inmensos pisos y con un espacio para más de 700 personas para disfrutar todos los ritmos latinos: salsa, merengue, bachata, cumbia y mucho más. Azúcar Latin Club ubicado en la ciudad de Edmonton le espera cinco días de la semana. Los martes baile con la música tradicional vaquera. El miércoles y jueves clases gratis de salsa a las 9 y 30 de la noche. Los viernes y sábados las calientes noches latinas con la actuación de los mejores grupos locales: Orquesta Energía, Los caminantes, América Rosa, X Band. Además, premios, bebidas y tragos especiales. Un montón de diversión y entretenimiento. Ofrecemos servicios de fiestas de cumpleaños, despedidas de solteras y celebraciones privadas. Obtenga más información visitando la página Internet con su dirección: www.EdmontonAzúcar.com. Azúcar. No lo olvide: en la ciudad de Edmonton, Canadá, visite el Azúcar Latin Night Club para un ambiente realmente latinoamericano. Azúcar.

Anuncio 3

—Oiga, compa', ¿no sabe de nadie que vaya pa' México? Tengo que mandarle el dinero a mi vieja.
—Ah, como se nota que acaba usted de llegar, páseme esa guitarra... le voy a explicar. *(singing)* Para usted que envíe dinero al otro lado, / grandes noticias yo le tengo, amigo mío. / Western Union su servicio ha mejorado, / con un nuevo sistema computarizado.
—No me diga.
—Western Union se asegura que en dos días / su familia recibe la trasferencia [*sic*]. / Y algo más que no le da la competencia: / un mensaje de cinco palabras gratis.
—Oiga compa', eso no rima.
—No, pero es cierto. Así es. Ahora Western Union se asegura de que su familia recibirá el dinero en México en cuarenta y ocho horas o en tan sólo veinticuatro en las ciudades principales. Y, además, ahora con su trasferencia [*sic*] Western Union envía un mensaje de cinco palabras gratis. Nadie más le ofrece este servicio. Western Union es más rápido y confiable. Western Union ahora más que nunca es la mejor manera de enviar dinero a México.

Capítulo 11

¡Adiós, distancias!

Para escuchar: En Bucaramanga

Conversación 1: Para expresar alivio, gratitud y comprensión. Mike y Julia hablan con la señora Gutiérrez, la mamá de Julia.

LA SEÑORA GUTIÉRREZ:	¡Julia! ¡Por fin llegaste! ¡Qué alivio! Creí que algo te había pasado. ¿No ibas a llegar a las diez?
JULIA:	Lo siento, mamá. El avión tardó mucho. Pero, mira, éste es mi amigo Mike.
MIKE:	Mucho gusto, señora Gutiérrez.
LA SEÑORA GUTIÉRREZ:	Mucho gusto, Mike. Bienvenido a Bucaramanga. ¡Cuánto me alegro de verlos!
MIKE:	Gracias. Habrá estado muy preocupada.
LA SEÑORA GUTIÉRREZ:	Está bien, está bien. Pero deben estar cansados. Siéntense. Les traigo refrescos.
MIKE:	Gracias. Muy amable de su parte.
JULIA:	Gracias, mami.
LA SEÑORA GUTIÉRREZ:	Y ahora, cuéntenme, ¿qué tal el viaje?
MIKE:	Muy divertido.
JULIA:	Estuvo bien. Mike trajo su computadora. Tiene CD-ROM, así que mientras esperábamos en el aeropuerto jugábamos «Ciudades perdidas de los mayas». Después, en el avión, leímos unos chistes que un amigo le había mandado a Mike por correo electrónico.
LA SEÑORA GUTIÉRREZ:	Parece que lo pasaron bien, pues. Ah, ¡las maravillas de la tecnología moderna!

Conversación 2: Para expresar incredulidad y enojo. Julia está en el aeropuerto. Va de regreso a Bogotá, donde tiene que asistir a un congreso. Le da el boleto a un agente de la aerolínea.

AGENTE:	¿Va a Bogotá, señorita?
JULIA:	Sí.
AGENTE:	Un momento, por favor. (*Escribe en la computadora.*) Lo siento, pero su nombre no está en la computadora.
JULIA:	¿Cómo? ¡No puede ser! Llamé por teléfono y cambié la reservación para hoy.
AGENTE:	Su boleto ya se venció.
JULIA:	Pero cuando llamé hace dos semanas me dijeron que podía usar el mismo boleto. Cambiaron la fecha en la computadora.
AGENTE:	Como le digo, su nombre no está en el sistema... o sea, no tiene asiento.
JULIA:	¡Qué barbaridad! Pagué el boleto hace meses. Tengo que estar en un congreso en Bogotá hoy por la tarde.
AGENTE:	El vuelo va lleno. Sólo que en primera clase...
JULIA:	Entonces déme un asiento en primera clase.
AGENTE:	Le costará... déjeme ver... doscientos mil pesos más.
JULIA:	¡Esto es el colmo! Ustedes cometieron el error. ¡No lo voy a pagar yo! ¿A qué hora sale el próximo vuelo para Bogotá?
AGENTE:	A las seis de la tarde.
JULIA:	¿Habla en serio?
AGENTE:	Señorita, usted no aparece en el sistema. El avión sale en veinte minutos. ¿Quiere comprar un boleto en primera clase o no?
JULIA:	No tengo alternativa. Pero déme el nombre de alguien con quien pueda quejarme mañana.

Capítulo 12

¡Viva la imaginación!

Para escuchar: El arte y la imaginación

Conversación: Para disculparse; para expresar vacilación; para cambiar de tema. Mike y Julia se reúnen en la Plaza Bolívar.

MIKE: Julia, ¡qué gusto de verte! Ven, siéntate. Tengo muchas noticias.

JULIA: Disculpa que llegue tarde, Mike. ¿Cómo estás? Yo también tengo tantas cosas que contarte.

MIKE: Mira, acabo de recibir esta carta de un amigo mío que está en Brasil y me invita a ir a trabajar allí con él.

JULIA: ¿Es fotógrafo?

MIKE: Sí, y quiere hacer un reportaje fotográfico acerca del Amazonas. Es una gran oportunidad, ¿no?

JULIA: Bueno... pues, sí. Y... a propósito de cartas, yo también recibí una carta de la Universidad de Florencia donde me dicen que me aceptan para cursos de arte y pintura allí. Voy a empezar en el verano.

MIKE: ¿De veras?

JULIA: No te puedes imaginar lo que representa para mí poder ir a Italia este verano. Lo he soñado toda mi vida. Salgo en dos semanas.

MIKE: ¿Dos semanas? Este... ¿Tan pronto? Julia... ¿nos volveremos a ver?

JULIA: Tú, ¿qué piensas, Mike? Yo he estado pensando un poco acerca de eso.

MIKE: Yo quiero que nos volvamos a ver, Julia. Tú puedes estudiar pintura en Italia y yo puedo trabajar en Brasil, pero nos escribiremos.

JULIA: De acuerdo, Mike. Voy a regresar en diciembre a pasar las fiestas.

MIKE: Entonces, yo también volveré de visita en diciembre. Así que nos vamos a ver en unos meses, después de todo.

JULIA: ¡Regio!

«Celebración de la fantasía», de Eduardo Galeano

Fue a la entrada del pueblo de Ollantaytambo, cerca del Cuzco. Yo me había desprendido de un grupo de turistas y estaba solo, mirando de lejos las ruinas de piedra, cuando un niño del lugar, enclenque, haraposo, se acercó a pedirme que le regalara una lapicera. No podía darle la lapicera que tenía, porque la estaba usando en no sé qué aburridas anotaciones, pero le ofrecí dibujarle un cerdito en la mano.

Súbitamente se corrió la voz. De buenas a primeras me encontré rodeado de un enjambre de niños que exigían, a grito pelado, que yo les dibujara bichos en sus manitas cuarteadas de mugre y frío, pieles de cuero quemado: había quien quería un cóndor y quien una serpiente, otros preferían loritos o lechuzas, y no faltaban los que pedían un fantasma o un dragón.

Y entonces, en medio de aquel alboroto, un desamparadito que no alzaba más de un metro del suelo, me mostró un reloj dibujado con tinta negra en su muñeca:

—Me lo mandó un tío mío que vive en Lima —dijo.

—¿Y anda bien? —le pregunté.

—Atrasa un poco —reconoció.

BELICE
HONDURAS
NICARAGUA
Lago de Managua
Barranquilla
Cartagena
Maracaibo
Caracas
Lago de Maracaibo
Río Orinoco
Georgetown
Paramaribo
Cayena
EL SALVADOR
GUATEMALA
PANAMÁ
COSTA RICA
Medellín
Río
San Cristóbal
VENEZUELA
GUAYANA
SURINAM
GUAYANA FRANCESA
MAR CARIBE
OCÉANO ATLÁNTICO
Bogotá
Cali
COLOMBIA
Boa Vista
ECUADOR
ISLAS GALÁPAGOS
Quito
Guayaquil
Cuenca
Iquitos
Río Amazonas
A M A Z O N A S
ECUADOR
PERÚ
LOS ANDES
BRASIL
Machu Picchu
Cuzco
Ayacucho
Lima
BOLIVIA
Brasilia
Lago Titicaca
La Paz
Santa Cruz
Sucre
Potosí
CHILE
LOS ANDES
PARAGUAY
Asunción
Iguazú
Río Paraná
Río de Janeiro
São Paulo
OCÉANO PACÍFICO
Córdoba
Río
URUGUAY
Montevideo
OCÉANO ATLÁNTICO
Viña del Mar
Valparaíso
Santiago
Concepción
Buenos Aires
ARGENTINA
Bahía Blanca
Río de la Plata
Viedma

NIGERIA
ÁFRICA
Malabo
CAMERÚN
GUINEA ECUATORIAL
GABÓN
ÁFRICA
MILLAS
KILÓMETROS

AMÉRICA DEL SUR

ISLAS MALVINAS (Br.)
Estrecho de Magallanes
TIERRA DEL FUEGO

0   250   500   750   1,000 MILLAS
0   500   1,000   1,500 KILÓMETROS

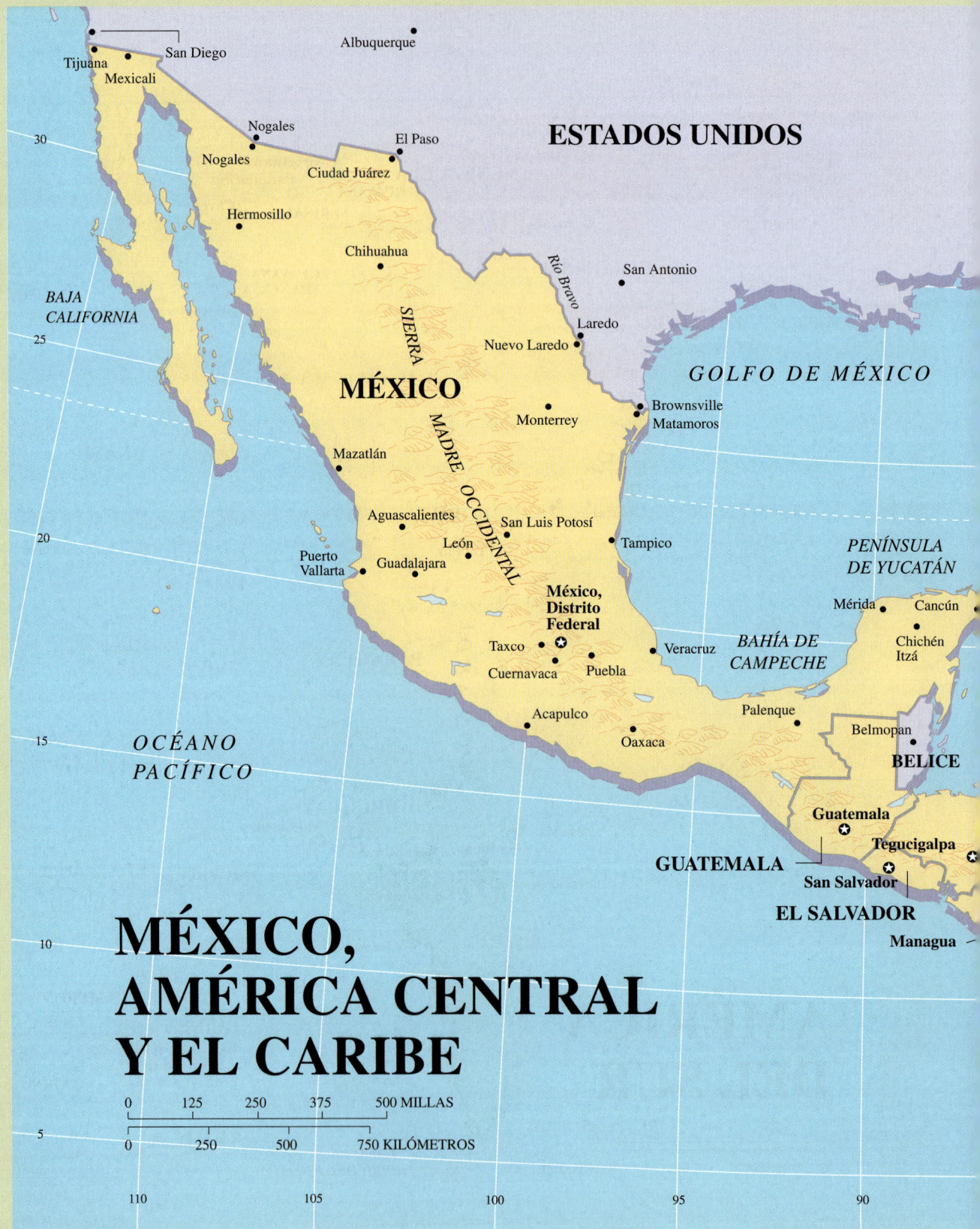

MÉXICO, AMÉRICA CENTRAL Y EL CARIBE

ESTADOS UNIDOS

GOLFO DE MÉXICO

BAJA CALIFORNIA

OCÉANO PACÍFICO

MÉXICO

SIERRA MADRE OCCIDENTAL

PENÍNSULA DE YUCATÁN

BAHÍA DE CAMPECHE

BELICE

GUATEMALA

EL SALVADOR

San Diego

Tijuana

Mexicali

Nogales

Nogales

El Paso

Albuquerque

Ciudad Juárez

Hermosillo

Chihuahua

Río Bravo

San Antonio

Laredo

Nuevo Laredo

Monterrey

Brownsville

Matamoros

Mazatlán

Aguascalientes

San Luis Potosí

León

Tampico

Puerto Vallarta

Guadalajara

México, Distrito Federal

Taxco

Veracruz

Cuernavaca

Puebla

Acapulco

Palenque

Oaxaca

Belmopan

Mérida

Cancún

Chichén Itzá

Guatemala

Tegucigalpa

San Salvador

Managua

30

25

20

15

10

5

110

105

100

95

90

| 0 | 125 | 250 | 375 | 500 MILLAS |

| 0 | 250 | 500 | 750 KILÓMETROS |

75   70   65   60   55

30

*OCÉANO
ATLÁNTICO*

25

Miami

Nassau

BAHAMAS

La Habana

20

CUBA

**REPÚBLICA
DOMINICANA**

MAR CARIBE

Santiago
de Cuba

Puerto Príncipe

San Juan

**Santo
Domingo**

Kingston

**PUERTO
RICO**

HAITÍ

GUADALUPE

HONDURAS

JAMAICA

15

MARTINICA

NICARAGUA

*Lago de
Managua*

10

Caracas

San José

*CANAL DE
PANAMÁ*

Colón

Panamá

PANAMÁ

VENEZUELA

**COSTA
RICA**

*GOLFO
DE
PANAMÁ*

COLOMBIA

Bogotá

80

ESPAÑA

OCÉANO ATLÁNTICO

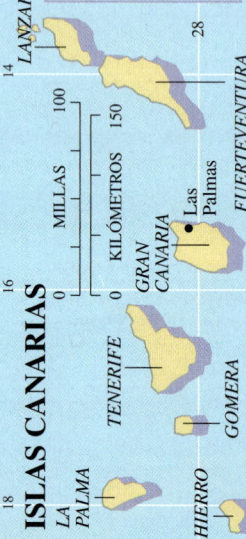

MAR CANTÁBRICO

FRANCIA

ANDORRA

MAR MEDITERRÁNEO

ÁFRICA

GALICIA

Santiago

PRINCIPADO DE ASTURIAS

Santander

CANTABRIA

PAÍS VASCO

Bilbao

CORDILLERA CANTÁBRICA

NAVARRA

Pamplona

PIRINEOS

CATALUÑA

Gerona

Barcelona

Costa Brava

CASTILLA Y LEÓN

Valladolid

Salamanca

Segovia

SIERRA DE GUADARRAMA

LA RIOJA

Zaragoza

Río Ebro

ARAGÓN

Lérida

MADRID

☆ Madrid

Toledo

COMUNIDAD VALENCIANA

Valencia

CASTILLA-LA MANCHA

Ciudad Real

Río Tajo

MURCIA

Murcia

Alicante

Cartagena

EXTREMADURA

ANDALUCÍA

Río Guadalquivir

Córdoba

Sevilla

Granada

SIERRA NEVADA

Málaga

Costa del Sol

Cádiz

Estrecho de Gibraltar

GIBRALTAR (Br.)

CEUTA (Sp.)

MELILLA (Sp.)

Tánger

MARRUECOS

PORTUGAL

☆ Lisboa

ISLAS BALEARES

MENORCA

MALLORCA

Palma

IBIZA

ISLAS CANARIAS

LANZAROTE

FUERTEVENTURA

GRAN CANARIA

Las Palmas

TENERIFE

GOMERA

LA PALMA

HIERRO

200 MILLAS

300 KILÓMETROS

0   50   100   150   200

0   100   200   300

MILLAS

KILÓMETROS

0   100   150

42

40

38

12

14

28

16

18

2

4

6

8

10

44

42

40

38

36

8

EN CONTACTO

Gramática en acción
Octava edición

Mary McVey Gill

Brenda Wegmann
University of Alberta, Extension

Teresa Méndez-Faith
Saint Anselm College

THOMSON
™
HEINLE

Australia / Brazil / Canada / Mexico / Singapore / Spain / United Kingdom / United States

THOMSON

HEINLE ™

En contacto
Gramática en acción
Octava edición
Gill/Wegmann/Méndez-Faith

Executive Editor: Carrie Brandon
Acquisitions Editor: Helen Alejandra Richardson
Senior Development Manager: Max Ehrsam
Senior Content Project Manager: Michael Burggren
Marketing Manager: Lindsey Richardson
Marketing Assistant: Marla Nasser
Advertising Project Manager: Stacey Purviance
Managing Technology Project Manager: Sacha Laustsen
Manufacturing Manager: Marcia Locke

Compositor: Pre-Press Company, Inc.
Project Management: Pre-Press Company, Inc.
Photo Manager: Sheri Blaney
Photo Researcher: Jill Engebretson
Senior Permissions Editor: Isabel Alves
Senior Art Director: Bruce Bond
Cover Designer: Olena Sullivan
Cover Image: © Digital Vision/Getty Images
Printer: China Translation & Printing Services Ltd.

Thomson Higher Education
25 Thomson Place
Boston, MA 02210-1202
USA

Printed in China
2 3 4 5 6 7 09 08 07

Library of Congress Control Number 2006905101

ISBN-13 978-1-4130-1377-1
ISBN-10 1-4130-1377-5
AIE ISBN-13 978-1-4130-1992-6
AIE ISBN-10 1-4130-1992-7

For more information about our products,
contact us at:
Thomson Learning Academic Resource Center
1-800-423-0563
For permission to use material from this text or product, submit a request online at
http://www.thomsonrights.com
Any additional questions about permissions can be submitted by
e-mail to **thomsonrights@thomson.com**

Dedication

We dedicate this book to our families,

our students, and our vivacious Hispanic friends,

who provide us with unfailing support,

insights and inspiration.

Brief Contents

Contents

Preface

The Program

En contacto is a complete intermediate Spanish program designed to put the English-speaking student in touch with today's Hispanic culture through its language and literature. The program includes a grammar review that stresses communication (**Gramática en acción**) and a reader that emphasizes the acquisition of reading skills as well as text comprehension (**Lecturas intermedias**), a workbook/lab manual (**Cuaderno de ejercicios y Manual de laboratorio**), a QUIA™ on-line workbook/lab manual, an audio program, a text-specific video (available on DVD), a test bank CD-ROM, and the course web site. Since the acquisition of vocabulary is as important to the intermediate student as the review of grammar, each of the twelve chapters of each component is coordinated with the other components by theme, grammar topic, and high-frequency core vocabulary. The program is arranged for flexibility: the grammar text (and workbook/lab manual) can be used in courses in which reading is not emphasized, and the reader can be used independently in intermediate courses stressing reading, literature, or conversation. The twelve chapter themes were chosen to appeal to the contemporary student and to introduce cultural materials and stimulating topics for discussion or composition.

Changes in the Eighth Edition

While the basic scope and sequence of the book are maintained in the eighth edition, the following features are new:

Main Text

- There are two new chapter themes (**En busca de la felicidad** and **Amor y amistad**) with many new activities in fresh contexts.
- The **Presentación del tema** sections have been rewritten and/or updated in order to present students with fresh, modern and interesting topics.
- There are several new **Para escuchar** segments, including new activities.
- Additional communicative activities have been added throughout the text in the **Gramática y vocabulario** sections, and there are many new annotations for the instructor for additional in-class practice and discussion of vocabulary and grammar topics.
- Many new pieces of art and realia, which are modern both in content and in appearance, are used as a basis for activities.
- The composition assignments, **A escribir,** are cross-referenced to **Atajo,** a writing assistant for Spanish; there is now more than one option for writing in some

chapters and there are new annotations to give instructors assistance in using a true process approach to writing.

- The **Test Bank CD-ROM** was updated and expanded. It provides two customizable tests for each chapter, plus midterms and final exams. Audio files for oral sections accompany all chapter tests.

- The *QUIA Online Workbook/Lab Manual* is an electronic version of the *En contacto Cuaderno de ejercicios y Manual de laboratorio* sold as an alternative to the printed hard copy. It features customizable self-correcting practice activities, a grade book, and an opportunity for instructor feedback on open-ended writing assignments.

Chapter Organization

Presentación del tema

Each chapter begins with a short presentation of the chapter theme, which is recorded on the Text Audio CD. Students can listen at home, or the instructor can play this section in class. These sections are recorded in order to give students more practice in improving aural comprehension. Discussion questions follow.

Next comes the **Vocabulario útil,** an active vocabulary list. The words listed are used immediately by students in the exercises and activities that follow.

Para escuchar

Para escuchar introduces the chapter's theme, vocabulary, grammar, and language functions in a natural context. These recorded conversations give students practical, functional language. The accompanying listening comprehension exercises can be done in class or assigned as homework. They consist of global listening (listening for main ideas), followed by more discrete listening tasks to improve students' aural comprehension. The Text Audio CD that includes the **Para escuchar** and **Presentación del tema** sections is packaged free with *Gramática en acción.*

Gramática y vocabulario

Grammar explanations are designed to go beyond the grammar presented in a first-year text without introducing too much detail. The Spanish examples practice chapter vocabulary and in many cases provide cultural information about the Spanish-speaking world. The following practice sections, appropriately named **Práctica,** contain a wide variety of oral and written activities arranged in order of increasing difficulty and are based directly on the chapter theme and vocabulary. Instructors are encouraged to use these as pair and small-group activities whenever possible. One or sometimes two **Vocabulario útil** sections are included in each **Gramática y vocabulario** section, and the vocabulary is made immediately active by practice in the activities.

En otras palabras

These sections focus on two or more language functions and provide explanations, examples, and activities. Based on notional-functional methodology, the sections are largely independent of the grammatical syllabus, as they focus on the communicative use of language for specific purposes or functions. The **En otras palabras** section deals with many of the same language functions as are recorded in **Para escuchar.** The two sections can, therefore, be used in conjunction, so students first hear the words and phrases from native speakers and later use the language for themselves. The authors hope that the **En otras palabras** sections will be used for fun as well as to help students achieve communicative competence. The important thing throughout these sections is that students make an effort to communicate.

En contacto

The **En contacto** section includes games and pair/group activities, based on the chapter theme and grammar. A guided writing assignment, **A escribir,** cross-referenced to *Atajo,* a writing assistant for Spanish, concludes the section. There is now more than one option for writing in some chapters and there are new annotations to give instructors assistance in using a true process approach to writing.

Videocultura

The text-specific *En contacto* **Video** coordinates with the texts chapter-by-chapter by theme and content. The majority of the video segments consist of interviews with native professionals in Spain, Latin America, and the United States.

In these visually appealing interviews, students can see native speakers using the language in authentic contexts. Other segments provide cultural narratives offering unique insights into the Spanish-speaking world. A complete lesson based on the video begins with vocabulary presentation and a practice exercise. Following that is a previewing activity. After seeing the video, students are presented with comprehension and discussion questions that encourage them to express their own opinions. The **Hablando del tema** section provides extra cultural information.

Appendices

Following **Capítulo 12** in the textbook are the appendices, which cover capitalization, punctuation, and word stress; information on numbers, dates and time; use of prepositions after certain infinitives, and verb charts. In addition, there is a complete Spanish-English end vocabulary.

Pair and Small-Group Activities

Many of the exercises and activities of this book lend themselves to pair and small-group work, and the authors encourage instructors to use them as such whenever possible. With group or pair activities, students have more opportunities to practice the language, and shy students in particular benefit tremendously. Also, the instructor has more time to answer questions and help those who need extra attention.

The authors recommend that in using group or pair activities the instructor:

- set very clear time limits, to encourage efficient use of the time by the students
- make sure the directions are absolutely clear to the students, which may involve explicit demonstration, and that students are convinced of the value of the activity
- move around the room to answer questions, listen to what is happening, and occasionally participate in the work
- follow up the activity with a meeting of the class as a whole, preferably with some of the pairs or groups reporting in some way on what they did

The following symbols, or icons, are used throughout this text:

The material is on the audio CDs accompanying the book.

The web site contains related activities.

This activity works well with pairs.

This activity works well with small groups.

Lecturas intermedias

Lecturas intermedias has been given a substantial makeover in this eighth edition with the addition of nine authentic new reading selections from both contemporary and classic authors and more innovative styles of vocabulary, comprehension and discussion exercises. This edition also features a strong emphasis on vocabulary acquisition as well as reading skills. (See the **Reading and Vocabulary Skills Chart** at the beginning of *Lecturas intermedias.*) All materials, both old and new, are closely coordinated with *Gramática en acción* in themes, vocabulary, and grammar. In the *Annotated Instructor's Edition,* connect-to-reader icons signal where an instructor can relate vocabulary, ideas or grammar to examples in the stories and articles. Sample lesson plans are included at the front of the instructor's edition to give ideas on how to use the two books together.

In the new edition of the reader, the popular fine arts feature, **El arte, espejo de la vida,** has been moved to the beginning of the chapter and expanded into a thematic touchstone. It starts off with a stunning theme-related painting by a world-famous or up-and-coming Hispanic artist. Then a three-part activity follows and includes an observation chart, pair conversation about key ideas, and a related Internet search. As always, the **Vocabulario preliminar** follows with key words and phrases. These then appear, along with others, in The **Enfoque del tema** reading that introduces the chapter's central ideas. Two authentic readings are next, accompanied by pre-and post-reading activities. Strategies in the **Antes de leer** section teach students how to become better readers and how to guess the meaning of words through structure and context. Post-reading exercises in the **Después de leer** section lead students through a guided comprehension of the text to their own interpretations and finally to a creative use of Spanish in discussion, games, role playing, and debates. The chapter concludes with **A escribir: Paso por paso,** a process approach to writing in Spanish as a form of expression, a vehicle for reviewing and reinforcing vocabulary and the most reliable way to improve accuracy. The writing task is broken down into a series of small easy steps, thereby greatly diminishing the stress many students feel when confronted with a blank page. The **A escribir: Paso por paso** assignments are cross-referenced to *Atajo,* a writing assistant for Spanish.

The *En contacto* Ancillary Package

Text Audio CDs

An audio CD containing the **Presentación del tema** and **Para escuchar** sections is packaged free with the student text and the *Annotated Instructor's Edition*. A tapescript of the **Para escuchar** section to accompany *Gramática en acción* is available in the *Annotated Instructor's Edition.*

Workbook/Lab Manual and Lab Manual Audio CDs

Each chapter of the combination *Cuaderno de ejercicios y Manual de laboratorio* contains all-new activities not found in the review grammar text. The activities in the workbook section provide additional writing practice, while the lab section and accompanying audio program provide extra oral practice. The lab section contains listening discrimination exercises, comprehension exercises, dictations, songs, and practice of grammatical structure. The exercise manual is based on and carefully coordinated with the review grammar text. The tapescript for the lab program is found on the course web site: www.thomsonedu.com/spanish/encontacto. The lab program is available on audio CDs and in downloadable MP3 format.

QUIA Online Workbook/Lab Manual

This on-line manual features customizable self-correcting practice activities, gradebook, and an opportunity for instructor feedback on open-ended writing assignments. Instructors may choose to order the *QUIA Online Workbook/Lab Manual* over the print *Cuaderno de ejercicios y Manual de laboratorio* for their class, or they may prefer to order both and allow their students the option to use the version best suited to their individual learning styles.

Test Bank CD-ROM

The **Test Bank CD-ROM** contains two customizable tests for each chapter, plus midterms and final exams. The tests cover listening comprehension, vocabulary, grammar, language functions, and writing. As an added bonus, audio files for the aural sections of the chapter tests are included on the same CD-ROM.

Web Site

The web site for *En contacto* includes self-correcting grammar and aural practice, interactive web activities, and links to related sites, chapter by chapter. See the *En contacto* website at www.thomsonedu.com/spanish/encontacto.

Acknowledgments

We would like to express our deep appreciation to Max Ehrsam of Heinle/Thomson and to Rafael Burgos Mirabal for reading through the manuscript and making many helpful suggestions. We are very grateful to Max for carrying the project through to book form and for helping us with issues of design and production as well as development. Sincere appreciation is also due to others at Heinle Thomson: Helen Alejandra Richardson for her excellent guidance in shaping the new edition and for her general direction and support; Michael Burggren for his work overseeing the production of the book, and Joan Flaherty for her assistance in the early stages of the project. A very special thank you goes to Llanca Letelier for her expertise in obtaining permissions to reprint realia and cartoons and to Myriam Castillo, Naldo Lombardi, Yolanda Magaña, Luz Sánchez, and Andreu Veà Baro for help with materials and linguistic advice.

Finally, we are sincerely grateful to the following reviewers whose critiques and suggestions have done so much to determine the nature of this eighth edition of *En contacto:*

Ellen Abrams, *Northern Essex Community College and Merrimack College*
Angeles G. Aller, *Whitworth College*
Barbara Ávila-Shah, *University at Buffalo*
Amy R. Barber, *Grove City College*
Lorena Barboza, *Kansas State University*
Kristy Britt, *University of South Alabama*
Isabel Z. Brown, *University of South Alabama*
Donald C. Buck, *Auburn University*
Milagros López-Pelaez Casellas, *Mesa Community College*
Beatriz Castro-Nail, *University of Alabama*
Tulio Cedillo, *Lynchburg College*
Carrie Clay, *Anderson University*
Barbara Cohen, *Lebanon Valley College*
Ava Conley, *Harding University*
Lilian Contreras-Silva, *Hendrix College*
Elizabeth C. Correia-Jordan, *Mt. San Jacinto College*
Antonio Crespo, *Grossmont College*
Nancy Cushing-Daniels, *Gettysburg College*
Marisa DeSantis, *Hobart and William Smith Colleges*
Sarah J. DeSmet, *Wesleyan College*
Nancy Estrada, *University of Pittsburgh at Greensburg*
Mary Fatora-Tumbaga, *Kauai Community College*
Ronna Feit, *Nassau Community College*
Jill R. Gauthier, *Miami University Hamilton*
Ana Gómez-Pérez, *Loyola College*
Eduardo González, *University of Nebraska at Kearney*
Esperanza Granados, *Erskine College*
Charlene M. Grant, *Skidmore College*
Karl H. Heise, *Minnesota State University, Mankato*
Irene B. Hodgson, *Xavier University*
Beth Huerta, *SUNY college at Fredonia*
Judith E. Humphrys, *Miami University*
Hilda M. Kachmar, *College of St. Catherine*
Mary Jane Kelley, *Gordy Hall*
Frederic Leveziel, *Southern Illinois University Edwardsville*
Pamela Long, *Auburn University Montgomery*
Enrique Luengo, *John Carroll University*

Cecilia Mafla-Bustamante, *Minnesota State University*
HJ Manzari, *Worcester Polytechnic Institute*
Kathleen March, *University of Maine*
Lynne Flora Margolies, *Manchester College*
Nancy Mason, *Dalton State College*
Adriana Merino, *Holy Family University*
Fran Meuser, *Oakland University*
Deanna Mihaly, *Eastern Michigan University*
Nancy Minguez, *Old Dominion University*
Katya Monge-Hall, *Pacific University*
John A. Morrow, *Northern State University*
Markus Muller, *Cal State University, Long Beach*
Jeanie Murphy, *Rockford College*
Evelyn Nadeau, *Clarke College*
Robert Norton, *Southwest Missouri State University*
Gayle Nunley, *University of Vermont*
Lynne Overesch-Maister, *Johnson County Community College*
Linda K. Parkyn, *Messiah College*
Carla Phillips, *Pellissippi State Technical Community College*
Federico Pérez Pineda, *University of South Alabama*
Anne Porter, *Ohio University*
Lea Ramsdell, *Towson University*
Jacqueline Ramsey, *Concordia University*
John W. Reed, *Saint Mary's University of Minnesota*
Brian Reinhard, *Greenville College*
Stephen Richman, *Mercer County College*
Al Rodríguez, *University of St. Thomas*
Ana Rueda, *University of Kentucky*
Tracy Rutledge, *Simpson College*
Stephen Sadow, *Northeastern University*
Cristy Saterbo, *Canisius College*
Albert Shank, *Scottsdale Community College*
Juan Silva, *South Texas College*
Rita Tejada, *Luther College*
Enrique Torner, *Minnesota State University at Mankato*
Ángel T. Tuninetti, *Lebanon Valley College*
Cynthia Wasick, *Vanderbilt University*
Susan Yoder-Kreger, *University of Missouri, Saint Louis*

M.M.G.
B.W.
T.M.F.

1

En busca de la felicidad

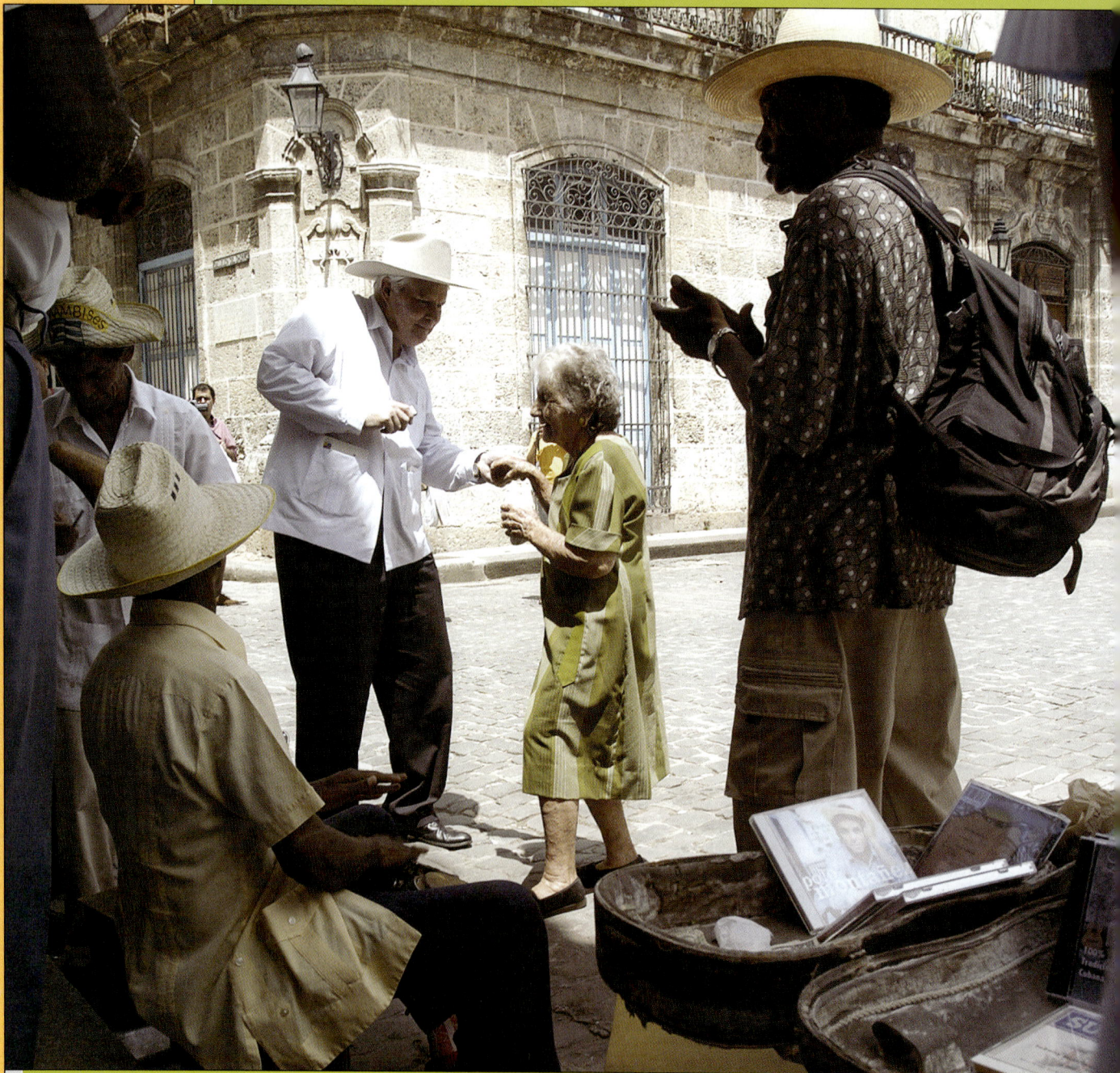

La gente baila y se divierte en las calles de La Habana, Cuba.

PRESENTACIÓN DEL TEMA

CD 1,
Track 1

Act. 1.1

Evo Morales, presidente de Bolivia, y su hermana Ester participan en la fiesta de la Pachamama, en la que hay música, bailes y comidas especiales.

¿Qué es la felicidad? ¿Un buen trabajo? ¿Un buen amigo? ¿Unas vacaciones en una isla tropical? ¿Rosas rojas? Según el psiquiatra *(psychiatrist)* y autor español Enrique Rojas es, más bien, una actitud: "Hay que aspirar a sacarle el máximo partido a la vida *(get the most out of life)*, todo lo bueno, lo grande y lo positivo que lleva dentro: eso es para mí la felicidad". Dice Rojas que el optimista sabe mirar al futuro, aun cuando las circunstancias no son favorables; tiene ilusiones, "una especie de clima interior, mezcla de alegría y mirada puesta en el futuro *(view toward the future)*; quiere lo mejor para su familia y para sus amigos, sabe amar y sabe celebrar los momentos positivos de la vida".[1]

Un refrán *(saying)* español dice: "No te pueden quitar lo bailado". Esto significa que hay que gozar de la vida, saborearla *(savor it)*. El triunfo más pequeño puede ser causa de una reunión espontánea de amigos. Sólo hay que mirar un calendario en español para ver el gran número de festivales y fiestas que se celebran. Cada pueblo tiene una fiesta patronal (en honor de su santo o santa). Hay muchas fiestas religiosas, especialmente durante la Semana Santa *(Holy Week, Easter)* o Navidad. También hay fiestas en honor de las personas que tienen distintas profesiones (como los taxistas o los profesores). Todo el mundo celebra su cumpleaños y también muchos celebran el día de su santo: por ejemplo, las personas que se llaman José o Josefina reciben regalos y atenciones el 19 de

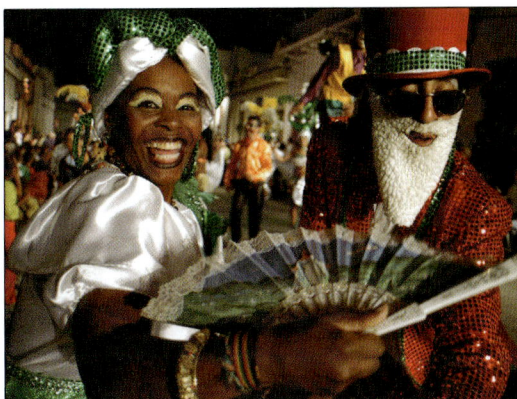

En Montevideo, Uruguay, la comunidad afro-uruguaya celebra las "Llamadas" con procesiones, música afroamericana y bailes exuberantes. El origen de la celebración está en las tradiciones bantúes de los esclavos de la época colonial, que durante el Carnaval podían expresar sus sentimientos libremente. Ahora es multiétnica. ¡Qué energía! ¡Qué música!

Have students first scan the reading for general meaning, paying special attention to cognates.

Background on the **fiesta de la Pachamama:** This is celebrated by various Andean people: Quechua, Aymara, etc., and varies a bit from place to place. Basically people thank Mother Earth for her bounty and ask for protection for the community, the crops, and animal life. In some places a white llama is sacrificed. Food and drink are offered to the Pachamama in a ritual ceremony, and usually there is also a Catholic mass.

Background on the **Llamadas**: this was one of the very few times when slaves could freely express themselves, during **Carnaval** (Mardi Gras). The **Llamadas** were calls by drummers to gather and celebrate. This celebration takes place in the **Barrio Sur** of Montevideo. Of course, there has been a lot of mixing of the population throughout the generations.

---

[1] Enrique Rojas, *La ilusión de vivir: Instrucciones para navegar hacia la felicidad* (Madrid: Editorial Temas de Hoy, 1998), pp. 29–32.

Los habitantes de Buñol, España, tienen una diversión muy original. La "Tomatina" tiene lugar *(takes place)* la última semana de agosto. Hay conciertos, fuegos artificiales *(fireworks)* y bailes. El último miércoles del mes los participantes se lanzan *(throw)* tomates maduros *(ripe)* unos a otros. Cada año, llega más gente. ¡Qué alegría!

Background on the **Tomatina:** This custom reportedly began in the 1940s when someone picked up some tomatoes from a street vendor's stall and a food fight ensued; then it was outlawed for a while but came back by popular demand. Early in the morning on the day of the **"batalla,"** shopkeepers cover their store windows with tarps or boards as trucks loaded with ripe tomatoes from all over Spain appear in the streets and square. Then the real fun begins as participants, soaked in water and hopefully dressed in clothes they will never again need, pelt each other with the squishy produce. (You are supposed to squash the tomatoes before you throw them, and nothing else can be thrown.) Every year the **Tomatina** takes on larger proportions, but during the two hours or so that it lasts, about 125,000 kilos (275,000 pounds) of fruit are hurled at anything that moves.

Assign the **Enfoque del tema** to learn about other types of Latin American celebrations, which are described in the present tense using much of the vocabulary of this chapter.

marzo, día de la fiesta de San José. ¿Qué pasa durante las fiestas? La gente habla, canta, baila, toca o escucha música, bebe, come y disfruta del momento. Para muchos, las celebraciones sirven como escape de la rutina y como renovación espiritual.

1-1 ¿Pequeño placer *(pleasure)* o manera de pensar? Trabaje con un(a) compañero(a). Lean las siguientes oraciones y decidan si cada una es un pequeño placer o una manera de pensar.

MODELO   *Esto es una manera de pensar.*   **0:** *Esto es un pequeño placer.*

1. saber amar y celebrar en toda ocasión
2. tener un buen día de estudio o de trabajo
3. ver lo bueno y lo positivo en todo
4. pasar unas vacaciones en una isla tropical
5. vivir *(to experience)* una renovación espiritual
6. recibir regalos
7. ir al cine con amigos
8. querer lo mejor para la familia y los amigos

1-2 Preguntas.

1. "No te pueden quitar lo bailado" quiere decir, literalmente, "They can't take away from you what you have danced." ¿Qué quiere decir este refrán? ¿Hay en inglés algún refrán con el mismo significado?
2. ¿A qué actividades o situaciones le saca usted el máximo partido?
3. ¿Hay algunas celebraciones especiales en la ciudad o región donde usted vive?
4. ¿Qué hace usted para celebrar su cumpleaños o el de sus amigos?
5. ¿Cuál es su día de fiesta favorito? ¿Por qué? ¿Qué hace para celebrarlo?

VOCABULARIO ÚTIL

LAS FIESTAS

bailar	to dance
beber	to drink
cantar	to sing
celebrar	to celebrate
charlar	to talk, chat
comer	to eat
el cumpleaños	birthday
el día de fiesta	holiday
disfrutar (de), gozar (de)	to enjoy
escuchar música (discos compactos)	to listen to music (compact discs)
la felicidad, la alegría	happiness
la fiesta	party, celebration
el regalo	present
saludar a los amigos (a la gente)	to greet friends (people)
tocar música (la guitarra, el piano)	to play music (guitar, piano)
tomar una copa (un vino, una cerveza)	to have a drink (a glass of wine, a beer)

OTRAS EXPRESIONES

los ratos libres	free time
Tengo que estudiar (manejar, trabajar).	I have to study (drive, work).

SALUDOS Y PRESENTACIONES

¡Hola! ¿Qué tal?	Hi! (Hello!) How are things?
Bien, gracias. Muy (Bastante) bien.	Fine, thanks. Very (Pretty) well.
Más o menos. Regular.	More or less (fine). All right.
Quiero presentarle (presentarte) a...	I want to introduce you to . . .
Mucho gusto. Encantado(a).	Pleased to meet you. Delighted to meet you.
El gusto es mío.	The pleasure is mine.

Note that **¿Qué tal . . .?** is useful for starting conversations. Besides its general meaning of *How are things?* it can be used to ask about almost anything, singular or plural: **¿Qué tal el concierto? ¿Qué tal los estudios?**

¡OJO!

asistir a *to attend* / **ayudar** *to help, assist*
saber *to know (facts, something memorized), to know how* / **conocer (zc)** *to know, be acquainted with (a person, place, etc.), to meet for the first time*
tocar *to play (music), to touch* / **jugar (ue) a** *to play (a sport or game, to gamble)*

PRÁCTICA

1-3 Sinónimos. Dé un sinónimo de la palabra subrayada *(underlined)*.

1. Hay que <u>disfrutar</u> de la vida.   gozar
2. Voy a <u>hablar</u> con ella más tarde.   charlar
3. ¿Qué tal? ¿Cómo estás? —<u>Regular</u>.   Más o menos.
4. Ana, te quiero presentar a mi prima, Marta. —<u>Encantada</u>.   Mucho gusto.
5. ¿Quieres <u>beber</u> algo?   tomar
6. ¡Qué <u>alegría</u>!   felicidad

ANS 1-4
1. Sí, toco… (No, no toco…)
2. Sí, conozco… (No, no conozco…)
3. Sí, sé… (No, no sé…)
4. Sí, juego… (No, no juego…)
5. Sí, ayudo… (No, no ayudo…)

1-5. Have students continue to ask each other new questions if there is time. After the activity, ask students to share what they learned about each other with the whole class.

For more work on vocabulary, you can do other kinds of exercises here. For instance, hand out slips of paper, each with a word or phrase from the list, to volunteers to act out for the others to guess. The student who guesses correctly draws a new word or phrase and can either act it out or hand it to another student. Or write this title on the board: **La fiesta típica del viernes;** have students work in groups for about four minutes to create sentences about it, using as many of the words and phrases as possible. Then tell each group to read their sentences and decide which group has used the most vocabulary from the list in the best way.

1-4 Entrevista. Entreviste a un(a) compañero(a), usando las preguntas que siguen. Escoja el verbo apropiado. En forma alternada *(Taking turns)*, una persona hace la pregunta y la otra le contesta con una oración completa.

1. ¿Tocas/Juegas la guitarra, el piano o algún instrumento musical?
2. ¿Conoces/Sabes un buen lugar para escuchar música?
3. ¿Conoces/Sabes bailar la cumbia?
4. ¿Tocas/Juegas al tenis?
5. ¿Asistes/Ayudas a tus compañeros cuando tienen problemas?

1-5 ¡A conocerse! Usando el **Vocabulario útil**, escriba dos preguntas y hágaselas *(ask them)* a un(a) compañero(a). Su compañero(a) las contesta y después le hace dos preguntas a usted. Cambie de compañero(a). Haga dos preguntas y conteste las de su compañero(a).

> **MODELOS** *¿Celebras tu cumpleaños? ¿Bebes café o té?*

Para escuchar: En la fiesta

Conversación 1: Saludos y presentaciones. Mike Martin, un estudiante norteamericano, va a una fiesta en casa de un amigo colombiano.

CD 1, Track 2

1-6   Escuche la **Conversación 1** y conteste las preguntas.

1. En la fiesta, Mike conoce a alguien por primera vez. Esta persona es…
   a. Ramón.   b. la madre de Ramón.   c. Julia.

2. Parece que Ramón es…
   a. simpático.   b. indiferente a los invitados *(guests)*.   c. insociable.

1-7   Escuche la **Conversación 1** otra vez. ¿Qué cosas se mencionan *(are mentioned)*?

____ **1.** un disco   ✔ **3.** una copa   ____ **5.** un radio
____ **2.** una mesa   ✔ **4.** una cerveza   ✔ **6.** un vino

1-8 Escuche la **Conversación 1** una vez más. Escoja la mejor respuesta.

1. Para saludar, Ramón y Mike usan la forma...
(a.) tú   b. usted   c. vosotros

2. Mike no acepta cerveza o vino porque...
a. ya está borracho *(drunk)*.
(b.) tiene que manejar.
c. no le gustan las bebidas alcohólicas.

3. Julia cree que los gringos son...
(a.) prudentes.   b. pacientes.   c. prácticos.

Conversación 2: Para iniciar una conversación. Mike habla con Julia en la fiesta.

CD 1,
Track 3

1-9 Escuche la **Conversación 2** y conteste las preguntas.

1. En esta conversación, Julia parece...
a. aburrida.   (b.) contenta.   c. preocupada por sus clases.

2. Parece que a Julia le gusta...
a. cantar.   b. tomar mucho.   (c.) bailar.

1-10 Escuche la **Conversación 2** otra vez. ¿Qué personas o qué cosas se mencionan?

✓ **1.** los estudios   ____ **5.** un amigo mutuo
✓ **2.** la música   ✓ **6.** la cumbia
____ **3.** la economía   ____ **7.** un programa de televisión
____ **4.** el libro *Voces de Colombia*   ✓ **8.** la película *La salsa*

ⒼRAMÁTICA Y VOCABULARIO

Gustar

¿A ti…	A mí…	A él/ella/usted…
…te gusta bailar?	…(no) me gusta la música rap.	…(no) le gusta cantar.
…te gustan los ratos libres?	…(no) me gustan los bailes.	…(no) le gustan los chocolates.

Gustar *(to please, be pleasing)* will be covered more completely in Chapter 7 along with other verbs that are used similarly. For now, just remember that **gustar** is normally used in the third person with an indirect object pronoun. Instead of saying, "I like chocolates," people say, "Chocolates are pleasing to me"; the verb agrees with the subject (the person or thing that pleases), usually third-person singular or plural, not with the indirect object (the person who is pleased).

Para escuchar. If you are doing this in class, make sure students understand the instructions for each conversation before playing it. Tell them they don't need to understand everything. Play the conversation all the way through without stopping. If they have trouble with the first exercise, play the conversation again, all the way through. Tell them to listen just for the information they need to complete the exercise. If you assign this section as homework, give specific instructions and/or make sure students listen to the instructions in the introduction to this section. In addition to introducing the chapter theme, vocabulary, and language functions (covered in the section **En otras palabras**), the **Para escuchar** sections will help students learn to listen, get main ideas, make inferences, and develop a tolerance for ambiguity. Students should focus on the information they need to know to do the exercises and learn to disregard nonessential parts of a message. If you assign the **Para escuchar** section as homework, you may want to go over the answers in class. Reiterate that they do not have to understand every word of the listening passage.

Me gusta el regalo.	*I like the present.*
Me gusta bailar.	*I like to dance.*
Me gustan las flores.	*I like flowers.*

Notice that **a** is used in front of the name of the person who likes something because **gustar** means that it is pleasing *to* him or her.

| A Roberto le gustan los chocolates. | *Roberto likes chocolates.* |

1-11 Regalos de cumpleaños

¿QUÉ LE GUSTARÍA QUE LE REGALEN EN SU CUMPLEAÑOS?[2]   %

3 Ninguna	**4** No precisa / No responde	**4** Dulces / Chocolates
4 Dinero	**5** Artículos de belleza	**7** Una cena / Reunión familiar
9 Ropa / Calzado	**12** Muebles Artefactos para el hogar	**14** Artículos para el hogar
15 Un viaje	**4** Otras	**19** Flores

PEPE SANMARTÍN

---

[2] *Debate*, volumen XVI, número 72, p. 37. The graphic is based on a poll; the numbers shown are percentages of people who responded.

Paso 1. Mire el gráfico, de una revista peruana, y conteste estas preguntas.

1. ¿A la madre de familia le gusta adivinar *(guess)* lo que le van a dar?
2. ¿Al niño le gusta esperar o es impaciente?
3. ¿A la madre le gustan las flores?
4. ¿Al niño le gustan los dulces?
5. ¿Están contentos al final? ¿Va a estar contenta la niña?

Paso 2. Entreviste a un(a) compañero(a) usando las preguntas que siguen. Después, su compañero(a) lo (la) entrevista a usted.

1. ¿Te gusta recibir flores en tu cumpleaños? ¿Prefieres recibir ropa o cosas para la casa (el hogar)?
2. ¿En general, te gustan los dulces? ¿los chocolates?
3. ¿Te gusta recibir dinero o prefieres abrir regalos?
4. ¿Te gusta ir a cenar con tu familia el día de tu cumpleaños? ¿Prefieres una fiesta con tus amigos?

Subject Pronouns; The Present Indicative Tense (1)

Subject Pronouns

Singular	Plural
yo	nosotros(as)
tú	vosotros(as)
él, ella, usted	ellos, ellas, ustedes

1. Subject pronouns are often omitted in Spanish because the verb form also indicates person.

   hablo (yo)   hablamos (nosotros)

2. The subject pronoun **tú** is used with family members, friends whom you call by their first names, and children. **Usted** is used with strangers and people much older than you or to express respect. Remember that **usted** and **ustedes** (abbreviated **Ud.** and **Uds.**) are always used with third-person, not second-person, verbs.

	Singular	Plural
Spain	tú → usted →	vosotros(as) ustedes
Latin America	tú → usted →	ustedes

Since the **vosotros(as)** form is not widely used except in Spain, it is not practiced extensively in this text. However, it is important to learn to recognize it.

3. Subject pronouns are used for clarity or emphasis. They are also used after **ser** to express *It is I (you, she, etc.).*

¿Los señores Ramos? Pues él viene a la fiesta, pero ella no.	Mr. and Mrs. Ramos? Well, he's coming to the party, but she's not.
¿Quién es? —Soy yo.	Who is it? —It is I.
¿Quién estaba allí? —Nosotros.	Who was there? —We were.

4. The pronoun *it* is not expressed in phrases like *it is* (**es**), it seems (**parece**), and so forth.

| Es difícil bailar la cumbia. | It's difficult to dance the cumbia. |
| ¿De veras? Parece fácil. | Oh, really? It seems easy. |

The Present Indicative Tense (1): Formation

Regular Verbs

To form the present tense of regular verbs, the **-ar, -er,** or **-ir** ending is dropped from the infinitive, and the endings shown in bold in the following chart are added to the stem.

hablar		leer		escribir	
habl**o**	habl**amos**	le**o**	le**emos**	escrib**o**	escrib**imos**
habl**as**	habl**áis**	le**es**	le**éis**	escrib**es**	escrib**ís**
habl**a**	habl**an**	le**e**	le**en**	escrib**e**	escrib**en**

Spelling-Changing Verbs

Some verbs are regular in the present tense except for minor spelling changes (mostly in the **yo** form). Here are some of the common ones. (For complete rules regarding spelling changes in verbs, see Appendix E.)

1. In the **yo** form: Verbs that end in **-cir** or **-cer** (preceded by a vowel) have a change from **c** to **zc**. Verbs that end in **-guir** have a change from **gu** to **g**. Verbs that end in **-ger** or **-gir** have a change from **g** to **j**.

c → zc	gu → g	g → j
conocer → cono**zc**o	seguir → si**g**o	escoger → esco**j**o
conducir producir traducir ofrecer parecer	conseguir	exigir

2. In all but the **nosotros(as)** and **vosotros(as)** forms: Verbs that end in **-uir** have a change from **i** to **y** in all but the **nosotros** and **vosotros** forms, since an unstressed **i** between two vowels is changed to **y.**

construir	
construyo	constru**i**mos
construyes	constru**ís**
construye	construyen

Use of the Present Indicative Tense

1. The present tense is used to express an action happening now, a current situation, or an event that happens regularly. It can have several meanings in English.

> Mi compañero de cuarto toca el piano.
>
> *My roommate plays (is playing, does play) the piano.*

2. The present tense is also frequently used to express the immediate future or a future event (the time of the future action should be indicated or understood from the context).

> El baile termina a medianoche.
> Comemos más tarde.
>
> *The dance will end (is ending) at midnight.*
> *We'll eat later.*

Put a similar sentence on the board and have students give three meanings in English.

Put a sentence on the board and have students give the English, eliciting a future tense in English. Make sure students understand that they can obtain information about verb forms in Appendixes D and E.

V O C A B U L A R I O Ú T I L

ALGUNAS ACTIVIDADES DEL FIN DE SEMANA

Aprenda este vocabulario para usarlo en la práctica que sigue. Véase también el **Vocabulario útil** de la página 5.

caminar (una cuadra, unas millas)	*to walk (a block, a few miles)*
descansar	*to rest, relax*
echar una siesta	*to take a nap*
escribir cartas (mensajes electrónicos)	*to write letters (e-mails)*
leer (el periódico, revistas, una página de la Red)	*to read (the newspaper, magazines, a Web page)*
manejar (*Spain:* conducir)	*to drive (a vehicle)*
mirar televisión	*to watch television*

PRÁCTICA

1-12 ¿Qué hace usted para sentirse bien? Conteste las preguntas con una oración *(sentence)* completa, usando una de las siguientes expresiones.

a menudo *(often)*   a veces *(sometimes)*
nunca *(never)*   casi nunca *(almost never)*

> **MODELO**   ¿Mira películas cómicas?
> *Sí, a veces miro películas cómicas.*
> *No, casi nunca miro películas cómicas.*

1. ¿Compra flores?
2. ¿Escribe cartas o mensajes electrónicos a amigos que hablan español?
3. ¿Charla por teléfono a larga distancia?
4. ¿Echa una siesta por la tarde?
5. ¿Come chocolates?
6. ¿Lee revistas o libros chistosos *(humorous)*?

1-13 ¿Cómo pasas los fines de semana? Trabaje con un(a) compañero(a). En forma alternada *(Taking turns)*, cada persona entrevista a la otra para averiguar *(to find out)* qué hace los fines de semana. Tome apuntes *(notes)*.

> **MODELO**   si escucha música animada, si baila, si canta
> A: ¿Escuchas música animada?¿Bailas?¿Cantas?
> B: A veces escucho música animada y bailo, pero no canto.

Podría preguntarle a su compañero(a):

1. si escucha música animada, si baila, si canta
2. qué lee generalmente los fines de semana (¿periódicos, revistas, novelas?)
3. qué tipo de música escucha (¿jazz, rock, rap, clásica, folklórica?)
4. si maneja su auto a todas partes o si camina o anda en bicicleta
5. dónde come
6. cuántas horas de televisión mira; qué programas mira

Dice mal de las cartas y juega a dos barajas [decks].
—dicho

1-14 Chismes *(Gossip).* Cuéntele *(Tell)* a un(a) compañero(a) por lo menos cinco cosas sobre su compañero(a) del ejercicio 1-13.

> **MODELO**   *A veces Susana escucha música animada y baila.*

Selección 1 offers good reading practice at this point since it is an article about the famous Spanish festival of San Fermín and is written almost entirely in the present tense with regular verbs.

Review the use of the infinitive after verbs such as **querer, deber, tener que,** and so on.

The Present Indicative Tense (2)

Stem-Changing and Irregular Verbs

Stem-Changing Verbs

Certain verbs show a change in the stem (the part that is left after dropping **-ar, -er,** or **-ir**) when the stem is stressed. These verbs have regular endings, but note the pattern of stem changes: the changes occur in all but the **nosotros** and **vosotros** forms. Read the conjugations aloud and listen to how the stem does not receive the spoken stress in these two forms. Other verbs that follow these patterns are given in vocabulary lists with the vowel change in parentheses—for example, **pensar (ie).**

e → ie		e → i		o → ue		u → ue	
pensar		**pedir**		**poder**		**jugar**	
pienso	pensamos	pido	pedimos	puedo	podemos	juego	jugamos
piensas	pensáis	pides	pedís	puedes	podéis	juegas	jugáis
piensa	piensan	pide	piden	puede	pueden	juega	juegan

Other e → ie		Other e → i	Other o → ue	
empezar	perder	seguir	contar	encontrar
entender	preferir	servir	dormir	recordar
sentir	querer		volver	

Mario quiere dormir, pero Elena y yo queremos charlar.	Mario wants to sleep, but Elena and I want to chat.
Las muchachas siempre piden pizza, pero David y yo pedimos tacos.	The girls always order pizza, but David and I order tacos.

Verbs That Are Irregular in the First-Person Singular Only

dar: **doy**	poner: **pongo**	salir: **salgo**	ver: **veo**
hacer: **hago**	saber: **sé**	traer: **traigo**	

¿Qué haces? —Hago ejercicios y miro televisión.	What are you doing? —I'm doing exercises and watching television.
Conozco a la señora Salazar, pero no sé dónde vive.	I know Mrs. Salazar, but I don't know where she lives.

Common Irregular Verbs

estar		**ser**		**ir**	
estoy	estamos	soy	somos	voy	vamos
estás	estáis	eres	sois	vas	vais
está	están	es	son	va	van

decir		**tener**		**venir**	
digo	decimos	tengo	tenemos	vengo	venimos
dices	decís	tienes	tenéis	vienes	venís
dice	dicen	tiene	tienen	viene	vienen

In Appendixes D and E are conjugations for regular, stem-changing, spelling-changing, and irregular verbs.

VOCABULARIO ÚTIL

LOS DEPORTES Y OTRAS DIVERSIONES

Aprenda este vocabulario para usarlo en la práctica que sigue.

Selección 2 is an interview with Antonio Banderas that uses the first-person and **usted** forms of a number of regular and irregular verbs. Excerpts can be read aloud with some students taking the role of the interviewer and others that of Banderas.

Other sports: **el esquí nórdico** *cross-country skiing*, **el esquí alpino** *downhill skiing*, **el esquí acuático** *waterskiing*

COGNADOS

el básquetbol	el fútbol americano
el béisbol	el tenis
las cartas	el vólibol
el concierto	el actor (la actriz)
esquiar	el programa de televisión
el fútbol *(soccer)*	el video *(Spain: el vídeo)*

LOS DEPORTES

el/la aficionado(a)	*fan*
correr	*to run*
hacer ejercicio(s)	*to exercise (do exercises)*
hacer snowboard	*to snowboard*
el jugador (la jugadora)	*player*
jugar (ue) a	*to play*
nadar	*to swim*
el partido	*match, sports event*
patinar, patinar sobre hielo	*to skate, to ice skate*

Notice that **asistir** takes the preposition **a** before a noun. After **jugar,** the **a** is optional; e.g., **jugar tenis** or **jugar al tenis.** Other verb-preposition combinations are discussed in Appendix C.

OTRAS DIVERSIONES

asistir a un concierto	*to attend a concert*
contar (ue) chistes	*to tell jokes*
dar un paseo	*to take a walk*
ir al cine	*to go to the movies*
ir de compras	*to go shopping*
jugar a las cartas (a los videojuegos)	*to play cards (video games)*
navegar (por) la Red (Internet)	*to surf the Web (Internet)*

PRÁCTICA

1-15 Dígame cuándo... Conteste las siguientes preguntas, usando, si quiere, una (o más) de las siguientes expresiones de tiempo. Haga oraciones completas.

todos los días	siempre
muchas veces	a menudo
los lunes (los viernes)	los fines de semana
por la mañana (la tarde, la noche)	en el verano (el invierno,
(casi) nunca	la primavera, el otoño)

> **MODELO**   ¿Cuándo juega al tenis?
> *Juego al tenis a menudo (los fines de semana). (Nunca juego al tenis.)*

1. ¿Cuándo da usted un paseo?
2. ¿Cuándo sale usted con sus amigos?
3. ¿Cuándo está en casa?
4. ¿Cuándo hace ejercicio?
5. ¿Cuándo va de compras?
6. ¿Cuándo navega por la Red?
7. ¿Cuándo va al cine?
8. ¿Cuándo está contento(a)?

1-16 ¿Qué hacen ustedes?   Conteste las preguntas usando palabras y expresiones del **Vocabulario útil** (u otras palabras que usted conozca). Si puede, trate de dar tres o cuatro posibilidades diferentes.

> **MODELO**   ¿Qué hacen ustedes en las fiestas?
> *Jugamos a las cartas, contamos chistes, comemos y bebemos...*

¿Qué hacen ustedes...

1. en casa?
2. en el cine?
3. en el gimnasio?
4. en el lago (en el verano)?
5. en las montañas (en el invierno)?
6. en los centros comerciales?
7. en el parque?

1-17 En busca de la felicidad en Barcelona.   Complete el siguiente párrafo con el tiempo presente de los verbos entre paréntesis. Cognados: monte, auditorio, Orquesta Sinfónica, acuario, planetario, zoológico, mimos.

En Barcelona, España, la gente (1) ___disfruta___ (disfrutar) de una gran variedad de diversiones y actividades culturales o deportivas. Como la ciudad (2) ___está___ (estar) en la costa, muchas personas (3) ___van___ (ir) a la playa. Allí (ellos) (4) ___nadan___ (nadar), (5) ___hacen___ (hacer) windsurf, (6) ___juegan___ (jugar) al vólibol o simplemente (7) ___descansan___ (descansar). Los aficionados al arte (8) ___pueden___ (poder) ir a Montjuïc, donde hay varios museos de arte importantes. En el monte Tibidabo los barceloneses (9) ___encuentran___ (encontrar) un parque de atracciones; allí (10) ___almuerzan___ (almorzar) o (11) ___cenan___ (cenar), (12) ___dan___ (dar) paseos y (13) ___miran___ (mirar) la vista de la ciudad. El Parque Güell, creación del famoso arquitecto Antoni Gaudí, también (14) ___ofrece___ (ofrecer) unas magníficas vistas de la costa; sus jardines y edificios (15) ___son___ (ser) obras de arte. Las personas que (16) ___quieren___ (querer) ver teatro pueden ir al famoso Teatro Griego. También hay muchos grupos de variedades, como "Els comediants".

ANS 1-15
Possible answers: 1. Doy un paseo casi todos los días. 2. Siempre salgo con mis amigos el viernes por la noche. 3. Estoy en casa por la tarde. 4. Hago ejercicio por la mañana. 5. Voy de compras los sábados. 6. Todos los días navego por la Red cuando llego a casa. 7. Los viernes voy al cine con mis amigos. 8. Casi siempre estoy contento(a).

ANS 1-16
Possible answers: 1. Descansamos, jugamos a las cartas, navegamos por la Red... 2. Miramos una película, comemos dulces, contamos chistes... 3. Jugamos al vólibol, hacemos ejercicios aeróbicos, jugamos al básquetbol... 4. Nadamos, patinamos, tomamos el sol... 5. Patinamos sobre hielo, esquiamos, hacemos snowboard... 6. Vamos de compras, comemos en restaurantes de comida rápida, miramos las cosas en las tiendas... 7. Corremos, damos un paseo, nos reunimos con los amigos...

Act. 1.2

Muchos jóvenes (17) _____asisten_____ (asistir) a conciertos de música popular. Para las personas que (18) _____prefieren_____ (preferir) la música clásica, el Auditorio de Barcelona (19) _____sirve_____ (servir) de hogar *(home)* a la Orquesta Sinfónica. Barcelona también (20) _____tiene_____ (tener) un acuario muy grande, un planetario, un zoológico y varios museos de ciencia. Como una diversión muy interesante que no (21) _____cuesta_____ (costar) mucho dinero, los habitantes de Barcelona (22) _____cuentan_____ (contar) con una caminata por las Ramblas, un paseo sin automóviles, donde (ellos) (23) _____admiran_____ (admirar) a los actores o mimos en la calle, o (24) _____toman_____ (tomar) una copa en un café. (25) _____Es_____ (ser) imposible estar aburrido en esta ciudad, tan llena de vida día y noche.

Let students move around the room to ask each other questions. Set a time limit. Then reconvene the class. If there is time, ask them questions, such as **¿Quién ve tres o más películas por semana?** You can have them elaborate by asking other related questions, such as **¿Qué clase de películas ve?**

1-18 Busco a... Hable con sus compañeros. Haga sólo una pregunta a cada persona. Busque a un(a) compañero(a) que haga las siguientes cosas.

> **MODELO** ver tres o más películas por semana
> A: *¿Ves tres o más películas por semana?*
> B: *Sí, veo... (No, no veo...)*

(Si la respuesta es afirmativa, el o la estudiante B firma *[signs]* abajo.)

	Firma
1. ver tres o más películas por semana	_____
2. patinar sobre hielo	_____
3. jugar al tenis una vez por semana	_____
4. salir a comer casi todos los días	_____
5. esquiar o hacer snowboard por lo menos tres veces al año	_____
6. tener un disco compacto de música de Carlos Santana	_____
7. saber bailar tango	_____
8. tocar el clarinete	_____
9. asistir a conciertos de música rock	_____
10. correr por lo menos tres veces por semana	_____

The Personal *a*

1. In Spanish, the personal **a** must be used before a direct object that is a person. Compare:

¿Ves a Eduardo? ¿Ves la bicicleta de Eduardo?	*Do you see Eduardo? Do you see Eduardo's bicycle?*
Conozco a los músicos, pero no conozco la canción que cantan.	*I know the musicians, but I don't know the song they're singing.*

2. The personal **a** is used with indefinites like **alguien** and **nadie** when they are used as direct objects (to be discussed in Chapter 7).

> Quiero presentarte a alguien. | *I want to introduce you to someone.*

3. The personal **a** is not normally used after **tener: Tengo un amigo que habla cinco lenguas.** It is not normally used to refer to nonspecific people: **Necesito una secretaria.** But: **Necesito a la secretaria.**

PRÁCTICA

1-19 Preguntas. Primero, haga preguntas, usando la **a** personal y/o un artículo cuando sea necesario.

> **MODELO**   conocer / mucha gente feliz
> *¿Conoces a mucha gente feliz?*

1. conocer / un buen lugar para comprar flores
2. ver a menudo / tu familia
3. escuchar / música casi todos los días
4. tocar / guitarra
5. ayudar / tus compañeros con sus problemas
6. invitar / alguien a cenar por lo menos una vez por semana
7. navegar por / la Red todos los días
8. llamar / tu mejor amigo muy a menudo

  Después, trabaje con un(a) compañero(a). En forma alternada, haga y conteste las preguntas.

1-20 Entrevistas y presentaciones. Entreviste a un(a) compañero(a) usando las siguientes preguntas y escriba una breve descripción de él o ella. Luego, él (ella) va a entrevistarlo(la) a usted. Finalmente, presente a su compañero(a) a la clase.

> **MODELO**   *Quiero presentarles a John. John no conoce a mucha gente latina.*
> *En sus ratos libres juega al tenis y escucha música.*

Preguntas: ¿Cómo te llamas? ¿Conoces a mucha gente latina (al presidente de la universidad, a alguna persona famosa)? ¿Qué haces en tus ratos libres?

Nouns and Articles

Nouns: Gender and Number

In Spanish, all nouns are either masculine or feminine.

1. Although most nouns ending in **-a** are feminine and most nouns ending in **-o** are masculine, here are a few important exceptions:

ANS 1-19
1. ¿Conoces un buen lugar para comprar flores? 2. ¿Ves a menudo a tu familia? 3. ¿Escuchas música casi todos los días? 4. ¿Tocas (la) guitarra? 5. ¿Ayudas a tus compañeros con sus problemas? 6. ¿Invitas a alguien a cenar por lo menos una vez por semana? 7. ¿Navegas por la Red todos los días? 8. ¿Llamas a tu mejor amigo muy a menudo?

Many nouns that end in **-ma, -pa,** or **-ta** have Greek roots and are masculine. Other examples: **planeta, dilema, síntoma.**

la foto(grafía)	*photo(graph)*	el poema	*poem*
la mano	*hand*	el poeta	*poet*
el clima	*climate*	el sistema	*system*
el día	*day*	el problema	*problem*
el drama	*drama*	el programa	*program*
el mapa	*map*	el tema	*subject, theme*

2. Nearly all nouns that end in **-dad, -tud, -ión,** and **-umbre** are feminine:

la actividad	*activity*	la costumbre	*custom*
la actitud	*attitude*	la televisión	*television*

3. Most nouns ending in **-r** and **-l** are masculine; most nouns ending in **-z** are feminine.

el color	*color*	la paz	*peace*
el papel	*paper; role*	la voz	*voice*
el nivel	*level*	la luz	*light*

4. To form the plural of a noun that ends in a vowel, add **-s.** If the singular noun ends in a consonant, add **-es.**

el disco compacto → los discos compactos	*compact discs*
la cantante → las cantantes	*singers*
el rey → los reyes	*kings, king(s) and queen(s)*
el papel → los papeles	*papers; roles*

5. To form the plural of a noun ending in **-z,** change the **z** to **c** and add **-es.**

la actriz → las actrices	*actresses*
la voz → las voces	*voices*

6. Remember that in forming the plural of nouns it is sometimes necessary to add or delete an accent to maintain the stressed syllable of the singular form.

el joven → los jóvenes	*young people*
el examen → los exámenes	*exams*
la canción → las canciones	*songs*
el bailarín → los bailarines	*dancers*

De música, poeta y loco, todos tenemos un poco.
—proverbio

Definite and Indefinite Articles: Forms

1. Articles must agree in gender and number with the nouns they modify.

Definite articles		Indefinite articles	
el concierto	**los** conciertos	**un** aficionado	**unos** aficionados
la película	**las** películas	**una** revista	**unas** revistas

2. **Unos** or **unas** can mean *some* or *several;* before a number they can mean *approximately.*

Hay unos sesenta grupos de teatro chicano en el suroeste de Estados Unidos.	*There are approximately sixty Chicano theater groups in the southwestern United States.*

3. Remember the only contractions used in Spanish.

a + el → al	*de + el → del*
Vamos al Café del Sol.	*We're going to the Café del Sol.*

4. The masculine articles **el** and **un** are used before a feminine noun that begins with **a-** or **ha-** when the first syllable of the noun receives the stress. Here are three common examples that you should remember.

el agua	*water*	el (un) alma	*soul*	el (un) hambre	*hunger*

If an adjective separates the article and noun, however, the feminine article is used: **el alma latina, la buena alma.** The feminine article is also used in the plural.

PRÁCTICA

1-21 Para ser feliz.

Paso 1. Complete la siguiente lista con los artículos definidos apropiados: **el** (**al/del**), **la**, **los** o **las**.

1. ir a _l___ océano y descansar en __la__ playa
2. llamar a __los__ amigos y hacer una fiesta
3. escuchar __las__ noticias (*news*) en la radio
4. cambiar __el__ color de tu pelo (*hair*) o de las paredes (*walls*) de tu cuarto
5. comer todos __los__ chocolates de la caja (*box*); el chocolate eleva __los__ niveles de serotonina
6. ir a un lago y observar las nubes o __la__ luz de _l___ sol en __el__ agua
7. observar __la__ luna y __las__ estrellas de noche
8. mirar __las__ fotos de tus últimas vacaciones
9. olvidar __los__ problemas y recordar que __la__ verdadera felicidad viene de _l___ interior

Paso 2. En parejas, conversen: ¿Qué actividades de la lista les gustan? ¿Cuáles no les gustan?

1-22 Para sentirse bien.

Paso 1. Complete esta segunda lista de actividades con los artículos indefinidos apropiados: **un, una, unos** o **unas.**

If you plan to assign the **A escribir** composition for this chapter, tell students about the topic at this point and get them to start thinking about it. This exercise will serve as a brainstorming exercise. If you want to have them work on the topic in class, assign it fairly early. See additional suggestions by **A escribir** at the end of the **En contacto** section.

Act. 1.3

ANS 1-24
1. Voy a llevar un sombrero, unas sandalias, una toalla (y una crema protectora). 2. Voy a llevar unos dólares, unas tarjetas de crédito, una calculadora (y una bolsa). 3. Voy a llevar unos lápices, un cuaderno, un libro (y una agenda). 4. Voy a llevar una raqueta de tenis, un reloj, una mochila (y unas zapatillas de deporte). 5. Voy a llevar un mapa, una cámara, unos zapatos cómodos (y un diccionario).

Say the name of the object with its article as you put it in the bag. If no one remembers certain items, let students feel the contents of the bag or give them hints.

1. leer __un__ poema con __un__ tema muy optimista
2. quemar __una__ vela (candle) perfumada
3. mirar __un__ programa de televisión (¿cuál?)
4. cantar __una__ canción alegre
5. acariciar (pet) __un__ perro o __un__ gato
6. trabajar en __un__ jardín
7. pasar __un__ día en las montañas
8. escribir __una__ composición sobre tu vida personal
9. adoptar __una__ actitud positiva, aprender de los errores y mirar hacia el futuro

Paso 2. En parejas, conversen: ¿Qué actividades les gustan? ¿Cuáles no les gustan?

1-23 Cosas que me hacen feliz. Entreviste a un(a) compañero(a) para averiguar por lo menos tres cosas que hace para sentirse feliz; si quiere, use algunas ideas de los ejercicios 1-21 y 1-22.

1-24 ¿Qué va a llevar...? Usando artículos indefinidos, menciónele a un(a) compañero(a) tres o cuatro cosas que podría llevar a los siguientes lugares. Use las sugerencias que están entre paréntesis o sus propias ideas.

> **MODELO** a la fiesta (botella de vino, flores, discos compactos...)
> *Voy a llevar una botella de vino, unas flores y unos discos compactos.*

1. a la playa (sombrero, sandalias, toalla...)
2. al centro comercial (dólares, tarjetas de crédito, calculadora...)
3. a clase (lápices, cuaderno, libros...)
4. al gimnasio (raqueta de tenis, reloj, mochila...)
5. a México para las vacaciones (mapa, cámara, zapatos cómodos...)

1-25 Juego de memoria. Diez estudiantes le dan algún objeto personal al (a la) profesor(a). El (La) profesor(a) pone los objetos en una bolsa (bag) y después le pregunta a la clase, "¿Qué hay en la bolsa? ¿De quién es?"

> **MODELOS** *Hay unas llaves.*
> *Las llaves son de Eric.*
>
> *Hay un espejo* (mirror).
> *El espejo es de Elizabeth.*

Definite and Indefinite Articles
Use of the Definite Article

The definite article is used more in Spanish than in English. Here are eight cases.

1. To refer to an abstract noun or a noun used in a general sense, as a representative of the class or group to which it belongs. The noun may be singular or plural, concrete or abstract.

El fútbol es un deporte muy emocionante, ¿no?	*Soccer is a very exciting sport, isn't it?*
El amor es como **la** niebla: lo cubre todo.	*Love is like fog; it covers everything.*

2. In place of a possessive adjective for parts of the body and articles of clothing when it is obvious who the possessor is.

Julio se pone **el** sombrero y **el** abrigo antes de salir para el restaurante.	*Julio puts on his hat and coat before leaving for the restaurant.*

3. With days of the week, when *on* can be used in English.

Voy a visitar a mis padres **el** domingo.	*I am going to visit my parents on Sunday.*
Vamos al cine **los** viernes.	*We go to the movies on Fridays.*

4. To tell time.

¿Qué hora es? ¿Es **la** una? —¡Qué va! Son **las** dos y media.	*What time is it? Is it one o'clock? —No way! It's two thirty.*

5. With nouns in a series (the article is repeated).

El tango, **la** rumba y **la** cumbia son tres bailes de origen hispano. ¿Conoce usted otros?	*The tango, rumba, and cumbia are three dances of Hispanic origin. Do you know of others?*

6. With titles such as **señor, señora, señorita,** or **doctor,** when referring to or talking about an individual.

La señora García (**El** doctor Sánchez) hace ejercicios todos los días.	*Mrs. García (Dr. Sánchez) exercises every day.*

   However, the definite article is not used in direct address.

Señora García, ¿va usted a acompañarnos al cine?	*Mrs. García, are you going to the movies with us?*

   The masculine plural article **los** is used with a surname to refer to a family.

Los Rivera juegan a las cartas.	*The Riveras play cards.*

   Note that the surname is not made plural as in English.

7. With names of languages or fields of study, except after the verbs **estudiar, aprender, enseñar, hablar,** and **leer** (when it is usually omitted) and after the preposition **en.**

Write a sentence such as **Voy al cine el sábado** on the board and ask students what it means. Then change **el sábado** to **los sábados** and again ask for meaning. Explain that the first example is **el sábado que viene,** while the second one is **todos los sábados.**

For a review of numbers, dates, and time, see Appendix B.

El español es la lengua materna de unos 350 millones de personas.	*Spanish is the native language of about 350 million people.*
Estudio música y química; **la** química es muy difícil.	*I'm studying music and chemistry; chemistry is very difficult.*
¿Cómo se dice "Te quiero" en inglés?	*How do you say "I love you" in English?*

8. With rates and prices.

Aquí las manzanas cuestan seis pesos **el** kilo.	*Apples cost six pesos a kilo here.*
Ganamos seiscientos pesos **la** hora.	*We earn six hundred pesos an hour.*

Omission of the Indefinite Article

The indefinite article is used less in Spanish than in English. In Spanish it is omitted in the following cases:

1. Before an unmodified noun that indicates profession or occupation, religion, nationality, or political affiliation, following the verb **ser.** The indefinite article is used, however, if the noun is modified. Compare:

Yo soy católica. Soy una católica devota.	*I'm a Catholic. I'm a devout Catholic.*
Enrique es chileno. Es un chileno que sabe esquiar bien: vive cerca de los Andes.	*Enrique is Chilean. He's a Chilean who knows how to ski well: he lives near the Andes.*

2. Before the words **medio(a), otro(a),** and, usually, **cierto(a).** (These expressions agree with the nouns they modify in gender and number.)

Llegamos a otro concierto y media hora más tarde él tiene ganas de irse.	*We get to another concert, and a half hour later he wants to leave.*
Juanita tiene cierta tendencia a la exageración.	*Juanita has a certain tendency to exaggerate.*

3. Before the numbers **cien** and **mil.** (For a discussion of numbers, see Appendix B.)

Hay mil gramos en un kilogramo.	*There are a thousand grams in a kilogram.*

PRÁCTICA

1-26 Sammy Sosa: un sueño realizado. Complete los siguientes párrafos usando el artículo definido o el indefinido, cuando sea necesario *(with either the definite or indefinite article, if necessary)*. Vocabulario: Cognados: bates, Rancheros, filantrópicas, juvenil, compite, "jonron", liga, acumular. Otras palabras: lustrando *shining*, los guantes *gloves*, las ramas *branches*, comerciante *businessman*, amistad durará *friendship will last*, lengua materna *native language*, temporada *season*.

Sammy Sosa es (1) __un__ jugador de béisbol de República Dominicana. Cuando tiene siete años, su padre muere y tiene que buscar trabajo. No encuentra (2) _____ otra forma de ganar dinero que lustrando zapatos en el parque. Para jugar béisbol, hace los guantes con cartones de leche y los bates de las ramas de un árbol. Bill Chase, (3) __un__ comerciante norteamericano en República Dominicana, lo descubre en el parque y le da trabajo. Cuando tiene dieciséis años, Sammy empieza a jugar con (4) __los__ Rancheros de Tejas. Con su primer cheque, de $3.500, se compra (5) __una__ bicicleta y manda $3.300 a su familia. Poco después, da (6) _____ medio millón de dólares a causas filantrópicas y establece la Fundación Sammy Sosa, dedicada a (7) __la__ salud juvenil de los pobres en República Dominicana. En 1998, Sosa compite con Mark McGwire por el récord de "jonrones". McGwire termina con 70 "jonrones" y Sosa con 66, pero Sosa gana la admiración de todos con su amabilidad y cortesía. Dice de su relación con McGwire: "No hay cosa más linda que (8) __la__ amistad. Eso no lo vamos a perder. (9) __La__ amistad durará para siempre". En septiembre del mismo año, un huracán deja a más de (10) _____ cien mil dominicanos sin hogar y Sammy hace una campaña para ayudar a las víctimas; su fundación recibe más de 450.000 dólares. Ese año recibe (11) __el__ premio al jugador más valioso de la liga y (12) __el__ premio Roberto Clemente Hombre del Año. En 1999 es (13) __el__ primer hombre de la historia del béisbol en acumular 60 "jonrones" en dos temporadas consecutivas. Y en 2003 es (14) __el__ primer latino en acumular 500 "jonrones" durante su carrera. Aunque su lengua materna es (15) __el__ español, Sosa habla bien (16) __el__ inglés. Es (17) __un__ excelente actor de televisión. Después de correr un "jonrón", regresa a la base, mira hacia (18) __la__ cámara, se toca (19) __el__ corazón y envía con (20) __la__ mano un beso a su madre, Lucrecia. Vive muy feliz con su mujer, Sonia, y sus cuatro hijos. Dice Chase: "Era adulto antes de ser niño. Siempre tuvo un gran sentido de responsabilidad. Por eso se divierte tanto con lo que hace ahora". Una cosa muy cierta: (21) __la__ gente lo adora.[3]

Sammy Sosa, jugador estelar

1-27 Los festivales de rock. Lea la siguiente selección y conteste estas preguntas.

1. ¿Cuáles de los artículos definidos (que están en negrilla [*bold*]) no se usarían en inglés? ¿Por qué se usan en español?
2. ¿Puede usted encontrar cuatro artículos definidos que se traducirían al inglés por posesivos (*his*, *her*, *their*, etc.)?
3. ¿Qué palabra sería necesario agregar *(to add)* para traducir al inglés las palabras subrayadas?

ANS 1-27
1. Paragraph 1: La música, los hombres, los pueblos, el rock, los jóvenes, los festivales, los adolescentes, la energía, el cuerpo, las manos, la voz, el rock, al movimiento, la liberación. Paragraph 2: los festivales, el amor, la esperanza, la vida 2. la energía, el cuerpo, las manos, la voz 3. a(n)

---

[3] De: "Sammy Sosa: Bateador con corazón", Robert Heuer, *Américas*, abril 1999, páginas 16–21; "Sammy Sosa: Un verdadero héroe", Keyvan Antonio Heydari, *Gente*, 7 de junio de 2000, páginas 34–36; "Sammy Sosa 500 jonrones", Jesse Sánchez, http://mlb.mlb.com/NASApp/mlb/mlb/events/mlb_sosa_500_spanish.jsp.

LOS FESTIVALES DE ROCK EN LA ARGENTINA

Sofía Wascher

La música es **la** expresión de **los** hombres y de **los** pueblos [naciones]. En particular <u>cierto</u> tipo de música, **el** rock, por ejemplo, representa **el** sentir [sentimiento] de **los** jóvenes. En **los** festivales de rock **los** adolescentes encuentran canales de expresión para descargar [dar salida a] **la** energía acumulada. Se expresan con todo **el** cuerpo, con **las** manos, con **la** voz, porque **el** rock es una música que implica un estímulo rítmico poderoso. Incita **al** movimiento, a **la** liberación psíquica y física...

 El público de **los** festivales de rock argentino se caracteriza por su fidelidad [lealtad] a ciertos grupos o artistas... **El** típico cantante de rock no es <u>adolescente</u>, sino <u>treintañero</u> [persona de treinta años]. Es músico y también <u>poeta</u>... **Los** temas de **las** canciones son a veces de tipo político, otras veces son tradicionales: **el** amor, **la** esperanza de un futuro mejor, **el** deseo de mantener <u>cierta</u> autonomía frente a **los** problemas de **la** vida.

—*Pájaro de fuego* (revista argentina)

Write any three questions you like, perhaps including current activities or information, as long as they use the structures of this section. Give students a time limit for answering them. Collect and shuffle the cards, then hand them back again to the class. Students ask questions until they find the person who wrote the answers to the card they have. If there is time, have some of the students report the answers that their partners supplied.

1-28 ¿Dónde está mi compañero(a)? Su profesor(a) le dará una tarjeta y escribirá tres preguntas en la pizarra; por ejemplo:

1. ¿Qué es la felicidad? Dé un ejemplo.
2. ¿Qué va a hacer el domingo?
3. ¿Qué piensa de la música "rap"?

Conteste en la tarjeta las preguntas de su profesor(a). Use oraciones completas. Devuélvale *(return)* la tarjeta a su profesor(a). Su profesor(a) le dará la tarjeta de otro(a) estudiante. Busque al (a la) dueño(a) de la nueva tarjeta, haciéndoles preguntas a los otros estudiantes de la clase.

The Reflexive (1)

1. In most reflexive constructions, the verb "reflects on" or acts upon the subject of the sentence. Reflexive pronouns in English end in *-self* or *-selves.*

 Me divierto mucho.   *I'm enjoying myself a lot.*

Make sure students understand that the translation in English does not necessarily use *-self* or *-selves;* this is clear from the examples but may need to be pointed out specifically.

Reflexive Pronouns		divertirse (ie)		
me **nos**	(yo)	**me** divierto	(nosotros)	**nos** divertimos
te **os**	(tú)	**te** diviertes	(vosotros)	**os** divertís
se **se**	(él, ella, usted)	**se** divierte	(ellos, ellas, ustedes)	**se** divierten

Se llama José.	*His name is José. ("He calls himself José.")*
¿Te aburres?	*Are you getting bored?*
Siempre nos divertimos mucho cuando estamos con ustedes.	*We always have a good time (enjoy ourselves a lot) when we're with you.*
Se reúnen cada mes.	*They get together every month.*
¿Cómo te sientes hoy?	*How do you feel today?*

2. Reflexive pronouns precede a conjugated verb or follow and are attached to an infinitive.

Nos vamos a reunir en el café. } Vamos a reunirnos en el café. }	*We're going to get together in the café.*

The reflexive is discussed further in Chapter 8.

PRÁCTICA

1-29 Un encuentro feliz. Ana y Ramona encuentran a Consuelo en una calle de Guadalajara, México. Complete su conversación usando el tiempo presente. Use los verbos siguientes: **aburrirse, divertirse, llamarse, reunirse.**

ANA: Hola, Consuelo. Quiero presentarte a una amiga mía.

RAMONA: _____Me llamo_____ Ramona. Mucho gusto.

CONSUELO: Encantada... Y tú, ¿qué tal, Ana? ¿Cómo estás?

ANA: Bien. Ramona está de visita sabes, y...

CONSUELO: ¿Ah, sí? ¿Y qué piensas de Guadalajara?

RAMONA: Es una ciudad muy bonita. _____Me divierto_____ mucho aquí con Ana.

ANA: Consuelo, Ramona y yo vamos a _____reunirnos_____ con unos amigos en el Café Miraflores ahora. ¿Quieres acompañarnos?

CONSUELO: ¡Cómo no! _____Me aburro_____ de tanto trabajar.

1-30 Entrevista. Entreviste a un(a) compañero(a) para averiguar...

1. cómo se llama Me llamo…
2. cuándo se divierte (¿qué hace?) Me divierto cuando…
3. cuándo se aburre (¿por qué?) Me aburro cuando…
4. cuándo se reúne con los amigos (¿dónde? ¿se divierten?) Nos reunimos…
5. qué hace para sentirse bien Para sentirme bien…

If you want to introduce additional reflexive verbs at this point, you can skip ahead to Chapter 8. The purpose of this section is to practice the reflexive pronouns.

EN OTRAS PALABRAS

Saludos y presentaciones; Para iniciar una conversación

In Spanish, as in English, there are many ways to say the same thing, some more formal than others and some appropriate only to very specific circumstances. The sections labeled **En otras palabras** focus on some of the functions, or uses, of language independent of grammatical structure. Many of these expressions were presented in the **Para escuchar** section. Here are some expressions for greeting someone, making introductions, and initiating a conversation.

1. You meet a friend on the street.

   ¡Hola! ¿Qué tal? ¿Qué pasa? ¿Qué hay de nuevo? ¿Qué hay?
   ¡Qué alegría verte! ¡Cuánto gusto de verte!
   ¿Cómo te va? *How's it going?*
   ¡Qu' húbole! ¿Qué onda? *Hi! What's up? (colloquial, most of Latin America)*
   ¿Cómo estás? ¿Cómo has estado?

   (Or for someone older or someone to whom you do not feel close enough to use the **tú** form: **¿Cómo le va?, ¿Cómo está usted?, ¿Cómo ha estado?**) When someone says, **¿Qué tal?,** you don't always have to say **¡Muy bien, gracias!** You can say:

   Bastante bien.
   Más o menos. Regular.
   (Muy) mal.
   Estoy cansado(a). *I'm tired.*
   Por aquí (estudiando, trabajando). *(I'm) Just here (studying, working).*

2. You pass a stranger on the street.

   Buenos días. Buenas tardes. Buenas noches.

   From noon until about sunset, you can use **Buenas tardes,** often heard as simply **Buenas.**

3. You meet someone at a party for the first time.

   Hola. Me llamo...   Encantado(a).
   Mucho gusto.   ¡Qué gusto conocerlo(la)!
   El gusto es mío.

4. You introduce one person to another.

   Ésta es..., una amiga mía.
   Déjeme (Déjame) presentarle(te) a...
   Quiero que conozca(s) a... *I want you to meet . . .*

5. You welcome someone to your home.

   Bienvenido(a).   Está en su casa. (Estás en tu casa.)

In Mexico or Ecuador you might hear **¿En qué patín andas?** (literally, "What skate are you on?"). In Mexico and in Spain people say: **¿Cómo lo llevas?** In Cuba, you might hear **¿Qué bolá?** and in Chile **¿Qué se teje?** ("What's being knitted?"). In various parts of Latin America, you might hear **¿Cómo está la movida?** ("How's the action?")

Some colloquial expressions for answering **¿Qué tal?:** **Tirando** (Spain, Argentina, Uruguay; literally "Pulling," meaning *Okay, hanging in there*), **Dos que tres** (Mexico, Guatemala, El Salvador; literally, "Two that three," meaning *Okay, not bad*), **Siempre pa'alante** (Colombia, Venezuela, Puerto Rico, the Dominican Republic; literally, "Always forward," *Just plugging along*). In Chile, people say **No llueve, pero gotea** ("It's not raining, but it's dripping," meaning that things could be worse). In Mexico and parts of Central America, you might hear **Arrastrando la cobija** ("Dragging the blanket," *Dragging along, not too well*).

PRÁCTICA

1-31 Saludos y presentaciones. Mire los tres dibujos. ¿En cuál se necesita un saludo informal? ¿un saludo formal? ¿la forma plural del saludo? Trabajando solo(a) o con un(a) compañero(a), invente usted un pequeño diálogo (de tres o cuatro preguntas y respuestas) para cada dibujo.

1.

El señor Prieto   Mario Vargas

2.

Natalia Bartoli   Teresa Mendoza

3.

Alonso y Estela   Eduardo
Benavides   Díaz

1-32 En la fiesta. Ustedes están en una fiesta. Preséntese a alguien e inicie una conversación. La otra persona se presenta y le hace una pregunta. Invente un pequeño diálogo.

By now, students have practiced in many ways vocabulary for describing enjoyable activities, the words from all of the vocabulary lists in the chapter. They've talked about specific things that make them happy (1-21 to 1-23). They've reviewed the present-tense verb forms they will need.

If you presented **Para escuchar,** they heard a conversation in which people are at a party enjoying themselves. If you've done the Web activities, they've also investigated celebrations in the Hispanic world and activities associated with them. They've completed sentences about what makes them happy in the **En contacto** review section. However, if you have additional time in class, have students brainstorm this activity together.

You might have them make a simple graphic organizer, such as an idea map. They write in the center **un día feliz** and then surround this with things they associate with a happy day. Let them write their paragraphs and, if you have time in class, peer edit them.

In peer editing, tell them to look for one or two specific things, such as present-tense verb forms, agreement of subject and verb, or correct use of articles. After peer editing, they submit their final paragraphs.

Ⓔ N CONTACTO

1-33 Entrevista. Entreviste a un(a) compañero(a) usando las frases que siguen. Después, su compañero(a) lo (la) entrevista a usted.

1. Cuando tienes mucha energía y quieres hacer ejercicio, ¿qué haces?
2. Después de un largo día de trabajo y tensiones, ¿qué haces?
3. Cuando no tienes dinero pero quieres divertirte, ¿qué haces? ¿llamas a tus amigos?
4. Cuando tienes mucho dinero y quieres divertirte, ¿qué haces?
5. ¿Cómo escapas de la rutina?
6. ¿Cuándo tienes un buen día? (¿Qué cosas ocurren cuando tienes un buen día?)

1-34 Veinte preguntas. Formen grupos de tres a cinco estudiantes. Un estudiante de cada grupo hace el papel de un cantante, músico o actor famoso. Los otros estudiantes tratan de adivinar (*try to guess*) qué personaje representa mediante (*by means of*) preguntas que tengan como respuesta sí o no. Si después de veinte preguntas no han adivinado, el estudiante que actúa es el ganador (*winner*).

1-35 Dulce felicidad. Complete las siguientes frases.

1. Después de trabajar mucho y completar alguna tarea, me premio (*I reward myself*) con...
2. Si no me siento bien, hablo con...
3. Una persona que me ayuda a olvidar los problemas y disfrutar de la vida es...
4. La música que más me gusta cuando no me siento muy bien es...
5. Un lugar donde siempre me siento feliz es...

1-36 A ESCRIBIR: La felicidad.

Usando las listas de vocabulario útil de este capítulo y sus respuestas a 1-21, 1-22, 1-23 y 1-35, escriba un párrafo de seis a ocho oraciones sobre las cosas y actividades que le dan felicidad. Siga estas instrucciones:

1. Escriba una oración que comience: **Me siento feliz cuando...** **(estoy en la playa [mi café favorito/una fiesta]; ...bailo [toco música, celebro mi cumpleaños])**, etc.
2. Escriba cinco o seis oraciones para describir dónde está y qué hace. ¿Por qué le gusta esa actividad o el lugar donde está? ¿Qué ve? ¿Qué escucha? ¿Hay alguien con usted?
3. Escriba una conclusión. Por ejemplo: **En fin, siempre me siento muy contento(a) cuando...**

Grammar	verbs: present
Vocabulary	leisure, sports, beach, emotions: positive
Phrases	talking about the present, describing places

▸▸ Madrid, ciudad que nunca duerme

Madrid, capital de España, es una ciudad que nunca duerme. Madrid ofrece mucha **vida nocturna,** con cines, teatros y restaurantes y **noches de parranda** que duran hasta **la madrugada.** ¡Madrid es para vivir!

VOCABULARIO

al aire libre	*out of doors*
la chocolatería	*chocolate stand or shop*
la copa	*(alcoholic) drink*
dar una vuelta	*to take a walk*
el/la devoto(a)	*devotee, adherent (of a religion)*
ir de paseo	*to take a walk, go out for a stroll*
la madrugada	*early morning, dawn*
la parranda, la noche de parranda	*party, night of partying*
la tapería *(Spain)*	*small restaurant-bar that serves **tapas**, appetizers*
la vida nocturna	*nightlife*

PRÁCTICA DE VOCABULARIO

Dé el sinónimo de las siguientes palabras o expresiones.

1. la fiesta   la parranda
2. ir de paseo   dar una vuelta
3. bebida alcohólica   la copa
4. fuera, afuera   al aire libre
5. el momento del día antes de la salida del sol   la madrugada

HABLANDO DEL TEMA

▸▸ En 1561 el rey Felipe II traslada *(moves)* la corte de Toledo a Madrid y ésta llega a ser *(becomes)* la capital de España. Hoy, con más de tres millones de habitantes, Madrid es una gran ciudad con muchos museos, tiendas, oficinas, centros nocturnos y una universidad importante. Benito Pérez Galdós (el "Dickens de España", 1843–1920) es un famoso novelista español: sus libros dan una vívida representación de Madrid y de la vida madrileña de su época.

▸▸ El Carnaval es una fiesta popular que anuncia la última oportunidad para divertirse antes de los cuarenta días de Cuaresma *(Lent, religious season of fasting)*. La Cuaresma empieza el Miércoles de Ceniza *(Ash Wednesday)*. En España el Carnaval empieza una semana antes del Miércoles de Ceniza.

PREGUNTA DE ENFOQUE

¿Cuáles son algunas diversiones típicas de los madrileños?

COMPRENSIÓN

1. ¿Es común la siesta hoy en día en las grandes ciudades hispanas como Madrid?
2. ¿Cuál es la religión de la mayor parte de los españoles? ¿Es oficial esta religión en España hoy en día? Explique.
3. ¿Por qué dicen que el fútbol es casi una religión para los madrileños?
4. ¿A qué hora cenan en España? ¿Qué relación hay entre la hora de la cena y las tapas?
5. ¿Qué ideas tiene usted sobre la celebración de Carnaval después de ver el video?
6. Explique la importancia de las chocolaterías.

En la ciudad de Madrid

To save time in class, mark beforehand at what point the video section begins.

PUNTOS DE VISTA

1. ¿Qué diversiones se presentan en el video? ¿Cuáles le gustan más a usted?
2. Compare las calles madrileñas con las de su ciudad.
3. ¿Qué significa la afirmación del escritor español Benito Pérez Galdós: "Ir de paseo cuenta como un oficio (counts as a job)"? ¿Describe esta oración correctamente la vida madrileña o no? Explique.

Voice your choice! Visit **http://voices.thomsoncustom.com** to select additional readings relevant to this chapter's theme.

▶▶ La palabra **tapa** tiene su origen en el verbo **tapar** (to cover—e.g., cover a drink so that flies do not get into it). **Una ración** es una porción más grande. **Un bocadillo** (o **una bocata**) es un sándwich. Las tapas son muy variadas y deliciosas: desde las nueces (nuts) hasta los mejillones (mussels).

▶▶ En la jerga (slang) de los madrileños, **ir de parranda** es una manera de **pasarlo en grande** (divertirse mucho). Algunos van de **garito** (bar) en **garito; hacen el viacrucis** (they make the stations of the cross). Una persona con mucha **pasta** (dinero) que no es **cutre** (stingy) invita a sus amigos a una buena comida con música que **mola cantidad** (rocks). Pero al final, llega **la dolorosa** (the painful one, i.e., the bill). Después de pagar, todos van a casa a **planchar la oreja** (iron the ear, i.e., sleep).

Vejez y juventud

Tres generaciones de una familia colombiana

CD 1,
Track 4

PRESENTACIÓN DEL TEMA

En todos los lugares siempre hay diferencias entre la gente joven y sus padres y abuelos. El mundo hispano no es una excepción. Los valores de los jóvenes están cambiando muy rápidamente. Por ejemplo, en España:

- Solamente el 28 por ciento de los jóvenes se consideran católicos practicantes.
- Solamente uno de cada diez va a misa *(mass)* regularmente.
- No confían *(trust)* mucho en las instituciones políticas o en la milicia *(the military)*.
- Sus actitudes ante *(regarding)* la homosexualidad, el aborto y los anticonceptivos *(contraceptives)* son muy diferentes de las de sus padres o abuelos.[1]

Los estudios indican que los jóvenes son más tolerantes y menos xenófobos *(xenophobic)* y autoritarios que los jóvenes del pasado y que no son nacionalistas; se identifican con su pueblo o ciudad, su patria chica *(native region)*, mucho más que con España o con la Unión Europea. "Consideran su generación con respecto a la de sus padres como más tolerante y solidaria, más independiente y contestataria *(questioning, rebellious)* y menos madura *(mature)*."[2] Menos madura, quizás, porque los jóvenes se quedan en casa con sus padres hasta una edad más avanzada, ya que es más difícil para la nueva generación encontrar trabajo.

Los jóvenes en México se consideran también más libarales que la generación de sus padres.

---

[1] Instituto de la Juventud Española (INJUVE), Informe Juventud en España, Madrid 2000.

[2] "Sondeo periódico de opinión y situación de la gente joven", INJUVE/Consejería Técnica Planificación y Evaluación, Madrid 2001.

> *La juventud es la levadura* [yeast] *moral de los pueblos.*
> —José Ingenieros,
> Las fuerzas morales

Aunque haya diferencias filosóficas entre las generaciones, en el mundo hispano la familia tiene una gran importancia en la vida del individuo. Mucha gente nace, crece y muere en la misma ciudad y, en general, las familias son unidas. Si algún miembro de la familia tiene un problema o necesita tomar alguna decisión importante, habla con un pariente. En las reuniones y en las fiestas, muchas veces hay varias generaciones presentes, desde los bebés y niños pequeños hasta los bisabuelos. Según el estudio, "mayoritariamente *(primarily)*, [los jóvenes] presentan a sus padres y familiares como los ejemplos a los que imitar o parecerse. La familia es también la principal causa por la que los jóvenes estarían dispuestos *(disposed, ready)* a realizar sacrificios".

Pequeño perfil *(profile)* de los jóvenes españoles

Porcentaje (%) que se considera católico practicante: 28

Porcentaje de chicas que quieren trabajar fuera de casa: 90

Preocupaciones personales: los estudios, el trabajo y la familia

Valores más importantes: la sinceridad, la amistad, el respeto a los demás y la familia

Principal problema social, según ellos: el terrorismo

Causas más interesantes para colaborar en actividades voluntarias: el apoyo a la formación *(education)* de personas con dificultades, la ayuda al Tercer Mundo y la lucha *(struggle)* contra el SIDA *(AIDS)*

Causa que más justifica sacrificios: la familia (Otras causas que mencionaron: la paz, los derechos *(rights)* humanos, la lucha contra el hambre y la libertad de expresión.)

Causa que justifica el uso de la violencia por motivos políticos: ninguna

2-1 Preguntas.

1. En general, ¿son religiosos los jóvenes españoles? ¿y los jóvenes que usted conoce?
2. ¿Tienen confianza en los partidos políticos? ¿en las instituciones militares? ¿Y usted?
3. ¿Por qué viven muchos jóvenes españoles con sus padres?
4. ¿Viven en un mismo lugar muchas personas del mundo hispano durante toda su vida?
5. Si usted tiene un problema o necesita tomar una decisión importante, ¿con quién habla primero?
6. ¿Cuál es el principal problema social, según los jóvenes españoles? ¿Está usted de acuerdo?
7. ¿Qué causas apoyan los jóvenes españoles? ¿Cuál es la causa que más justifica sacrificios? ¿Alguna de las siguientes causas justificarían *(would justify)* sacrificios en la vida de usted: la paz, los derechos humanos, la lucha contra el hambre, la libertad de expresión? Explique.
8. ¿Qué causa justifica el uso de la violencia por motivos políticos? ¿Está usted de acuerdo?

VOCABULARIO ÚTIL

LA FAMILIA

COGNADOS

el esposo (la esposa)
divorciarse (de)
el divorcio

LA FAMILIA INMEDIATA

el hermano (la hermana)	brother (sister)
el hijo (la hija)	son (daughter)
el marido	husband
el padre (la madre); los padres	father (mother); parents
el pariente (la parienta)	relative

LA FAMILIA EXTENSA

el abuelo (la abuela)	grandfather (grandmother)
el bisabuelo (la bisabuela)	great-grandfather (great-grandmother)
el nieto (la nieta)	grandson (granddaughter)
el primo (la prima)	cousin
el sobrino (la sobrina)	nephew (niece)
el tío (la tía)	uncle (aunt)

VERBOS

casarse (con)	to get married (to)
crecer (zc)	to grow, grow up
morir (ue)	to die
nacer (zc)	to be born

OTRAS PALABRAS

casado(a)	married
contestatario(a)	questioning, rebellious
joven	young
la juventud	youth
la muerte	death
el nacimiento	birth
la niñez	childhood
unido(a)	close, united
el valor	value; valor
la vejez	old age
viejo(a)	old

Note that, in Spanish, **el esposo de mi madre** or **la esposa de mi padre** are usually preferred to **el padrastro** *(stepfather)* or **la madrastra** *(stepmother)*.

Ask students about famous family relationships. Write two names on the board (e.g., Julio Iglesias, Enrique Iglesias). Students make sentences (e.g., **Julio Iglesias es el padre de Enrique Iglesias. Enrique Iglesias es el hijo de Julio Iglesias.**) Ideas: Gloria Estefan, Emilio Estefan (husband/wife); Pablo Picasso, Paloma Picasso (father/daughter); Lucy Arnaz, Desi Arnaz, Jr. (brother/sister); Ted Kennedy, Caroline Kennedy (uncle, niece); Martin Sheen; Sam Sheen (grandfather/granddaughter).

The term **viejos** is often used colloquially to refer to one's parents (e.g., **Mis viejos no quieren que salga** or as used in the Maitena cartoon on page 37). However, **viejo(a)** is also used in the vernacular to refer to a spouse (**Voy a preguntarle a mi vieja**). Sometimes **jefe** is used for a parent also: **Mis jefes no están.**

> ### ¡OJO!
>
> **la boda, el casamiento** *wedding (celebration, party)* / **el matrimonio** *matrimony, marriage; married couple*
> **estar embarazada** *to be pregnant* / **estar avergonzado(a)** *to be embarrassed*
> **pedir** *to ask for, request (something)* / **preguntar** *to ask (a question); (with* **por***) to inquire about*
> **soltero(a)** *single* / **solo(a)** *alone* / **sólo, solamente** *only* / **único(a)** *unique; only*

PRÁCTICA

2-2 Antónimos. Dé el antónimo de la palabra o expresión subrayada.

1. El señor Martínez está <u>divorciado</u>. casado
2. Para mucha gente la <u>niñez</u> no es la mejor época de la vida. vejez
3. Miguel de Unamuno <u>nació</u> en España. murió
4. Me voy a <u>divorciar</u>. casar
5. Nuestro gato es muy <u>viejo</u>. joven
6. Hay mucha gente <u>soltera</u> aquí. casada
7. Todo cambió después <u>del nacimiento</u> de su hija. de la muerte
8. Juan siempre está <u>con mucha gente</u>. solo
9. ¿Carmen se siente <u>orgullosa</u> después de todo? No creo. avergonzada
10. No sé nada del <u>casamiento</u> de Juan y Ana. divorcio

2-3 Hablando de la familia. Entreviste a un(a) compañero(a) sobre su familia.

Después, su compañero(a) lo (la) entrevista a usted. (Puede inventar una familia ficticia si prefiere.) Esté preparado(a) para hacer un comentario sobre la familia de su compañero(a).

1. ¿Viven tus padres? ¿tus abuelos? ¿tus bisabuelos? Si es así *(If so)*, ¿dónde viven?
2. ¿Tienes hermanos? ¿Cuántos? ¿Cómo se llaman? (Si no tienes hermanos, ¿tienes primos? ¿Cómo se llaman?)
3. ¿Eres padre o madre? Si es así, ¿cuántos hijos tienes? ¿Cómo se llaman?
4. ¿Qué hacen tus hermanos (o primos)? ¿Dónde viven? ¿Están casados?
5. ¿A qué parientes ves a menudo? ¿Dónde?
6. ¿Crees que tu familia es una familia unida o no? ¿Son muy independientes las personas de tu familia? Explica.

2-4 Opinión. Describa el siguiente dibujo humorístico de Maitena Burundarena, de Argentina. Trate de usar algunas de estas palabras: **nacer**, **crecer**, **novio**, **nieto**, **abuelo**. ¿Qué piensa del dibujo?

This exercise is one of several that students may start using as a basis for the **A escribir** writing assignment; students will be writing a paragraph about a family photo or a photo of a family scene.

¿ Parará Papá ?

NOS ENAMORAMOS DE ÉL A PRIMERA VISTA...

Y SUFRIMOS AL DESCUBRIR QUE TIENE OTRA.

MUCHA HISTERIA DESPUÉS, LOGRAMOS SEDUCIRLO...

...PERO YA NO NOS IMPORTA, ¡Y ES LA GUERRA!

¡hola papito!

¡chau viejo...!

¡BRRUUM!

UN DÍA AL MADURAR, CAPITULAMOS, ¡Y HASTA LE HACEMOS REGALOS!

...SEGURAS DE HABER ENCONTRADO AL FIN UN HOMBRE QUE NO SEA ÉL. SIN SOSPECHAR AÚN...¡CUÁNTO SE LE PARECE!

..aa...buee... ...loo...

¡ah, las mujeres! ¡son todas iguales! ¡...menos mi nena...!

nos enamoramos we fall in love, **logramos** we manage, **viejo** = papá, **madurar** to mature, **sospechar** to suspect, **nena** = niña

Para escuchar: En el autobús

CD 1,
Track 5

Conversación 1: Para preguntar sobre la familia de otra persona; expresiones de cortesía. Jessica Jones, una estudiante norteamericana, viaja de Bucaramanga, Colombia, a Bogotá, la capital, en autobús. En el autobús conoce al señor Miguel Gutiérrez.

Make sure students understand the directions for each exercise. Play the CD all the way through without stopping. If they have trouble, play the CD all the way through again. Reiterate that students do not have to understand every word. This section introduces the theme and vocabulary of the chapter and also presents the language functions (**En otras palabras**).

2-5   Escuche la **Conversación 1**. Describa al señor Gutiérrez. Indique **V** (verdad) o **F** (falso).

El señor Gutiérrez...

_____F_____ **1.** es un joven de unos treinta años.
_____V_____ **2.** vive en Bucaramanga.
_____F_____ **3.** está divorciado.

2-6   Escuche la **Conversación 1** otra vez. Escoja la mejor respuesta.

1. La familia del señor Gutiérrez es...
  (a.) grande y unida.   b. pequeña pero unida.   c. de Bogotá.

2. La nieta del señor Gutiérrez...
  a. vive en Cartagena.   (b.) vive en Bogotá.   c. vive en Canadá.

3. Casi todos los otros familiares del señor Gutiérrez...
  (a.) están en Bucaramanga.   b. están en Medellín.   c. están en Bogotá.

4. Otra expresión para **No hay de qué** es...
  a. No hay permiso.   b. No, gracias.   (c.) De nada.

CD 1,
Track 6

Conversación 2: Para describir a su propia familia; despedidas. Jessica habla de su familia al señor Gutiérrez.

2-7   Escuche la **Conversación 2.** Describa a Jessica. Indique **V** (verdad) o **F** (falso).

Jessica...

_____V_____ **1.** nació en Boston pero creció en Canadá.
_____F_____ **2.** tiene varios hermanos y hermanas.
_____F_____ **3.** quiere casarse con su novio canadiense.

> *Cuando tienes una familia que deja que te expreses como eres, es lo mejor que te puede dar la vida.*
> —Rosario Flores, cantante española

2-8   Escuche la **Conversación 2** otra vez. Escoja la mejor respuesta.

1. El hermano de Jessica tiene quince años y estudia...
  (a.) en la escuela secundaria.
  b. en la Universidad de Alberta.
  c. en la Universidad de Bogotá.

2. Jessica opina que en tiempos pasados las familias norteamericanas eran más...
  a. independientes.   b. ricas.   (c.) grandes.

3. Para el señor Gutiérrez, es triste ver a una mujer...
  a. sin dinero.   b. sin padres.   (c.) sin hijos.

4. Según el señor Gutiérrez, en sus tiempos todo era diferente y los jóvenes...
- a. no tenían tantos problemas.
- b. no tomaban tanto alcohol.
- c. no eran corteses.

5. Al final de la conversación, el señor Gutiérrez le dice a Jessica...
- a. Hasta pronto, si Dios quiere.
- b. Hasta el viernes.
- c. Hasta mañana.

You may want to have students give their opinions about the points discussed. The **Para escuchar** activities and **En otras palabras** activities are based on the same language functions, so you may want to look ahead to the **En otras palabras** section at this point.

ⒼRAMÁTICA Y VOCABULARIO

The Preterit Tense: Regular Verbs; Use of the Preterit

Regular and Spelling-Changing Verbs

Regular Verbs

The following chart shows the formation of the preterit of regular verbs.

hablar		comer		vivir	
hablé	hablamos	comí	comimos	viví	vivimos
hablaste	hablasteis	comiste	comisteis	viviste	vivisteis
habló	hablaron	comió	comieron	vivió	vivieron

1. Notice that the endings for regular **-er** and **-ir** verbs in the preterit are the same. Also, notice that the **nosotros** forms of **-ar** and **-ir** verbs are the same in the preterit as in the present.

2. Stem-changing **-ar** and **-er** verbs are regular (**encontrar: encontré, encontraste**, etc.; **perder: perdí, perdiste**, etc.).

3. Stem-changing **-ir** verbs show the following changes in the third-person singular and plural of the preterit. The other forms are regular.

e to **i:** pidió, pidieron	**o** to **u:** durmió, durmieron
prefirió, prefirieron	murió, murieron
siguió, siguieron	
sintió, sintieron	
sirvió, sirvieron	

> *La juventud termina cuando se apaga [is extinguished] el entusiasmo.*
> —José Ingenieros (Argentina: 1877–1925), Las fuerzas morales

Write some words on the board that contain **go, ga,** and **gu** (which have the **g** sound in English) and some that have **ge** or **gi** (with the **h** sound in English). (Examples: **amigo, amiga, gusto; geografía, gimnasia.**) Have students pronounce them. Then explain that the **u** is needed to keep the **g** sound. For **c** to **qu,** follow a similar process: write words with **c** before **a, o,** or **u** (the **k** sound in English) and **c** before **e** or **i** (the **s** sound in English). (Examples: **carro, coche, cultura; cena, cine.**) Explain that the **qu** is needed to keep the **c** sound.

For other examples of these kinds of verbs, see Appendix E.

Spelling-Changing Verbs

Some verbs have spelling changes in the preterit.

1. changes in the first-person singular only (to preserve the sound of the infinitive), for verbs ending in **-gar, -car, -zar:**

   g to **gu:** lle**gu**é, pa**gu**é, ju**gu**é
   c to **qu:** to**qu**é, bus**qu**é, expli**qu**é
   z to **c:** empe**c**é, go**c**é, comen**c**é

2. changes in the third-person singular and plural (for verbs that have stems ending in vowels):

   a. a **y** is inserted between two vowels

   | le**y**ó, le**y**eron | cre**y**ó, cre**y**eron |
   | o**y**ó, o**y**eron | constru**y**ó, constru**y**eron |

   b. the stem **e** is dropped, as in the verbs **reír** (*to laugh*) and **sonreír** (*to smile*)

   | **rió**, **rieron** | **sonrió**, **sonrieron** |

Use of the Preterit

The preterit is used for completed past actions, in general. It expresses a past act, state, or series of acts viewed as a completed unit in time.

| Mi mamá nació y creció en Guatemala. Pero pasó la mayor parte de su vida en El Salvador. | My mother was born and grew up in Guatemala. But she spent most of her life in El Salvador. |
| El año pasado mi bisabuelo cumplió ochenta años y tuvimos una gran celebración. | Last year my great-grandfather was eighty years old (turned eighty) and we had a big celebration. |

The preterit can also be used to focus on the beginning of an action, when the speaker or writer sees it as completed. This will be discussed further in the next section.

| Ernesto habló a la edad de tres años. | Ernesto talked (started talking) at three years of age. |

PRÁCTICA

2-9 Personajes famosos. Haga oraciones acerca de los siguientes personajes famosos, usando el pretérito.

ANS 2-9
1. participó, exploró
2. construyó, mandó 3. nació, murió, pintó 4. cruzó, libertó
5. luchó, escribió

> **MODELO** Francisco Pizarro: viajar a Perú con 180 soldados y conquistar a los incas
> *Francisco Pizarro viajó a Perú con 180 soldados y conquistó a los incas.*

1. Hernando de Soto: participar en la expedición de Pizarro; explorar el sur de Estados Unidos

2. Felipe II: construir El Escorial; mandar la Armada Invencible a Gran Bretaña
3. El Greco: nacer en Grecia; morir en Toledo; pintar *Vista de Toledo*
4. José de San Martín, el Libertador: cruzar los Andes y libertar a Chile
5. José Martí: luchar por la independencia de Cuba y escribir *Versos sencillos*

2-10 ¿Qué hiciste el verano pasado? Entreviste a un(a) compañero(a) sobre sus actividades del verano pasado, usando las frases que siguen. Después, su compañero(a) lo (la) entrevista a usted. Tome apuntes *(notes).*

2-10. For item 9, you might need to remind your students to change **su vida** to **tu vida.**

> **MODELO** trabajar (¿dónde?)
> *A: El verano pasado, ¿trabajaste?*
> *B: Sí, trabajé.*
> *A: ¿Dónde trabajaste?*
> *B: Trabajé en un banco.*

El verano pasado...

1. estudiar (¿mucho?)
2. visitar a amigos (¿a quién[es]?)
3. jugar (¿a qué deporte?)
4. recibir algún regalo (¿qué?)
5. leer (¿qué?)
6. escribir (¿a quién?)
7. salir del país (¿con quién?)
8. celebrar algo (¿qué?)
9. encontrar al amor de su vida (¿cómo? ¿dónde?)

> *El joven teme que se arrepentirá [regret]; el viejo se arrepiente de haber temido.*
> —proverbio

2-11 Chismes *(Gossip).* Cuéntele a un(a) compañero(a) por lo menos cuatro cosas sobre la persona que usted entrevistó para el ejercicio 2-10.

> **MODELO** *El verano pasado, Jason trabajó en un banco pero se aburrió mucho allí.*

The Preterit Tense: Irregular Verbs

The following verbs are irregular; they all take the same endings, however.

andar:	anduv	
estar:	estuv	
haber:	hub	**-e**
hacer:	hic	**-iste**
poder:	pud	**-o**
poner:	pus	**-imos**
querer:	quis	**-isteis**
saber:	sup	**-ieron**
tener:	tuv	
venir:	vin	

Conducir, decir, and **traer** are also irregular and use the same endings as those above except in the third-person plural:

conducir:	conduj	}	**-e**
decir:	dij		**-iste**
traer:	traj		**-o**
			-imos
			-isteis
			-ieron

Ask students why the verb form is spelled with a **z: hizo.** (Answer: to preserve the **s** sound.) Give an example or two of **ir** and **ser** in the preterit: **Cristóbal Colón fue un explorador importante. Fue a América en 1492.**

The irregular form **hay** is from the verb **haber** and becomes **hubo** in the preterit.

Hay muchos accidentes en esa calle.	There are many accidents on that street.
Hubo un accidente grave ayer.	There was a serious accident yesterday.

The third-person singular of **hacer** is **hizo. Ser, ir,** and **dar** are also irregular. Notice that **ser** and **ir** have exactly the same forms in the preterit.

ser, ir		dar	
fui	fuimos	di	dimos
fuiste	fuisteis	diste	disteis
fue	fueron	dio	dieron

Quien no sabe de abuelo no sabe de bueno.
—proverbio

...Y SE CASARON Y FUERON FELICES...

¿EN QUÉ GALAXIA?

Nuria Pompeia

VOCABULARIO ÚTIL

LA VIDA Y LA MUERTE

LA EDAD

anciano(a)	*elderly*
cumplir (veinte) años	*to turn (twenty) years old*
entrado(a) en años	*getting on in years*
la gente mayor	*older people*
¿Qué edad tienes (tiene usted)?	*What is your age?*
tener (veinte) años	*to be (twenty) years old*
¿Cuántos años tienes (tiene usted)?	*How old are you?*

LA MUERTE

el antepasado (la antepasada)	*ancestor*
el cementerio	*cemetery*
el entierro	*burial, funeral*
la memoria, el recuerdo	*memory*
el velorio	*wake, vigil*
el viudo (la viuda)	*widower (widow)*

OTRAS PALABRAS

aconsejar	*to advise*
llorar	*to cry*
reír(se)	*to laugh*
rezar	*to pray*
el vecino (la vecina)	*neighbor*

You might mention the expression **tener abriles** *to be a certain age:* **Tiene unos cincuenta abriles** or **Tiene sus abriles.** To stress age, sometimes the **-ón** ending is added to a number: **cuarentón, cuarentona**.

In Mexico and Central America, death (personified) is often called **la calva** or **la pelona** *(the bald one)* and there are many humorous expressions that mean something like *to kick the bucket:* **estirar la pata, colgar los tenis** or, in Costa Rica, **cerrar el paraguas.**

PRÁCTICA

2-12 ¿Qué hicieron? Haga oraciones acerca de los siguientes personajes famosos, usando el pretérito.

> **MODELO** el Inca Atahualpa: darles mucho oro y plata a los españoles
> *El Inca Atahualpa les dio mucho oro y plata a los españoles.*

1. Cristóbal Colón: crecer en Italia; ir a las Américas en 1492   creció, fue
2. Isabel la Católica: querer convertir a todos sus súbditos *(subjects)* a la religión católica   quiso
3. Hernán Cortés: conducir once naves *(ships)* a México con quinientos soldados y conquistar a los aztecas   condujo, conquistó
4. Vasco Núñez de Balboa: hacer un viaje a través del Istmo de Panamá y descubrir el Océano Pacífico   hizo, descubrió
5. Miguel de Cervantes: escribir el *Quijote* y ser pobre toda su vida   escribió, fue

Act. 2.2

El velorio. *Escultura de terracota. Familia Aguilar, Oaxaca, México*

2-13A De la cuna a la tumba *(From cradle to grave)*. El autor mexicano Octavio Paz observó que mientras el tema de la muerte "quema los labios *(burns the lips)*" del norteamericano, es un tema frecuente entre los hispanoamericanos: ... "[la vida y la muerte] son inseparables. La civilización que niega *(denies)* a la muerte niega a la vida." Complete las siguientes oraciones, usando los verbos entre paréntesis en el pretérito. Después, conteste las preguntas.

Cuando (1) _____murió_____ (morir) don Esteban, padre de mi mejor amiga,
(2) (ir/nosotros) _____fuimos_____ a su casa por la noche para asistir al velorio.
(3) _____Tuve_____ (tener/yo) que ayudar a mi amiga a servir café y dulces a los amigos. Todos (4) _____hablaron_____ (hablar/ellos) y (5) _____recordaron_____ (recordar) bien a don Esteban pues (6) "_____fue_____ (ser/él) un hombre que jamás (7) _____hizo_____ (hacer) mal a nadie". Al amanecer *(At dawn)*, la gente (8) _____empezó_____ (empezar) a irse; al día siguiente, los amigos (9) _____volvieron_____ (volver) a reunirse para ir al cementerio. Al día siguiente del entierro, (10) _____comenzó_____ (comenzar) el novenario. Durante nueve días nos reunimos en casa de doña Esperanza, la viuda, y (11) _____rezamos_____ (rezar) por el alma *(soul)* de su marido. Al noveno día, fin del novenario, (12) _____hicimos_____ (hacer/nosotros) una gran cena y (13) _____vinieron_____ (venir) vecinos y amigos. Algunos (14) _____trajeron_____ (traer) a sus hijos, a quienes, como es costumbre en los novenarios, doña Esperanza les (15) _____dio_____ (dar) dulces y caramelos. Ayer (16) _____fue_____ (ser) el 2 de noviembre. Yo (17) _____fui_____ (ir) con mi familia a visitar a una tía que había pasado a mejor vida *(who had "gone to a better life")* y allí (18) _____vimos_____ (ver/nosotros) a doña Esperanza y su familia. Ellos, como nosotros, (19) _____llegaron_____ (llegar) al cementerio muy temprano, (20) _____llevaron_____ (llevar) flores para sus muertos, (21) _____estuvieron_____ (estar) allí todo el día, (22) _____hablaron_____ (hablar), (23) _____recordaron_____ (recordar) a sus muertos y, después de un día con ellos, (24) _____volvieron_____ (volver) a sus casas contentos y consolados *(consoled)*.

You may want to tell students about the **Día de los muertos** in Mexico, where there are many traditions in addition to those in the exercise (which is not about Mexico). The concept of the hereafter can be traced to the Olmecs about 3,000 years ago and was important in Aztec religion. Offerings of food and drink were given to the dead each year to help them along in their journey in the afterlife. Today offerings often include the dead person's favorite foods and drinks, including a wide variety of dishes, soft drinks, cigarettes, and even tequila. The **pan de muerto** is often shaped into a human form, and marzipan skulls are common sweets. Incense **(copal)** is often burned, and people carry candles to the cemetery. You could bring in some of the work of José Guadalupe Posada to show students.

"
Al que Dios no le da hijos, el diablo le da sobrinos.
—proverbio

2-13B Preguntas.

1. ¿Qué pasa durante un velorio?
2. ¿Qué es un novenario?
3. ¿Qué hace mucha gente hispana el 2 de noviembre?
4. ¿Qué piensa de la observación de Octavio Paz que la civilización que niega a la muerte niega a la vida?

2-14 Celebración familiar. Descríbale a un(a) compañero(a) una celebración familiar (por ejemplo, una boda, un aniversario o una cena). Puede hablar de su familia o de una familia que usted conoce. Incluya las respuestas a las siguientes preguntas:

1. ¿Qué celebraron o por qué se reunieron?
2. ¿Dónde estuvieron?
3. ¿Quiénes fueron o asistieron?
4. ¿Comieron o tomaron algo? ¿Qué comieron o tomaron?
5. ¿De qué hablaron?
6. ¿Qué hicieron? ¿Bailaron? ¿Sacaron fotos?
7. ¿Cuándo empezó la celebración y cuándo terminó?
8. ¿Ocurrió algo extraño? ¿bueno? ¿malo? ¿Qué pasó?

2-15 Descripción de una vida. Trabaje con un(a) compañero(a). Descríbale la vida de una persona que conoce o de una persona famosa (consultando la Internet o algún libro de referencia si es necesario). Use el tiempo pretérito.

> **MODELOS** *Mi abuela Elizabeth nació en Ohio. Se casó con mi abuelo en 1939. Fue ama de casa* (housewife) *y pintora...*
>
> *El actor Martin Sheen nació en 1940 como Ramón Estévez. Hizo Apocalypse Now en 1979. Tuvo cuatro hijos, entre ellos Charlie Sheen y Emilio Estévez. En el año 2000 ganó el premio Golden Globe al mejor actor para la serie de televisión The West Wing. En 2006 hizo Bordertown...*

2-16 ¿Qué hiciste ayer? Entreviste a un(a) compañero(a). Averigüe (*Find out*) por lo menos cinco cosas que hizo ayer. Después su compañero(a) lo (la) entrevista a usted.

The Imperfect Tense

Formation of the Imperfect

Regular Verbs

To form the imperfect of regular verbs, the **-ar, -er,** or **-ir** is dropped from the infinitive, and the endings shown in bold in the following chart are added to the stem.

hablar		comer		vivir	
habl**aba**	habl**ábamos**	com**ía**	com**íamos**	viv**ía**	viv**íamos**
habl**abas**	habl**abais**	com**ías**	com**íais**	viv**ías**	viv**íais**
habl**aba**	habl**aban**	com**ía**	com**ían**	viv**ía**	viv**ían**

> *Joven es quien está sano aunque tenga ochenta años, y es viejo el doliente* [person with **dolores**—aches, pains], *aunque sólo tenga veinte.*
> —proverbio

Notice that the irregular form **hay** (from the verb **haber**) is regular in the imperfect:

Había muchos jóvenes en la fiesta.	*There were many young people at the party.*

Irregular Verbs

There are only three irregular verbs in the imperfect: **ser, ir,** and **ver.**

ser		ir		ver	
era	éramos	iba	íbamos	veía	veíamos
eras	erais	ibas	ibais	veías	veíais
era	eran	iba	iban	veía	veían

Use of the Imperfect

1. The imperfect is used to describe a state of events that existed for some time in the past—or for actions that occurred repeatedly over a given time frame, habitual past actions. Duration of time is emphasized with the imperfect.

Mi papá y mi abuelo siempre me decían que la vida era dura.	*My father and grandfather always told me that life was hard.*

2. The imperfect is used to tell that something *used to happen* or *was happening* (even though the action may have ended later).

Íbamos a la casa de mis primos todos los veranos.	*We would (used to) go to my cousins' house every summer.*
Mi padrino estaba trabajando solo en la casa ayer.	*My godfather was working home alone yesterday.*

3. The imperfect, rather than the preterit, is generally used to describe mental or emotional states, including plans or intentions.

Isabel no estaba contenta porque su primita, que era muy mal educada, iba a visitarlos.	*Isabel was not happy because her little cousin, who was very spoiled, was going to visit them.*
Eva pensaba en su novio, José, cuando él la llamó.	*Eva was thinking about her boyfriend, José, when he called her.*

4. The imperfect is also used to describe what was going on when another action occurred; the latter action is usually in the preterit.

Echaba una siesta cuando llegó tío Jorge.	*I was taking a nap when Uncle Jorge arrived.*

5. The imperfect is used to tell time in the past or the age of a person.

Eran las nueve de la mañana cuando me dieron la noticia del nacimiento de mi hija.	*It was nine o'clock in the morning when they gave me the news of my daughter's birth.*
Matilde, tenías dieciocho años cuando te conocí, ¿no?	*Matilde, you were eighteen years old when I met you, right?*

Expressions often used with the imperfect include: **siempre, todos los días** (**todos los meses**, etc.), **frecuentemente,** and **a menudo.**

PRÁCTICA

2-17 Historia verdadera de un anciano. Hace varios años, la Prensa Asociada *(Associated Press)* publicó una entrevista con un señor mexicano de noventa años de edad que estaba a punto de *(on the point of)* casarse con una mujer de veinticinco años. Era su esposa número treinta y uno.

Paso 1. Cuando le preguntaron cuál era el secreto de su vitalidad, dio las respuestas que siguen. Cambie los verbos al tiempo pasado, usando el imperfecto.

1. Tomo coñac todos los días.   Tomaba
2. Como carne y pescado crudos *(raw)*.   Comía
3. No fumo cigarrillos; prefiero los cigarros.   fumaba, prefería
4. Paseo una hora todos los días.   Paseaba
5. Trabajo mucho.   Trabajaba
6. En general, estoy contento.   estaba
7. Uso miel *(honey)* en vez de azúcar.   Usaba
8. Vivo bien; no vegeto (vegetar).   Vivía, vegetaba
9. De vez en cuando voy al hospital y veo al médico.   iba, veía

Paso 2. Conteste lo siguiente: ¿Cree usted que el médico de ese señor tan viejo le aconsejaba vivir así? Y en su familia, ¿vivió alguno de sus antepasados más de noventa años? ¿Cuál era el secreto de su vitalidad?

2-18 "Hija, esposa, madre y abuela." Los siguientes dibujos humorísticos aparecieron en la revista *Vanidades*[3]. Con un(a) compañero(a), haga por lo menos cinco oraciones sobre la mujer de ayer. Por ejemplo, ¿qué hacían las mujeres de ayer? ¿Cómo eran las abuelas? ¿Qué tenían (o no tenían) las niñas?

Invent some actions in progress and put them on the board. Have students use their imaginations to tell something that interrupted them. Example: **Ayer tomaba el desayuno cuando (me llamó el amor de mi vida). Sacaba la basura cuando (encontré un anillo de oro).** Tell them to be creative.

Locos y niños dicen la verdad.
—proverbio

Ask students about other people they know or know of who have lived a very long life. What advice did they give?

---

[3] Elizabeth Subercaseaux, "Hija, esposa, madre y abuela", *Vanidades*, 24 de mayo de 1994, páginas 76–77.

2-19 Opiniones. Den sus opiniones acerca de los dibujos del ejercicio 2-18 y del siguiente dibujo de Maitena: ¿Era mejor la vida en el pasado? ¿Peor? ¿Por qué?

tenés = tienes, **vos sos** = tú eres, **obedecían** *obeyed*, **odontólogo** = dentista

2-20 ¿Qué hacías en tu niñez?

Paso 1. Entreviste a un(a) compañero(a) leyéndole, en voz alta *(out loud)*, las preguntas de la columna A. En forma alternada, su compañero(a) lo (la) entrevista a usted leyéndole, en voz alta, las preguntas de la columna B. Tome apuntes *(notes)*.

> **MODELO** A: *En tu niñez, ¿con quiénes jugabas? ¿Con tus primos? ¿Con los otros niños que vivían cerca? ¿Dónde jugaban generalmente?*
> B: *No tengo primos. En mi niñez, jugaba mucho con mi hermana Judy. Jugábamos en el parque.*
> A: *Amy no tiene primas. Cuando era niña jugaba mucho con su hermana Judy en el parque.*

A

1. En tu niñez, ¿con quiénes jugabas? ¿Con tus primos? ¿Con tus vecinos? ¿Con los otros niños que vivían cerca? ¿Dónde jugaban generalmente?
2. ¿A qué parientes considerabas interesantes o importantes? ¿Por qué? ¿Cuántos años tenían?
3. ¿Qué edad tenías cuando saliste por primera vez con un(a) muchacho(a)? ¿Adónde fueron? ¿Al cine? ¿A un restaurante? ¿A un baile?
4. ¿Tenías un perro o un gato? ¿Cómo se llamaba? ¿Cómo era?

B

1. ¿Vivías en un pueblo o en una ciudad? ¿Cómo se llamaba el lugar? ¿Te gustaba?
2. ¿Tenías contacto con personas entradas en años? ¿Qué pensabas de ellas?
3. ¿Adónde ibas generalmente los sábados por la tarde cuando tenías diez u once años? ¿Con quiénes? ¿Qué hacían allí?
4. ¿Te gustaba ir a la escuela? ¿Cómo se llamaba tu maestro(a) favorito(a)? ¿Cómo era?

Paso 2. Escriba un breve resumen sobre estos aspectos del pasado de su compañero(a).

The Preterit versus the Imperfect

Contrast between the Preterit and the Imperfect

1. The choice between the preterit and the imperfect may depend upon how the speaker or writer views a situation. If he or she is focusing on just the beginning or end of an action or sees it as definitely completed, the preterit is used. But to emphasize its duration, the imperfect is used. Compare:

José llamó a Juana y empezó a decirle algo.	*José called Juana and began to tell her something. (beginning of an action that is viewed as completed)*
José llamó a Juana y, cuando entré, empezaba a decirle algo.	*José called Juana and, when I came in, was beginning to tell her something. (incomplete action; something else is going to happen)*
¿Qué hizo usted ayer a la una?	*What did you do yesterday at one o'clock? (emphasizing completion of action)*
¿Qué hacía usted ayer a la una?	*What were you doing yesterday at one o'clock? (emphasizing duration of action)*

2. In general, the preterit is used to narrate and the imperfect to describe. Often when telling a story, the speaker or writer sets the stage with the imperfect, describing what was going on, then switches to the preterit to relate the action. For example:

> **Había** mucha gente en la fiesta. Gustavo y sus amigos **estaban** contentos. **Bailaban** y **tomaban** cerveza. De repente *(Suddenly),* **se abrió** la puerta y **entraron** los padres de Gustavo, furiosos.

Even though two of the first four verbs are action verbs, they are all in the imperfect because the intention of the writer is obviously to describe the scene. Why are the last two verbs in the preterit?

Now you can see why the imperfect is always used to tell time or the age of a person in the past (and usually to express emotional or mental states), since these are description, not narration of action:

Eran las tres en punto cuando salimos.	*It was exactly three o'clock when we left.*
Abuelita tenía veinte años cuando se casó.	*Grandma was twenty when she got married.*
Marta salía con José pero realmente quería a Adolfo.	*Marta was dating José but really loved Adolfo.*

3. To express a repeated or habitual action in the past, the imperfect is generally used.

Visitábamos a mis abuelos todos los veranos.	*We visited my grandparents every summer.*

However, when there is a reference to a specific number of times, the preterit is used since it is clear that the action is completed. Compare:

Cuando vivía en Santiago, iba al centro (todos los días, mucho).	*When I was living in Santiago, I used to go downtown (every day, a lot).*
Cuando vivía en Santiago, fui al centro tres veces.	*When I lived in Santiago, I went downtown three times.*

It is possible, however, to use the preterit in the first example if the context is one that implies viewing the repeated action as complete: **¿Fuiste al centro el mes pasado? —Sí, fui al centro muchas veces.**

Verbs with Different Meanings in the Preterit and Imperfect

Some verbs have distinct differences in meaning depending upon whether they are used in the preterit or imperfect. The meaning intended determines which of the two tenses must be used.

Verb	Preterit	Imperfect
conocer	*to meet for the first time*	*to know, be acquainted with*
saber	*to find out*	*to know (facts or procedures)*
querer	*to try;* in the negative, *to refuse*	*to love, want*
poder	*to manage or succeed in;* in the negative, *to try and fail*	*to be able*

Use **Selección 1** to clearly illustrate in an authentic story most of the uses of the preterit and imperfect with regular, irregular, and stem-changing verbs. **Selección 2** also does this but with a slightly higher level of difficulty.

La juventud es un mal que cura el tiempo.
—proverbio

Conocíamos a la familia Toruño.	We were acquainted with the Toruño family.
Conocimos a la familia Toruño (el mes pasado).	We met the Toruño family (last month).
Sabía que mi esposa estaba embarazada—¡era obvio!	I knew my wife was pregnant—it was obvious!
Ayer supe que mi esposa estaba embarazada—¡qué buena noticia!	Yesterday I found out my wife was pregnant—what good news!
Querían adoptar un niño.	They wanted to adopt a child.
Quisieron adoptar un niño (pero no pudieron).	They tried to adopt a child (but they weren't able to).
No quisieron adoptar al niño.	They refused to adopt the child.
Cuando era joven, tío Pepe podía correr cuatro kilómetros sin problemas.	When he was young, Uncle Pepe could (was able to) run four kilometers without any trouble.
Después de mucha práctica, tío Pepe pudo correr cuatro kilómetros.	After a lot of practice, Uncle Pepe managed to (succeeded in, was able to) run four kilometers.
El pobre tío Pepe no pudo correr cuatro kilómetros.	Poor Uncle Pepe wasn't able to run four kilometers (he tried and failed).

Notice that in these examples the preterit refers to a specific, limited time in the past, while the imperfect refers to a general time frame in the past.

You might personalize this by giving examples of your own: **Conocí a mi esposo en un restaurante griego. Ya conocía a su mejor amigo.** Or **No sabía que** (name of student) **es de Colorado. Esta mañana lo supe. El domingo quería ir a patinar sobre hielo, pero mis hijos no quisieron ir conmigo.** You can ask them questions using these verbs also; e.g., **¿Tiene compañero de cuarto? ¿Dónde lo conoció? ¿Sabía que...? ¿Qué quería hacer el domingo?**

PRÁCTICA

2-21 Una abuela cuenta la historia de su vida. Escoja el pretérito o el imperfecto de los verbos.

Soy Victoria González, del Paraguay, y tengo noventa y cinco años. Mi niñez fue muy triste. Mi mamá (1) <u>murió</u> / moría cuando yo (2) tuve / <u>tenía</u> unos cuatro años, y mi hermano y yo (3) <u>fuimos</u> / íbamos a vivir con una amiga de ella. (4) Fuimos / <u>Éramos</u> muy pobres. (5) Supimos / <u>Sabíamos</u> que (6) hubo / <u>había</u> una escuela cerca de la casa, pero no (7) <u>podíamos</u> / pudimos ir porque (8) tuvimos / <u>teníamos</u> que trabajar. Cuando yo (9) tuve / <u>tenía</u> unos once o doce años (10) <u>trabajé</u> / trabajaba por tres años en casa de unos señores ricos. Allí me (11) <u>trataron</u> / trataban muy mal. Recuerdo que todas las noches lloraba y pedía consuelo a Dios. Un día (12) <u>conocí</u> / conocía a José, un joven alegre y muy bueno. (13) <u>Decidí</u> / Decidía dejar la casa donde (14) viví / <u>vivía</u> y me (15) <u>escapé</u> / escapaba con él. (16) <u>Vivimos</u> / Vivíamos diez años juntos. (17) <u>Tuvimos</u> / Teníamos tres hijos. Ésos (18) <u>fueron</u> / eran los años más felices de mi vida.

2-22 Recuerdo de la niñez. Complete el siguiente párrafo, usando el pretérito o el imperfecto de los verbos entre paréntesis.

Cuando yo (1) _____era_____ (ser) pequeña, frecuentemente (2) _____pasaba_____ (pasar) los fines de semana con mis abuelos. Generalmente los domingos nosotros (3) _____íbamos_____ (ir) a una plaza y allí ellos siempre me (4) _____contaban_____ (contar) historias acerca de su juventud. Un día mi abuela me (5) _____dijo_____

Los niños son la esperanza del mundo.
—José Martí
(Cuba: 1853–1895)

(decir) que ellos prácticamente (6) _____crecieron_____ (crecer) juntos, porque sus padres (7) _____eran_____ (ser) vecinos y amigos. Ella sólo (8) _____tenía_____ (tener) dieciocho años cuando se (9) _____casaron_____ (casar), pero ya (10) _____sabía_____ (saber) cocinar muy bien. Me (11) _____explicó_____ (explicar) que en aquellos días muy pocas mujeres (12) _____iban_____ (ir) a la universidad o (13) _____trabajaban_____ (trabajar) fuera de casa. Las mujeres casi no (14) _____salían_____ (salir) excepto para ir al mercado o a la iglesia. Yo (15) _____nací_____ (nacer) cincuenta años más tarde, y eso fue una suerte.

Have students demonstrate their understanding of verbs that change meaning in the preterit and imperfect by writing two or three pairs of sentences, using the verbs in each tense.

2-23 Sor Juana. Cambie al pasado el siguiente párrafo sobre la vida de la poeta de la Nueva España (hoy México), Sor Juana Inés de la Cruz. (Cambie solamente los verbos en negrilla [*in bold*].)

Sor Juana Inés de la Cruz, la gran poeta mexicana, (1) **nace** en 1651 cerca de la ciudad de México. (2) **Es** hija natural *(illegitimate)* de padres españoles. (3) **Aprende** a leer a los tres años. A los siete años (4) **quiere** *(she wanted)* ir a la universidad vestida de muchacho porque las muchachas no (5) **pueden** entrar, pero su mamá no le (6) **da** permiso y no (7) **puede** hacerlo. Poco después (8) **va** a la capital a vivir con unos parientes y a los catorce años éstos la (9) **hacen** dama de compañía *(lady in waiting)* en la corte del virrey *(viceroy's court)*. En esa época, las mujeres (10) **tienen** dos opciones: casarse o entrar en el convento. Aunque (11) **es** brillante, hermosa y muy popular por su personalidad carismática, Juana (12) **decide** dejar la vida social y entrar en un convento. Allí (13) **escribe** prosa y poesía, y su fama de intelectual (14) **crece** por el mundo entero. Cuando el obispo *(bishop)* de Puebla la (15) **critica** porque (16) **pasa** mucho tiempo estudiando y escribiendo, Sor Juana (17) **escribe** una brillante

ANS 2-23
1. nació 2. Era 3. Aprendió
4. quería 5. podían 6. dio
7. pudo 8. fue 9. hicieron
10. tenían 11. era 12. decidió
13. escribió 14. creció 15. criticó 16. pasaba 17. escribió
18. tuvo 19. abandonó
20. vendió 21. empezó 22. Murió

defensa del derecho *(right)* de la mujer a participar en actividades intelectuales y culturales. Sin embargo *(However),* pocos años antes de su muerte Sor Juana (18) **tiene** una profunda crisis espiritual. Entonces (19) **abandona** sus estudios, (20) **vende** su biblioteca de cuatro mil libros y (21) **empieza** a dedicarse a los estudios religiosos. (22) **Muere** en 1695 durante una epidemia, pero sus obras siguen viviendo y proclamando su imaginación, su valentía *(courage)* y su brillantez.

Act. 2.3

2-24 Buenas intenciones. Muchas veces tenemos la buena intención de hacer algo que al final no hacemos; por ejemplo, ayudar a un(a) amigo(a), estudiar para un examen o terminar algún trabajo. ¿Tenía usted la semana pasada la intención de hacer algo que al final no hizo? ¿Qué? ¿Por qué no lo hizo?

> **MODELOS** *Pensaba escribirle una carta a mi abuela, pero no tenía estampillas (stamps).*
> *Quería empezar un programa de karate, pero perdí la información sobre las clases.*

2-25 Cuéntame, amigo(a)... Cuéntele a un(a) compañero(a):

1. algo bueno o valiente o inteligente que hizo alguna vez, o
2. algo muy tonto que hizo alguna vez, o
3. algo muy arriesgado *(risky)* o peligroso que hizo alguna vez

Después, su compañero(a) le va a hacer dos o tres preguntas; por ejemplo, ¿Qué edad tenías cuando pasó eso? ¿Supieron tus padres (profesores) que lo hiciste?

Hacer + Time Expressions

1. To indicate that an action began in the past and continues into the present, the following construction is used:

---

hace + time period + **que** + clause in present tense

or

clause in present tense + **(desde) hace** + time period

Hace muchos años que gozan de buena salud. Gozan de buena salud desde hace muchos años.	*They have been enjoying good health for many years (they still are).*
Hace seis meses que no como carne. No como carne desde hace seis meses.	*I haven't eaten meat for six months (and do not eat meat now).*

The verb is in the present tense in Spanish because the situation is viewed as current (they are still in good health, I still do not eat meat).

You can have students report the information to the class if there is time. Alternatively, you could have them write a short paragraph to turn in for homework or extra credit. Additional or alternative assignment: Have students bring in family photos if they have them. They can work in groups and make sentences in the past about family members.

—¿Qué tal tu hijo, Ana?
—Está grande. Hace tres meses que camina.
—¡Ah! ¡Debe estar bien lejos!
—un chiste

2. To indicate that an action began in the past and continued until some later time in the past, this construction is used:

---

hacía + time period + **que** + clause in imperfect tense

or

clause in imperfect tense + **(desde) hacía** + time period

Hacía diez años que mis padres estaban
   casados cuando yo nací.

Mis padres estaban casados (desde) hacía
   diez años cuando yo nací.

*My parents had been married for
ten years when I was born.*

This construction generally implies that the action or event was interrupted by something else (that it had been going on when . . .). The later event (in the clause with *when*) is usually in the preterit.

3. To ask how long an action or situation has (had) been going on, use:

¿Cuánto tiempo hace (hacía) que (no)...?

or

¿Hace (Hacía) mucho tiempo que (no)...?

¿Cuánto tiempo hace que está casado?	*How long has he been married?*
¿Hace mucho tiempo (unos años) que está casado?	*Has he been married for a long time (for a few years)?*
¿Cuánto tiempo hacía que vivías en Santiago cuando entraste a la universidad?	*How long had you been living in Santiago when you went to the university?*
¿Hacía mucho tiempo que vivías en Santiago cuando entraste a la universidad?	*Had you been living in Santiago for a long time when you went to the university?*
¿Cuánto tiempo hace que no miras televisión?	*How long have you not been watching television?*
¿Cuánto tiempo hace que no vas al teatro?	*How long has it been since you went to the theater?*

4. **Hace** can also mean *ago* when the main verb is in the past tense.

Se casaron hace dos semanas. Hace dos semanas que se casaron.	*They got married two weeks ago.*
Don Ernesto nació hace 107 años. Hace 107 años que nació don Ernesto.	*Don Ernesto was born 107 years ago.*
¿Cuánto tiempo hace que aprendió a bailar el tango?	*How long ago did he (she, you) learn to dance the tango?*

PRÁCTICA

2-26 Antonio Banderas. Lea la información y conteste las preguntas acerca de la vida de Antonio Banderas.

1960 Nace José Antonio Domínguez Bandera en Málaga, España. (El apellido de su madre es Bandera.)

1976 Con un grupo de compañeros, actúa en *Jesucristo Superstar*.

1979 Va a Madrid con unas 15.000 pesetas (aproximadamente $100 U.S. en el dinero de entonces).

1982 Conoce a Pedro Almodóvar, el director español.

1982 Trabaja en su primera película, *Laberinto de pasiones*, dirigida *(directed)* por Almodóvar.

1987 Se casa con Ana Leza, actriz española.

1988 Tiene éxito internacional con *Mujeres al borde* (verge) *de un ataque de nervios* (también dirigida por Almodóvar).

1992 Hace su debut en Estados Unidos con *The Mambo Kings*.

1995 Hace *Two Much* con Melanie Griffith, actriz norteamericana. Los dos se enamoran *(fall in love)*.

1996 Finaliza su divorcio de Ana Leza.

1996 (mayo) Se casa con Melanie Griffith.

1996 (septiembre) Nace Estella del Carmen, hija de Melanie Griffith y Antonio Banderas.

1996 Hace *Evita* (con Madonna).

1998 Con Melanie Griffith, empieza a realizar películas en Estados Unidos con su propia *(own)* compañía productora, Green Moon Productions.

1999 Dirige *Crazy in Alabama*.

2003 Hace *Imagining Argentina*.

2005 Hace *La leyenda del Zorro*.

2006 Hace *Bordertown*.

1. ¿Cuántos años hace que nació Antonio Banderas?
2. ¿Cuánto tiempo hace que hizo su primera película?
3. ¿Hacía mucho tiempo que conocía a Pedro Almodóvar cuando hizo esa película?
4. ¿Qué edad tenía cuando se casó por primera vez?
5. ¿En qué año hizo su debut en Estados Unidos?
6. ¿Hace mucho tiempo que está casado con Melanie Griffith? ¿Cuántos años hace que está casado con ella?
7. ¿Cuánto tiempo hacía que estaba casado con Melanie Griffith cuando nació Estella del Carmen?
8. ¿Cuánto tiempo hace que hizo *Evita*? ¿*Bordertown*? ¿*La leyenda del Zorro*?
9. ¿Cuánto tiempo hace que tiene su propia compañía productora y realiza películas en Estados Unidos?
10. ¿Cuánto tiempo hace que dirigió su primera película *(Crazy in Alabama)*?

ANS 2-26

1. Antonio Banderas nació hace... años. 2. Hizo su primera película hace... años. 3. No, no hacía mucho tiempo que conocía a Almodóvar cuando hizo esa película. (No, lo conoció ese mismo año.) 4. Tenía 27 años cuando se casó por primera vez. 5. Hizo su debut en Estados Unidos en el año 1992. 6. Está casado con Melanie Griffith desde 1996, hace... años. (Hace... años que está casado...) 7. Hacía cuatro meses que estaba casado con Melanie Griffith cuando nació Estella del Carmen. 8. Hace... años que hizo *Evita*. Hace... años que hizo *Bordertown*. Hace... años que hizo *La Leyenda del Zorro*. 9. Hace... años que tiene su propia compañía productora y realiza películas en Estados Unidos. 10. Hace... años que dirigió su primera película.

If you haven't assigned **Selección 2** of **Capítulo 1** ("Entrevista con Antonio Banderas"), this may be an appropriate moment for integrating reading practice and further communication about this Spanish-born celebrity.

You might want to talk a bit about your own life at this point, using **hace** or **hacía** + time expressions. You can talk about when you got married, began teaching, had children, or whatever applies.

2-27 Entrevista. Entreviste a un(a) compañero(a).

Paso 1. Averigüe *(Find out)* cuánto tiempo hace que su compañero(a) hace las siguientes cosas. Siga el modelo.

> **MODELO**   saber usar una computadora
> *A: ¿Cuánto tiempo hace que sabes usar una computadora?*
> *B: Hace unos diez años que sé usar una computadora.*

1. conocer a su mejor amigo(a)
2. vivir en esta ciudad
3. manejar un automóvil
4. saber hablar español
5. asistir a la universidad

Paso 2. Averigüe cuánto tiempo hace que su compañero(a) hizo las siguientes cosas. Siga el modelo.

> **MODELO**   ir a una boda
> *A: ¿Cuánto tiempo hace que fuiste a una boda?*
> *B: Hace un año que fui a una boda, la boda de mi prima Susana.*

1. salir con un(a) chico(a) por primera vez
2. ayudar a un(a) pariente(a)
3. ir a un entierro
4. comprar algo un poco caro
5. ver una buena película (¿cuál?)

2-28 Hace mucho que no... Trabaje con un(a) compañero(a). Averigüe varias cosas que su compañero(a) no hace desde hace mucho tiempo. Use su imaginación.

> **MODELOS**   —¿Patinas sobre hielo?
> —Sí, hace una semana patiné sobre hielo.
>
> —¿Vas a acampar con tu familia?
> —Sí, fuimos a acampar en julio.
>
> —¿Hablas a menudo con tu abuelo?
> —No, hace mucho tiempo que no hablo con mi abuelo.

Ideas: jugar al Nintendo con tu hermano(a) o primo(a), sacar fotos de tu familia, ver a tus tíos, ir a una reunión familiar (a una boda), visitar a tus abuelos, bailar, ver una película con tu familia...

> *Una de las cosas que más me impresiona de Los Ángeles... es que la gente no quiere morir. Ni siquiera envejecer. [They don't even want to grow older.] Quieren estar siempre jóvenes, limpios, bellos y tener la piel tersa como seda [smooth as silk], aunque tengan setenta años.*
> —Antonio Banderas

> *Sólo los padres dominan el arte de enseñar mal a sus hijos.*
> —E. Jardiel Poncela
> (España: 1901–1952)

If there is time, have volunteers report to the class about their partner.

ⒺN OTRAS PALABRAS

Selección 2 describes the immense respect of a Mexican family from New Mexico for their aged parents and grandparents in a time of crisis.

Para hablar de la familia; Respeto y cortesía; Despedidas

Para hablar de la familia

In both conversations of the **Para escuchar** section, you heard a variety of ways to ask about someone else's family and describe your own.

Respeto y cortesía

In Hispanic society, it is important to show respect for someone considerably older than oneself. The forms **don** and **doña,** used with a first name, indicate respect; they are generally used with people you know well. The words **señor, señora,** and **señorita** are used in direct address to show respect or deference, and the **usted** form is normally used with these titles. (You would not use a first name with someone older unless you knew that person quite well and used **don** or **doña** plus the first name; you would instead address that person as **señor** or **señora.**)

Another very important way to indicate respect is to use polite expressions. Here are a few very common polite expressions useful in interaction with people of all ages:

Con permiso. *(when passing in front of someone, breaking away from a conversation temporarily, eating something in front of someone, and so forth; used when asking someone's permission to do something)*
Perdón. Perdóneme. Discúlpeme. *(formal, when you've said or done something for which you are apologizing)*
¡Salud! *Cheers! or Gesundheit! (literally, Health!)*
¡Buen provecho! *Enjoy your meal!*
Por favor. Gracias. Mil (Muchas) gracias. De nada. No hay de qué.

Despedidas

Here are some ways to end a conversation; as you will see, some are more polite, or formal, than others.

1. on the street, at school, and so forth

    Adiós. Hasta luego. Hasta la vista. Hasta mañana (la próxima [vez], otro día, el viernes, la semana que viene, etc.).
    ¡Chau! *(used mainly in the Southern Cone of South America)*
    Bueno, nos vemos. *Well, see you (informal).*
    Feliz fin de semana.
    Tengo que irme, pero te llamo mañana (la semana que viene, etc.). *(**tú** form)*
    ¡Que le (te) vaya bien! *(to someone who is leaving)*

Some colloquial expressions: **Ahí nos vidrios** (instead of **Nos vemos**, used in many parts of Latin America; **vidrios** are panes or pieces of glass), **Nos watchamos** (Mexican-American), **Chao, pesca'o** (Venezuela, similar to "See you later, alligator"), **Te pillo mañana** ("Catch you tomorrow," Cuba). In Mexico, to tell someone to get lost, people say **¡Píntate (de colores)!**

2. at a party

Fue un gusto conocerlo(la). Fue un gusto hablar con usted. *(formal)*
Gracias por venir.
Con permiso, necesito tomar algo (tengo que ir a preparar el café, etc.).

PRÁCTICA

2-29 Situaciones. ¿Qué dicen las personas representadas en los siguientes dibujos?

1.

2.

3.

4.

5.

6.

2-30 ¿Qué se dice? ¿Qué diría usted *(would you say)* en las siguientes situaciones?

1. **Estudiante A:** You are racing home because an important football game is starting soon. You see **B** on the street. Try to have a short conversation and explain that you don't have time to talk. Excuse yourself politely.
   Estudiante B: You see **Estudiante A** on the street and you want to have a chat. (You aren't interested in football.)

2. **Estudiante A:** You are sitting next to **Estudiante B** on the plane. **B** tells you about himself (herself) and you do the same. The plane arrives. Tell **B** it was a pleasure meeting him or her and end the conversation politely.
   Estudiante B: Chat with **Estudiante A** for a while. When the plane lands, wish **A** a pleasant trip and end the conversation.

2-31. Give each group a picture or Internet page of a famous family—e.g., Bush, Clinton, Jackson, Windsor (the royal family of Great Britain), a family currently in the news, or any TV family that your students are likely to know. The rest of the class should ask questions of the group until they guess the name of the family. Set a time limit.

ⒺN CONTACTO

2-31 Familias famosas. Trabaje con dos o tres compañeros. Su profesor(a) les va a dar (¡en secreto!) el nombre, una foto o una página de Internet de una familia famosa (por ejemplo, los Kennedy o los Simpson). Los otros estudiantes de la clase deben adivinar cuál es la familia, haciéndoles preguntas que puedan contestarse con sí o con no.

> **MODELOS** *¿Es muy grande la familia? ¿Es de Estados Unidos? ¿Es una familia unida? ¿rica? ¿Se llevan bien los miembros de la familia entre sí (with each other)?*

2-32 Mentiras inocentes. Trabaje con varios compañeros. Cada persona debe escribir cuatro afirmaciones (*statements*); tres son verdaderas y una es una mentirita (*small or harmless lie*). Escriba sobre su pasado: cosas que hizo o que hacía ayer, la semana pasada, hace un año... Los otros compañeros tratan de adivinar la mentira.

> **MODELOS** *Nací en Tokio. Fui a África el verano pasado. El semestre pasado hablaba con el presidente de la universidad todos los días. Hace dos años vi a Cameron Díaz.*

2-33 En la Red. Si creara (*If you were to create*) una página en la Red para su familia, ¿qué información incluiría? Dé la información esencial que pondría. Por ejemplo, ¿a qué familiares va a incluir? ¿Qué información sobre cada uno(a) va a dar: nombre, edad, descripción? ¿Qué va a decir sobre su familia? (Si prefiere, puede inventar una familia: la familia perfecta o una familia muy imperfecta.)

2-34 A ESCRIBIR: Descripción de una foto familiar. Busque una fotografía de una escena de familia, de la suya (*yours*) si es posible. Va a escribir un párrafo sobre la foto. Podría usar algunas ideas del ejercicio 2-14 y también sus respuestas a 2-3 y 2-33.

1. Escriba una oración que describa la escena. Si lo prefiere, ¡invente los contextos! ¿Dónde estaban las personas de la foto? ¿Quiénes son? (Si no es su foto, use su imaginación.)
2. ¿Cuándo ocurrió la escena? Por ejemplo, ¿en qué día? ¿Qué pasaba ese día?
3. ¿Qué cosas veían esas personas que no se pueden ver en la foto? ¿Qué escuchaban?
4. ¿Quién sacó la foto?
5. Escriba una oración final. Si usted está en la foto o sacó la foto, ¿cómo se sentía ese día? ¿Estaba contento(a)? ¿aburrido(a)? Si no es su foto, use su imaginación para describir cómo se sentían las personas que se ven.

ATAJO		
Grammar	verbs: present	
Vocabulary	leisure, sports, beach, emotions: positive	
Phrases	talking about the present, describing places	

The royal family of Spain makes a great topic for an exercise about families, since pictures and information are very easy to obtain in magazines or on the Internet. You might want to focus on Prince Felipe, next in line for the throne. A picture of his wedding to Letizia Ortiz in 2004 is in **Presentación del tema,** Chapter 4.

2-34. By now, students have practiced in many ways vocabulary for family members and family events, the words from all of the vocabulary lists in the chapter. They've interviewed each other about their families, and perhaps have done a family tree (2-3). They've reviewed the past-tense verb forms they will need in a variety of contexts, describing childhood or more recent activities. If you presented **Para escuchar,** they heard a conversation in which people on a bus were describing their families. If you've done the Web activities, they've also investigated family Web pages. They've done an exercise in the **En contacto** review section in which they outline what their family Web page would have on it (2-33), and they played a game about famous families (2-31). They also described a family celebration (2-14). However, if you have additional time in class, have students brainstorm this activity together, working in pairs or groups. Have them ask a classmate at least three questions about his or her photo and answer the questions that the classmate asks. Then let them write their paragraphs and, if you have time in class, peer edit them. In peer editing, tell them to look for one or two specific things, such as use of the preterit and imperfect. After peer editing, they submit their final paragraphs.

» La charreada

Para los mexicanos, la **charrería** es un deporte importante. Los **charros montan a caballo** y **rodean el ganado.** Los festivales, o encuentros competitivos, de los charros se llaman "charreadas". Guillermo Pérez Gavilán es **socio** de la Asociación Nacional de Charros desde 1942. También pertenecieron *(belonged)* a esa asociación sus padres y sus tíos. El señor Pérez habla del deporte y de la nueva generación de charros.

V O C A B U L A R I O

caerse	*to fall (off)*
la charrería *(Mexico)*	*practice of traditional horsemanship*
el charro (la charra) *(Mexico)*	*horseman (horsewoman)*
el miedo	*fear*
montar a caballo	*to ride a horse*
rodear el ganado	*to round up cattle*
el rodeo *(U.S.)*, el jaripeo *(Mexico)*	*rodeo*
el socio (la socia)	*member*

PRÁCTICA DE VOCABULARIO

Empareje *(Match)* las siguientes palabras y frases.

1. hacienda   c
2. miedo   d
3. charro   a
4. rodeo   e
5. ser socio   b

a. hombre que monta a caballo
b. pertenecer a una asociación
c. rancho
d. terror
e. jaripeo

HABLANDO DEL TEMA

» La palabra inglesa *rodeo* viene de la palabra española **rodeo** *(surrounding or penning of cattle).* También se usan en inglés palabras como *bronco, pinto, palomino, corral* y *lasso* (lazo) que son de origen español. En México el rodeo se llama **jaripeo.** Los árabes introdujeron los caballos a la España medieval y, más tarde, los españoles trajeron caballos a las Américas durante la conquista. Los españoles y los mexicanos establecieron grandes ranchos, o haciendas, en la región que es hoy el suroeste de Estados Unidos. Muchos de los vaqueros *(cowboys,* o *buckaroos)* de Estados Unidos son de origen mexicano-americano.

PREGUNTA DE ENFOQUE

¿Qué consejos les da la niña Karina a los que quieren montar a caballo?

COMPRENSIÓN

1. ¿Qué hacen los charros?
2. ¿A las chicas del video les gusta montar a caballo?
3. ¿Qué les pasó a las chicas que montaron a caballo?
4. ¿Guillermo Pérez Gavilán está orgulloso (*proud*) de ser charro? ¿Cómo lo sabe?

Charreada mexicana

PUNTOS DE VISTA

1. ¿Sabe usted montar a caballo? Si es así, ¿cuándo aprendió a hacerlo?
2. ¿Alguna vez vio un rodeo? ¿Le gustó? ¿Por qué sí o por qué no? ¿Qué le llamó la atención?
3. ¿Cree usted que es importante mantener vivas las viejas tradiciones como la charreada? Explique.

Voice your choice! Visit **http://voices.thomsoncustom.com** to select additional readings relevant to this chapter's theme.

▶▶ La charrería se caracteriza por el uso de trajes ricamente adornados. La Asociación Nacional de Charros mantiene una página Web dedicada a la charrería. Esta página se puede visitar para conocer muchos detalles más de esta larga tradición.

Presencia latina

Un grupo de mexicano-americanas presenta un baile tradicional de México en el Festival de Old Pecan Street en Austin, Texas.

PRESENTACIÓN DEL TEMA

CD 1,
Track 7

Marc Anthony, cantante puertorriqueño de Nueva York. Nueva York tiene más gente de habla hispana que trece capitales de América Latina.

Gloria Estefan, Christina Aguilera, Ricky Martin, John Leguizamo, Jorge Ramos, Jennifer López, Bill Richardson, Sandra Cisneros, Isabel Allende... ¿Reconoce usted estos nombres? Todos son latinos, estadounidenses de ascendencia hispana.*

Los hispanos son el grupo minoritario más numeroso de Estados Unidos. Según la oficina del censo, unos 40 millones de latinos son ciudadanos o residentes legales de Estados Unidos, el 13 por ciento de la población total del país. Casi el 60 por ciento de ellos son de ascendencia mexicana.

Latino consumer spending is well over a half-billion dollars, and steadily increasing. By 2020, some experts predict it could be as high as $2 trillion.

Puerto Rico es un Estado Libre Asociado y todos los puertorriqueños son ciudadanos estadounidenses (el censo no incluye a los cuatro millones de personas que viven en

Act. 3.1

Carmen Lomas Garza, pintora mexicano-americana que nació en Texas y vive en California. Las comunidades más grandes de mexicano-americanos viven en Los Ángeles, Chicago, Houston, San Antonio y Phoenix.

---

* According to a study by the Pew Institute, 54 percent of Hispanics prefer to use a term with a hyphen that includes their country of origin (e.g., Mexican-American, Cuban-American). One in four (24 percent) uses **latino** (more common in California and Chicago) or **hispano** (more common in Texas and Florida); 21 percent call themselves simply Americans or **americanos.** In this book, both **latino** and **hispano** are used for the group as a whole.

Cruz has written about García Lorca *(Lorca en un vestido verde)* and Central America *(El tren de medianoche a Bolina)* but most often writes about Cuba or Cuban-Americans. His play *Ana en el trópico* is about the cigar factories in the early 1900s in Tampa, Florida, where Cubans brought their culture with them: men and women were paid equally, blacks worked with whites as friends, and there was a custom of the **lector** who read to the workers as they worked (in this case, the reading is *Anna Karenina*).

"" *Quien canta, su mal espanta* [scares away].
—proverbio

Puerto Rico). Muchos cubanos inmigraron después de que Fidel Castro subió al poder en Cuba en 1959. Durante los últimos treinta años ha llegado mucha gente de Colombia, Ecuador y otros países de Sudamérica. También hay inmigrantes indocumentados; entran por los estados del suroeste de Estados Unidos en busca de una vida mejor. La gran mayoría de la gente hispana de Estados Unidos (el 76 por ciento) vive en el oeste o en el sur del país.

Lo que muchos angloamericanos no saben es que la presencia hispana en Estados Unidos es anterior a la presencia inglesa. Algunos datos importantes:

Distribución de la población hispana por tipo: 2000

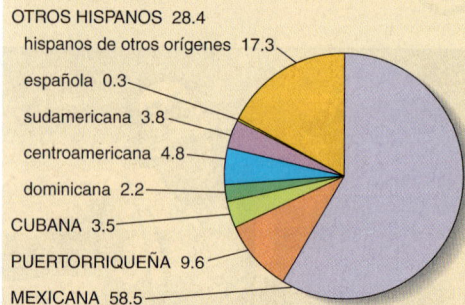

OTROS HISPANOS 28.4
hispanos de otros orígenes 17.3
española 0.3
sudamericana 3.8
centroamericana 4.8
dominicana 2.2
CUBANA 3.5
PUERTORRIQUEÑA 9.6
MEXICANA 58.5

Fuente: U.S. Census Bureau, Census 2000 Summary File 1.

- El descubrimiento de la Florida por Juan Ponce de León, 1513
- La primera celebración navideña: San Agustín, Florida, 1539 (San Agustín fue la primera ciudad europea de lo que es hoy Estados Unidos.)
- El primer libro sobre lo que es hoy Estados Unidos, *La Relación*, de Álvar Núñez Cabeza de Vaca, 1542
- El descubrimiento de California por Juan Rodríguez Cabrillo, 1542
- El primer bebé europeo nacido en lo que es hoy Estados Unidos: Martín Argüelles, San Agustín, 1566

Canadá también tiene una gran presencia latina. En la década de 1970 empezó a llegar un gran número de refugiados políticos de Argentina, Chile y Uruguay y, poco después, de El Salvador, Guatemala y Nicaragua. Mucha gente hispana ha llegado a Canadá para trabajar, estudiar o poner negocios *(businesses)*, como en Estados

Nilo Cruz, escritor cubano-americano, el primer latino en obtener un Premio Pulitzer de Teatro (2003). Dos de cada tres cubano-americanos viven en la Florida.

Unidos. La mayor parte de ellos viven en las ciudades principales (Montreal, Toronto, Vancouver), pero hay comunidades latinas en todas las provincias del país.

En Estados Unidos, muchos escritores han notado la fuerte ética de trabajo de los latinos y su patriotismo (un gran número de hispanos han ganado la Medalla de Honor del Congreso). Hay estudios, como el del National Immigration Forum, que indican que los inmigrantes en general contribuyen más al país de lo que toman económicamente.* En lo cultural, las contribuciones de los latinos son inmensas. Jorge Ramos, reportero y escritor mexicano-americano, dice que es imposible estereotipar a la gente latina; son pobres y ricos, blancos y negros, personas que cruzaron la frontera ayer o ciudadanos cuyas *(whose)* familias han estado aquí durante muchas generaciones. Hay quienes son profesores a nivel universitario, miembros de la realeza *(royalty)* española, colombianos multimillonarios; otros son campesinos pobres, refugiados políticos, en fin *(in short)*, un grupo muy diverso. Dice Ramos: "El latino no le tiene miedo a las mezclas—de razas, de voluntades, de historia... Y es precisamente en la tolerancia y en su diversidad donde radica *(lies)* su fuerza."†

Cameron Díaz, actriz de padre cubano-americano y madre anglo-alemana. Aproximadamente la mitad de todos los latinos de tercera generación se casan con personas que no son hispanas.

Top ten U.S. cities in terms of number of Hispanics, according to the latest census: New York, Los Angeles, Chicago, Houston, San Antonio, Phoenix, El Paso (which is 76.6 percent Hispanic), Dallas, San Diego, and San Jose.

Other examples of famous Americans who are part Latino: Christina Aguilera (Ecuadorian and Irish-American), Mariah Carey (Irish, African-American, and Venezuelan), Linda Ronstadt (Mexican, German, Dutch), Rosario Dawson (Puerto Rican, Cuban, black, Irish, and Native American); Jamie-Lynn Sigler (Cuban and Greek); Howie Dorough (Puerto Rican and Irish-American).

3-1 Preguntas.

1. ¿De qué ascendencia es la mayoría de los latinos que viven en Estados Unidos?
2. ¿Por qué hay muchos puertorriqueños en Estados Unidos?
3. ¿Por qué inmigraron muchos cubanos a Estados Unidos después de 1959? ¿Inmigró a Estados Unidos alguno de sus antepasados? ¿De dónde?
4. ¿Quién descubrió la Florida? ¿Cuándo? ¿Sabe algo acerca de la fundación del pueblo o ciudad en que nació? ¿del lugar donde vive ahora?
5. ¿Quién escribió el primer libro sobre lo que es hoy Estados Unidos?
6. ¿Dónde y cuándo nació el primer bebé europeo en este país? ¿Quiénes en su familia representan la primera generación que nació en Estados Unidos o Canadá?
7. ¿En qué ciudades canadienses viven muchos latinos? ¿Viven muchos latinos en el barrio donde usted reside?
8. ¿Conoce usted a algunos inmigrantes hispanos? ¿De dónde vinieron? ¿Por qué vinieron?

ANS 3-1
(The answers to the personalized follow-up questions will vary.)
1. La mayoría de los latinos que viven en Estados Unidos son de ascendencia mexicana.
2. Porque Puerto Rico es un Estado Libre Asociado y todos los puertorriqueños son ciudadanos estadounidenses.
3. Muchos cubanos inmigraron a Estados Unidos después de que Fidel Castro subió al poder en Cuba en 1959.
4. Juan Ponce de León descubrió la Florida en 1513.
5. Álvar Núñez Cabeza de Vaca escribió el primer libro sobre lo que es hoy Estados Unidos.
6. El primer bebé europeo nació en la ciudad de San Agustín en 1566.
7. Muchos latinos viven en las ciudades canadienses de Montreal, Toronto y Vancouver.
8. Answers will vary.

---

* National Immigration Forum, "Immigrants and the Economy," November 30, 2001. According to this study, immigrants pay $80,000 in taxes more than they receive in benefits over their lifetimes and will be helping to subsidize the retirement of seniors. Immigrant labor also helps reduce prices and inflation.

† Jorge Ramos, *La ola latina*, New York: HarperCollins Publishers, 2004, páginas 104, 109.

Expand on themes of Mexican, Puerto Rican, and Cuban influence in the U.S. and the more recent Latino immigration to Canada by assigning the **Enfoque del tema.**

Mention and/or show **Selección 1,** an excerpt from *La casa en Mango Street,* along with the photos of Sandra Cisneros and the **barrio** where she lived.

3-2 Latinos famosos. ¿Conocen ustedes a estos latinos famosos? Trabajando en grupos, escojan a cinco de ellos y digan algo acerca de estas personas. Por ejemplo, ¿qué hacen? ¿Por qué son famosos(as)? ¿Dónde nacieron? (Usen la Red o un libro de consulta si es necesario.)

> **MODELOS** *Judy Reyes es una actriz dominicano-americana. Es de Nueva York y trabaja con el* Labyrinth Theatre Company *de Manhattan. Hace el papel de Carla en la serie de televisión "Scrubs".*
> *Sandra Cisneros es una escritora mexicano-americana. Su novela más famosa se llama* The House on Mango Street (La casa en Mango Street). *Es de Chicago.*

Arte: Judy Baca, Carmen Lomas-Garza, Cecilia Álvarez, Carlos Álmaraz

Deportes: Alex Rodríguez, Brenda Villa, Lisa Fernández, Mark Ruiz, Jennifer Rodríguez, Oscar de la Hoya, Bobby Bonilla, Mary Joe Fernández, Ramón Ortiz, Pedro Martínez

Literatura: Sandra Cisneros, Oscar Hijuelos, Ana Castillo, Julia Álvarez, Gary Soto, Richard Rodríguez, Nilo Cruz, Isabel Allende

Música: Ricky Martin, Christina Aguilera, Carlos Santana, Linda Ronstadt, Joan Baez, Jon Secada, Mariah Carey, Marc Anthony

Cine/Televisión: Jennifer López, Cameron Díaz, George López, Héctor Elizondo, Rita Moreno, Anthony Quinn, Edward James Olmos, Andy García, Rosie Pérez, Jimmy Smits, Gregory Nava, Luis Valdez, Judy Reyes, Cristina Saralegui, Jorge Ramos, Paul Rodríguez, John Leguizamo

Otros: Bill Richardson, Ellen Ochoa, Jeffrey P. Bezos, Jaime Escalante

ⓋⓄⒸⒶⒷⓊⓁⒶⓇⒾⓄ ⓊⓉⒾⓁ

Review the vowels with **g** by writing **ga, ge, gi, go, gu** on the board and pronouncing them. Explain that a **diéresis** is used in words like **bilingüe** and **vergüenza** because the **u** is pronounced (as opposed to words like **merengue** or **llegue**).

INMIGRANTES Y VIAJEROS

COGNADOS

adaptarse (a)
la asimilación
escapar (de)

indocumentado(a)
la oportunidad
sufrir discriminación

LA INMIGRACIÓN

The term **chicano(a),** referring to Mexican-Americans, tends to have a somewhat political connotation, so some Mexican-Americans avoid its use, while others prefer it.

la adaptación	adjustment
la ascendencia	ancestry, descent
el barrio, el vecindario	neighborhood
bilingüe	bilingual
el ciudadano (la ciudadana)	citizen
extrañar	to miss, feel nostalgia for
extranjero(a)	foreign
la frontera	border
salir adelante (con)	to get ahead, to cope (with)

EL TRABAJO

el (des)empleo	(un)employment
el éxito	success
la fábrica	factory
el, la jefe (*also,* la jefa)	boss
el puesto	job, position
tener éxito	to be successful

PALABRAS DESCRIPTIVAS (Y SUS ANTÓNIMOS)

agradable *pleasant*		desagradable *unpleasant*	
estupendo(a) *great*		horrible *horrible*	
extraño(a) *strange*		típico(a) *typical*	
lindo(a), hermoso(a) *lovely*		feo(a) *ugly*	
maravilloso(a) *marvelous*		insoportable *unbearable*	
moderno(a) *modern*		antiguo(a) *old, ancient; former*	

¡OJO!

bajo(a) *short (not tall)* / **corto(a)** *short (not long)* / **breve** *short, brief*
largo(a) *long* / **grande** *large, great*
la lengua *language* / **el idioma** *language* / **el modismo** *idiom*
la mayoría *majority* / **la mayor parte** *most*
la minoría *minority* / **el grupo minoritario** *minority (group)*

PRÁCTICA

3-3 Antónimos. Dé el antónimo de cada palabra o expresión.

1. lindo o hermoso
2. el empleo
3. breve
4. el indocumentado
5. el empleado
6. típico
7. horrible
8. alto
9. la minoría
10. antiguo

3-4 Factores positivos y negativos. Usando el **Vocabulario útil** como base, dé por lo menos cuatro factores positivos y cuatro negativos para la adaptación de un inmigrante.

1. Factores que generalmente contribuyen al éxito de un inmigrante:

> MODELO   *ser bilingüe*

2. Factores que generalmente no contribuyen al éxito de un inmigrante:

> MODELO   *vivir en un vecindario feo*

3-5 Opiniones. Muchos inmigrantes se adaptan muy fácilmente a su país adoptivo; aprenden un nuevo idioma y nuevas costumbres. ¿Es buena la asimilación de los inmigrantes? ¿Qué gana un inmigrante al asimilarse? ¿Qué pierde? ¿Qué gana la sociedad? ¿Qué pierde?

Unos 55 años antes del primer Día de Acción de Gracias celebrado en Massachusetts, Pedro Menéndez de Avilés invitó a cenar a los indígenas de San Agustín, Florida, después de oír misa [mass] un día.

3-3. You can appoint a "teacher" to give the items and ask for antonyms. You might give students clues about certain words and have them "play detective." Examples: **En muchas partes de Latinomérica se dice "chance", usando la palabra inglesa: oportunidad. Una persona que habla dos lenguas es: bilingüe.**

ANS 3-3
1. feo 2. el desempleo 3. largo 4. el ciudadano 5. el jefe 6. extraño 7. estupendo 8. bajo 9. la mayoría 10. moderno

Develop this theme by assigning **Selección 2**, a story that uses humor to show what one Cuban man loses and gains as an immigrant.

Para escuchar: Conversaciones con inmigrantes

CD 1,
Track 8

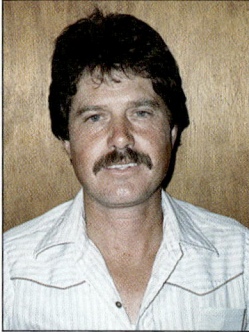

Conversación 1: Para expresar desaprobación. Antes de ir a Colombia, Mike entrevistó a tres inmigrantes hispanoamericanos. Les preguntó por qué vinieron a Estados Unidos, qué extrañaban de sus países y qué pensaban de la vida en Estados Unidos. En la primera conversación, habla Roberto Barragán.

3-6 Escuche la **Conversación 1** y conteste las siguientes preguntas.

1. ¿De dónde es Roberto? Roberto es de México.
2. ¿Por qué vino a Estados Unidos? Roberto vino a Estados Unidos por cuestión de trabajo.

3-7 Escuche la **Conversación 1** otra vez. Escoja la mejor respuesta.

1. Roberto es...
   a. ingeniero.
   b. estudiante.
   c. médico.

2. Cuando Mike le pregunta, ¿Qué extraña de su país?, Roberto dice que...
   a. extraña a su familia y el clima.
   b. extraña las fábricas.
   c. no extraña nada.

3. Para Roberto, las universidades en su país son...
   a. fábricas de desempleo.
   b. fuentes de trabajo.
   c. muy pequeñas.

4. Para Roberto, la vida en Estados Unidos es...
   a. más difícil que la vida en su país.
   b. más fácil que la vida en su país.
   c. más aburrida que la vida en su país.

De un éxito nacen otros éxitos.
—proverbio

Conversación 2: Para expresar admiración.

CD 1,
Track 9

3-8 En la segunda conversación, habla Sethy Tomé. Escuche la **Conversación 2** y conteste las siguientes preguntas.

1. ¿De dónde es Sethy? Sethy es de Honduras.
2. ¿Por qué vino a Estados Unidos? Sethy siguió a su esposo a Estados Unidos; él vino por las oportunidades de trabajo.

3-9 Escuche la **Conversación 2** otra vez. Escoja la mejor respuesta.

1. Sethy extraña...
   a. el clima de su país.
   b. la comida de allí.
   c. la universidad de allí.

2. Sethy estudió informática *(computer science)* en la universidad, pero no puede trabajar porque...
  a. No tiene su residencia.
  b. Tiene niños pequeños en casa.
  c. Su esposo no quiere que trabaje.

3. Según Sethy, Estados Unidos es un país de oportunidades y...
  a. educación.
  b. sacrificio.
  c. democracia.

4. Según Sethy, en Estados Unidos...
  a. hay muchas oportunidades de conocer otras culturas.
  b. la vida es muy fácil.
  c. el clima es magnífico.

Conversación 3: Para expresar sorpresa.

CD 1,
Track 10

3-10 En la tercera conversación, habla Prudencio Méndez. Escuche la **Conversación 3** y conteste las siguientes preguntas.

  1. ¿De dónde es Prudencio?   Prudencio es de Paraguay.
  2. ¿Por qué vino a Estados Unidos?   Prudencio vino a Estados Unidos por razones políticas.

3-11 Escuche la **Conversación 3** otra vez. Escoja la mejor respuesta.

  1. ¿Qué extraña Prudencio de su país?
    a. las costumbres en general
    b. la organización laboral
    c. el sistema legal

  2. Para Prudencio, fue una sorpresa ver que el ritmo de vida en Estados Unidos es más...
    a. tranquilo.
    b. personal.
    c. acelerado.

  3. Dice Prudencio, "El latino en general no interrumpe su sociabilidad ni en el trabajo." Quiere decir que...
    a. a los latinos no les gusta trabajar.
    b. las relaciones personales son muy importantes para los latinos.
    c. a los latinos no les gustan las interrupciones.

  4. No sólo Prudencio, sino también Roberto y Sethy, creen que en Estados Unidos hay más...
    a. universidades.
    b. oportunidades.
    c. crímenes.

Jorge Ramos points out in *La ola latina* that one of the reasons there are so many Mexican farm workers in the United States is that it's hard for farmers in Mexico to make a living there; they are not subsidized as they are in the United States and cannot spend large amounts of money on equipment and pesticides. Farm subsidies here allow farmers to sell their products at a much lower cost. Many farmers in Mexico have gone to the cities or come to the U.S. to work.

If you plan to assign the **A escribir** composition for this chapter, this might be a good time to tell students about the topic and get them to start thinking about it. They can write about their own families or they can choose an immigrant family. Listening to these interviews may give them ideas about who they might interview or write about. If you want to have them work on the topic in class, assign it in advance. If there is time, you can have students peer edit each other's work. See additional suggestions by **A escribir** at the end of the **En contacto** section.

Use pictures or overhead transparencies to model the use of adjectives. Elicit correct adjective use by asking appropriate questions about the pictures you bring to analyze or compare. For example, **¿Cómo son estas chicas? ¿De qué ascendencia es ella? ¿Cómo está ella?**

ⒼRAMÁTICA Y VOCABULARIO

Agreement of Adjectives; Adjectives Used as Nouns

1. Adjectives agree with the nouns they modify in gender and number. Most adjectives end in **-o** in the masculine and **-a** in the feminine. If they do not end in **-o** in the masculine singular, the adjective form is usually the same for both genders.

un camino típic**o**, una calle típic**a**	a typical road, a typical street
un vecindario idea**l**, una ciudad ideal	an ideal neighborhood, an ideal city
un niño corté**s**, una niña corté**s**	a polite boy, a polite girl

2. Adjectives of nationality that end in consonants and adjectives that end in **-or, -ín, -án,** or **-ón** require an **-a** in the feminine. The feminine form does not normally require a written accent.

de origen español (inglés, alemán), de ascendencia español**a** (ingles**a**, aleman**a**)	of Spanish (English, German) origin of Spanish (English, German) descent
un hombre hablador, una mujer hablador**a**	a talkative man, a talkative woman

3. The plurals of adjectives are formed in the same way as the plurals of nouns: add **-s** to an adjective that ends in a vowel or **-es** to an adjective that ends in a consonant (if the final consonant is **z**, change it to **c** first).

feo, feo**s** ugly	insoportable, insoportable**s** unbearable
difícil, difícil**es** difficult	feliz, feli**ces** happy

The masculine plural adjective is used to modify two or more nouns if one of them is masculine.

queridos muchachos y muchachas	(my) dear boys and girls

4. Adjectives are often used with articles as nouns.

¿Qué regalo abro? ¿El grande o el pequeño? —El pequeño, amor.	Which present shall I open? The big one or the small one? —The small one, dear.
¿Qué camino seguimos? ¿El corto o el pintoresco?	Which road shall we take (follow)? The short one or the picturesque one?
¿Cómo se llama la salvadoreña?	What is the Salvadoran woman's name?

PRÁCTICA

3-12 La ciudad ideal. Si usted fuera *(were)* inmigrante en otro país, ¿cómo sería su ciudad ideal? Descríbala usando las siguientes ideas.

> **MODELO**   Para mí la ciudad ideal tiene...
> gente / trabajador y amable
> *Tiene gente trabajadora y amable.*

Warm-up: To elicit adjectives, ask students for words to describe various things, such as **su compañero(a) de cuarto, sus mejores amigos(as), la comida de la cafetería universitaria, sus vacaciones más recientes, su mejor (peor) clase, una cita** *(date)* **con Ricky Martin (Cameron Díaz).**

1. instituciones / democrático
2. aire y agua / puro
3. un clima / agradable
4. restaurantes / japonés, mexicano y alemán
5. hospitales y escuelas / moderno y bueno
6. trenes y autobuses / rápido y cómodo
7. una playa / bonito
8. habitantes / cortés
9. actividades / cultural y deportivo

3-13 ¿Qué busca? Forme oraciones para describir lo que posiblemente busque un inmigrante que llega a este país. Use los adjetivos de la lista o sus propias ideas.

> **MODELO**   *Busca un profesor de inglés inteligente y amable.*

un puesto (trabajo)	amable
amigos	interesante
una casa (un apartamento)	barato
un(a) profesor(a) de inglés	generoso
un(a) jefe	cortés
oportunidades	justo
	inteligente
	nuevo
	simpático

3-14 Reunión de amigos. Conozca a sus compañeros de clase.

1. Haga una pregunta que se pueda contestar con un adjetivo o con una descripción y escríbala en una tarjeta. (Por ejemplo, **¿Cómo es tu compañero de cuarto?** o **¿Cómo era la última película que viste?**)
2. Levántese y haga la pregunta a un(a) compañero(a). Su compañero(a) le hace una pregunta a usted. Intercambien las tarjetas.
3. Busque a un(a) nuevo(a) compañero(a) y hágale la pregunta que recibió de su primer(a) compañero(a).
4. Haga y conteste por lo menos seis preguntas. ¿Cuál es la pregunta más interesante de todas?

Position of Adjectives

1. In general, descriptive adjectives (which specify nationality, size, shape, color, and so forth) follow the nouns they modify, while adjectives that specify quantity precede the nouns.

mucha (poca) gente extranjera	*many (few) foreign people*
dos personas trabajadoras	*two hard-working people*

2. When two adjectives follow a noun, they are joined by **y.**

tres hombres altos y guapos	*three tall, handsome men*

3. When two adjectives are used to modify a noun, the shorter of the two or the one considered less distinguishing or important often precedes the noun.

un famoso cuadro moderno	a famous modern painting
una joven inmigrante puertorriqueña	a young Puerto Rican immigrant
un típico barrio antiguo	a typical old neighborhood (district)

A descriptive adjective can precede a noun when it is not used to differentiate the noun from others but, rather, to emphasize a special quality of the noun. There is sometimes an implication that the quality is understood, taken for granted, inherent: **la inconstante luna, un breve segundo.**

4. Cardinal numbers (**dos, tres, cuatro,** etc.) do not agree with the nouns they modify. Exceptions to this rule are **uno** and those ending in **-ciento** and **-uno** (see Appendix B). Ordinal numbers (**primero, segundo, tercero,** etc.), however, do agree with the nouns they modify. All numbers normally precede the nouns they modify, since they specify quantity.

cuatro ciudades y cinco pueblos	four cities and five towns
veintiún países (veintiuna naciones)	twenty-one countries (twenty-one nations)
ciento un hombres (ciento una mujeres)	one hundred and one men (one hundred and one women)
doscientas palabras	two hundred words
los primeros viajeros a América	the first travelers to America
mi segundo viaje a Perú	my second trip to Peru

5. Some adjectives are shortened when placed immediately before a noun: **un, buen, mal, primer,** and **tercer** are used instead of **uno, bueno, malo, primero,** and **tercero** before masculine singular nouns; **gran** is used instead of **grande** before either a masculine or a feminine singular noun.

¿Conoce usted un buen hotel aquí cerca? —Sí, ¡cómo no!	Do you know of a good hotel nearby? —Yes, of course!
Es el primer (tercer) vuelo a México hoy.	It's the first (third) flight to México today.
El concierto fue un gran éxito. —¡Qué emocionante!	The concert was a great success. —How exciting!

6. Some adjectives have different meanings depending on whether they precede or follow a noun. The following chart gives the most common ones.

Adjective	Before the Noun	After the Noun
antiguo	former: la antigua capital	ancient: la capital antigua
gran, grande	great: una gran nación	large: una nación grande
pobre	deserving of pity: el pobre hombre	needy: el hombre pobre
nuevo	new to owner: el nuevo coche	brand new: el coche nuevo
único	only: la única oportunidad	unique: la oportunidad única
viejo	old, longtime: una vieja amiga	elderly: una amiga vieja

PRÁCTICA

3-15 Palabras descriptivas. Complete las siguientes oraciones aplicando *(applying)* los adjetivos de la lista a los sustantivos *(nouns)* que están en negrilla *(in bold)*.

> **MODELO**   grande, internacional
> Ezeiza, que está cerca de Buenos Aires, es un **aeropuerto.**
> *Ezeiza, que está cerca de Buenos Aires, es un gran aeropuerto internacional.*

1. lindo, italiano — La Boca es un **barrio** de Buenos Aires.
2. nuevo — ¿Cómo se llama el **presidente** de Bolivia?
3. bueno — ¿Conoce usted un **restaurante** cerca de aquí?
4. uno, famoso, español — García Lorca era **poeta.**
5. antiguo, azteca — La ciudad de México era la **capital** de Tenochtitlán.
6. pobre — La **mujer** perdió el avión.
7. varios, joven — (Los) **pasajeros** decidieron caminar.
8. único — Mis tíos José y Yolanda son los **parientes** que tenemos aquí en Los Ángeles.
9. primer — La **novela** de Julia Álvarez fue *Cómo las niñas García perdieron su acento.*
10. grande — Ernesto es un **amigo** mío.

3-16 El español en Estados Unidos.

Paso 1. Complete el párrafo con las formas apropiadas de los adjetivos entre paréntesis.

Según las estadísticas más (1) ___recientes___ (reciente) de la oficina del censo, hay 28 millones de personas mayores *(older)* de cinco años de edad de habla (2) ___española___ (español) en Estados Unidos. En su libro *La ola latina,* el reportero y escritor Jorge Ramos dice que la televisión, la radio y los periódicos en español tienen una (3) ___gran___ (grande) influencia en la comunidad (4) ___hispana___ (hispano): "La televisión en español es mucho más internacional, más abierta al mundo y esto tiene consecuencias (5) ___directas___ (directo) en el aumento *(increase)* de la teleaudiencia *(viewing audience)*." Si una persona latina quiere saber qué pasa en México o El Salvador o Ecuador, dice Ramos, ve las noticias *(news)* en español porque los programas en inglés tienen (6) ___poca___ (poco) información internacional. "Los medios de comunicación hispanos están revitalizando todos los días a (7) ___todas___ (todo) horas el español y la cultura (8) ___latinoamericana___ (latinoamericano)." Afirma: "Estados Unidos es el (9) ___único___ (único) país que conozco donde hay gente que cree que hablar un (10) ___solo___ (solo) idioma es mejor que dominar dos o tres... Cuatro de cada cinco latinos se pueden expresar en inglés, es decir, son (11) ___bilingües___ (bilingüe) o pueden comunicarse parcialmente en inglés. Es la americanización de los hispanos." Dice que muchos hispanos de la (12) ___segunda___ (segundo) generación no hablan bien el español y que los

> *En Estados Unidos hay más de 500 emisoras [stations] de radio y más de 50 emisoras de televisión en español.*

> *La población hispana de Estados Unidos aumentó [grew] en un 57,9 por ciento entre 1990 y 2000.*

movimientos "English only" no tienen sentido (*don't make sense*) porque el inglés es muy importante mundialmente y: "...resulta absurdo que dentro de Estados Unidos lo quieran proteger (*protect*) como si se tratara de una lengua en peligro (*danger*) de extinción".*

Paso 2. Preguntas.

1. ¿Conoce usted a alguien que hable español en casa? ¿De dónde es esa persona?
2. ¿Ve usted las noticias en español a veces? ¿En qué canal las ve? ¿A qué hora? ¿Qué diferencias nota entre las noticias en español y las noticias en inglés?
3. ¿Escucha las noticias en español en la radio a veces? ¿En qué emisora (*station*)?
4. ¿Hay un movimiento "English only" en el estado donde usted vive? ¿Qué piensa de los movimientos "English only"?

3-17 Juego de descripciones. Trabaje con un(a) compañero(a).

1. Estudiante A menciona un sustantivo (e.g., **novio, ciudad, profesor, lugar, amiga, restaurante**).
2. Estudiante B da tres adjetivos que podrían modificar el sustantivo (e.g., **rico, joven, inteligente**).
3. Estudiante A pone los adjetivos en orden de preferencia (e.g., **inteligente, joven, rico**). (Otro ejemplo: **lugar: tranquilo, emocionante, cómodo**.)
4. Intercambien papeles (**B** menciona un sustantivo; **A** da tres adjetivos; **B** los pone en orden). Tomen apuntes (*notes*). Al final, hagan una oración acerca de su compañero(a); por ejemplo, **Juanita prefiere un novio rico, un lugar emocionante...**

3-18 Descripción. Trabaje con un(a) compañero(a). Escojan a una persona latina famosa. Hagan una descripción de la persona; incluyan por lo menos dos de los siguientes adjetivos: **bueno, malo, primero, grande, pobre, nuevo, único, viejo.** (¡Cuidado con la forma y la posición del adjetivo!) Lean la descripción a la clase. Sus compañeros de clase tratan de adivinar quién es.

Ser and Estar

Ser versus *Estar*

Ser is used:

1. to link the subject to a noun

Yo soy mexicano (un amigo de Enrique, demócrata, un hombre sincero).	*I am Mexican (a friend of Enrique, a Democrat, a sincere man).*
Caracas es la capital de Venezuela.	*Caracas is the capital of Venezuela.*

---

* Jorge Ramos, *La ola Latina,* New York: HarperCollins Publishers, 2004, páginas 89, 73, 74.

If your area has a TV channel with Spanish news, have students watch a half-hour news show and report back about it for extra credit. Ask them what the key stories were and where they took place, and have them compare the program with a news program in English on the same day. Is Jorge Ramos correct—is the news in Spanish more international?

3-17. Set a time limit. Ask for volunteers to read their sentences to the class.

3-18. Bring in interesting photos and put them around the room. *People en español* is a very good source. Provide help with vocabulary if necessary.

Alternative exercise: Divide the class into two teams. Each team chooses a famous Latino and writes his or her name on the board. Members of Team A have to write a sentence about the person they chose using one of the following adjectives: **bueno, malo, primero, grande, pobre, nuevo, único, viejo.** If the adjective is in the correct form and in the correct position with respect to the noun it modifies, the team gets a point. Team B goes next. The game continues for a specific amount of time or until a team is stumped.

Act. 3.2

Remember that if the noun is unmodified and indicates a religion, occupation, nationality, or political affiliation, the indefinite article is omitted, as discussed in Chapter 1, page 22.

2. with **de** to indicate origin

¿De dónde era Simón Bolívar?	*Where was Simón Bolívar from?*
—Era de Venezuela.	*—He was from Venezuela.*
Esta tarjeta postal es de Puerto Rico.	*This postcard is from Puerto Rico.*

3. with **de** to tell what something is made of

¿Son de maíz estas tortillas?	*Are these tortillas (made of) corn?*
Este reloj es de plata.	*This watch is (made of) silver.*

4. with **de** to indicate possession

El coche nuevo es de mi primo.	*The new car is my cousin's.*
—¡Qué cómodo es!	*—How comfortable it is!*

5. to express time of day or date of the month

¿Son las dos? —No, es la una y media.	*Is it two o'clock? —No, it's one-thirty.*
¿Qué fecha es hoy?	*What is the date today?*

For a review of how to tell time in Spanish, see Appendix B.

6. to indicate where an event takes place

La boda fue en la catedral de Guadalupe.	*The wedding was in the Cathedral of Guadalupe.*
La fiesta será en casa de Ana.	*The party will be at Ana's house.*

Estar is used:

1. to express location or position of people, places, or objects (but not of events)

Mis padres están en el extranjero.	*My parents are abroad.*
Cuzco, la antigua capital inca, está en Perú.	*Cuzco, the former Inca capital, is in Peru.*
¿En qué calle está el Teatro Colón?	*What street is Colón Theater on?*

2. with certain weather expressions

Está nublado (claro).	*It's cloudy (clear).*

Most weather expressions use **hacer**; many of them are reviewed in Chapter 9.

3. with a present participle (**-ando** or **-iendo**) to form the progressive tenses

¿Qué estás leyendo, Ricardo?	*What are you reading, Ricardo?*
Ayer a la una estaba trabajando en el jardín.	*Yesterday at one o'clock I was working in the garden.*

The progressive tenses are used in Spanish only when the speaker wishes to emphasize that the action is continuing or in progress at a specific time. The present participle and the progressive tenses are discussed further in Chapter 12.

Decir "soy latino" o "soy hispano" nos agrupa. En cambio identificar tu origen — "soy salvadoreño", "soy dominicano"— nos personaliza; nos define como individuo, no como grupo.
—Jorge Ramos,
La ola latina

If students need review of how to tell time, make sure to either go over this in class or have them look at Appendix B. Remind them that days and dates are not capitalized in Spanish.

Ser and Estar with Adjectives

1. **Ser** is used with an adjective when the speaker wishes to express a quality that he or she considers to be normal or characteristic of the subject.

¿Cómo es mi abuelo? Es amable y trabajador.	What's my grandfather like? He's kind and hard-working.
El agua de este río es fría.	The water in this river is (usually) cold.
Mi hijo es alto.	My son is tall.

2. **Estar** is used with an adjective when the speaker wishes to express the state or condition that the subject is in.

¿Cómo está mi abuelo? Está deprimido.	How's my grandfather? He's depressed.
¡Uy! El agua del baño está fría.	Wow! The bathwater is cold (now).
Mi hijo está enfermo.	My son is sick.

3. Often the use of **estar** emphasizes that the state or condition is different from the normal or expected. So it sometimes means *to have become* or *to look, appear, feel,* or *taste* and frequently implies an emotional reaction. Compare:

Los García son pobres.	The Garcías are poor.
Vi a los Álvarez ayer. ¡Qué pobres están!	I saw the Alvarezes yesterday. How poor they are (have become)!
Mi abuela es vieja; tiene noventa años.	My grandmother is old; she's ninety.
¡Qué vieja está la abuela!	How old grandmother is (looks)! (She looks older than usual.)
La paella es deliciosa.	Paella is delicious (in general).
¡Felicitaciones! Esta paella está deliciosa.	Congratulations! This paella is (tastes) delicious.

> *En Estados Unidos, Nuevo México tiene el porcentaje más alto de hispanos: 43 por ciento.*

VOCABULARIO ÚTIL

ADJETIVOS DESCRIPTIVOS

Aquí hay algunos adjetivos que tienen un significado cuando se usan con **ser** y otro significado cuando se usan con **estar**.

	Con ser	Con estar
aburrido	boring	bored
bueno	good	well, in good health
despierto	bright, alert	awake
divertido	amusing	amused
listo	smart, clever	ready
loco	silly, crazy (by nature)	insane, crazy (by illness)
malo	bad, evil	sick, in poor health
nuevo	newly made, brand new	unused, like new
verde	green (color)	green (unripe)
vivo	lively, quick witted, keen	alive

PRÁCTICA

3-19 Dos conversaciones. Escoja la forma apropiada de **ser** o **estar**.

Conversación 1: En la calle.

A: ¿Qué tal, Yolanda? ¿Qué hay de nuevo?

B: Tengo dos noticias buenas. Primero, conseguí un trabajo de niñera (*babysitter*). Voy a empezar el lunes, si Dios quiere.

A: ¡Qué bien!

B: El niño que voy a cuidar (1. es / está) muy bueno. Y (2. es / está) muy despierto, muy inteligente.

A: Me alegro. ¿Y la otra noticia?

B: Compré un carro. (3. Era / Estaba) de una señora que sólo lo usaba para ir a la iglesia o al doctor. ¡(4. Es / Está) nuevo!

Conversación 2: El teléfono suena *(rings)*.

A: Buenos días, compa'.

B: ¿Cómo que "buenos días"? ¡(5. Son / Están) las seis de la mañana, hombre!

A: Las seis y quince... ¿No vamos a ir al lago a pescar (*fish*)?

B: ¿Cómo (6. es / está) el tiempo?

A: (7. Es / Está) nublado, pero dicen que no va a llover.

B: No sé, no (8. soy / estoy) realmente despierto.

A: Bueno, te vuelvo a llamar en media hora.

3-20 Punto de vista hispano.

Paso 1. El siguiente mapa, basado en un mapa de un libro de texto puertorriqueño, muestra la historia de Estados Unidos desde una perspectiva hispana. Complete el párrafo con las formas apropiadas de **ser** o **estar**. Use el tiempo presente.

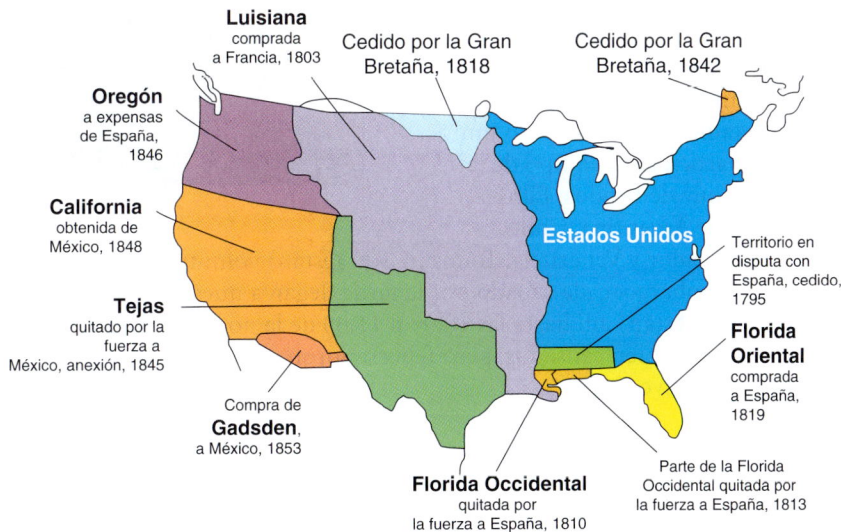

Luisiana comprada a Francia, 1803

Cedido por la Gran Bretaña, 1818

Cedido por la Gran Bretaña, 1842

Oregón a expensas de España, 1846

California obtenida de México, 1848

Estados Unidos

Territorio en disputa con España, cedido, 1795

Tejas quitado por la fuerza a México, anexión, 1845

Florida Oriental comprada a España, 1819

Compra de **Gadsden**, a México, 1853

Parte de la Florida Occidental quitada por la fuerza a España, 1813

Florida Occidental quitada por la fuerza a España, 1810

Warm-up: Ask students general questions about the time, the weather, and how they're feeling. Ask questions in which **ser** or **estar** occurs naturally. Examples: **¿Qué hora es? ¿Está nublado hoy? ¿Cómo está el tiempo? ¿Están cansados ahora? ¿Están realmente despiertos? ¿Están listos para trabajar?**

Vamos a imaginar que (1) _____es_____ el año 1802. James Monroe y Robert Livingston, representantes del presidente Jefferson, (2) _____están_____ en París; (3) _____están_____ negociando la compra de la Luisiana de Francia. Los territorios de Texas y California (4) _____son_____ inmensos y en este momento (5) _____están_____ en manos de los españoles. Los estados actuales (present) de Nevada, Arizona y Utah (6) _____están_____ en el territorio de California. El territorio de Oregón incluye Idaho y Washington; España (7) _____es_____ uno de los países que lo ocupan (también hay rusos e ingleses en esa región). Pronto empezará una guerra de independencia entre España y sus colonias americanas; Texas y California pasarán a (8) _____ser_____ territorios de México.

Paso 2. Preguntas.

1. ¿De qué país compró Estados Unidos la Luisiana?
2. Según el mapa, ¿cuándo obtuvo Estados Unidos el territorio de la Florida Occidental? ¿de Tejas?
3. ¿En qué territorio estaba el estado actual de Utah? ¿de Idaho?
4. En su opinión, ¿qué trataban de mostrar los autores del texto?

3-21 "Sin fronteras" en Canadá. "Sin fronteras" es un programa de radio en español que se transmite desde Edmonton, Canadá. Escoja el verbo apropiado para cada oración.

"Sin fronteras" (1. es / está) un programa en español que Ingrid de la Barra y Sergio Muñoz comenzaron hace once años para transmitir a la comunidad de habla hispana música, noticias y comentarios relacionados con su cultura. El programa no (2. es / está) nuevo, pero tiene un nuevo nombre. Al principio, el nombre del programa (3. era / estaba) "Onda hispánica", pero lo cambiaron a "Sin fronteras" para representar una idea importante: los latinos de diferentes países están unidos por sus tradiciones, música e historia. Dice Ingrid: "Mi marido y yo (4. somos / estamos) chilenos, pero junto con nosotros participa un equipo de latinoamericanos muy dedicados. Ellos (5. son / están) de Argentina, Chile, Colombia, El Salvador y Venezuela. Todos (6. son / están) voluntarios, y no reciben pago (pay). Sin embargo, cada sábado por la tarde llegan a nuestra casa para grabar (record) y (7. son / están) allí hasta las 10:00 u 11:00 de la noche. Al terminar, (8. somos / estamos) bien cansados, pero felices, porque es un trabajo muy útil y al mismo tiempo creativo."

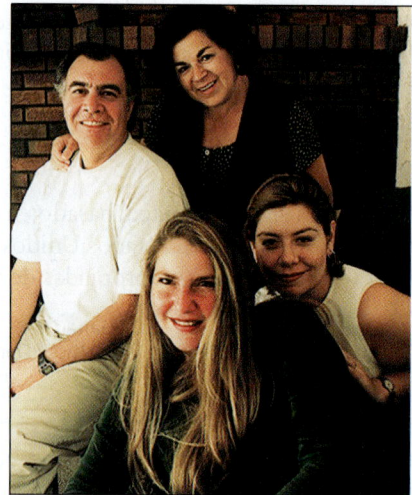

ANS 3-20, Paso 2
1. Estados Unidos compró la Luisiana de Francia.
2. Estados Unidos adquirió el territorio de la Florida Occidental en 1810 y el de Tejas en 1845.
3. El estado actual de Utah estaba en el territorio de California. El estado actual de Idaho estaba en el territorio de Oregón.
4. Answers will vary. Possible answer: Los autores del texto trataban de mostrar la influencia histórica de España en lo que es hoy Estados Unidos.

"
Tragedia internacional: Cada año mueren unos 350 inmigrantes en la frontera entre México y Estados Unidos.

ANS 3-21
1. es 2. es 3. era 4. somos 5. son 6. son 7. están 8. estamos

"
Desde 1999, es posible escuchar "Sin fronteras" en un sitio Web durante toda la semana, algo muy útil para los estudiantes de español.

3-22 Entrevista. Use las siguientes ideas para entrevistar a un(a) compañero(a) y conocerlo(la) mejor. Haga y conteste preguntas con **ser** o **estar**.

> **MODELOS** enojado(a) con alguien ahora
> *A: ¿Estás enojado con alguien ahora?*
> *B: No, no estoy enojado con nadie.*
>
> una persona sincera
> *A: ¿Eres una persona sincera?*
> *B: Sí, soy una persona sincera.*

1. una persona dinámica o perezosa, en general
2. bien hoy
3. cansado(a) ahora (¿por qué?)
4. un(a) estudiante típico(a) o único(a) (¿en qué sentido?)
5. nervioso(a) cuando hay examen en la clase de español
6. de buen humor ahora (¿por qué?)
7. cortés siempre
8. descortés con alguien alguna vez (use el pretérito; ¿por qué?)

3-23 Familiares. Trabaje con un(a) compañero(a). Haga y conteste cinco o seis preguntas acerca de sus familiares, usando los verbos **ser** y **estar**.

> **MODELOS** *¿Cómo es tu mamá? ¿Es ama de casa? ¿Dónde está ahora?*

3-24 ¡Qué pesado(a)! Trabaje con un(a) compañero(a). Descríbale a su compañero(a) una persona que a usted no le gusta para nada. ¿Quién es? ¿Cómo es? ¿Qué está haciendo ahora?

Vocabulario coloquial: pesado *boring, dull*; fatal *awful*; no estar en nada *to be out of it*; un nerdo *nerd*; creerse el (la) muy muy *to think he's (she's) hot stuff*, ser un cero a la izquierda *to be a jerk, a real zero*.

> *Uno de cada cinco mexicanos vive en Estados Unidos. Uno de cada cuatro salvadoreños vive en Estados Unidos.*

Demonstratives

Adjectives

SINGULAR				PLURAL			
Masculine	**Feminine**			**Masculine**	**Feminine**		
este	esta	*this*		estos	estas	*these*	
ese	esa	*that*		esos	esas	*those*	
aquel	aquella	*that . . . over there*		aquellos	aquellas	*those . . . over there*	

Pronouns

SINGULAR			PLURAL		
Masculine	**Feminine**		**Masculine**	**Feminine**	
éste	ésta	*this (one)*	éstos	éstas	*these*
ése	ésa	*that (one)*	ésos	ésas	*those*
aquél	aquélla	*that (one). . .*	aquéllos	aquéllas	*those . . .*
		over there			*over there*

1. Demonstratives are words that point out persons and objects. In English, one's perspective is divided into *this* and *that*, *these* and *those*, distinguishing between things close to and things far away from the speaker. In Spanish, **este, ese,** and **aquel** divide one's perspective into things close to the speaker, things close (or relating) to the person spoken to, and things far away from both. The demonstrative pronouns have the same forms as the adjectives but require accents.

¿Cuánto cuesta esta bicicleta?	How much does this bicycle cost?
—¿Ésa? Es vieja. Trescientos pesos.	—That one? It's old. Three hundred pesos.
¿Esos pasajes son de ida y vuelta?	Are those tickets round-trip?
¿Quiere usted comprar esa tarjeta postal? —Sí, y déme aquélla también.	Do you want to buy that postcard? —Yes, and give me that one over there, too.

As you can see, demonstrative adjectives generally precede the nouns they modify and agree with them in gender and number. Demonstrative pronouns agree with the nouns they replace in gender and number.

2. **Esto, eso,** and **aquello** are used to refer to statements, abstract ideas, or something that has not been identified. They are neuter forms; there are no plurals or accented forms.

¿Qué es esto?	What is this?
¿Cómo puede usted decir eso?	How can you say that?

PRÁCTICA

3-25 Situaciones. Haga nuevas oraciones con las palabras entre paréntesis.

1. —Enrique, pásame **ese plato,** por favor. (taza, vasos, cucharas)
   —**¿Cuál? ¿Éste?**

2. José, **ésta es mi amiga Ana. Es** de Madrid. (tíos, primas Juana y Silvia, amigo Pablo)
—Mucho gusto.

3. Felipe, dame **ese libro,** por favor. (cintas, lápices, revista)
—**¿Éste?** Cómo no.

3-26 Conversación con un inmigrante de El Salvador. Complete las oraciones con el demostrativo apropiado.

1. La ropa en __esta__ tienda (de aquí) es muy cara, pero en __ésa__ *(that one)* de al lado los precios son buenos.
2. ¿No le gustan las hamburguesas? Bueno, __este__ restaurante (de aquí) tiene comida salvadoreña, y __aquél__ que vemos allí en la esquina *(corner)* tiene comida mexicana.
3. ¿Le gusta la idea de trabajar en __esa__ compañía que está allí enfrente? ¿O vamos a ir a __aquella__ agencia de empleos que está más lejos?
4. Déme, por favor, __ese__ lápiz que tiene en la mano, y le daré la dirección de un buen mecánico.

3-27 Como una banana en Noruega *(Norway).* El vicepresidente de una empresa *(company)* muy grande habla de sus experiencias de cuando fue a trabajar a una fábrica en Michigan.

Paso 1. Complete el párrafo con los adjetivos o pronombres demostrativos indicados.

La primera vez que enfrenté la realidad de ser diferente, me sentí como una banana en Noruega. Hasta (1) __ese__ [that] momento había vivido (*I had lived*) en medios mucho más protegidos, en una universidad. Hacía diez años que vivía en Estados Unidos. Jamás escuché que alguien me llamara por un nombre insultante en cuanto a mi origen étnico. (2) __Ésta__ [This] resultó ser la primera situación que me obligó a enfrentar la realidad. [Yo] Era alguien diferente. Escuché toda clase de insultos raciales. Era parte de la vida en (3) __ese__ [that] sitio. "¿Qué rayos (*what the devil*) haces aquí quitándole el puesto a otro?" "Por qué no regresas a tu país de porquería (*garbage*) donde te necesitan?" (4) __Ésos__ [Those] eran algunos de los comentarios que escuchaba. (5) __Esa__ [That] fría recepción resultó ser una gran motivación. No le recomendaría a nadie que lo reciban de (6) __esa__ [that] manera, pero (7) __ese__ [that] tipo de desafío (*challenge*) puede ser una gran motivación. En mi caso lo fue.*

Paso 2. Conteste las preguntas.

1. ¿Qué opina de lo que dice el ejecutivo hispano?
2. ¿Hay mucha discriminación en este país? Si la respuesta es sí, ¿qué podemos hacer para cambiar la situación?
3. ¿Conoce a algún (alguna) inmigrante hispano(a)? ¿Sabe por qué vino a este país? ¿Es difícil su situación? ¿Por qué sí o por qué no?

3-28 Por pura curiosidad. Trabaje con un(a) compañero(a). Haga y conteste tres o cuatro preguntas usando adjetivos o pronombres demostrativos.

MODELOS	*¿Dónde compraste esa mochila?*
	¿Ésta? En REI.
	¿Cómo se llama aquella chica con el suéter azul?
	Aquélla se llama Michele.

Before putting students in pairs, write more examples on the board, getting ideas from the class as a whole. As further preparation, you may wish to have students write their questions beforehand.

La esperanza [hope] *no es pan, pero alimenta* [nourishes].
—proverbio

Possessives

Adjectives: Short Forms

mi(s) *my*		nuestro(a, os, as) *our*	
tu(s) *your*		vuestro(a, os, as) *your*	
	su(s) *his, her, its, their, your*		

Possessive adjectives in Spanish agree with the nouns they modify, not with the possessor. Short forms precede the nouns they modify.

mi casa	*my house*
sus llaves	*his (her, their, your) keys*
nuestra maleta	*our suitcase*

* Augusto Failde y William Doyle, *Éxito latino,* New York: Simon & Schuster, 1996, página 112.

Adjectives: Long Forms; Pronouns

mío(a, os, as) *my, of mine*	nuestro(a, os, as) *our, of ours*
tuyo(a, os, as) *your, of yours*	vuestro(a, os, as) *your, of yours*
suyo(a, os, as) *his, of his; her, of hers; their, of theirs; your, of yours*	

1. When the speaker or writer wishes to emphasize the possessor (e.g., *you*), rather than the thing possessed (e.g., *car*), long forms of the possessive adjectives are used. These are called "stressed forms" and are emphasized in speech. They follow the nouns they modify.

El carro tuyo es pequeño y eficiente.	*Your car is small and efficient.*
Las bicicletas suyas son nuevas.	*Their bicycles are new.*

   The long forms are used much less frequently than the short forms.

2. Since both **su(s)** and **suyo(a, os, as)** can have several meanings, depending on the possessor, a prepositional phrase with **de** may be used for clarification instead of the possessive adjective.

Es su cámara.	Es la cámara de él (ella, ellos, ellas,
Es la cámara suya.	usted, ustedes).

3. The long forms of the possessive adjectives can be used as pronouns. They take the place of a noun and are normally preceded by a definite article.

Extraño a mi familia. ¿Tú también extrañas a la tuya?	*I miss my family. Do you miss yours too?*

   After the verb **ser,** the definite article (**el, la los, las**) is usually omitted.

Estas maletas no son mías. ¡Qué barbaridad!	*These suitcases aren't mine. Good grief!*
¿Es tuyo? No es nuestro. Tal vez es suyo.	*Is it yours? It's not ours. Maybe it's his (hers, theirs).*

PRÁCTICA

3-29 ¿Qué extrañan? La familia Ibáñez ha emigrado a Argentina. De acuerdo con el modelo, diga qué es lo que cada uno de ellos extraña más. (Acuérdese de usar la **a** personal cuando lo que extrañan es una persona.)

MODELO	José / amigos
	José extraña a sus amigos.

1. la señora Ibáñez / jardín
2. Paco / primos
3. el perro / casa
4. el señor Ibáñez / restaurantes favoritos
5. Adela / novio

A propósito, ¿qué extraña usted cuando no está en esta ciudad?

ANS 3-29

1. La señora Ibáñez extraña su jardín. 2. Paco extraña a sus primos. 3. El perro extraña su casa. 4. El señor Ibáñez extraña sus restaurantes favoritos. 5. Adela extraña a su novio.

You can expand this discussion to things and people students miss from home if they are living away from their families.

3-30 Historias verdaderas. Dos salvadoreños hablan de cómo llegaron a Estados Unidos y de lo que extrañan de El Salvador. Complete las oraciones con los posesivos apropiados.

Coralia A., 35 años

Extraño a _____mis_____ (1) hijos. Todavía están en El Salvador, con (2) _____mi_____ hermana y (3) _____su_____ familia [de ella]. (4) _____Su_____ papá [de los niños] era estudiante en la universidad. Desapareció hace varios años. Después de eso, no pude mantener a la familia y vine aquí, aunque ilegalmente. Mando dinero a casa todos los meses. Algún día, voy a regresar a ver a (5) _____mis_____ hijos y (6) _____mi_____ país.

Jesús M., 40 años

Extraño (7) _____nuestro_____ pueblo [de nosotros] y a la gente de allí. En El Salvador, nunca me metí *(I never got involved)* en la política. Pero en 1990 los escuadrones de la muerte mataron a unos vecinos (8) _____nuestros_____ [de nosotros], y fui a (9) _____su_____ casa a enterrarlos *(bury them)*. Desde ese día en adelante, (10) _____mi_____ vida no valía nada allí. Me acusaron de ser comunista. Trataron de matarme dos veces. Me escapé y fui a México con (11) _____mi_____ familia. Allí nos pusieron en un campamento para refugiados, donde no había qué comer y donde la vida era prácticamente imposible. Allí (12) _____mi_____ esposa tuvo (13) _____nuestro_____ tercer hijo, y casi se murió. Por fin alguien nos ayudó a venir aquí. Algún día, si Dios quiere, vamos a regresar a (14) _____nuestra_____ tierra.

The group visualization activity 3-22, following **Selección 2,** is effective at bringing students into the reality of the refugee experience.

Cada año los inmigrantes latinos que viven en Estados Unidos mandan unos 40 mil millones de dólares a sus familiares en Latinoamérica; para sus familiares, eso representa entre el 50 y el 80 por ciento de sus ingresos *(income)*. Para México, es la segunda fuente de ingresos al país después del petróleo. —Banco Interamericano de Desarrollo

3-31 Intercambios. Trabaje con un(a) compañero(a). En forma alternada, exprese sus preferencias y pregunte cuáles son las de su compañero(a).

MODELO	Mi escritora favorita es...
	A: Mi escritora favorita es Isabel Allende. ¿Y la tuya?
	B: La mía es Julia Álvarez.

1. Mi actor favorito es...
2. Mis cantantes favoritas son...
3. Mi atleta favorita es...
4. Mis vacaciones de verano fueron...
5. Mi ciudad favorita es...
6. Mi disco compacto favorito es de...

ANS 3-31
Possible answers: 1. ¿y el tuyo? —Mi actor favorito es Andy García. 2. ¿y las tuyas? —Mis cantantes favoritas son Mercedes Sosa y Paloma San Basilio. 3. ¿y la tuya? —Mi atleta favorita es Brenda Villa. 4. ¿y las tuyas? —Mis vacaciones de verano fueron estupendas. 5. ¿y la tuya? —Mi ciudad favorita es Buenos Aires. 6. ¿y el tuyo? Mi disco compacto favorito es de Juan Luis Guerra.

ⒺN OTRAS PALABRAS

Para expresar admiración, desaprobación, sorpresa

There are always some things you admire, some things you dislike, and some things that surprise you. Here are some ways to express your feelings about the things you see around you, about gifts you are given, things you buy that don't work, and so forth.

Admiración

¡Qué interesante (impresionante, hermoso, precioso)!
¡Qué ciudad más bonita! ¡Qué niños más simpáticos!
¡Es estupendo (magnífico, maravilloso, lo máximo)!
¡Esto es perfecto! ¡Es un sueño! ¡Es lo que quería (lo que necesitaba)!

Desaprobación

¡Esto es terrible (feo, injusto, insoportable, ridículo)! ¡Es fatal! *(It's awful!)*
Esto no es aceptable. Es demasiado...
Esto no funciona *(doesn't work)*. No sirve. *(It's no good.)*

Sorpresa

¡Qué sorpresa! ¡Qué maravilla!
¡Fíjese! / ¡Fíjate! ¡Imagínese! / ¡Imagínate! *(Just look! Just imagine!)*
¡Hombre! ¡Caramba! ¡Caray! ¡Dios mío!
¡Qué increíble! ¡No esperaba esto!

Some slang expressions for *Great! Super!*: **¡Qué guay!** (Spain), **¡Qué padre!** (Mexico), **¡De película!** (Spain and most of Latin America). People also say that something is **buena onda** ("good sound wave," used for people and things in Spain and Latin America). In Cuba, Colombia, Ecuador, Peru and the Southern Cone, people say **bacán,** and in many parts of Latin America (especially near the Caribbean coast) it's **chévere.**

Some slang expressions for *terrible* or *awful:* **de mala muerte** (for places), **gacho(a)** (Mexico, parts of Central America), **cutre** (Spain), **de perros** (Mexico, Spain). Also: **Es una porquería, es un bodrio.** Some slang expressions of surprise: **¡Hijole!** (Mexico, Central America, Colombia), **¡Epa, epa!** (Caribbean), **¡Ostras!** (Spain), **¡Pucha!** or **¡La pucha!** (a euphemism for the vulgar word **puta,** *prostitute,* Latin America).

PRÁCTICA

3-32 ¿Qué dicen? ¿Qué cree usted que están diciendo las personas que están en los siguientes dibujos *(drawings)*?

1.

2.

3.

4.

5.

6.

3-33 Reacciones. Después de una fiesta, usted abre los siguientes regalos. ¿Qué diría al abrirlos?

> **MODELO**   una camiseta *(T-shirt)*, color pulga *(puce)*
>   *¡Qué fea!*

1. una cartera *(small purse)*
2. una taza que lleva el nombre de su universidad
3. un bolígrafo *(pen)* que no funciona
4. un disco compacto de una ópera de Wagner
5. un disco compacto de Carlos Santana
6. un libro de Charles Dickens
7. un libro de chistes
8. un libro sobre el arte español
9. un cenicero *(ashtray)* de plástico gris
10. un calendario con fotos de arte folklórico de Latinoamérica

ANS 3-33
Possible answers: 1. ¡Qué linda! 2. ¡Qué bonito recuerdo! Esto es perfecto. 3. ¡Qué lástima! No sirve. 4. ¡Qué maravilla! (¡Qué aburrido!) 5. ¡Estupendo! Es lo máximo. 6. ¡No esperaba esto! 7. ¡Qué divertido! 8. ¡Qué maravilla! 9. ¡Es fatal! 10. ¡Qué lindo! ¡Qué calendario más bonito!

EN CONTACTO

3-34 La ciudad ideal o la ciudad de pesadilla. Trabaje con un(a) compañero(a); describan una ciudad perfecta o una ciudad de pesadilla *(horrible)*. Incluyan algunas de las siguientes ideas.

¿Es grande o pequeña?
¿Qué actividades culturales o deportivas tiene?
¿Cómo es el clima: tropical, frío, árido? ¿Hay nieve en el invierno?
¿Está cerca del mar? ¿Está en las montañas?
¿Qué oportunidades de trabajo hay?
¿Qué servicios sociales tiene?
¿Hay mucha gente bilingüe?
¿Es alto o bajo el costo de vida?
¿Hay transporte público?
¿Cuáles son algunas diversiones de la gente que vive allí?

3-35 ¿Cómo te gusta? Trabajen en grupos de cuatro a seis personas. Un(a) estudiante (**A**) sale de la sala de clase mientras las otras personas del grupo escogen un sustantivo (por ejemplo, **el auto**). **A** regresa y hace la pregunta **¿Cómo te gusta?** Los otros estudiantes contestan (por ejemplo, **grande, nuevo, rojo, cómodo, con motor eléctrico**). **A** trata de adivinar *(guess)* el sustantivo. Tiene tres oportunidades para adivinar. Después, otro(a) estudiante (**B**) sale de la sala, y así sucesivamente *(etc.)*.

3-36 Entrevista. Si es posible, entreviste a una persona hispana. Vaya al departamento de inglés para extranjeros de su universidad o visite una clase de inglés para inmi-

Act. 3.1 grantes de su comunidad. Pídale a la persona que entreviste que describa las siguientes cosas en una o dos palabras:

1. la comida de su país / la comida de aquí
2. el trabajo que tenía en su país (si tenía trabajo) / el trabajo que tiene aquí (si tiene trabajo)
3. el sistema de transporte público de su país / el sistema de transporte público de aquí
4. el clima de su país / el clima de aquí
5. el lugar donde vivía en su país / el lugar donde vive aquí
6. las celebraciones de su país / las celebraciones aquí

3-37 A ESCRIBIR: Una familia de inmigrantes / Mis antepasados.

Escriba una breve descripción de una familia de inmigrantes que llegaron a este país. Puede describir a sus antepasados o a una familia que conoce. Sigan las siguientes instrucciones.

1. En dos o tres oraciones, explique dónde vivían estos inmigrantes antes y cómo era su situación allí (con la familia, con el trabajo, con la política, etc.).
2. Escriba dos o tres oraciones sobre su viaje a este país (por qué vinieron, cómo viajaron, los problemas que tuvieron).
3. Escriba dos o tres oraciones de conclusión (qué pasó después o cómo están ahora).
4. Invente un título interesante para su descripción.

Alternative topic: have students write about a famous Latino, based on one of the Web activities they did.

Grammar	adjective agreement, adjective position, verbs: use of **ser** and **estar** possessive adjectives **mi(s)/tu(s),** possessive adjective **sus(s)**
Vocabulary	countries, direction and distance, geography, nationality
Phrases	describing people, describing places, describing the past

ATAJO

By now, students have practiced in many ways vocabulary for immigrants and for describing people and places to live (3-12, 3-13), as well as positive and negative factors affecting an immigrant (3-4). They've described some famous Latinos (3-2, 3-18) and also members of their family (3-23). They've reviewed **ser** and **estar** and adjectives they will need for descriptions. If you presented **Para escuchar,** they heard three short interviews with immigrants who tell why they immigrated and give their impressions of their new country versus their native country. They've done an exercise in the **En contacto** review section in which they interview a Hispanic immigrant and ask him or her to compare life and conditions before and after immigrating (3-36). However, if you have additional time in class, have students brainstorm this activity together, working in pairs or groups. Have them ask and answer questions about the immigrants they chose. They could also write ideas on an idea map with two parts: **Antes de inmigrarse** and **Después de inmigrarse.** Then let them write their paragraphs and, if you have time in class, peer edit them. In peer editing, tell them to look for one or two specific things, such as use of **ser** and **estar** with adjectives. After peer editing, they submit their final paragraphs.

▶▶ San Antonio y "la Nueva Frontera"

En San Antonio, Tejas, a unas 150 millas de la frontera mexicana, más de la mitad de la población es de origen hispano. Para muchos habitantes de San Antonio, es necesario saber **manejar** dos idiomas (el inglés y el español) en la vida profesional. La persona bilingüe **se comunica** fácilmente y tiene muchas ventajas (*advantages*).

V O C A B U L A R I O

comunicarse	to communicate
los empleados	employees
fundar	to found
manejar	to manage, handle, speak (a language)
los negocios	business
el nivel	level
el noticiero	news program
por temor a que (+ subjunctive)	for fear that

PRÁCTICA DE VOCABULARIO

Escoja el elemento de la lista que mejor corresponda a la definición.

1. con el miedo de que   *por temor a que*
2. los trabajadores   *los empleados*
3. comercio   *negocios*

4. ser los primeros habitantes de una ciudad, iniciar   *fundar*
5. grado, elevación   *nivel*

HABLANDO DEL TEMA

▶▶ La historia de San Antonio comienza en el año 1718, cuando los españoles fundaron la Misión San Antonio de Valero con su famosa iglesia, el Álamo. Después de una revolución contra México en 1835, Tejas llegó a ser república independiente. En 1848 se convirtió en estado de Estados Unidos.

▶▶ San Antonio es una ciudad que une lo antiguo con lo moderno, lo mexicano con lo angloamericano. Los turistas que llegan a San Antonio pueden visitar el Álamo, ir de compras al lindísimo Mercado (con su rica selección de artesanía [*handicrafts*] mexicana) y conocer el Paseo del Río o *Riverwalk*, con sus muchos restaurantes y tiendas. San Antonio tiene también un museo de arte, una orquesta sinfónica y un instituto cultural mexicano.

PREGUNTA DE ENFOQUE

¿Por qué es importante el español en todos los aspectos de la vida en una ciudad como San Antonio?

COMPRENSIÓN

1. Patty Elizondo dice que en las décadas de 1940 y 1950 en San Antonio muchos padres hispanos no quisieron enseñarles el español a sus hijos. ¿Por qué no? ¿Ha cambiado esa actitud?
2. ¿Por qué estudió español Chris Marrous? ¿Dónde trabajaba él? ¿Qué lo hizo más valioso (*valuable*) para sus jefes?
3. Para trabajar en el periódico *La prensa*, ¿qué hay que saber?
4. ¿Dónde estudió español Brent Gilmore? ¿Qué ventajas le da el español?

Tino Durán, editor de *La prensa* (periódico bilingüe)

PUNTOS DE VISTA

1. ¿Es importante el español en la región donde usted vive? Por ejemplo, ¿es útil saber hablar y escribir en español para conseguir un buen trabajo?
2. ¿Hay otros idiomas extranjeros importantes en su región? ¿Cuáles? ¿Son útiles para tener éxito en la vida profesional? Explique.
3. ¿Cómo demuestra el video la importancia de la cultura hispana en San Antonio?
4. ¿Cree usted que Estados Unidos va a ser un país bilingüe algún día? Explique.

Voice your choice! Visit **http://voices.thomsoncustom.com** to select additional readings relevant to this chapter's theme.

A description of "NAFTA man" from *Time* magazine, June 11, 2001, p. 53: "He speaks Spanish on the factory floor in Mexico but yells in English at his kids' T-ball games. He knows when to offer a bribe in Mexico (to a traffic cop) and when not to (during an environmental inspection). He prefers *chiles rellenos* to pot roast, gets his allergy medicine in Mexico but his MRI in the U.S. He has a two-sided wallet for pesos and dollars and knows that in Mexico 'workers cause less trouble, but their bosses have to be more considerate (and polite).'"

▶▶ Las ciudades situadas a ambos (*both*) lados de la frontera entre Estados Unidos y México están creciendo muy rápidamente (por ejemplo, entre 1990 y 2000 las ciudades de Caléxico-Mexicali: 73 por ciento; Douglas/Agua Prieta: 67 por ciento). Cada día cruzan la frontera de México a Estados Unidos: un millón de barriles de petróleo, 432 toneladas (*tons*) de chiles, 238.000 focos (*lightbulbs*) y 166 Volkswagen Escarabajos (*Beetles*), entre otras cosas. También cruzan más de 800.000 personas legalmente. Aquí en la "Nueva Frontera", se comen más tortillas que pan, Salma Hayek es más popular que Madonna y la persona bicultural y bilingüe tiene grandes ventajas.

Amor y amistad

4

Pareja de estudiantes hispanos

PRESENTACIÓN DEL TEMA

CD 1,
Track 11

—Hola, 'mano, ¿qué tal?
—Bien, compa, ¿y tú? Hace mucho que no nos vemos.

Compa, compinche, cuate, pana, 'mano(a), socio(a), che... ¿qué tienen en común estas palabras coloquiales? Todas quieren decir **amigo(a)** en diferentes partes del mundo hispano.* Las dos primeras son para amigos masculinos; **compa** es una forma de **compadre.** Los compadres (el compadre y la comadre) son amigos muy íntimos (*close*), los que asisten a reuniones familiares, ayudan cuando hay problemas y pueden servir de padrinos (*godparents*) de los hijos. En el mundo hispano es muy importante la amistad; sólo hay que considerar los muchos dichos sobre este tema, por ejemplo:

Son ricos los que tienen amigos.

El mejor espejo (*mirror*) es un ojo amigo.

Vino y amigo, el más antiguo. (*i.e., Old friends are the best friends.*)

A buen amigo, buen abrigo. (*i.e., A good friend deserves the best—literally, a good coat for a good friend.*)

Muchas veces en el mundo hispano los amigos se reúnen regularmente en un lugar determinado a una hora determinada (por ejemplo, cada martes a las 5:00); esta costumbre se llama **la tertulia.** En muchos lugares, la gente se reúne por la tarde para tomar una copa o un aperitivo, y parece que siempre hay tiempo para "tomar un cafecito" con un(a) amigo(a).

Los jóvenes salen en grupos de amigos, chicos y chicas juntos. Van a los parques, cines, teatros, discotecas, cualquier lugar donde pueden reunirse. Tener novio(a) es un poco más serio que tener *boyfriend* o *girlfriend;* la palabra **novios** quiere decir *bride and groom* o *sweethearts* y el **noviazgo** es *engagement.* Como en inglés, hay un vocabulario especial en español para hablar de las relaciones amorosas. Dos personas enamoradas forman una **pareja,** pero la palabra **pareja** también se usa para referirse

Explain that in some parts of Latin America the words **compadre** and **comadre** are used as terms of address just to indicate close friendship; however, normally the **compadre** or **comadre** is chosen when a child is born and expected to participate in the child's baptism and important life events. In rural areas, this is an especially important relationship. Close friends are usually brought into the family circle, and the **compadrazgo** system is one way that this may occur. You might also want to tell them that a **tertulia** may involve a discussion of artistic or literary issues, as in the classic **tertulias** of intellectual circles.

The topic of **compadre (comadre)** is also explored in the **Enfoque del tema.**

---

* **Compa** and **compinche** are used throughout Latin America. In Mexico you hear **'mano(a),** from **hermano(a),** and **cuate** (literally, *twin,* from Náhuatl, the language of the Aztecs). In the Caribbean people say **pana** (from **panal,** *honeycomb,* which is also used informally to mean a group of friends). **Socio(a)** (literally, *club member or partner*) is used in Colombia, Peru, Chile, Cuba, and Mexico. And one last example: **che** is used in Argentina—that's where the Argentinean Ernesto "Che" Guevara got his name. You don't need to learn these words, but the large number of these colloquial expressions attests to the importance of friendship among Latinos.

a una de las dos (por ejemplo, **Elena fue con su pareja a la fiesta**). La expresión informal **media naranja** *(half orange, better half)* también se usa para hablar de una de las personas de la pareja (por ejemplo, **¿Dónde está tu media naranja?**). Y hay docenas de expresiones para decir *honey* o *dear:* **mi amor, mi cielo** *(heaven)*, **cariño, mi rey (reina), querido(a), mi tesoro** *(treasure)*...

Como en Estados Unidos y Canadá, el papel de la mujer en la sociedad ha cambiado mucho en las últimas décadas. El romance hispano, tradicionalmente asociado al sentimiento y a la pasión, siempre se caracterizaba por el papel activo del hombre: en el juego del galanteo *(courting)*, él era el galán *(lover, wooer)*; en el juego de la seducción, él era el seductor. Ahora hay más igualdad entre los sexos. En muchos matrimonios, marido y mujer comparten las tareas del hogar. Muchas mujeres trabajan en una variedad de profesiones y oficios, aunque las profesiones tradicionalmente femeninas tienen menos prestigio y se pagan *(are paid)* peor. Según Moisés Lemlij, psicoanalista peruano, dos cambios importantes afectan la situación de la mujer de hoy:

> En el pasado la gente se moría a los 40; el matrimonio duraba 10 o 15 años y se acababa porque uno de los cónyuges *[spouses]* moría. Ahora a lo mejor los matrimonios duran igual que antes, sólo que las personas, en lugar de morirse, se separan...
>
> Antes de que se inventaran los anticonceptivos, la mujer vivía con una espada *[sword]* de Damocles: cada relación sexual podía significar un embarazo *[pregnancy]*, y cada embarazo una posibilidad de muerte. La mujer estaba forzada a romantizar al máximo cada encuentro amoroso porque en él literalmente se le iba la vida. Recién en este siglo aparecen los antibióticos y los anticonceptivos; gracias a ellos, la mujer se pone en la misma situación que el hombre. Éste es un ejemplo de cómo la tecnología ha producido un cambio dramático en la cultura, en las relaciones de pareja y en la relación de la mujer con su propio cuerpo.*

El príncipe Felipe y su esposa Leticia saludan a la gente el día de su boda. A la izquierda de Leticia está el rey Juan Carlos; a la derecha de Felipe, la reina Sofía.

---

* Giovanna Pollarolo y Rocío Moscoso, "El próximo milenio", *Debate,* marzo-abril de 1997, páginas 14, 16.

Estos cambios sociales se ven hasta en los círculos más conservadores de la sociedad. Un ejemplo: En 2004 Felipe de Borbón, el futuro rey de España, se casó con Letizia Ortiz, periodista profesional de la clase media. Se puede decir que Letizia encontró a su príncipe azul *(prince charming):* Felipe es el príncipe de Asturias. Fue el segundo matrimonio para la futura reina (Letizia se había divorciado a la edad de 25 años). Los reyes de España, Juan Carlos y Sofía, expresaron su felicidad con la elección de su hijo. Felipe y Leticia tuvieron una hija, Leonor, en 2005. Letizia hace un papel importante en el trabajo y en las responsabilidades oficiales de la pareja, y los dos disfrutan de la admiración del pueblo español.

4-1 Preguntas.

1. ¿Qué es un compadre o una comadre? ¿Qué papel hace? ¿Tiene usted amigos íntimos? ¿Qué papeles tienen en su vida?

2. ¿Qué es una tertulia? ¿Qué piensa de la costumbre de la tertulia? ¿Se reúne con sus amigos en un mismo lugar a veces o a menudo?

3. ¿Existe una total igualdad profesional entre hombres y mujeres ahora en España y Latinoamérica? ¿en Estados Unidos o Canadá?

4. Según Moisés Lemlij, ¿por qué hay más divorcios ahora que en el pasado? ¿Qué invenciones del siglo veinte cambiaron fundamentalmente la vida de la mujer? ¿Está usted de acuerdo con sus deducciones? ¿Por qué sí o por qué no?

5. ¿Quién es Letizia Ortiz? ¿Qué profesión tenía antes de casarse?

6. En general, ¿ha cambiado mucho el papel de la mujer en la vida familiar en Estados Unidos o en Canadá en las últimas décadas? En casa, ¿comparten los hombres y las mujeres las tareas del hogar? ¿Quién hace la mayor parte del trabajo? En su casa, ¿quién cuida el jardín (si hay jardín) y los exteriores en general?

7. ¿Han cambiado las relaciones amorosas en la sociedad estadounidense o canadiense? Apoye sus respuestas con algunos ejemplos.

VOCABULARIO ÚTIL

AMOR Y AMISTAD

COGNADOS

amoroso(a)
íntimo(a)
romántico(a)
la seducción

Another important change in Spanish society: In 2005 Spain legalized same-sex marriages. The law gave same-sex couples the same rights that heterosexual couples have; they can adopt children, inherit their spouses' estates, collect retirement pensions, and have the same work or economic-related benefits as heterosexual couples.

4-1. This activity is adaptable to be either a full-class discussion or a pair or small-group conversation opportunity. Vary the setup from chapter to chapter. Many of these questions can lead to further discussion. If you feel that students are especially interested in one of the answers, try to generate more conversation by asking additional questions.

In **Selección 2, ¿Es más difícil amarse hoy día?**, the Spanish philosopher José Antonio Marina talks about the psychological reasons behind the increasing divorce rate in today's Spain.

VERBOS

acompañar	to accompany, go with
amar	to love
apoyar	to support
cambiar	to change
compartir	to share
cuidar	to take care of
evitar	to avoid
prometer	to promise
romper con	to break (up) with

ADJETIVOS

cariñoso(a)	affectionate, loving
débil	weak
dominador(a)	dominating
enamorado(a) (de)	in love (with)
fuerte	strong, intense

OTRAS PALABRAS

la amistad	friendship
el cariño	warm affection
el compadre (la comadre)	very close friend who is often a godparent of one's child
el derecho	right
la (des)igualdad	(in)equality
el galanteo	courting, wooing
el noviazgo	engagement
la pareja	pair, couple; partner
los reyes (el rey y la reina)	king and queen
las tareas (del hogar)	(house)work
la tertulia	regular meeting of friends or acquaintances (at a fixed place and time)

¡OJO!

actual *present, current;* **actualmente** *currently /* **verdadero(a)** *true, actual*
la envidia *envy;* **los celos** *jealousy;* **tener celos** *to be jealous;* **celoso(a)** *jealous*
la cita *date, appointment /* **la fecha** *date (calendar)*
hacer un papel *to play a role*
tomar una decisión *to make a decision*

PRÁCTICA

4-2 Antónimos. Complete las oraciones con antónimos de las palabras o frases subrayadas.

1. No es posible que todo <u>quede igual</u>; todo tiene que <u>cambiar</u> .
2. Ese niño no es <u>débil</u>; es <u>fuerte</u> .
3. En ese país todavía no hay <u>igualdad</u> para las mujeres; hay mucha <u>desigualdad</u>.
4. La frase no es <u>falsa</u>; es <u>verdadera</u> .
5. No hablamos de la sociedad <u>del pasado o del futuro</u>; hablamos de la sociedad <u>actual</u> .
6. Ella es <u>obediente y sumisa</u> *(submissive)*, pero su esposo es muy <u>dominador</u> .

4-3 El Día de San Valentín. Escoja las palabras apropiadas para completar las frases.

Ayer fue el Día de San Valentín. Tenía una (1) (fecha / <u>cita</u>) con mi novia Carmen, y la invité a cenar. Después de (2) (<u>acompañarla</u> / apoyarla) a hacer unas compras, fuimos a un restaurante, donde (3) (prometimos / <u>compartimos</u>) una paella. Después fuimos a bailar. Carmen es muy inteligente y sociable, y la (4) (cuido / <u>amo</u>) mucho. Su único defecto es que a veces tiene (5) (<u>celos</u> / envidia) y no quiere que hable con otras chicas. Para (6) (<u>evitar</u> / romper) problemas, no le digo nada si otra chica me llama. Estamos muy (7) (<u>enamorados</u> / débiles) y esperamos casarnos algún día.

4-4 Busco a... Hable con sus compañeros. Haga sólo una pregunta a cada persona. Busque un(a) compañero(a) que conteste afirmativamente.

MODELO	estar enamorado(a)
	A: ¿Estás enamorado(a)?
	B: Sí, estoy... (No, no estoy...)

(Si la respuesta es afirmativa, el o la estudiante **B** firma *[signs]* abajo.)

	Firma
1. estar enamorado(a)	_____
2. compartir un secreto con un(a) amigo(a)	_____
3. cuidar a un(a) familiar de vez en cuando (por ejemplo, a un[a] hermanito[a])	_____
4. sentir envidia o tener celos de vez en cuando	_____
5. evitar hacer las tareas del hogar	_____
6. tener una cita esta semana	_____
7. conocer a una persona muy dominadora	_____
8. pensar romper con su novio(a) o anunciar su noviazgo	_____
9. tener que tomar una decisión importante pronto	_____
10. ser cariñoso(a)	_____

4.4. Let students move around the room to ask each other questions. Set a time limit. Then reconvene the class. If there is time, ask them questions, such as **¿Quién tiene que tomar una decisión importante pronto?** You can have them elaborate by asking other related questions, such as **¿Qué decisión piensa tomar?** Note: if you don't want to spend much time on this, you can ask students as a class to name people who fit the categories and change some items: **5. evitar hablar con los reporteros 7. ser muy dominador(a) 8. romper con su novio[a] o anunciar su noviazgo.** The idea is just to practice the vocabulary here. For more work on vocabulary, have students work in pairs or groups to create a short dialog using five or six of the expressions. You may want to give them a situation, such as a radical feminist and a male chauvinist meeting at a party or a grandfather and his granddaughter discussing changing times.

Para escuchar: Dos invitaciones

CD 1,
Track 12

Conversación 1: Para hacer una invitación; para rehusar *(decline)* **una invitación.**

Julia está en casa cuando recibe una llamada de Alberto, un amigo.

4-5 Escuche la **Conversación 1.** Conteste esta pregunta: ¿Va Julia a llamar a Alberto después de las vacaciones, según su opinión? ¿Por qué sí o por qué no?

No, Julia no va a llamar a Alberto después de las vacaciones porque ella sabe que él tiene una novia.

4-6 Escuche la **Conversación 1** otra vez. ¿Qué expresiones se usan para hacer una invitación?

Act. 4.1

    ____ **1.** ¿Te gustaría ir a...?   ____ **4.** ¿Quieres ir a...?
    ✓ **2.** ¿Qué te parece si vamos a...?   ____ **5.** ¿Quisieras ir a...?
    ✓ **3.** Si estás libre hoy...   ____ **6.** ¿Me querrías acompañar a...?

4-7 Escuche la **Conversación 1** una vez más. Escoja la mejor respuesta.

For a written example of an invitation for a date and an acceptance, students can look at emails 4 and 5 in the short story, **Primer email**.

  1. Alberto quiere...
    (a.) ir al cine.   b. ir al teatro.   c. ir a una ópera.

  2. *El día que me quieras* es...
    (a.) una película con Carlos Gardel.
    b. una película con música rock.
    c. una ópera.

  3. El mes que viene Julia va a...
    a. seguir con los exámenes.
    b. ir a la playa.
    (c.) visitar a sus papás.

  4. Una manera cortés de rehusar una invitación es...
    (a.) Otro día, quizás.
    b. No tengo tiempo para ti.
    c. No quiero ir.

Conversación 2: Para aceptar una invitación. Julia recibe otra llamada telefónica.

CD 1,
Track 13

4-8 Escuche la **Conversación 2.** Conteste esta pregunta: ¿Está contenta Julia por la llamada?

Sí, Julia está contenta por la llamada de Mike.

Ask students if they have seen any of these films or other movies in Spanish. You might want to recommend sources (such as the school library, local public library, local video rental places, or online sources).

4-9 Escuche la **Conversación 2** otra vez. ¿Qué cosas o qué personas se mencionan?

    ____ **1.** Salma Hayek   ____ **5.** Carlos Saura
    ✓ **2.** Camila   ____ **6.** *El norte*
    ✓ **3.** María Luisa Bemberg   ✓ **7.** Pedro Almodóvar
    ____ **4.** *Bodas de sangre*   ✓ **8.** *La vida sigue igual*

4-10 Escuche la **Conversación 2** una vez más. ¿Qué expresiones se usan para aceptar una invitación?

_____ **1.** Sí, con mucho gusto.	_____ **4.** Encantado.
✓ **2.** Sí, me encantaría.	_____ **5.** De acuerdo. Tengo todo el día libre.
✓ **3.** ¡Qué buena idea!	✓ **6.** No veo la hora de salir.

ⒼRAMÁTICA Y VOCABULARIO

The Future Tense

Formation of the Future Tense

Regular Verbs

To form the future tense of regular verbs, the endings shown in bold in the following chart are added to the infinitive.

hablar		comer		vivir	
hablar**é**	hablar**emos**	comer**é**	comer**emos**	vivir**é**	vivir**emos**
hablar**ás**	hablar**éis**	comer**ás**	comer**éis**	vivir**ás**	vivir**éis**
hablar**á**	hablar**án**	comer**á**	comer**án**	vivir**á**	vivir**án**

Irregular Verbs

The regular endings **-é, -ás, -á, -emos, -éis,** and **-án** are added to the following verb stems to form the future tense.

caber	cabr-	querer	querr-		**é**
decir	dir-	saber	sabr-		**ás**
haber	habr-	salir	saldr-		**á**
hacer	har-	tener	tendr-		**emos**
poder	podr-	valer	valdr-		**éis**
poner	pondr-	venir	vendr-		**án**

Use of the Future Tense

1. The future tense refers to an action that _will, shall,_ or _is going to_ take place.

¿Crees que Alberto cambiará?	_Do you think Alberto will change?_
"Hijo eres y padre serás."	_"A son you are and a father you will be."_
—proverbio	_—proverb (i.e., be kind to your parents)_
¿Saldrás con Felipe?	_Will you go out with Felipe?_

Selección 1 is an email love story with many examples of the future tense when a boy and a girl make arrangements to meet each other.

Para el amor no hay fronteras.
—proverbio

Ocurre a veces que la virtud de una mujer debe ser muy grande, pues tiene que servir para dos.
—Carmen Silva

Los buenos amigos son como estrellas. No siempre las ves, pero sabes que siempre están allí.
—proverbio

2. The future tense is also used to express possibility or probability in the present. Look at some of the different ways this translates into English.

El esposo de Gloria tendrá unos cincuenta años, ¿verdad? ¿Dónde estarán mis llaves?	*Gloria's husband must be (probably is) about fifty years old, isn't he?* *Where are my keys? (Where can they be?)*

PRÁCTICA

4-11 La cita ideal. Vamos a imaginar que usted puede tener una cita ideal con alguien muy especial. Tiene todo el dinero que necesita. ¿Qué hará en esa cita?

Paso 1. Haga preguntas, usando el tiempo futuro y la forma **usted** del verbo.

> **MODELO**   con quién salir
> *¿Con quién saldrá?*

1. comprar ropa nueva   ¿Comprará ropa nueva?
2. estar nervioso(a)   ¿Estará nervioso(a)?
3. tener lista una limosina   ¿Tendrá lista una limosina?
4. ir a cenar   ¿Irá a cenar?
5. ver una película o una obra de teatro   ¿Verá una película o una obra de teatro?
6. decir algo al final de la noche   ¿Dirá algo al final de la noche?
7. hacer una cita para otro día   ¿Hará una cita para otro día?
8. ¿...?

Paso 2. Trabaje con un(a) compañero(a). En forma alternada, haga y conteste las preguntas anteriores, usando la forma **tú** del verbo. Haga preguntas adicionales.

> **MODELO**   con quién salir
> *¿Con quién saldrás? ¿Cómo es él/ella? ¿Por qué escogiste a esa persona?*

4-12 Los buenos amigos. A veces es difícil saber quiénes son los verdaderos amigos. ¿Quiénes son aquéllos que nos apoyarán en las buenas y en las malas *(in good times and bad)*? Con un(a) compañero(a), haga una descripción del amigo verdadero, usando el tiempo futuro. Un buen amigo o una buena amiga...

> **MODELO**   aceptarme como soy
> *...me aceptará como soy.*

Ideas: decirme siempre la verdad, escuchar mis problemas, perdonar mis errores, querer lo mejor para mí, lamentar mis fracasos *(failures)*, saber celebrar mis éxitos, tener el valor de decirme lo que necesito escuchar, poder ser sincero(a) conmigo, estar a mi lado para apoyarme, hacerme compañía y comprenderme, ¿...?

4-13 "Cosas que (nunca) haremos." En grupos de cinco o seis personas, cada persona menciona cinco cosas que hará en el futuro y cinco cosas que nunca hará.

> **MODELOS** *Compraré un jeep (una casa en Hawai, un helicóptero), aprenderé a tocar el piano, tendré un robot para hacer las tareas del hogar...*
> *Nunca compraré cosméticos caros (un Winnebago, un Hummer, muebles para el patio), nunca aprenderé a jugar al golf, nunca tendré un perro pitbull...*

Ideas:

casarme con...	trabajar de...	tener...
vivir en...	aprender a...	usar...
ir a...	leer...	ver...

Después, en los mismos grupos, hagan una lista de tres cosas que harán y tres cosas que nunca harán. Comparen sus respuestas con las respuestas de los otros grupos.

Mirando los resultados, ¿pueden hacer algunas generalizaciones sobre su generación? ¿Creen que su generación será como la generación de sus padres? Por ejemplo, ¿creen que los jóvenes de hoy serán más o menos materialistas que sus padres? ¿tolerantes? ¿religiosos? ¿Se casarán más tarde? ¿Tendrán más niños? ¿Disfrutarán de más libertad? ¿Sufrirán más violencia? ¿Vivirán más?

The Conditional

Formation of the Conditional

Regular Verbs

To form the conditional of regular verbs, the endings shown in bold in the following chart are added to the infinitive.

hablar		comer		vivir	
hablar**ía**	hablar**íamos**	comer**ía**	comer**íamos**	vivir**ía**	vivir**íamos**
hablar**ías**	hablar**íais**	comer**ías**	comer**íais**	vivir**ías**	vivir**íais**
hablar**ía**	hablar**ían**	comer**ía**	comer**ían**	vivir**ía**	vivir**ían**

Irregular Verbs

The regular endings **-ía, -ías, -ía, -íamos, -íais,** and **-ían** are added to the stems of the same verbs that are irregular in the future tense (see p. 99).

Gustar

The use of **gustar** in the conditional with an infinitive is very common.

¿Le (Te) gustaría ir al cine? —Sí, me gustaría ir al cine.

Would you like to go to the movies? —Yes, I'd like to go to the movies.

¿Les gustaría ver *Mar adentro*? —No, nos gustaría ver una comedia.

Would you like to see Mar adentro? *No, we'd like to see a comedy.*

The verb **gustar** will be practiced in Chapter 7.

> *Sólo hay un amor hasta la muerte: el último.*
> —Jacinto Miquelarena, novelista español

Use of the Conditional

1. The conditional usually conveys the meaning *would* in English.

Vamos a ir a comer. ¿Te gustaría acompañarnos?	*We're going to go eat. Would you like to go with us?*
Pues, yo haría lo mismo.	*Well, I would do the same thing.*

    Remember, however, that the imperfect can also convey the idea of *would*, but in the sense of *used to.* With this use it describes repeated action in the past.

Cuando éramos jóvenes, íbamos al cine todos los domingos.	*When we were young, we would go to the movies every Sunday.*

2. The conditional often refers to a projected action in the future, viewed or thought of from a time in the past.

Juan dijo que lavaría los platos.	*Juan said he would wash the dishes.*
Ella prometió que iría conmigo al baile.	*She promised she'd go to the dance with me.*

    Notice that if the present tense had been used in the first clauses of the preceding examples, the future would probably have been used in the second clauses:

Juan dice que lavará los platos.	*Juan says he will wash the dishes.*
Ella promete que irá conmigo al baile.	*She promises she'll go to the dance with me.*

3. The conditional can express possibility or probability in the past.

¿Qué hora sería cuando entraron? —Serían por lo menos las cuatro de la mañana.	*What time was it (probably, could it have been) when they came in? —It must have been (was probably) at least four in the morning.*
Habría mucha gente en la plaza cuando llegaste, ¿no?	*There must have been (probably were) a lot of people in the plaza when you arrived, right?*

4. The conditional is sometimes used to show politeness or deference.

¿Podrían ustedes ayudarme, señores?	*Could you help me, gentlemen?*
Señora, ¿sabría usted dónde está el correo?	*Ma'am, would you know where the post office is?*
¿Nos podría traer dos cafés?	*Could you bring us two cups of coffee?*

5. The conditional is used with *if* clauses, which will be discussed in Chapters 9 and 11.

Be aware that in a formal situation, **quiero** can sound a bit childish or impolite. As in English, the longer the phrase, the more polite it usually is.

PRÁCTICA

4-14 ¡Más cortesía, por favor! Siga los modelos.

> **MODELOS** Quiero un vaso de vino. (Déme un vaso de vino.)
> *¿Me podría traer (dar) un vaso de vino, por favor?*
> ¿Qué hora es?
> *¿Sabría usted qué hora es? (¿Me podría decir qué hora es?)*

1. Quiero más pan.
2. ¿Dónde está el baño?
3. Páseme el agua mineral.

4. ¿Está Anita en casa?
5. Quiero un vaso de agua.
6. ¿Podemos pasar?

4-15 Parejas famosas. ¿Qué promesas hicieron estas personas antes de casarse?

> **MODELO** Maximiliano a Carlota / hacerla emperatriz de México
> *Le prometió que la haría emperatriz de México.*

1. George Washington a Martha / no mentirle nunca
2. Cleopatra a Marco Antonio / amarlo hasta la muerte
3. El rey Fernando a la reina Isabel / serle fiel siempre
4. Luis XVI a María Antonieta / darle un palacio
5. Odiseo a Penélope / regresar de todos sus viajes

4-16 El sexo opuesto. ¿Cuáles son las ventajas y las desventajas de ser miembro del sexo opuesto?

Paso 1. Trabajen en grupos. Cada uno de los hombres completa esta frase: **Si yo fuera mujer...** Cada una de las mujeres completa esta frase: **Si yo fuera hombre...** Vocabulario: corbata *tie*, tacones *heels*, arreglar *to fix*

> **MODELO** (no) llorar en el cine
> *Si yo fuera mujer, no lloraría en el cine (podría llorar en el cine).*

Ideas:
1. (no) pagar cuando saliera con un(a) chico(a)
2. (no) usar ropa incómoda (corbata, zapatos con tacones altos, etc.)
3. (no) aprender a cocinar, arreglar un carro, hacer las tareas del hogar)
4. (no) quedarse en casa y (no) trabajar
5. (no) ser comprensivo(a) (discreto[a], lógico[a])
6. (no) mirar tantas películas románticas (de terror, de ciencia ficción)

Paso 2. Después, describan al hombre (a la mujer) ideal: **Él (Ella) sería... (Tendría... Nunca... Sabría...).**

V O C A B U L A R I O Ú T I L

COMPARACIONES

El siguiente cuadro gráfico apareció en la revista peruana *Debate*. Está basado en una encuesta *(survey)* de 401 amas de casa de Lima, Perú. Los números representan porcentajes del total. Nota: **optimista, pesimista** y **moralista** se usan con sustantivos masculinos o femeninos: **un hombre optimista / una mujer optimista**.

AUTOPERCEPCIÓN DEL AMA DE CASA %

49 Moderna / 45 Tradicional		76 Activa / 21 Pasiva
61 Extrovertida / 26 Introvertida		75 Independiente / 22 Dependiente
97 Responsable / 1 Irresponsable		87 Optimista / 7 Pesimista
50 Sin prejuicios / 44 Moralista		84 Pacífica / 11 Agresiva
83 Cariñosa / 10 Seca		87 Alegre / 7 Triste

Comparisons of Equality

1. **Tan** + adjective (adverb) + **como** means *as . . . as.*

Uno es tan joven como sus ilusiones y tan viejo como sus recuerdos.	*One is as young as one's illusions and as old as one's memories.*
Eva traerá la sopa tan pronto como sea posible, señor.	*Eva will bring the soup as soon as possible, Sir.*

(Adverbs, that is, words such as **pronto,** are words that tell *when, where, how,* and so forth. Note that adverbs do not show agreement with the subject. Many Spanish adverbs end in -**mente,** equivalent to -*ly* in English. These will be discussed in Chapter 9.)

Notice the agreement of the adjective with the noun(s) before **tan;** the adjective agrees with the first noun(s) mentioned:

Marisa es tan extrovertida como Eduardo.	*Marisa is as extroverted as Eduardo.*
Eduardo y Paco son tan optimistas como Marisa.	*Eduardo and Paco are as optimistic as Marisa.*

2. **Tanto(a, os, as)** before a noun means *as much (many)* or *so much (many);* it agrees with the noun it modifies. **Tanto como** means *as much as* and does not show agreement.

¡Tantas preguntas!	*So many questions!*
Nadie habla tanto como él.	*No one talks as much as he does.*

3. **Tan** can also mean *so:* **¡Es tan cariñosa!**

PRÁCTICA

4-17 Comparaciones tradicionales. Complete las oraciones con las palabras que faltan.

> **MODELO** *Es tan bueno como el pan.*

1. Es _____ fuerte _____ Hércules.
2. Es _____ hermosa _____ Cleopatra.
3. Tiene _____ hijos _____ la viejita que vivía en un zapato.
4. Es _____ viejo _____ Matusalén.
5. Es _____ rápida _____ Mercurio, el mensajero de los dioses.
6. Tiene _____ dinero _____ el rey Midas.
7. Tiene pies _____ pequeños _____ los pies de Cenicienta (*Cinderella*).
8. Tiene _____ paciencia _____ Job.
9. Es _____ celoso _____ Otelo.
10. Luchó en _____ batallas _____ Alejandro Magno (*the Great*).

4-18 Cuéntame, compañero(a). Mire otra vez el gráfico en la sección de **Vocabulario útil** en la página 104. Haga y conteste por lo menos tres preguntas con **tan** o **tanto(a)** comparándose con un(a) amigo(a) o pariente.

> **MODELOS** *¿Eres tan extrovertida como tu mejor amiga?*
> *¿Tienes tanto trabajo como tu compañero de cuarto?*

ANS 4-17
1. tan como 2. tan como 3. tantos como 4. tan como 5. tan como 6. tanto como 7. tan como 8. tanta como 9. tan como 10. tantas como

Ask students for modern-day comparisons. Write adjectives on the board and have them make a comparison with a famous figure. Example: **rico: Es tan rico como Bill Gates (Es tan rica como Paris Hilton). fuerte: Es tan fuerte como Buffy.**

If you are pressed for time, skip this exercise but be sure to do Exercise 4-22 in the next section.

Comparisons of Inequality

1. **Más** + adjective or adverb + **que:**

Es más claro que el agua, señores.	*It's crystal clear (clearer than water), gentlemen.*
Natalia sale más a menudo que su hermana.	*Natalia goes out more often than her sister.*

2. **Menos** + adjective or adverb + **que:**

Soy menos alegre que tú.	*I am less happy than you.*

3. **Más** (+ noun +) **que** for *more* (+ noun +) *than;* **menos** (+ noun +) **que** for *less* (+ noun +) *than:*

Ella gana más (menos) dinero que él.	*She earns more (less) money than he does.*

4. Before a number, **de** is used instead of **que** to mean *than:*

Hay más de dos libras en un kilogramo.	*There are more than two pounds in a kilogram.*

5. Negatives (not affirmatives as in English) are used after **que** in comparisons:

Necesitamos igualdad ahora más que nunca.	*We need equality now more than ever.*
Lo admiro más que a nadie.	*I admire him more than anyone.*

1. VALENTÍN, MI AMOR ¿ME QUIERES MUCHO, MUCHO? — CANTIDAD

2. ¿ME QUIERES MÁS QUE AYER Y MENOS QUE MAÑANA? — MÁS O MENOS

3. ¿Y LA SEMANA QUE VIENE, EL MES QUE VIENE, ME QUERRÁS MÁS? — SEGURO MI AMOR

4. ¿Y EL AÑO QUE VIENE? — MUJER.. ¡EL AÑO QUE VIENE YA ESTAREMOS CASADOS!

PRÁCTICA

4-19 En nuestra clase... Su profesor(a) escoge a dos estudiantes de la clase. Con toda la clase, hagan por lo menos cinco comparaciones entre ellos. Háganles preguntas a cada uno(a); por ejemplo, **¿Cuántas clases tienes este semestre? ¿Cuántos hermanos tienes? ¿Cuántas horas estudiaste anoche?**

> **MODELOS** *Martín tiene menos clases que Ana. Ana cenó más temprano anoche.*

4-20 Comparaciones. De acuerdo con el modelo, haga oraciones comparativas.

> **MODELO** solteros / casados
> *Los solteros son más (menos) felices que los casados.*

1. Yao Ming / Michael Jordan
2. la ciudad donde vivimos / Los Ángeles
3. jóvenes / ancianos
4. Shakira / Ricky Martin
5. hacer snowboard / esquiar
6. Estados Unidos / México
7. gatos / perros
8. un galón / dos litros
9. un día / veinticinco horas
10. estudiante típico / Bill Gates

4-21 Amigos famosos. En las películas para niños hay muchos amigos (o enemigos) famosos: mire, por ejemplo, las listas que siguen. Haga por lo menos cinco oraciones usando comparaciones.

> **MODELOS** Bob Esponja y Patricio Estrella
> *Patricio no es tan inteligente como Bob.*
> Tom y Jerry
> *Tom es más oportunista que Jerry.*

Amigos:

Bob Esponja *(Sponge)* y Patricio Estrella
las Chicas Superpoderosas *(Powerpuff)*: Bombón, Burbuja y Bellota
Pinocho y Pepe Grillo *(Jiminy Cricket)*
Pedro Picapiedra *(Flintstone)* y Pablo Mármol (Vilma Picapiedra y Betty Mármol)
Blancanieves y los Siete Enanos *(Dwarves)*
el Oso Yogi y Boo Boo
el Conejo Bugs y el Pato Lucas *(Daffy)*

Enemigos:

el gato Sylvestre y Piolín *(Tweety)*
el Correcaminos y el Coyote
Peter Pan y el capitán Garfio
Tom y Jerry
Caperucita Roja y el Lobo *(Wolf)*
Superman y Lex Luther

4-22 Mi familia y yo. Mire el gráfico en la página 104. Cuéntele a un(a) compañero(a) varias cosas sobre su familia y usted, usando oraciones comparativas y los adjetivos del gráfico.

> **MODELOS** *Soy más extrovertido(a) que mi mamá.*
> *Soy menos agresivo(a) que mi hermano.*
> *No soy tan alto(a) como mi papá.*

Irregular Comparative Forms; The Superlative

Irregular Comparative Forms

Adjectives		Adverbs		Comparatives	
bueno	*good*	bien	*well*	mejor	*better*
malo	*bad*	mal	*badly*	peor	*worse*
mucho	*much, many*	mucho	*much, a lot*	más	*more*
poco	*few*	poco	*a little*	menos	*less*
grande	*large, great*	mayor	*older*	más grande	*bigger*
menor	*younger*	pequeño	*small, little*	más pequeño	*smaller*

The feminine forms of **mejor, peor, mayor,** and **menor** are the same as the masculine forms; the plurals are formed by adding **-es. Mayor** and **menor** are often used to describe people to mean *older* and *younger,* respectively; **más grande (pequeño)** refers to size rather than age. **Mejor** and **peor** generally precede, rather than follow, the nouns they modify.

Catita es mayor que su hermano pero es más pequeña.	Catita is older than her brother but she's smaller.
¡Mis hermanas menores ya son más grandes que mi mamá!	My younger sisters are already bigger than my mother!
"No hay mejor maestra que la pobreza." —proverbio	"There is no better teacher than poverty." —proverb

The Superlative

Adjective	Comparative	Superlative
bonito	más bonito	el más bonito
inteligentes	más inteligentes	las más inteligentes

1. To form the superlative of adjectives, place the definite article (**el, la, los, las**) before the comparative. If a noun is mentioned, it generally follows the definite article.

Remind students that sometimes a possessive (**mi, tu, su,**
etc.) is used instead of a
definite article: **Ésa es mi
menor preocupación** *(That's
my least concern).*

Definite Article	Noun	más	Adjective
el	hombre	más	rico
la	mujer	más	famosa

Chile tiene la región más seca y la ciudad más alta del mundo. (Son el Desierto de Atacama y Aucanquilcha a 17.500 pies de altura.)	*Chile has the driest region and the highest city in the world. (They are the Desert of Atacama and Aucanquilcha, 17,500 feet high.)*
Los años que pasé en Buenos Aires fueron los mejores de mi vida.	*The years I spent in Buenos Aires were the best of my life.*

2. **De** is used to express English *in* or *of* after a superlative.

Es la decisión más importante de todas.	*It's the most important decision of all.*
Ella es la más simpática de la familia.	*She's the nicest one in the family.*
Ese candidato es el menos conocido de todos.	*That candidate is the least well known of all.*

Notice that in the preceding two examples the noun is not expressed: **la más simpática, el menos conocido.**

3. The definite article (**el, la, los, las**) is not used with superlative adverbs.

De todos mis amigos, Pablo respondió más rápidamente.	*Of all my friends, Pablo responded the quickest.*
¿Quién nos escribe más a menudo?	*Who writes to us the most often?*

The neuter **lo** precedes a superlative adverb followed by a phrase expressing possibility.

For a visual of the superlative
draw three simple stick figures
on the board varying their
physical characteristics as
much as you wish. Give each a
name and an age and tell what
grade each received on their
last science exam. Give students three minutes to come up
with as many comparative and
superlative sentences as they
can. Discuss their answers.

lo +	más / menos	+ adverb +	posible / que + poder

Te llamaré lo más pronto posible.	*I'll call you as soon as possible.*
Llegamos lo más temprano que pudimos.	*We arrived as early as we could.*

4. To say *very* + adjective (adverb), you can use **muy** + adjective (adverb) or you can use the ending -**ísimo(a, os, as).** This is called the absolute superlative.

¿Llegaron muy tarde? —Tardísimo.	*Did they arrive very late? —Very late indeed.*
Esas rosas fueron carísimas.	*Those roses were very expensive.*

Note that if the -**ísimo** ending is added to a word ending in a vowel, the final vowel is dropped. If the word ends in **z**, change the **z** to **c**. A **c** may change to **qu** and a **g** to **gu** before a final **o** or **a** to preserve the **c** or **g** sound.

Comprehension check: Ask
students questions to elicit the
superlative: **¿Quién es el chico
más alto de la clase? ¿Cuál
es el mejor equipo de fútbol
del país?**

feliz **felicísimo** (z → c)
poco **poquísimo** (c → qu)
largo **larguísimo** (g → gu)

PRÁCTICA

4-23 Deducciones. Haga sus propias deducciones, usando las terminaciones **-ísimo(a, os, as)**.

> **MODELO** Esa casa es una mansión.
> *Es grandísima.*

1. Él no tiene ni un centavo. ¡Es pobrísimo!
2. Este libro cuesta cien dólares. ¡Es carísimo!
3. Esta ópera nunca va a terminar. ¡Es larguísima!
4. Ella tiene un millón de dólares. ¡Es riquísima!
5. Ese tren corre a 300 kilómetros por hora. ¡Es rapidísimo!

4-24 Según Guinness. La siguiente información se encuentra en el *Guinness Book of World Records* y está basada en hechos históricos documentados. Complete las oraciones.

1. La Paz, Bolivia, es _____ *(the highest capital city in the world)*.
2. Jericó *(Jericho)* es _____ *(the oldest city in the world)*.
3. Jeanne Louise Calment, de Francia, tenía 122 años cuando murió; era _____ *(the oldest person in history)*.
4. Robert Wadlow, de Illinois, Estados Unidos, tenía casi nueve pies de altura; era _____ *(the tallest person in history)*.
5. Lucía Zárate de México era _____ *(the smallest person in history)*. (A la edad de diecisiete años, pesaba 4,8 libras.)
6. Octavio Guillén y Adriana Martínez tuvieron _____ *(the longest engagement in history)*: 67 años. Se casaron a la edad de 82 años.
7. La frontera que se cruza _____ *(most often)* es la frontera entre Estados Unidos y México.
8. El álbum de música clásica _____ *(most popular)*, según el número de discos vendidos, es *In Concert,* por José Carreras, Plácido Domingo y Luciano Pavarotti.
9. La Ciudad del Vaticano es _____ *(the smallest country in the world)*.
10. Juan Carlos Galbis hizo _____ *(the biggest paella in history)* en Valencia, España, en 1992 (cien mil personas la compartieron).
11. Madonna batió *(broke)* un récord en su papel de Evita (en la película *Evita,* con Antonio Banderas); cambió de traje _____ *(more than)* 84 veces.

4-25 Comparaciones. Comparen a las siguientes personas o las siguientes cosas.

> **MODELO** tu madre, tu padre y otro pariente
> *Mi madre es más moralista que mi padre. Mi padre tiene menos prejuicios. Mi abuelo es el más moralista de todos.*

Act. 4.2

1. los Volkswagens, los Jaguares, los Toyotas, (los _____)
2. el fútbol americano, el béisbol, el golf, (el _____)
3. *Los piratas del Caribe, La guerra de las galaxias (Star Wars), Frida,* (_____)
4. un viaje a Europa, un viaje a Hawai, un viaje al Gran Cañón, (un viaje a _____)

4-26 Las amistades. Trabaje con un(a) compañero(a). Haga y conteste las preguntas que siguen. Esté preparado(a) para presentar la información a la clase.

If there is time, relate a personal anecdote in which you answer one of these questions.

1. Entre tus amigos, ¿cuál es el (la) más generoso(a) y el (la) menos egoísta? ¿más alegre?
2. ¿Cuál es el amigo o la amiga que ves más frecuentemente? ¿A cuál te gustaría ver más frecuentemente?
3. Entre tus amigos, ¿hay uno(a) que sea un poco irresponsable? ¿Cuál es la cosa más irresponsable que ha hecho?
4. Entre tus amigos, ¿hay uno(a) que sea muy inteligente y práctico(a)? ¿Cuál es el mejor consejo *(piece of advice)* que te ha dado?
5. ¿Cuál fue el momento más feliz que pasaste con tu mejor amigo(a)? ¿el momento más desagradable que pasaste con él o con ella?
6. De tus amigos de la escuela primaria, ¿quién fue el (la) más simpático(a)? ¿el (la) más divertido(a)? ¿Por qué?
7. ¿Cuál fue el mejor regalo que recibiste de un amigo el año pasado? ¿el peor?

4-27 Entre nosotros... Trabajen en grupos y hagan por lo menos seis oraciones acerca de la gente de su grupo, siguiendo el modelo. Usen las siguientes ideas y otras de su propia invención. Estén preparados para presentar la información a la clase.

> **MODELO** llevar / ropa estrafalaria *(bizarre)*
> *Susan lleva la ropa más estrafalaria del grupo, con su larga falda amarilla.*

tener / apellido largo (corto)
tener / pelo largo (corto)
ser / alto (delgado, joven)
seguir / clases este trimestre
llevar / zapatos (in)cómodos
usar / reloj caro (original)
vivir / lejos de la universidad
viajar / lejos para ver a su familia
comer / almuerzo abundante ayer
ver / películas el mes pasado
leer / libros el trimestre pasado

If there is time, have students use information from the group reports to make statements about the class as a whole. For example, ask **¿Quién tiene el apellido más largo de la clase?** and help them determine the answer.

Ⓔ N OTRAS PALABRAS

Invitaciones

In Mexico, *to go dutch* is **salir a la americana;** in Peru, Bolivia, Chile, and Argentina it's **salir a la inglesa.** In Spain, it's **salir al escote.**

Everyone has different tastes and preferences, so when you invite someone to do something with you, sometimes they accept and sometimes not. There are many ways to extend, accept, and decline invitations, and here are some of them:

Para hacer una invitación

¿Le (Te) gustaría ir a... (conmigo)?
¿Qué le (te) parece si vamos a...?
Si está(s) libre hoy, vamos a...
¿Quiere(s) ir a...?
¿Quisiera(s) ir a...? *Would you like to go to... (slightly formal)*
¿Me querría acompañar a...? *(formal)*

Tell students that **quisiera** is an imperfect subjunctive form of **querer,** to be discussed in Chapter 9.

Para aceptar una invitación

Sí, ¡con mucho gusto!
Sí, me encantaría.
Encantado(a). *I'd be delighted.*
¡Cómo no! ¿A qué hora?
¡Listo(a)! ¡Gracias por la invitación!
Oh sí, ¡qué buena idea!
¡No veo la hora de salir! *I can't wait to go out!*
De acuerdo, ¡tengo todo el día libre!

Para rehusar *(decline)* una invitación

Lo siento, pero tengo mucho que hacer esta semana. La semana que viene, tal vez.
¡Qué lástima! Ya tengo otros planes.
Me encantaría (gustaría), pero no voy a poder ir.
¡Qué pena! *(What a shame!)* Esta tarde tengo que estudiar (ir de compras, etc.).
Otro día tal vez; estoy muy ocupado(a) hoy.

PRÁCTICA

4-28 Entre amigos. Escoja a un(a) compañero(a) de clase e invítelo(la) a hacer las siguientes cosas. Su compañero(a) debe aceptar o rehusar como lo haría cualquier amigo(a).

1. ¿Te gustaría ir a jugar al tenis esta tarde?
2. ¿Quieres acompañarme a ver la película *El crimen del padre Amaro* (o la película _____)?
3. ¿Quisieras ir a la ópera el viernes?
4. ¿Quieres ir a Acapulco en el verano?

4-29 Breves encuentros. Inicie breves conversaciones relacionadas con las siguientes situaciones.

1. Estudiante A: Usted invita a un(a) amigo(a) a tomar una copa en un café.
   Estudiante B: Usted acepta la invitación y sugiere una hora.
2. Estudiante A: Usted invita a un(a) amigo(a) a una fiesta que empieza a las diez de la noche.
   Estudiante B: Usted quiere ir pero tiene que trabajar al día siguiente y no acepta la invitación.

You may want to ask students to use their own ideas instead of the ones given. Have students act out their role-plays for the class.

EN CONTACTO

4-30 El sábado que viene. Su profesor(a) le dará una tarjeta y escribirá tres preguntas en la pizarra; por ejemplo:

1. ¿Qué hará este fin de semana?
2. ¿Dónde estará este domingo?
3. ¿A quién verá ese día?

Conteste con oraciones completas las preguntas de su profesor(a). Devuélvale la tarjeta a su profesor(a). Él (Ella) le dará la tarjeta de otro(a) estudiante. Busque al (a la) dueño(a) de la nueva tarjeta, haciéndoles preguntas a los otros estudiantes de la clase.

4-30. Write any three questions you like, perhaps including current activities or information, using the future tense. Give students a time limit for answering them. Collect and shuffle the cards, then hand them back out to the class. Students ask questions until they find the person who wrote the answers to the card they have. If there is time, have some of the students report the answers that their partners supplied.

4-31 Antes de conocerse. En parejas, miren el dibujo en la página 289. ¿Qué pensarán el hombre y la mujer antes de conocerse? Haga por lo menos cinco oraciones usando el tiempo futuro.

> **MODELOS** *Este hombre será muy culto* (cultured). *Me llevará al teatro.*
> *Esta mujer será muy alegre. Me hará reír y lo pasaremos muy bien.*

Ideas: sociable, inteligente, dinámico(a), responsable, divertido(a)...

4-32 La envidia. Según Verónica Rodríguez, una trabajadora social peruana, la envidia es una emoción que todos compartimos. Para dar un ejemplo concreto y personal, ella describe a su prima y actual amiga Angélica María. Trabaje con un(a) compañero(a) para completar las siguientes oraciones. Vocabulario: monja *nun*, se dio cuenta de que *realized that*, calificaciones *grades*, habían mejorado *had improved*, rulos de alambre *wire rollers (curlers)*, entristeció *saddened*.

Tengo muchos hermanos y muchos primos, y nos veíamos a menudo en las reuniones familiares. Mi prima Angélica María era (1) _____ *(the prettiest and most intelligent of all)*. A las dos nos mandaron a una escuela religiosa en otro pueblo. Angélica María estudiaba mucho (2) _____ *(less than I did)* y se divertía (3) _____ *(much more)*. Se convirtió en la favorita de todas las monjas y de las personas (4) _____ *(most important of the town)* porque no solamente era linda, sino que también sabía bailar, recitar poesía, escribir y expresarse (5) _____ *(better than anyone)*. Pronto todo el mundo se dio cuenta de

ANS 4-32
1. la más bonita y la más inteligente de todos
2. menos que yo
3. mucho más
4. más importantes del pueblo
5. mejor que nadie
6. la mejor estudiante de la escuela
7. más altas
8. malísimas (muy, muy malas)
9. mejores
10. tan malas como
11. tanto

Students can refer to this activity as a model for their **A escribir** writing assignment, especially regarding the formation of the comparative and superlative forms, if they choose to write on composition topic option 1, **"La envidia"**.

4-33. Split the class into groups of three. Bring in photos and put them around the room. Anyone in the news or anyone your students know is good, but funny photos of different kinds of people also work well. Allow students to get up and look at them. Set a time limit. If you do not have time to bring in photos, you could tell students to use any photos from the **En contacto** reader or grammar.

Act. 4.3

que ella era (6) _____ *(the best student in the school)*. Como tenía las calificaciones (7) _____ *(highest)*, ella podía salir los sábados a bailar y a reunirse con sus primos y amigos. Yo sólo duré en ese lugar tres meses porque mis calificaciones eran (8) _____ *(very, very bad)*. En una ocasión pensé que mis calificaciones habían mejorado y que podría salir. Pasé toda una noche con rulos de alambre en la cabeza, un verdadero tormento. Me levanté con mucho optimismo y empecé a arreglarme [= prepararme] para salir. En este momento llega una de las monjas y me pregunta, "Y dime, Verónica, ¿con qué fin te estás arreglando?" Y yo le contesto, "Pues como creo que mis calificaciones han sido (9) _____ *(better)* esta semana, voy a poder salir con Angélica María." La monja me informa que mis calificaciones eran (10) _____ *(as bad as)* siempre, que solamente tuve buenas calificaciones en educación física y que por lo tanto no me permitirían salir. Esto me entristeció (11) _____ *(so much)* que lloré durante todo el fin de semana. La envidia me mataba. Cuando Angélica María regresó y contaba lo mucho que se divirtió, yo sentía una rabia [= ira] interna muy profunda.

4-33 Comparando a los famosos. Su profesor(a) les mostrará fotos de varias personas (o pueden mirar fotos que aparecen a lo largo de *[throughout]* **En contacto**). En grupos de tres personas, hagan por lo menos dos oraciones comparativas y dos oraciones superlativas acerca de las personas que ven. Usen el **Vocabulario útil** de la página 104 o algunos de los adjetivos que siguen: **joven**, **viejo(a)**, **rico(a)**, **conservador(a)**, **famoso(a)**, **atleta**.

| MODELOS | *Carmen Lomas Garza es mayor que Nilo Cruz.* |
| | *Cameron Díaz es la más famosa de todos.* |

Grammar	comparisons: adjectives, comparisons: equality, comparisons: inequality, comparisons: irregular, adjective agreement **(Opción 1)**; verbs: conditional **(Opción 2)**
Vocabulary	emotions: negative, emotions: positive, people, personality
Phrases	comparing and contrasting **(Opción 1)**, describing people

4-34 A ESCRIBIR

Opción 1. La envidia. Piense en una persona que le causa envidia (o que le causó envidia en su niñez o juventud). Puede referirse al ejercicio 4-32 para ver un modelo, pero la mejor composición viene de la experiencia personal.

1. Escriba una oración que empiece: _____ es una persona que me da mucha envidia (que me dio mucha envidia cuando era más joven).
2. Describa a esta persona. ¿Quién es (era)? ¿Cómo es (era)? Use tantas formas comparativas y superlativas (e.g., **más**, **menos**, **tan**, **tanto**, **mejor**, **peor**, etc.) como le sea posible. ¿Por qué le da (dio) envidia?
3. Escriba una conclusión. ¿Se lleva bien con esta persona ahora? ¿Ya no la ve? ¿La verá en el futuro?

Opción 2. Una cita ideal. Describa una cita ideal, usando el modo condicional y algunas ideas del ejercicio 4-11. Incluya: con quién salir, adónde ir, qué hacer, qué llevar, qué decir al final de la cita. Describa a la persona con quien sale.

By now, students have practiced in many ways vocabulary for friendship and love. They've reviewed comparative and superlative forms and the conditional. If you presented **Para escuchar,** they heard conversations in which someone asks someone else out on a date (**Opción 2).** They've done an exercise in which they talk about a date (4-11) and another in the **En contacto** review section in which they read a passage about envy (4-32). However, if you have additional time in class, have students brainstorm the writing activity together, working in pairs or groups. Have them ask and answer questions about the topic they chose. They could also create lists: for instance, for **Opción 1,** qualities about a person that made them envious. Then let them write their paragraphs and, if you have time in class, peer edit them. In peer editing, tell them to look for one or two specific things, such as use of comparatives or the conditional. After peer editing, they submit their final paragraphs.

4-34. Opción 1 You could also have the students write about someone who was envious of them and how the situation was resolved.

VIDEOCULTURA ▶▶

▶▶ Nina Pacari y los *ayllus* de Ecuador

Nina Pacari es una mujer excepcional: fue la primera mujer **indígena** en ser **legisladora**, vicepresidenta del Congreso Nacional y ministra de relaciones exteriores en la historia ecuatoriana. Tiene un gran amor por su *ayllu*: "En nuestro mundo funciona el *ayllu*, la familia... somos todo un colectivo familiar que se llama *ayllu*, y es la base de la comunidad." Como **abogada, lucha por** los intereses de los indígenas y de las mujeres. Dice que las mujeres indígenas tienen problemas a causa del racismo, del **machismo** y de la pobreza.

VOCABULARIO

el abogado (la abogada)	*lawyer*
hijita	*diminutive of **hija***
indígena	*native*
el legislador (la legisladora)	*legislator, lawmaker*
luchar por	*to fight for*
el machismo	*attitude that considers men to be superior to women*
manifestar (ie)	*to demonstrate (hold a rally)*
la medida	*measure*
pertenecer a	*to belong to*

PRÁCTICA DE VOCABULARIO

Complete las oraciones con palabras de la lista.

1. Pacari _____pertenece_____ al gobierno ecuatoriano pero muchas veces se opone al ejecutivo *(executive branch)* en su lucha por los intereses de los pobres.
2. Se dictaron unas nuevas _____medidas_____ económicas.
3. Los abogados y los _____legisladores_____ se reunirán por la tarde.
4. El grupo se dedica a _____luchar_____ por los derechos de las mujeres.
5. Los líderes indígenas decidieron _____manifestar_____ delante del Palacio Legislativo.

HABLANDO DEL TEMA

▶▶ Los antepasados de Nina Pacari eran indígenas que hablaban quechua, la lengua de los incas. Los incas constituyeron una importante civilización andina (de los Andes). Todavía se habla quechua en Ecuador, Perú y Bolivia, tierras que formaban parte del imperio incaico. Las palabras **papa** *(potato)*, **charqui** *(jerky)*, **llama, cóndor** y **quinina** *(quinine)* son de origen quechua.

▶▶ El *ayllu*, base de la sociedad incaica, era un conjunto o grupo de personas. Todos los incas pertenecían a un *ayllu* desde el nacimiento hasta la muerte. En esta comunidad convivían familias que trabajaban juntas y compartían tierras y animales.

▶▶ Como Nina Pacari, Rigoberta Menchú Tum, de Guatemala, es una mujer indígena que lucha por los intereses de su gente. El ejército *(army)* guatemalteco asesinó *(murdered)* a varios miembros de su familia cuando era muy joven y ella se exilió en México. Durante muchos años trabajó para crear la Declaración Universal sobre los Derechos de los

PREGUNTA DE ENFOQUE

¿Qué hace Nina Pacari para ayudar a los indígenas y a las mujeres?

COMPRENSIÓN

1. Dice Pacari: "Era el asombro (*marvel, cause of amazement*) de los jueces (*judges*), y pensaban que yo no podía. Entonces tenía que demostrar que ganaba juicios (*trials*)..." ¿Por qué era ella el "asombro" de todos?
2. ¿Por qué la llamó "hijita" uno de los abogados? ¿Cómo reaccionó ella?
3. Según Pacari, ¿hay muchas oportunidades para las mujeres de Ecuador?
4. ¿Qué pasó cuando el gobierno ecuatoriano elevó (*raised*) el precio del gas y del transporte? ¿Por qué llegó mucha gente a la Universidad Politécnica Salesiana de Quito?
5. Pacari habla del "*ayllu*". ¿Qué es un "*ayllu*"?
6. Según Pacari, ¿quiénes deben manifestar contra las injusticias sociales?

PUNTOS DE VISTA

1. ¿Cómo es la manifestación que se ve en el video? Descríbala.
2. ¿Participó usted alguna vez en una manifestación? ¿A favor o en contra de qué? Explique.
3. Pacari habla de una "triple discriminación" a causa del racismo, del machismo y de la pobreza. ¿Deben las mujeres participar en la política, tal como hace Pacari? ¿Por qué sí o por qué no?
4. ¿Qué preguntas le haría a Pacari si pudiera (*if you could*) hablar con ella?

Voice your choice! Visit **http://voices.thomsoncustom.com** to select additional readings relevant to this chapter's theme.

The number of **diputadas** in Latin America increased from 9 to 15 percent between 1990 and 2002, and for **senadoras** the increase was from 5 to 12 percent.

Pueblos Indígenas. Ganó el Premio Nobel de la Paz en 1992; ésta fue la primera vez que una persona indígena recibió esa distinción. Hoy es famosa en todo el mundo y forma parte de diferentes organizaciones defensoras de los derechos humanos de los indígenas.

▶▶ Hay otras mujeres famosas en la política latinoamericana, por ejemplo:

■ Michelle Bachelet, presidenta de Chile desde 2006, divorciada y madre de tres hijos; de niña, ella y su familia fueron víctimas del régimen del dictador Augusto Pinochet.

■ Sila M. Calderón, la primera mujer gobernadora de Puerto Rico, elegida (*elected*) en 2000.
■ Mireya Moscoso, presidenta de Panamá durante cinco años, hasta el año 2004.
■ Violeta Chamorro, presidenta de Nicaragua de 1990 a 1996.

Es importante notar que el porcentaje de mujeres latinoamericanas que sirven de diputadas y senadoras ha crecido progresivamente durante la última década y sigue creciendo.

Vivir y aprender

La enseñanza, como la vida, debe ser una adventura.

CD 1,
Track 14

PRESENTACIÓN DEL TEMA

Hay algunas diferencias entre el sistema educativo de Estados Unidos o Canadá y el de los países hispanos. Los estudiantes hispanos normalmente se especializan más temprano. Antes de ir a la universidad, es común que tengan que aprobar un examen para recibir un título; este título se llama el bachillerato. Hay muchas escuelas vocacionales que no requieren el bachillerato, escuelas de formación profesional. Por ejemplo, hay academias militares y hay escuelas para comercio y para la formación de maestros.

A nivel universitario, hay varias diferencias entre los dos sistemas. Las universidades en los países hispanos se dividen en facultades especializadas. Si un estudiante estudia medicina, por ejemplo, tiene todas sus clases en la facultad de medicina. En algunas carreras, no es obligatorio que los estudiantes asistan a clase, pero es necesario que aprueben un examen final, que algunas veces es oral.

Mucha gente opina que en los países hispanos hay menos contacto personal entre los profesores y sus estudiantes. Los estudiantes de una facultad forman amistades (que a veces duran después de graduarse y empezar la vida profesional) y se ayudan mutuamente (por ejemplo, estudian juntos y se intercambian apuntes). Es raro que haya un *campus* como en Estados Unidos; las diferentes facultades de una universidad pueden estar en varias partes de la ciudad. La gran mayoría de los estudiantes hispanos viven con su familia, no en una residencia estudiantil. Se reúnen, generalmente, en los cafés, las plazas y en otros lugares públicos de la ciudad. No están aislados *(isolated)* ni separados de la comunidad y es común que participen en la política local y nacional.

A pesar de *(Despite)* las diferencias entre los dos sistemas de enseñanza, los educadores del mundo hispano, tanto como los de Estados Unidos y Canadá, están de acuerdo en muchos puntos importantes. Opinan que la enseñanza, como la vida, debe ser una aventura. Muchos dicen que la enseñanza tiene que continuar siempre, que nunca debemos dejar de aprender. En el mundo de hoy, hay que seguir aprendiendo por una variedad de razones; por ejemplo, en una crisis económica tiene ventaja la persona que puede cambiar de empleo. "Los profesionales más cotizados *(sought after)* son los que realizan estudios cortos, son versátiles y trabajan en el sector de servicios. Lo mejor es no dejar nunca de aprender."[1] O, como dice el refrán, "Mientras se vive, siempre se aprende."

> You might point out that students in elementary schools often have the same class members year after year and form tight friendships. This also happens with classes at a university, to a lesser extent, and may also apply later on when students graduate and seek careers. Close friendships help students get through the university; they may take notes for each other, study together, and work on projects together.

> *… los cafés, verdadera Universidad popular.*
> —Miguel de Unamuno (en una carta)

> *Al venir a la Tierra, todo hombre tiene derecho a que se le eduque, y después, en pago, el deber de contribuir a la educación de los demás.*
> —José Martí

5-1 Preguntas.

1. ¿Cuáles son algunas de las diferencias entre el sistema de enseñanza hispano y el estadounidense?
2. ¿Qué ventajas (puntos positivos) hay para el estudiante en el sistema hispano? ¿Qué desventajas (puntos negativos) hay?
3. ¿Qué piensa usted de los exámenes orales? ¿Son más o menos fáciles que los escritos? ¿Por qué?
4. ¿Cree usted que hay mucho contacto entre los profesores y los estudiantes en las universidades norteamericanas? ¿De qué depende?
5. ¿Cree usted que en este país los estudiantes compiten *(compete)* mucho entre sí *(among themselves)*? Dé ejemplos.

---

[1] María Estalayo, "Profesiones con futuro", *Muy interesante*, año 11, número 10, página 14.

Use **Selección 2,** an article about the popular TV reality show "**La academia,**" to comment on Mexico's fascination with student life. Each year 15 to 18 students are sequestered in a place to live, take courses, and compete against each other for a chance to become a star. During the process their lives and interactions are observed by the public. Ask what can explain this popularity. What similar shows exist in the U.S.? Is this a good way to learn?

Find out more about the Spanish/Latin American educational system and other contrasts in students' lifestyles by reading the **Enfoque del tema;** at the same time, reinforce much of the vocabulary here and expand it with related words.

Mention the false cognates related to education and academic life that are explained in **Lengua y cultura:** e.g., **competición/competencia, facultad/cuerpo docente, secundaria/preparatoria.**

Point out that **ciencias** has no **s** at the beginning, given the phonetic tendency of Spanish. Tell students that many magazines and newspapers now spell **psicología** without the **p.**

VOCABULARIO ÚTIL

ESCUELA, COLEGIO (LICEO) Y UNIVERSIDAD

COGNADOS

la carrera
la escuela secundaria
graduarse
la oficina administrativa

OTRAS PALABRAS

los apuntes	*notes*
la beca	*scholarship*
el campo	*field*
la cartera	*small purse*
la cédula de identidad	*I.D.*
la conferencia	*lecture*
el deber, la tarea	*homework*
la enseñanza	*education, teaching*
el liceo	*high school*
el título	*degree, title*

LOS CAMPOS DE ESTUDIO

la administración de empresas *(business)*, el comercio	la enfermería *nursing*
la antropología	la estadística
la arquitectura	la farmacia *pharmacology*
el arte	la filosofía
las ciencias (*e.g.,* la biología, la química, la física)	la historia
	la ingeniería
las ciencias de computación (la informática)	las letras *literature*
	las matemáticas
las ciencias políticas	la medicina
las ciencias sociales	la nutrición
la contaduría *accounting*	la psicología
el derecho *law*	la sociología
la economía	la terapia física
la educación	el trabajo social *social work*

VERBOS

aprobar (ue) (un curso o examen)	*to pass (a course or exam)*
dar (hacer) un examen	*to take an exam*
devolver (ue)	*to return (something)*
especializarse en	*to major (specialize) in*
fracasar (en un curso o examen)	*to fail (a course or exam)*
pagar la matrícula	*to pay tuition*
recoger	*to pick up, collect*
seguir (i) un curso	*to take a course*

¡OJO!

la biblioteca *library* / **la librería** *bookstore*

el colegio *elementary or secondary school (usually private)*

la conferencia *lecture* / **la lectura** *reading* / **el congreso** *conference or congress*

la escuela *elementary school (usually public)* / **la facultad** *school (department) of a university*

las calificaciones *grades;* **las notas** *grades (or notes);* **sacar buenas (malas) notas** *to get good (bad) grades* / **los apuntes** *notes;* **tomar apuntes** *to take notes*

la residencia estudiantil *dorm* / **el dormitorio** *bedroom*

Point out the **f** in **filosofía** and ask students what other Spanish words have an **f** instead of **ph** as in English (e.g., **teléfono, foto, fotógrafo, fenómeno**). Ask them when the **ph** is used in Spanish for an **f** sound. (Answer: Never.) Ask them to find examples of this in the realia about the **Universidad de San Marcos (farmacia** and **física).**

La escuela. Los estudios. In Spanish, words do not start with **s** + a consonant, so Spanish speakers have trouble with this sound in English; that's why you might hear them say "eschool" or "estudies" in English.

UNIVERSIDAD NACIONAL MAYOR DE
SAN MARCOS

Abierta al futuro
1551-2005
Lima - Perú

Nueva sede central
Jorge Basadre Grohmann

454 *Años al servicio de la ciencia y la cultura*

Medicina Humana
Medicina Veterinaria
Farmacia y Bioquímica
Odontología
Psicología

Derecho y Ciencia Política
Letras y Ciencias Humanas
Ciencias Sociales
Educación

Ciencias Administrativas
Ciencias Contables
Ciencias Económicas

Ciencias Biológicas
Ciencias Físicas
Ciencias Matemáticas

Química e Ingeniería Química
Ingeniería Geológica, Minera, Metalúrgica y Geográfica
Ingeniería Industrial
Ingeniería Electrónica
Ingeniería de Sistemas e Informática

Web site: *http://www.unmsm.edu.pe*

La Universidad Nacional Mayor de San Marcos ofrece cursos en muchos campos de estudio. ¿En qué campo de estudio se especializa usted?

PRÁCTICA

5-2 ¿Adónde va? ¿Adónde va el estudiante cuando...?

> **MODELO** quiere cambiar de una carrera a otra
> *Va a la oficina administrativa.*

1. necesita devolver un libro que sacó
2. desea comprar un libro de texto
3. termina la escuela primaria
4. quiere dormir (no vive con su familia y no tiene apartamento)
5. tiene que pagar la matrícula
6. desea hablar con el profesor que enseña el curso sobre literatura latinoamericana
7. necesita comprar unos bolígrafos y un cuaderno

5-3 ¿Qué tenemos que hacer? Termine las oraciones, de acuerdo con el modelo. En algunos casos hay más de una posibilidad.

> **MODELO** Para ser maestro (profesor de primaria)...
> *Para ser maestro, hay que especializarse en enseñanza*
> *(o seguir cursos en la facultad de educación).*

1. Para ser médico...
2. Para recordar cierta información de una conferencia larga y complicada...
3. Para obtener un título universitario...
4. Para sacar buenas notas...
5. Para obtener una beca...
6. Para ser abogado...

5-4 La fórmula para sacar buenas notas. Discutan las siguientes preguntas. Estén preparados para compartir sus respuestas con la clase.

1. ¿Qué piensas de las siguientes "reglas" *(rules)* para sacar buenas notas? En tu opinión, ¿cuáles son las tres recomendaciones más importantes? Ponlas en orden, con el número 1 como la más importante, etcétera.

   ____ pasar mucho tiempo estudiando en la biblioteca
   ____ siempre hacer la tarea para el día siguiente
   ____ asistir a todas las clases sin falta
   ____ impresionar a los profesores
   ____ tomar buenos apuntes en todas las clases
   ____ estudiar mucho para los exámenes finales
   ____ no trabajar en otros empleos
   ____ no participar en los deportes o en otras actividades

2. ¿Cuáles de estas "reglas" puedes cumplir? ¿Cuáles no consideras importantes?
3. En tu opinión, ¿en qué consiste el éxito en la universidad? ¿Consiste en sacar buenas notas? ¿Hay otros factores importantes? Explica.

Para escuchar: Mensajes telefónicos

CD 1, Track 15

Conversación 1: Para saludar y despedirse por teléfono; para pedir permiso. Jessica Jones vive ahora en Bogotá con su amiga Julia Gutiérrez; las dos asisten a la Universidad de los Andes de esa ciudad. Están en clase o trabajando casi todo el día; cuando llegan a casa, escuchan los mensajes que tienen en el contestador.

5-5 Escuche, en la **Conversación 1,** los mensajes que Jessica recibe. ¿A quién llamará Jessica primero? ¿Por qué?

Jessica llamará primero a Silvia Salazar de la biblioteca porque allí dejó su cartera.

5-6 Escuche la **Conversación 1** otra vez. En el primer mensaje para Jessica, ¿qué expresiones para pedir permiso se usan? (Hay dos.)

1. ¿Se permite...
②. ¿Me permites...?
3. ¿Es posible que...?
④. ¿Está bien que...?

5-7 Escuche los mensajes otra vez y llene los formularios con la información que falta.

Mensaje 1:

Llamó: *Tomás, su compañero de la clase de antropología*

___ Favor de llamar   ___ *X* Volverá a llamar

Quiere usar *sus apuntes.*

_____

Quiere llegar *a su casa más tarde.*

_____

Mensaje 2:

Llamó: *Consuelo Díaz de la librería universitaria*

___ Favor de llamar   *X* Volverá a llamar

Tienen *el libro que pidió, Civilizaciones indígenas de*
Colombia.

Quiere saber si *quiere recogerlo allí o si quiere que*
se lo manden.

Mensaje 3:

Llamó: *Silvia Salazar*

___ Favor de llamar   ___ Volverá a llamar

Dejó *su cartera allí.*

_____

Puede recogerla *hoy antes de las seis o mañana*
después de las ocho.

Conversación 2: Para saludar y despedirse por teléfono; para expresar prohibición.

CD 1,
Track 16

5-8 Escuche, en la **Conversación 2,** los mensajes que Julia recibe. ¿A quién llamará Julia primero? ¿Por qué?

Julia llamará primero a su primo Antonio porque dice que su mamá está enferma y eso es algo urgente.

5-9 Escuche los mensajes otra vez y llene los formularios con la información que falta.

Mensaje 1:

Llamó: _Mike_____

___ Favor de llamar   _X__ Volverá a llamar

Pide permiso para _invitar a Esteban a cenar._

_____

_____

_____

Mensaje 2:

Llamó: ___su mamá_____

_X_ Favor de llamar   ___ Volverá a llamar

La extraña mucho. Quiere que Julia vuelva ___
a casa para el cumpleaños de su abuelita el 15 de enero.

_____

_____

Mensaje 3:

Llamó: _su primo Antonio_____

_X_ Favor de llamar   ___ Volverá a llamar

Hay un problema: _su mamá está enferma._

_____

_____

_____

Mensaje 4:

Llamó: _Víctor, de la agencia Excursiones Andinas_____

_X_ Favor de llamar   ___ Volverá a llamar

Quiere saber _cuándo va a recoger su boleto._

_____

ⒼRAMÁTICA Y VOCABULARIO

The Present Subjunctive Mood

The Present Subjunctive Mood: Introduction and Formation

Up to this point, the indicative mood has been used in this book. The indicative is used to state facts or make objective observations—most statements are in the indicative. (Statements in the indicative may or may not be true, but they are stated as truth.) The indicative is also used to ask simple questions. But now the subjunctive mood will be discussed: the mood of doubt, emotion, probability, personal will, arbitrary approval or disapproval. First, look at some examples of the subjunctive versus the indicative.

David aprueba el curso.	*David is passing the course. (simple statement—indicative)*
¿Aprueba David el curso?	*Is David passing the course? (simple question—indicative)*
Es posible que apruebe.	*It's possible that he may pass. (uncertainty, doubt—subjunctive)*
Es fantástico que David apruebe.	*It's fantastic that David is passing. (emotion—subjunctive)*
Está bien que David apruebe.	*It's good that David will pass (is passing). (approval—subjunctive)*

Notice that in all the sentences with the subjunctive, there are two clauses: an independent clause that can stand alone (**Es posible. Está bien.**) and a dependent clause that begins with **que.** The subjunctive is contained in the dependent clause. The subject of the dependent clause is different from the subject of the main clause (in these examples, the subject of the main clause is impersonal). Notice the various ways to translate the subjunctive into English.

Es posible que apruebe.
$$\begin{cases} \textit{It's possible (that) he may pass.} \\ \textit{It's possible (that) he's passing.} \\ \textit{It's possible (that) he will pass.} \\ \textit{It's possible for him to pass.} \end{cases}$$

This construction requires a dependent clause with the subjunctive in Spanish even though an infinitive is used in English. Since there is a change of subject (*it / him),* the sentence can *not* be translated to Spanish using the infinitive.

The word *that* is optional in English, but **que** is always used in Spanish. Now look at the formation of the subjunctive in Spanish:

Regular Verbs

To form the present subjunctive of nearly all Spanish verbs, the **-o** is dropped from the first-person singular of the present indicative (the **yo** form) and the following endings are added:

> **-ar** verbs: **-e, -es, -e, -emos, -éis, -en**
> **-er** and **-ir** verbs: **-a, -as, -a, -amos, -áis, -an**

hablar		comer		vivir	
hable	hablemos	coma	comamos	viva	vivamos
hables	habléis	comas	comáis	vivas	viváis
hable	hablen	coma	coman	viva	vivan

tener		hacer		decir	
tenga	tengamos	haga	hagamos	diga	digamos
tengas	tengáis	hagas	hagáis	digas	digáis
tenga	tengan	haga	hagan	diga	digan

Stem-Changing Verbs

1. **-ar** and **-er.** The **nosotros** and **vosotros** forms follow the same pattern in the indicative and so do not have a stem change.

encontrar (o to ue)		querer (e to ie)	
encuentre	encontremos	quiera	queramos
encuentres	encontréis	quieras	queráis
encuentre	encuentren	quiera	quieran

2. **-ir.** In the **nosotros** and **vosotros** forms the infinitive stem **e** becomes **i** and the infinitive stem **o** becomes **u.**

sentir (e to ie)		pedir (e to i)		dormir (o to ue)	
sienta	sintamos	pida	pidamos	duerma	durmamos
sientas	sintáis	pidas	pidáis	duermas	durmáis
sienta	sientan	pida	pidan	duerma	duerman

Irregular Verbs

There are four verbs that do not follow these patterns: **haber, ir, ser,** and **saber.**

haber		ir		ser		saber	
haya	hayamos	vaya	vayamos	sea	seamos	sepa	sepamos
hayas	hayáis	vayas	vayáis	seas	seáis	sepas	sepáis
haya	hayan	vaya	vayan	sea	sean	sepa	sepan

Note that regular and stem-changing verbs ending in **-car, -gar,** and **-zar** change **c** to **qu, g** to **gu,** and **z** to **c** in the present subjunctive. (For example, **buscar: que yo busque; pagar: que yo pague; comenzar: que yo comience.**) For more information on spelling-changing verbs, see Appendix E.

Note also that (1) **estar** takes accents on the same syllables in the present subjunctive as in the indicative (**esté, estés, esté, estemos, estéis, estén),** and (2) there are accents on the first- and third-person singular forms of the verb **dar** so that they can be distinguished from the preposition **de** (**dé, des, dé, demos, deis, den).**

The Subjunctive with Impersonal Expressions

While the indicative is used to ask simple questions or make factual statements, the subjunctive is used after certain verbs or expressions that indicate or imply: (1) doubt, denial, or uncertainty; (2) emotion; (3) will, preference, or necessity; and (4) approval, disapproval, or advice.

1. Doubt, denial, or uncertainty

Es posible que Enrique fracase.	*It's possible (that) Enrique will fail.*
Es probable que volvamos.	*It's probable (that) we'll return.*
Es imposible que sigan ese curso.	*It's impossible for them to take that course.*

(Note that in Spanish the expression of probability is taken to allow for doubt and is followed by the subjunctive.)

2. Emotion (hope, fear, surprise, happiness, sadness, and so forth)

Es una lástima que no vengan.	*It's a shame that they aren't coming.*
Es sorprendente que Pablo no asista a esta conferencia.	*It's surprising that Pablo isn't attending this lecture.*
Es terrible que te hable así.	*It's terrible that he talks to you that way.*

3. Will, preference, or necessity

Es importante que pensemos en el futuro.	*It's important that we think about the future.*
Es preferible que vaya.	*It's preferable for him (her, you) to go.*

4. Approval, disapproval, or advice

Está bien que hagas el examen el jueves en vez del martes.	*It's okay for you to take the exam Thursday instead of Tuesday.*
Es mejor que Juan no siga el curso de farmacia.	*It's better for Juan not to take the pharmacology class.*

The subjunctive is also required after expressions of emotion, will (preference, necessity), or approval (disapproval, advice) in the negative or interrogative.

No es posible que Enrique fracase.	*It's not possible that Enrique will fail.*
No está bien que hagas el examen el jueves en vez del martes.	*It's not okay for you to take the exam Thursday instead of Tuesday.*
¿Es preferible que vaya?	*Is it preferable for him (her, you) to go?*

There are many slang expressions for *to fail (an exam or class)*. In Mexico and Central America, you might hear **tronar: Me tronaron.** In Spain, it's **catear: Me catearon.** In Argentina and Uruguay, it's **bochar: Me bocharon.** In Venezuela, it's **raspar: Me rasparon.** In Puerto Rico it's **colgar: Me colgaron.** In Mexico, Guatemela, Cuba, and the Dominican Republic, you might hear **ponchar: Me poncharon.**

However, after expressions of uncertainty (doubt, denial) in the negative the indicative is required if the idea of uncertainty (doubt, denial) is "cancelled out." Compare:

Es dudoso que la biblioteca tenga ese libro.	*It's doubtful that the library has that book. (subjunctive)*
No hay duda de que la biblioteca tiene ese libro.	*It's not doubtful that the library has that book. (I've seen it there.) (indicative)*

Impersonal Expressions That Take the Indicative

There are some impersonal expressions that take the indicative because they imply truth or certainty, such as the following:

Es verdad (cierto, obvio, claro, evidente) que...	*It's true (certain, obvious, clear, obvious) that . . .*

Naturally, in the negative these expressions require the subjunctive, since untruth or disbelief is expressed. Compare:

Es evidente que el sol es el centro del universo.	*It's evident (obvious) that the sun is the center of the universe.*
¡No es verdad que el sol sea el centro del universo!	*It's not true that the sun is the center of the universe!*

Act. 5.1

Enrich students' cultural experience related to student slang. Let them know that they may hear shortened words such as **depre** rather than **depresión** (**Tengo una depre** or **Estoy en la depre**). Similarly: **las mates (las matemáticas), la u** or **la uni (universidad), el o la profe (profesor o profesora), la compu (la computadora), la tele (televisión), el boli (bolígrafo).**

VOCABULARIO ÚTIL

LA VIDA UNIVERSITARIA

LOS ALTIBAJOS DEL ESTUDIANTE

los altibajos	*ups and downs*
cobrar mucho (demasiado)	*to charge a lot (too much)*
las cuotas altas (bajas)	*high (low) fees*
la depresión	*depression*
la esperanza	*hope*
exigente	*demanding (referring to people)*
el requisito	*requirement*
el ruido	*noise*
la tensión, el estrés	*tension, stress*
la ventaja (la desventaja)	*advantage (disadvantage)*

MODISMOS

estar deprimido(a)	to be depressed
estar en la gloria	to be on top of the world
estudiar a la carrera	to cram
hacer cola	to stand in line
hacer huelga	to go on strike
hacer trampa	to cheat
Ojalá (que) (+ *subj.*)...	I hope (that) . . . (from the Arabic "May Allah grant . . .")

Saber es poder.
—proverbio

Lo que se aprende en la cuna [cradle], *siempre dura.*
—proverbio

PRÁCTICA

5-10 Una clase fatal. Las clases de su nuevo profesor de historia tienen fama de ser "fatales". Describa cómo cree que va a ser el profesor y qué deben hacer usted y sus compañeros.

1. Es probable que el profesor...
   estar desorganizado, darnos muchas tareas, pedirnos todas las tareas a la vez, criticarlo todo
2. Es importante que nosotros...
   colaborar unos con otros, asistir a todas las clases, hacer los trabajos a tiempo, tomar el asunto con calma
3. Es mejor que tú...
   conseguir ayuda si la necesitas, no perder tiempo en clase, recordar las fechas de los exámenes, tomar buenos apuntes

5-11 En el colegio. Mire la tira cómica en la página 130. Primero, haga frases con las palabras o expresiones indicadas. Vocabulario: pañuelo estrambótico *(outlandish scarf),* tener un piercing, tener un tatuaje *(tattoo),* usar ropa rara, tener pelo parado *(spiked).* Después, conteste las preguntas.

Paso 1.

1. Para la mamá de los niños...
   Es terrible que...   Es preferible que...   Está bien que...
2. Para la niña...
   Es obligatorio / necesario que...   (No) Es sorprendente que...   (No) Es bueno que...

Paso 2. Preguntas.

1. Cuando usted era chico(a), ¿tenía que llevar uniforme al colegio o a la escuela? ¿Cuáles son las ventajas y desventajas de llevar uniforme? Por ejemplo, ¿es bueno que no haya diferencias en el costo de la ropa que los estudiantes llevan?
2. En su escuela, ¿había reglas sobre el uso de piercings o tatuajes? ¿Está bien que los alumnos tengan tatuajes o piercings?

ANS 5-10
1. ... esté desorganizado, nos dé muchas tareas, nos pida todas las tareas a la vez, lo critique todo. 2. ... colaboremos unos con otros, asistamos a todas las clases, hagamos los trabajos a tiempo, tomemos el asunto con calma. 3. ... consigas ayuda si la necesitas, no pierdas tiempo en clase, recuerdes las fechas de los exámenes, tomes buenos apuntes.

5-11. This activity reviews the past tenses introduced in **Capítulo 2** but in the context of practicing the subjunctive with impersonal expressions.

3. ¿Había mucha diversidad étnica o religiosa en la escuela a la que usted asistió? Para usted, ¿es importante que haya diversidad?
4. ¿Estudiaban las chicas en las mismas clases que los chicos? ¿Es mejor que las chicas estén en clases o escuelas distintas? Si estudian juntos, ¿es probable que los chicos reciban más atención que las chicas?
5. Muchos padres de adolescentes no quieren que sus hijos tengan novio(a) y no les gusta que haya bailes escolares. ¿Qué edad tenía usted cuando fue a su primer baile escolar?

5-12 Reacciones. Exprese sus reacciones a las siguientes ideas, usando expresiones como **Es verdad que..., No es cierto que..., Es bueno que...** o **Es una lástima que...** y el subjuntivo o el indicativo.

1. En esta universidad los deportes son demasiado importantes.
2. Los mejores profesores son muy exigentes.
3. En esta universidad, hay demasiados requisitos para la graduación.
4. Las cuotas universitarias son bajas este año.
5. Los libros de texto no cuestan mucho.
6. En la cafetería de nuestra universidad, casi nunca hay que hacer cola.
7. En esta universidad, muchos estudiantes hacen trampa.
8. Hay mucho estrés en la vida estudiantil.

5-13 Entrevista. Trabaje con un(a) compañero(a). En forma alternada, hagan y contesten las siguientes preguntas.

1. ¿Qué cualidades son importantes en un(a) compañero(a) de cuarto? Por ejemplo, ¿es importante que ayude a limpiar el cuarto? ¿que tenga buen humor? ¿que comparta sus cosas?
2. ¿Qué cualidades son indeseables en un compañero(a) de cuarto? Por ejemplo, ¿es malo que fume? ¿que haga ruido de noche? ¿que lleve a mucha gente al cuarto?

ANS 5-12

Possible answers: 1. No es cierto que en esta universidad los deportes sean demasiado importantes. 2. Es verdad que los mejores profesores son muy exigentes. 3. Es una lástima que en esta universidad haya demasiados requisitos para la graduación. 4. No es verdad que las cuotas universitarias sean bajas este año. 5. No es cierto que los libros de texto no cuesten mucho. 6. Es bueno que en la cafetería de nuestra universidad casi nunca haya que hacer cola. 7. Es una lástima que en esta universidad muchos estudiantes hagan trampa. 8. Es cierto que hay mucho estrés en la vida estudiantil.

3. ¿Es necesario o importante, a veces, que los estudiantes hagan huelgas o protesten? ¿Cuándo?

4. El gobierno de Argentina estudia los "trabajos del futuro" y les da más dinero a las universidades que ofrecen cursos para esas carreras. ¿Es bueno que las universidades que ofrecen estos cursos reciban más dinero del estado? ¿Debemos hacer lo mismo en este país?

5. La escritora española Rosa Montero enseñó en la Universidad de Wellesley en Estados Unidos y estaba muy sorprendida del "código de honor" de las estudiantes, que no pasaban las preguntas de los exámenes finales a sus amigas cuando tenían la oportunidad de hacerlo. Por fin, una de sus estudiantes le explicó: "Lo que hace que este sistema funcione es la competitividad. Nadie dice las preguntas así la maten *(or they'd kill her)*, porque todas quieren obtener la mejor nota." Dice Montero, "Esto es la guerra". ¿Estás de acuerdo? ¿Es cierto que el sistema funciona por la competitividad y no por el "código de honor" de los estudiantes?

6. ¿Por qué hay muchos altibajos en la vida del estudiante? ¿Es común que los estudiantes estén deprimidos? ¿Por qué sí o por qué no?

5-14 Los nuevos estudiantes. Algunos estudiantes acaban de llegar a su universidad. En grupos de tres o cuatro, hagan una lista de preguntas o preocupaciones que tendrán (acerca de sus profesores y cómo impresionarlos, las clases más populares, los restaurantes locales, las tiendas donde se puede conseguir ropa de buena calidad, etc.). Después, denles consejos. Usen **Es importante** (**necesario, mejor, preferible,** etc.) **que** + el subjuntivo.

> **MODELOS** *Para comprar boletos para el teatro, es mejor que vayan a la cooperativa estudiantil, donde les harán un descuento.*
> *No es bueno que hagan fotocopias en la biblioteca porque cuestan más allí; es preferible que las hagan en University Copy Shop.*

The Subjunctive with Verbs Indicating Doubt; Emotion; Will, Preference, or Necessity; Approval, Disapproval, or Advice

1. You saw in the preceding section that the subjunctive is used after impersonal expressions that express doubt or denial; emotion; will, preference, or necessity; and approval, disapproval, or advice. The subjunctive is used in a dependent clause beginning with **que.** For example:

Es posible	que Laura venga.
Main clause	Dependent clause
Subject: impersonal	Subject: Laura
Verb: indicative (expression of doubt)	Verb: subjunctive

5-14. First have students brainstorm things new university students will want to know. Complete sentences are not necessary. Make sure as students write down their advice that they answer the concerns they just brainstormed. Then they form sentences. Try to get them to use several different impersonal expressions plus the subjunctive. Ideas: **Antes de escoger sus clases, es necesario que (ustedes) / hablar con... (leer...). Si quieren matricularse en las clases más populares, es importante que (ustedes) / llegar.... Para bailar (nadar, jugar al tenis, comer un buen plato mexicano...), es preferible que (ustedes) / ir a.... Si quieren ver películas extranjeras, es importante que (ustedes) / saber que.... Para conseguir ropa (zapatos, libros...) de buena calidad, es mejor que (ustedes) / hacer las compras en....**

5-14. To take this activity one step further, students can do a role-play in pairs. One student is having an orientation meeting with his or her adviser, who gives advice about some questions and concerns. Ask for volunteers to act out their conversations for the class. This activity will help prepare students for the **A escribir** writing assignment.

Have students scan **Selección 1** for authentic examples of the subjunctive after impersonal expressions and the indicative after expressions of certainty and belief. Then ask students why the verb is subjunctive or indicative in each case.

Similarly, the subjunctive is used in a dependent clause when verbs expressing these same ideas are in the main clause and when the subject of the two clauses is not the same. For example:

Dudo	**que Laura venga.**
Main clause	Dependent clause
Subject: yo	Subject: Laura
Verb: indicative (expression of doubt)	Verb: subjunctive

Verbs that take the subjunctive in a following dependent clause include:

dudar	to doubt	} doubt or denial
negar (ie)	to deny	
alegrarse de	to be happy	
esperar	to hope	
sentir (ie)	to be sorry; to feel	
sorprender	to surprise	} emotion
temer	to fear	
tener miedo de	to be afraid of	
decir (i)	to tell (someone to do something)	
desear	to wish, want	
exigir (j)	to demand	
insistir en	to insist on	
mandar	to order	
necesitar	to need	} will, preference, or necessity
pedir (i)	to ask (someone to do something), request	
preferir (ie)	to prefer	
querer (ie)	to want	
rogar (ue)	to request, beg	
aconsejar	to advise, counsel	
gustar	to please	} approval, disapproval, or advice
permitir	to permit	
prohibir	to prohibit	

Insistir en and **decir** can be followed by the indicative or the subjunctive; they are followed by the indicative to introduce factual information and by the subjunctive when wishing to express will: **¿Insistes en que ella esté allí?** *Do you insist that she be there?* **¿Insistes en que ella está allí?** *Do you insist that she is there?* **Me dicen que (yo) siga un curso de economía.** *They tell me to take an economics course.* **Me dicen que (ellos) siguen un curso de economía.** *They tell me they're taking an economics course.*

Dudo que Manuel apruebe ese curso de biología.	I doubt that Manuel will pass that biology class.
Siento que no estén aquí.	I'm sorry that they're not here.
¡Te ruego que no dejes todo para la semana que viene!	I'm begging you not to leave everything for next week!

2. When the main clause contains one of these verbs in the negative or interrogative, the subjunctive is also normally used.

A mis papás no les gusta que salga sola de noche.	*My parents don't like me to go out by myself at night.*
¿Temes que la matrícula sea demasiado cara?	*Are you afraid registration will be too expensive?*

However, if the main clause contains a verb expressing doubt or denial, the indicative will be required in a negative sentence if the idea of doubt or denial is cancelled out.

No dudo (No niego) que saben la respuesta.	*I don't doubt (don't deny) that they know the answer.*

Similarly, some expressions convey doubt only in the negative. Compare:

No están seguros de que ella tenga un doctorado.	*They aren't sure (certain) that she has a doctorate.*
Estoy segura de que tiene un título universitario.	*I'm sure she has a university degree.*

Write some examples on the board and label the parts of the sentences; for example: **Dudo** (main clause, subject: **yo,** expression: doubt) **que Alejandra esté en casa** (dependent clause, subject: **Alejandra,** subjunctive).

3. As mentioned previously, the subjunctive is used in a dependent clause when the subject of that clause is different from the subject of the main clause. If the subject is the same, the infinitive is used.

Prefiero vivir en una residencia estudiantil, mamá.	*I prefer to live in a dorm, Mom. (subject: **yo**)*
¿Cómo? Tu papá y yo preferimos que vivas en casa.	*What? Your father and I prefer that you live at home. (subjects: **tu papá y yo** / **tú**)*
Tengo miedo de fracasar en el examen.	*I'm afraid of failing the exam. (subject: **yo**)*
Tengo miedo de que mi novio fracase en el examen.	*I'm afraid my boyfriend will fail the exam. (subjects: **yo** / **mi novio**)*

Para aprender nunca es tarde.
—proverbio

PRÁCTICA

5-15 Opiniones. Complete las oraciones con una de las ideas entre paréntesis o con sus propias palabras.

> **MODELO**   A los profesores no les gusta que los estudiantes... (comer en clase)
> *A los profesores no les gusta que los estudiantes coman en clase.*

For some or all of the items, try to elicit other ideas from the students besides the ones given.

1. A los profesores no les gusta que los estudiantes... (contar chistes tontos en clase, leer durante una conferencia, salir antes de que termine la clase, ¿...?)
2. Para impresionar a una chica de esta universidad, es necesario que un chico... (tener carro, ser romántico [inteligente, rico], saber conversar sobre una variedad de temas, ¿...?)
3. Para impresionar a un chico de esta universidad, es necesario que una chica... (tener carro, ser romántica [inteligente, rica], saber conversar sobre una variedad de temas, ¿...?)
4. Tengo miedo de que mi mejor amigo... (cambiar de universidad, tener problemas con su novia, fracasar en su clase de historia, ¿...?)
5. No me gusta que mi mamá... (protestar en voz alta en un lugar público, regalar mi ropa sin decirme, hablar de mí a sus amigas, ¿...?)

6. Mis papás (o mis familiares) me aconsejan que… (estudiar administración de empresas, aprender karate, no perder el tiempo con mis amigos, ¿…?)
7. Mis papás (o mis familiares) me prohíben que… (fumar en casa, tomar demasiado, manejar muy rápidamente, ¿…?)

5-16 Una clase de folklore. Marisa asiste a una clase de folklore y tiene que escribir una composición acerca de las supersticiones. Su abuela es muy supersticiosa y le da las siguientes recomendaciones, que Marisa escribe en un cuaderno. Complete las oraciones que Marisa ha escrito; use el subjuntivo, el indicativo o el infinitivo de los verbos entre paréntesis, de acuerdo con lo que sea necesario en cada caso.

1. "Te pido que no __abras__ (abrir) el paraguas (*umbrella*) dentro de la casa. Si lo haces, estoy segura de que __vas__ (ir) a tener una disputa con alguien."
2. "No es bueno que ellos __beban__ (beber) del mismo vaso; significa que podrán adivinarse los (*guess each other's*) secretos."
3. "Prefiero que (nosotras) no __subamos__ (subir) al autobús número 13; tengo miedo de que __haya__ (haber) un accidente."
4. "No es bueno que una persona se __levante__ (levantar) con el pie izquierdo, ni que __salga__ (salir) de casa con el pie izquierdo. Eso le __va__ (ir) a traer mala suerte durante el día."
5. "Mucha gente no empieza ningún negocio el martes 13 porque teme __fracasar__ (fracasar)."
6. "Les voy a aconsejar a su primo y su novia que no se __casen__ (casar) el martes; pero espero que __haya__ (haber) lluvia el día de la boda, porque eso significa abundancia."
7. "M'hija, es muy mala suerte derramar sal (*to spill salt*), y espero que tú la __tires__ (tirar) (*throw it*) por sobre el hombro (*shoulder*) izquierdo tres veces para evitar algo desagradable."

Act. 5.2

5-17 ¿Cómo podemos mejorar la vida estudiantil? Hagan por lo menos seis oraciones, usando elementos de las tres columnas o sus propias ideas.

MODELOS	*Necesitamos que las residencias estudiantiles tengan computadora en cada cuarto.*
	No nos gusta que la comida de la cafetería sea tan cara.

querer que	la administración	escuchar más a los estudiantes
esperar que	los profesores	hacer construir un nuevo
necesitar que	todos los estudiantes	estadio / teatro, una nueva
(nos) gustar que	la cafetería (clínica,	piscina, más lugares de
	librería) estudiantil	estacionamiento (*parking*)
	las residencias	dar menos tareas
	estudiantiles	conseguir becas
	las vacaciones	protestar contra…
		ser más (menos)…
		servir comida…
		tener conexión de cable
		en cada cuarto

5-18 Mi compañero(a) de cuarto. Complete las siguientes oraciones. Si no tiene compañero(a) de cuarto, hable de un(a) buen(a) amigo(a).

Act. 5.3

Me alegro que mi compañero(a) de cuarto... y que también...
Prefiero que... porque no me gusta que...
No dudo que...
Me sorprende que...
Siempre le pido que... pero él (ella)...
Tengo miedo que me pida que...

5-19 ¿De veras? Haga tres oraciones, diciendo algo acerca de usted en el tiempo presente. Dos deben ser verdaderas; una, falsa. Dígaselas a un(a) compañero(a) de clase. Su compañero(a) trata de adivinar cuál de las tres es falsa.

> *La verdad es hija del tiempo.*
> —proverbio

> **MODELO**   *Sé hablar chino. Me especializo en ingeniería. Mi madre es policía.*
> *¿De veras? Dudo que sepas hablar chino (que te especialices en ingeniería, que tu madre sea policía).*

The Subjunctive versus the Indicative

Some expressions in the main clause can take either the subjunctive or the indicative in the following dependent clause, depending on the point of view expressed.

1. **Tal vez, quizá(s),** and **acaso** normally take the subjunctive and imply doubt; however, they may take the indicative if the speaker or writer wants to imply a degree of certainty.

Tal vez sea una historia verdadera.	*Perhaps it's a true story (it's doubtful).*
Tal vez es una historia verdadera.	*Perhaps it's a true story (speaker believes it is).*

2. When asking a question with a verb or impersonal expression that states truth or certainty, the indicative is generally used in the dependent clause. However, the speaker or writer may choose to use the subjunctive to imply doubt. Compare the following:

¿Estás seguro de que este restaurante es bueno?	*Are you sure this restaurant is good? (simple question)*
¿Estás seguro de que este restaurante sea bueno?	*Are you sure this restaurant is good? (doubt implied)*

3. Similarly, **creer que...** and **pensar que...** take the indicative in affirmative statements and the subjunctive in negative statements. In interrogatives, they take either the subjunctive or the indicative, depending on whether doubt is implied.

Creo que todos los estudiantes deben seguir cursos de ciencia.	*I believe all students should take science classes.*
Yo no creo que todos los estudiantes deban seguir cursos de ciencia.	*I don't believe all students should take science classes.*

To model these structures in a spontaneous way, bring in some surrealist art and ask students questions about what it means. For instance, the famous Dalí picture *La persistencia de la memoria:* **¿Qué representa el reloj?** After you have some answers, ask questions (e.g., **¿Cree / Piensa que el reloj representa / represente...?**) Or **¿Tal vez representa / represente...?**) There is a painting by Dalí in Chapter 11 of the reader, with a broken telephone that probably represents the inability to communicate, as well as two by Remedios Varo, one in Chapter 7 and one in Chapter 12. Similarly, you could invent some other questions about your school or things in the news, get opinions, and then ask questions with **creer / pensar que.** Tell students that speakers using interrogatives sometimes use intonation, facial expressions, and body language when forming the questions to indicate doubt. You can model this yourself; to express doubt, look quizzical and raise your voice at the end of the question.

¿Cree usted que esa carrera tiene futuro?	*Do you think that career has a future? (simple question)*
¿Cree usted que esa carrera tenga futuro?	*Do you think that career has a future? (doubt implied)*

PRÁCTICA

5-20 Para vivir y aprender el idioma español... ¿Indicativo o subjuntivo? Mire el anuncio de International House de Madrid en la página 137 y complete las oraciones. Use la forma **nosotros** del verbo.

El año que viene voy con unos amigos a estudiar español en International House de Madrid. Hay muchos programas para el estudio del castellano en España, pero decidimos que (1) __queremos__ (querer) estar en la capital porque allí hay mucho que ver. En Madrid quiero que (2) __veamos__ (ver) el Palacio Real y el Parque del Retiro. También es importante que (3) __visitemos__ (visitar) el Museo del Prado. Espero que (4) __participemos__ (participar) en las fiestas y en las excursiones a Toledo, Ávila y Segovia. Ojalá que (5) __conozcamos__ (conocer) a jóvenes españoles con quienes podamos juntarnos; así creo que nos (6) __vamos__ (ir) a divertir mucho. Nuestro profesor de español nos aconseja que (7) __miremos__ (mirar) películas o programas de televisión y que (8) __asistamos__ (asistir) a conferencias en español. Dice que está muy bien que allí (9) __tengamos__ (tener) la oportunidad de estudiar en grupos reducidos. Es posible que (10) __aprendamos__ (aprender) muy bien el castellano —¿quién sabe? Yo quiero que (11) __pasemos__ (pasar) por Italia después de terminar los estudios pero mis amigos prefieren que (12) __viajemos__ (viajar) a Francia. Espero que (13) __podamos__ (poder) ir a los dos países. No creo que eso cueste demasiado porque vamos a tener pasajes de tipo "Eurail". De todos modos, estoy seguro que (14) __vamos__ (ir) a pasar el verano "en grande" (muy bien), como dicen los españoles.

5-21 Dudas. Haga oraciones con las palabras que siguen.

¿Qué hora es? Mi reloj no anda bien.

1. pienso que / ser las once
2. no estoy seguro, pero / creer que / ser las diez
3. no lo sé; quizás / ser las nueve

ANS 5-21

1. Pienso que son las once.
2. No estoy seguro, pero creo que son las diez. 3. No lo sé; quizás sean las nueve.

ih te ofrece

✓ -PROFESORES NATIVOS
   CUALIFICADOS
✓ -CLASES A TU NIVEL
✓ -GRUPOS REDUCIDOS
✓ -CURSOS DE PREPARACION
   PARA LOS EXAMENES OFI-
   CIALES DE ESPAÑOL (D.E.L.E.)
✓ -CURSOS INTENSIVOS Y
   EXTENSIVOS
✓ -CURSOS "ONE TO ONE"
✓ -AMBIENTE PROFESIONAL Y
   AMENO
✓ -UNA METODOLOGIA BASA-
   DA EN LA COMUNICACION
✓ -BIBLIOTECA
✓ -VIDEO-CLUB
✓ -ACTIVIDADES CULTURALES
✓ -FIESTAS Y EXCURSIONES
✓ -ALOJAMIENTO
✓ -CURSOS DE FORMACION DE
   PROFESORES
✓ -CURSOS COMBINADOS EN
   MADRID, BARCELONA, SAN
   SEBASTIAN

✓ -QUALIFIED, NATIVE
   TEACHERS
✓ -CLASSES AT YOUR LEVEL
✓ -SMALL GROUPS
✓ -OFFICIAL EXAM
   PREPARATION COURSES
   (D.E.L.E.)
✓ -INTENSIVE & EXTENSIVE
   COURSES
✓ -ONE TO ONE COURSES
✓ - PROFESSIONAL & FRIENDLY
   ATMOSPHERE
✓ -COMMUNICATIVE
   APPROACH
✓ -LIBRARY
✓ -VIDEO-CLUB
✓ -CULTURAL ACTIVITIES
✓ -PARTIES & TRIPS
✓ -ACCOMMODATION
✓ -TEACHER TRAINING
   COURSES
✓ -COMBINED COURSES
   IN MADRID, BARCELONA,
   SAN SEBASTIAN

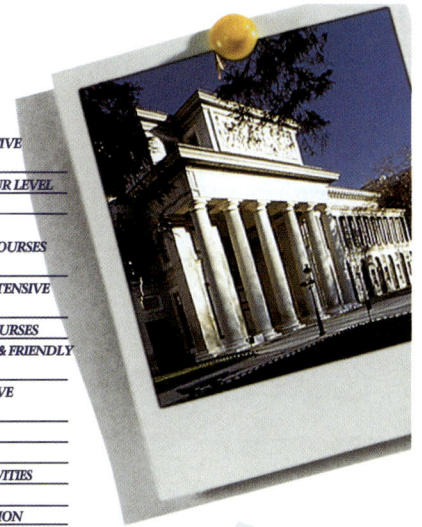

ih offers you

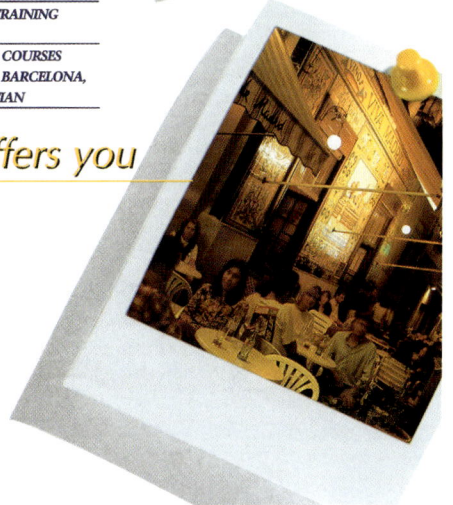

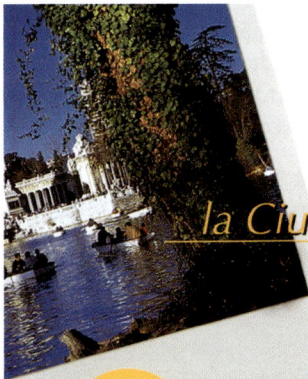

la Ciudad

Imagínate una ciudad fascinante, distinta, repleta de contrastes. Donde toda la historia, la cultura, la gastronomía y la diversión salen a tu encuentro. Donde cada día es una experiencia sorprendente. Donde nadie se siente extranjero.

Así es Madrid.

Un centro emergente, bullicioso, que combina el aprendizaje con el ocio más inesperado.

Restaurantes, mesones, pubs, han hecho de Madrid la capital mundial de la "movida". Museos como el Prado, Reina Sofía y la colección Thyssen han convertido a la capital de España en el centro artístico por excelencia.

Madrid subyuga a quien la visita. Es una tentación irresistible. ¡Alquien puede negarlo!

International House

5-22 ¿Dónde está el profesor? Conteste según la información que se presenta.

1. es posible / estar en su oficina
2. es probable / estar en una reunión
3. tal vez / estar en la biblioteca
4. estoy seguro / no venir hoy
5. no creo que (nosotros) / deber esperarlo mucho

5-23 ¿Qué crees? Entreviste a un(a) compañero(a) de clase sobre los siguientes temas, usando **¿Crees que...?** o **¿Piensas que...?** Su compañero(a) le da su opinión.

> *Cada cabeza es un mundo.*
> —proverbio

MODELO	Debemos tener clubes exclusivos para diferentes grupo étnicos.
	¿Crees que debemos tener clubes exclusivos para diferentes grupos étnicos?
	Sí, creo que debemos tener clubes exclusivos para diferentes grupos étnicos porque tienen un papel importante en la vida universitaria.
	No, no creo que debamos tener clubes exclusivos para diferentes grupos étnicos porque crean divisiones entre los estudiantes.

1. Todos los estudiantes deben seguir cursos de ciencias y matemáticas.
2. Hay demasiados estudiantes en las clases de esta universidad.
3. Las notas de un(a) estudiante son una indicación de su inteligencia.
4. La mayoría de los estudiantes sabe qué profesión va a escoger cuando entra a la universidad.
5. La educación universitaria debe ser gratuita *(free)*.
6. Es mejor trabajar y estudiar en vez de dedicar cuatro años consecutivos exclusivamente a una carrera universitaria.
7. Una persona con un título universitario tiene más oportunidades de empleo que una persona sin título.

5-24 Quizás... Cuéntele a un(a) compañero(a) tres o cuatro cosas que piensa hacer en el futuro. Use **tal vez** o **quizás** (+ *subj.*). Puede hablar de las clases, de una actividad social, de un viaje o de cualquier otro plan futuro.

MODELOS	*Quizás siga un curso de antropología el trimestre que viene.*
	Tal vez vaya a México en el verano.

In Cuba, you might hear **Oigo.**
In Colombia or Spain, people
may say **¿Quién es?**

ⒺN OTRAS PALABRAS

Para saludar y despedirse por teléfono

The way people answer the phone varies from country to country in the Hispanic world. In Mexico, people say **Bueno.** In Spain, they say **Diga** or **Dígame.** In most places, people say **Hola** or **Aló.** If you are calling someone, you can say, **¿Está...** [name], **por favor?** You may hear the response: **¿De parte de quién?** To identify yourself, you can say, **Habla...** [your name]. Here are some ways to say good-bye on the telephone:

> Bueno, gracias por llamar.
> Te llamo más tarde (mañana, etc.).
> Volveré a llamar... *I'll call back. . .*
> Adiós. Hasta luego.

Para pedir y dar permiso y para expresar prohibición

Here are various ways to ask for and grant or deny permission and to express prohibition. Some of these expressions require the subjunctive, as you have seen in this chapter.

1. You want to ask permission to do something.

> ¿Me permite (+ *inf.*)...?
> ¿Se permite (+ *inf.*)...?
> ¿Se puede (+ *inf.*)...?
> ¿Está bien que (+ *subj.*)...?
> ¿Es posible (+ *inf.*)...?
> ¿Es posible que (+ *subj.*)...?
> ¿Podría (yo) (+ *inf.*)...?

2. You give someone else permission to do something.

> Sí, está bien que (+ *subj.*)...
> Sí, es posible que (+ *subj.*)...
> Sí, podría(s) (+ *inf.*)...

3. You tell someone that something is not allowed or permitted.

> Está prohibido que (+ *subj.*)...
> No está bien que (+ *subj.*)...
> No es posible que (+ *subj.*)...
> Se prohíbe (+ *inf.*)...
> No se permite (+ *inf.*)...
> Eso no se hace. *That's not allowed (done).*

PRÁCTICA

5-25 ¿Qué dicen? ¿Qué cree usted que están diciendo las personas que están en los siguientes dibujos? Invente dos oraciones para cada dibujo.

1.

2.

3.

4.

5-26 Conversaciones por teléfono. Con un(a) compañero(a), invente conversaciones telefónicas para las siguientes situaciones. Un(a) estudiante hace el papel del (de la) estudiante A, y su compañero(a) hace el papel del (de la) estudiante B.

Conversación 1

Estudiante A: You call a friend to see if he or she wants to go to the library to study with you. You can't remember what time the library closes. You think a good place to meet would be upstairs, on the second floor **(en el primer piso).** Together, you agree on a time and place to meet.

Estudiante B: Your friend calls to see if you want to go to the library to study with him or her. You remember that the library closes at 9:00. You think a good place to meet would be by the elevator **(cerca del ascensor).** Together, agree on a time and place to meet.

Conversación 2

Estudiante B: You call a friend but he or she is not home. Your friend's roommate answers and asks who is calling. You give your name and say you'll call back later.

Estudiante A: You answer the phone when someone calls for your roommate. You take the caller's name and number to leave a message. You say your roommate will be home at around 10:00.

5-27 El lenguaje de los contestadores. Juan Otero Besada, de Galicia, España, describe una llamada que hizo a su compañía de teléfonos para hacer una pregunta. Lea lo que dice y conteste las preguntas que siguen. Vocabulario: empresa *business,* particular *individual,* tararearle la Rianxeira *hum the song "La Rianxeira."*

[Cuando llama a su compañía de teléfonos, Juan oye:]

"Musiquita. 'Si es cliente, pulse 1; si no lo es, pulse 2. Si es empresa, pulse 1; si es particular, pulse 2. Si quiere en gallego, pulse 1; en castellano, pulse 2… Espere, por favor. Nuestros operadores están ocupados, espere, por favor.' Más musiquita y hasta 22 minutos."

[Dos meses después, una señorita de la compañía de teléfonos lo llama. Juan contesta y le dice a la señorita:]

" 'Si quiere que le hable gallego, pulse 1, si castellano, pulse 2, y a continuación si usted es rubia *(blond)*, pulse 1, si es morena *(dark-haired)*, pulse 2.' La señorita: '¡Oiga, por favor!' Contestación: 'Si lleva falda, pulse 1; si lleva pantalón, pulse 2.' Ella: 'Oiga, por favor, ¿me deja hablar?' Continúo: 'Si es tema de mi empresa, pulse 1, si es particular, pulse 2. Si en su ciudad llueve, pulse 1; si hace sol, pulse 2.' La señorita: 'Por favor, ¿me deja que le explique?' Y yo: 'Espere, por favor', y como estaba en la calle y no podía ponerle musiquita, tuve que tararearle la Rianxeira y a continuación, 'Espere, por favor' ". —Juan L. Otero Besada, "Cartas al Director", *La voz de Galicia,* 20 de octubre de 2004.

Paso 1. Preguntas

1. ¿Qué quiere decir **musiquita**? ¿Le gusta escuchar música cuando está esperando o prefiere el silencio?
2. ¿Cómo se dice *Press* (e.g., un botón) en español?
3. El gallego es la lengua de Galicia. ¿Cómo se llama la lengua de Castilla y, por extensión, de todos los países hispanos?
4. ¿Cuáles son dos ejemplos del subjuntivo en este párrafo?

Paso 2. Llame a alguna empresa o agencia que tenga un mensaje en español. (Use las páginas amarillas de su guía telefónica o pídale ayuda a su profesor[a]). Haga un reportaje sobre la información que consigue.

Remind students that Galicia and Castile are two of the medieval kingdoms that became modern Spain and that **castellano** or **español** was adopted as the language of the unified territory.

ANS Paso 1
1. música 2. pulse
3. el castellano 4. hable, explique

Paso 2 You can either have students look in the yellow pages and call local businesses or agencies until they find some with messages in Spanish or give them specific numbers to call. If you decide who they should call, you might want to give them a short form to fill out, asking them to report on things like hours of operation, address, or other basic information.

⊜N CONTACTO

5-28. This activity will prepare students for the **A escribir** writing assignment.

5-28 El semestre (trimestre) que viene... ¿Qué va a hacer el semestre (trimestre) que viene? Hable con un(a) compañero(a) y describa sus planes. Use expresiones como **Es posible (probable) que..., Quizás..., Creo que..., No creo que....** Su compañero(a) le hará algunas preguntas.

> **MODELO** *A: El trimestre que viene es posible que cambie de compañero(a) de cuarto.*
> *B: ¿Es que ustedes no se llevan bien?*
> *A: No, tenemos un problema...*

Ideas:

seguir más (menos) cursos	hacer algún deporte
estudiar más (menos)	comprar o vender algo
trabajar en...	hacer algún cambio en la vida
ir a algún lugar interesante	casarse
cambiar de residencia	graduarse

5-31. By now, students have practiced in many ways vocabulary for student life, the words from the chapter's vocabulary lists. They've reviewed the subjunctive verb forms they will need in a variety of contexts. They've given their reactions to things on their campus, made statements of advice to new students, and talked about problems they have and how to deal with them. If you've done the Web activities, they've also explored ups and downs of student life. However, if you have additional time in class, have students brainstorm this activity together, working in pairs or groups. Have them ask a classmate about the advantages and disadvantages of being a student. Then let them write their letters and, if you have time in class, peer edit them. In peer editing, tell them to look for one or two specific things, such as use of the subjunctive forms. After peer editing, they submit their final letters.

5-29 Los trabajos del futuro. Lea los siguientes párrafos y después conteste las preguntas. Esté preparado(a) para compartir sus opiniones con la clase.

"Estas carreras 'con futuro' incluyen: bioingeniería, diseño gráfico, diseño industrial, estadística, microbiología, veterinaria, biología, física, matemática, química, ciencias del suelo *(soil)* (geofísica, geología, geoquímica, hidrología *[hydraulics]*), genética, ecología y ciencias del ambiente *(environment),* meteorología, sistemas y varias ingenierías (aeronáutica, agronómica, forestal, civil, petrolera, naval, de materiales, en recursos naturales renovables, en telecomunicaciones, en alimentos, electricista-electrónica)." —Mónica Ghilardi, "Carreras que tienen futuro en el país", *La Nación,* 6 de junio de 2004, página 15.

"Los verdaderos triunfadores de las próximas décadas serán aquéllos altamente talentosos y emprendedores *[enterprising]* que conocen cómo vender sus habilidades y logros laborales *[work achievements]* a los empleadores.... Las profesiones más demandadas serán las asociadas a la informática, los servicios y la educación. Habrá un gran crecimiento de la demanda de la atención a ancianos, enfermos y discapacitados *[handicapped],* por lo que se crearán nuevos nichos de empleo.... Ingenieros de sistemas, asistentes de salud, terapeutas *[therapists]* físicos, trabajadores sociales, educadores especiales, instructores y entrenadores *[trainers],* serán algunas de las ocupaciones del futuro. El mundo laboral del próximo siglo demandará trabajadores altamente educados que puedan crear y aplicar tecnologías nuevas y sofisticadas. Gracias a la computación y a la revolución en las telecomunicaciones, más y más gente elegirá trabajar desde su hogar, descongestionando las ciudades y eliminando el uso de oficinas en forma permanente." —"Cómo serán los trabajos del futuro", derechos reservados 2000–2001, http://portalentrepreneur.com/empleos_19.html.

1. Para usted, ¿qué es lo más importante en un trabajo? Por ejemplo, ¿cree que es importante ganar mucho dinero? ¿poder escoger las horas cuando va a trabajar? ¿tener oportunidades para viajar?

2. ¿Es necesario saber "venderse" a los empleadores? ¿Por qué sí o por qué no?

3. ¿Cuál es su campo de estudio? ¿Qué profesión o carrera le interesa? En general, ¿será posible que encuentre trabajo en ese campo sin muchas dificultades?

4. ¿Cree que hay otras carreras con futuro? ¿Cuáles? ¿Por qué?

5. ¿Le gustaría trabajar desde su casa? ¿Por qué sí o por qué no?

5-30 Confesiones. Un(a) estudiante menciona un problema o preocupación que tiene. Podría hablar de cualquier problema o preocupación acerca de los estudios, las notas, el (la) novio(a), los papás, el dinero, los compañeros de cuarto... (Por ejemplo: **No tengo amigos. Mi novio(a) no me quiere. Odio a mi profesor de física.**) Cada estudiante tiene que hacer una confesión. Los otros estudiantes le dan consejos, empezando con: **Te aconsejo que..., Espero que...,** o **Es importante que....**

> **MODELOS** *A: Creo que no voy a aprobar mi clase de química.*
> *B: Te aconsejo que vayas a clase y que tomes apuntes.*
> *C: Espero que consigas ayuda.*
> *D: Es importante que le hables al profesor.*

5-31 A ESCRIBIR: Una carta a un(a) amigo(a). Escriba una carta a un(a) amigo(a) hispano(a), describiendo los altibajos de su vida como estudiante. Trate de usar el subjuntivo por lo menos cinco veces. Use las listas de vocabulario de este capítulo y sus respuestas a los ejercicios 5-10, 5-12, 5-14 y 5-30. Siga este plan:

1. Su ciudad, la fecha

2. **Querido(a)** [nombre de su amigo o amiga],

3. el primer párrafo: **¿Qué tal?, ¿Cómo estás?** o algún otro saludo y una o dos expresiones de esperanza sobre la vida de su amigo(a) **(Espero que..., Ojalá que...).**

4. el segundo párrafo: **Aunque en general estoy bien, mi vida ahora no es perfecta; tiene algunas desventajas.** Luego, tres o cuatro oraciones sobre los puntos negativos de la vida estudiantil, usando expresiones como **Es horrible (necesario, triste, una lástima, ridículo, terrible) que..., No es posible (probable) que..., Siento (Temo, Tengo miedo de, No me gusta) que....**

5. el tercer párrafo: **Pero mi vida ahora también tiene algunas ventajas.** Luego, tres o cuatro oraciones sobre los puntos buenos de la vida estudiantil, usando oraciones como **Está bien que..., Es bueno (maravilloso, estupendo) que..., Me alegro de que..., Estoy contento(a) de que....**

6. la conclusión: **Espero que (visitar, escribir, etc.)... Sin otra novedad, vuelvo a mis estudios.**
Con cariño,
[su nombre]

El que no sabe gozar de la ventura [good fortune] cuando le viene, que no se debe quejar [complain] si se le pasa.
—Miguel de Cervantes, *El Quijote*, segunda parte, capítulo 5

Review the form of dates in Spanish: e.g., **2 de febrero de** + the year. Mention that this is for an informal letter to a friend, that for a formal letter you could use the salutation **Estimado(a) señor(a)...** and end with **Atentamente** or some other formal closing. Also mention that even in informal letter-writing, it is customary for two male friends to address each other using the **Estimado...** salutation rather than the **Querido...** one. Students have just studied the subjunctive forms they will need with the expressions given.

Alternative composition topic: using the video as input, have students write to a keypal in Spain, comparing our education systems.

Grammar	verbs: subjunctive agreement, verbs: subjunctive with **ojalá**
Vocabulary	dreams and aspirations, numbers: 0–20, numbers: 21–31, school: classroom, school: grades, school: studies, school: university
Phrases	describing health, expressing a wish or desire, expressing conditions, expressing hopes and aspirations, expressing irritation, expressing opinions, greeting, saying good-bye, stating a preference, talking about habitual actions, writing a letter (informal)

▶▶ El sistema educativo español

El sistema educativo español está compuesto por centros de **formación** para personas de todas las edades. El sistema es bastante uniforme a través del país porque es el gobierno español el que **plantea las normas.**

VOCABULARIO

acceder a la universidad	to get into college
el bachillerato	academic (college prep) secondary-school degree
la convivencia	living together (e.g., in society)
la formación	education, training
independizarse	to become independent, self-sufficient
el oficio	trade
las normas	standards
plantear	to set, define (a problem, program)
ser de pago	to require payments (tuition)
soler (ue)	to do customarily

PRÁCTICA DE VOCABULARIO

Complete las oraciones con palabras de la lista.

1. Los estudiantes españoles ___suelen___ vivir más tiempo en casa de sus padres que los estudiantes estandounidenses.
2. El año que viene voy a ___acceder___ a la universidad.
3. Antes de ir a la universidad, hay que terminar el ___bachillerato___.
4. Las clases en ese colegio son de ___pago___ y son un poco caras.
5. ¿Cuál es su profesión u (or) ___oficio___?

HABLANDO DEL TEMA

▶▶ Alcalá de Henares es una ciudad de unos 170.000 habitantes que se encuentra al este de Madrid. La ciudad fue fundada por los romanos, que le dieron el nombre de Complutum.

▶▶ Miguel de Cervantes Saavedra, autor de *El Quijote*, es el escritor español más conocido mundialmente. Nació en Alcalá de Henares en 1547. En 1571 participó en la Batalla de Lepanto, donde combatió como un valiente y perdió el uso de la mano izquierda. Muchos años después, el héroe de Lepanto trabajaba como comisario (*commisioner*) en Andalucía. Lo encarcelaron (*imprisoned*) injustamente y fue en la prisión donde empezó a pensar—y quizás escribir—la primera parte de *El Quijote*. Murió en 1616, poco antes que William Shakespeare.

▶▶ En el mundo hispano, hay mucha jerga (*slang*) estudiantil. Los estudiantes que **hincan los codos** (*dig in the elbows*) o **se queman las pestañas** (*burn the eyelashes*) son muy trabajadores; muchos son **ratones de biblioteca** (*library rats, i.e., bookworms*)

PREGUNTA DE ENFOQUE

¿Qué aspectos del sistema educativo español se ven en el video?

COMPRENSIÓN

1. ¿En qué consiste la labor *(task)* de la maestra? ¿Qué es necesario que enseñe?
2. Es necesario que el sistema educativo se ocupe del *(be concerned with the)* desarrollo del cuerpo también. ¿Qué ve usted en el video que demuestra esto?
3. Se ve una clase de un idioma extranjero en el video. ¿En qué consiste la actividad que se ve?
4. ¿Entre qué clases de formación puede escoger un estudiante de colegio?
5. ¿Qué universidad se ve en el video? ¿Por qué es notable?

PUNTOS DE VISTA

1. Compare el sistema educativo español con el de Estados Unidos o Canadá.
2. ¿Qué diferencias nota usted entre la universidad española y la norteamericana o canadiense? ¿Qué semejanzas *(similarities)* hay?

Voice your choice! Visit **http://voices.thomsoncustom.com** to select additional readings relevant to this chapter's theme.

o **comelibros.** Un **cuadernícola** es un estudiante muy serio. El estudiante que casi nunca va a clase se llama **turista** o **vacacionista** en muchos países. Aunque sea muy **coco** *(coconut, meaning head, i.e., smart)*, cuando llega el día del examen, ¡**no sabe ni papa** *(he doesn't know even potato, i.e., beans)*!

▶▶ En muchos países hispanos hay un día dedicado a los estudiantes. Por ejemplo, en Venezuela el Día del Estudiante es el 21 de noviembre. En El Salvador hay varias fiestas durante el año porque cada facultad tiene su día especial; por ejemplo, en la facultad de derecho celebran el 21 de junio con bailes y competiciones deportivas. En Argentina el Día del Estudiante se celebra el 21 de septiembre, que es también el Día de la Primavera. Hay fiestas, conciertos y, en algunos lugares del país, los estudiantes hacen **carrozas** *(floats)* adornadas con flores de papel.

6

De viaje

El mundo hispano ofrece una gran variedad de atracciones para cualquier persona de espíritu aventurero.

℗RESENTACIÓN DEL TEMA

CD 1,
Track 17

El mundo hispano ofrece una gran variedad de atracciones para cualquier persona de espíritu aventurero. En la isla de San Andrés, Colombia, mucha gente hace buceo *(scuba diving)* o nada con tubo de respiración *(snorkle)*. "A la persona que por primera vez se le coloca *[puts on]* un equipo de buceo y se hunde en las intimidades del mar, le invade la sensación de haber viajado a otro planeta... [En San Andrés hay] puntos de inmersión que por su extraordinaria belleza han despertado el interés de los buzos *[divers]* profesionales de Norteamérica y Europa."* En esta isla encantadora también se puede hacer windsurf, jugar al tenis, descansar en las playas o ir de compras; las tiendas tienen muchas cosas importadas y no hay que pagar impuestos.

Las profundidades marinas de la isla de San Andrés

En muchas partes de España y Latinoamérica hay guías que llevan a los turistas a montar a caballo *(ride horses)*. Aquí un grupo cruza los Andes: "En un viaje de cinco días, subiendo y bajando cuestas *[hills]*, durmiendo bajo las estrellas y siempre en contacto con esta cordillera eterna, se va de Argentina a Chile."†

Todo pesa, todo es un lastre [burden] *para el camino. Para el camino del viajero y el de la vida hay que ir ligero* [light] *de equipaje.*
—Fernando Sánchez Dragó, escritor español

Paseo a caballo por los Andes

---

* Cristóbal Ospina, "Buceo en San Andrés", *Diner's* (Colombia), enero de 1987, página 46.

† Chris Sattlberger, "Cruzando los Andes a caballo", *Geomundo*, septiembre de 1995, página 260. (El autor del artículo nota que no sabía montar cuando aceptó la invitación de hacer la excursión con un grupo de turistas.)

Puente colgante *(hanging)* en la Amazonia peruana

Jóvenes arqueólogos en el santuario de Pachacamac, Perú

Muchos jóvenes pasan sus vacaciones trabajando en algún lugar interesante, por ejemplo, en un sitio arqueológico. Según un artículo de la revista *Panorama*, "Miles de jóvenes españoles pagan dinero por trabajar, pero no están locos. Son muchachos que eligen los campos de trabajo para pasar su descanso veraniego *[summer]*. Excavaciones arqueológicas, reconstrucción de pueblos abandonados o intervenciones en el medio ambiente *[environment]* son algunas de las actividades que tienen a su disposición para convertir sus vacaciones en algo más que un tiempo de sol y playa."*

6-1 Preguntas.

1. ¿Qué se puede hacer en la isla San Andrés? ¿A usted le gusta nadar? ¿bucear? ¿montar a caballo? ¿dormir bajo las estrellas?
2. ¿Qué hace el hombre de la foto de la izquierda? ¿Dónde está?
3. ¿Qué hacen los jóvenes de la última foto? Hay oportunidades de hacer otros proyectos en España y Latinoamérica, como reconstruir pueblos abandonados, limpiar senderos *(trails)* o plantar árboles para conservar el medio ambiente. ¿A usted le gustaría participar en un programa que le dé la oportunidad de vivir y trabajar en el extranjero?
4. ¿En cuál de las fotos le gustaría estar? ¿Por qué?

---

* Ramón Aragüena, "Trabajar para divertirse en vacaciones", *Panorama*, 9 de agosto de 1993, página 47.

VOCABULARIO ÚTIL

You might want to point out to students that many words that start with **al-** come from Arabic (**al** means *the*): **alberca, almohada, algodón, algebra**.

LAS VACACIONES

COGNADOS

la estación	el itinerario
la excursión	el, la recepcionista

EN EL HOTEL

el albergue para jóvenes (para la juventud)	youth hostel
el camarero (la camarera), el mesero (la mesera) el mozo (la moza)	waiter (waitress)
el cuarto, la habitación	room
doble / sencillo	double / single
el, la gerente	manager
el hotel de lujo	luxury hotel
el, la huésped	guest
la llave	key
el parador	(Spain) government-run inn, sometimes in a castle or historic building
la pensión	small and usually economical hotel that may offer meals
la piscina (la alberca)	swimming pool

VERBOS

dejar (dar) propina	to leave (give) a tip
guardar	to keep
hacer (preparar) las maletas (las valijas)	to pack the suitcases
hacer un viaje	to take a trip
llevar una mochila	to take (carry) a backpack (or knapsack)
pagar la cuenta	to pay the bill
pasar por la aduana	to go through customs
quedar	to remain, be located
quedarse (en)	to stay (at)
sacar fotos	to take pictures (photographs)
tomar sol	to sunbathe

EL IR Y VENIR

el billete *(Spain)*, el boleto	ticket
el equipaje	luggage, baggage; equipment
en el extranjero	abroad
la gira	tour
la parada	stop (e.g., bus)

adelante, derecho	*forward, straight (ahead)*
cruzar (la calle)	*to cross (the street)*
doblar (a la derecha, a la izquierda)	*to turn (right, left)*
la manzana *(Spain)*, **la cuadra**	*block*
la esquina	*(street) corner*
¡Disculpe, señor (señora, señorita)!	
¡Oiga, señor (señora, señorita)!	*Excuse me, sir (madam, miss)!*
(Dígame...)	*(Tell me...) (expressions used to attract attention)*

¡OJO!

dejar *to leave (something or someone) behind* / **partir o salir (para)** *to leave (for) somewhere* / **marcharse** *to leave*

la dirección *address; direction* / **el sentido** *direction, way*

el extranjero (la extranjera) *foreigner* / **el desconocido (la desconocida)** *stranger*

el, la guía *guide* / **la guía** *guidebook*

el mapa *map* / **el plano** *city map*

tardar (en) *to take (so long, so much time) to* / **durar** *to take, last (expressing duration)*

PRÁCTICA

6-2 ¿Qué es? Dé un equivalente para cada palabra o expresión.

1. el cuarto
2. la valija
3. la excursión
4. la alberca
5. irse
6. lugar en la frontera o en un aeropuerto donde revisan *(they check)* el equipaje
7. dinero que se deja para el (la) camarero(a)
8. pequeño hotel que normalmente ofrece una o dos comidas diarias

ANS 6-2
1. la habitación 2. la maleta 3. la gira 4. la piscina 5. marcharse 6. la aduana 7. la propina 8. la pensión

6-3 Opiniones sobre los viajes. Entreviste a un(a) compañero(a), usando las siguientes preguntas. Después, su compañero(a) lo (la) entrevista a usted. Esté preparado(a) para compartir la información con la clase.

1. En general, ¿te gusta que un viaje tenga itinerario fijo? ¿O prefieres que sea más espontáneo? ¿Por qué?
2. ¿Qué piensas de las giras en autobús?
3. Cuando viajas, ¿dónde te quedas? ¿Vas de campamento? ¿Te quedas con amigos? ¿En qué tipo de hotel prefieres quedarte?
4. ¿Cuántas maletas llevas usualmente? ¿O llevas una mochila? ¿Por qué?
5. ¿Guardas muchos recuerdos de los viajes que haces? ¿Tienes algún recuerdo especial de uno de tus viajes?
6. ¿Qué país hispano te gustaría visitar? ¿Qué harías allí?

To further practice vocabulary, make false statements using the words from the list and have students correct them. Examples: **Un cuarto en un hotel de lujo no cuesta mucho. Es normal darle una buena propina al gerente de un hotel. Un cuarto doble es para una persona. Una pensión es un hotel muy grande. Al marcharse de un hotel, es necesario pasar por la aduana.**

6-4 La geografía del mundo hispano. Mire los mapas que están en las primeras páginas del libro. Entreviste a un(a) compañero(a), usando las preguntas que siguen. En forma alternada, una persona hace la pregunta y la otra persona la contesta.

Act. 6.1

1. ¿Cuáles son los únicos países de Sudamérica que no tienen salida al mar (es decir, que no tienen costa marítima)?
2. ¿Cómo se llama la cordillera *(mountain chain)* más larga de Latinoamérica (y del mundo)? ¿Está en el este o en el oeste del continente?
3. ¿Por qué países sudamericanos pasa la línea del ecuador? ¿Cómo será el clima allí? Por ejemplo, ¿habrá muchos cambios de temperatura según las distintas estaciones del año?
4. Si usted quiere ir a Chile para esquiar en los Andes, ¿es mejor ir en julio o en enero? ¿Por qué?
5. Describa la geografía de España. ¿Qué separa a España del resto de Europa? ¿de África?

Para escuchar: En Cartagena

Conversación 1: Direcciones y sentidos. Mike y Julia están de viaje en Cartagena, Colombia, con unos amigos.

CD 1,
Track 18

6-5 Escuche la **Conversación 1.** ¿Cuál es la foto que muestra el lugar donde están?

a.

b.

ANS 6-4
Possible answers: 1. Bolivia y Paraguay. 2. Se llama la cordillera de los Andes. Está en el oeste del continente. 3. La línea del ecuador pasa por Ecuador, Colombia y Brasil. No hay muchos cambios de temperatura según las estaciones allí. 4. Es mejor ir a Chile a esquiar en junio, julio o agosto, que son los meses de invierno. 5. España tiene una geografía muy variada. Hay tres ríos principales: el Tajo, el Ebro y el Guadalquivir. La cordillera Cantábrica está en el norte, la Sierra de Guadarrama está en el centro y la Sierra Nevada está en el sur. Los Pirineos separan a España del resto de Europa, y el Estrecho de Gibraltar la separa de África.

6-6   Escuche la **Conversación l** otra vez. Escoja la mejor respuesta.

1. Mike y Julia buscan...
   a. el Castillo de San Felipe.
   b. la calle Francia.
   c. el parque de Cartagena.

2. Cuando Julia quiere llamarle la atención al señor para hacerle una pregunta, le dice:
   a. Gracias, señor.   b. Hola, señor.   c. Oiga, señor.

3. Las murallas de la ciudad son anchas *(wide)*...
   a. para que no se oiga el ruido del puerto.
   b. para servir de camino.
   c. para proteger *(protect)* la ciudad.

4. La señorita usa una expresión que un turista va a oír muchas veces. ¿Cuál es?
   a. ¡No se pueden perder!   b. ¿Por dónde se va a...?   c. ¿Por qué?

Conversación 2: Direcciones y sentidos. Mike y Julia deciden visitar el Castillo de San Felipe en Cartagena.

CD 1,
Track 19

6-7   Escuche la **Conversación 2.** ¿Cuál es el tema principal de la conversación?

1. los ataques de los piratas, de los ingleses y de los franceses contra Cartagena
2. el almirante inglés Edward Vernon
3. la reina Isabel I de Inglaterra

6-8   Escuche la **Conversación 2** otra vez. Escoja la mejor respuesta.

1. ¿Cuál es la foto de la estatua del comandante Blas de Lezo?
   a.

b.

2. Francis Drake le mandó el oro de Cartagena y una gran esmeralda a...
   a. Edward Vernon.
   b. George Washington.
   c. la reina Isabel I de Inglaterra.

3. En 1741, los ingleses atacaron Cartagena con la ayuda de...
   a. los franceses.
   b. los indios.
   c. los norteamericanos.

4. Edward Vernon fue...
   a. medio hermano de George Washington.
   b. el líder de los ingleses que atacaron Cartagena en 1741.
   c. un soldado norteamericano.

5. Dice el guía: "En cada batalla perdió un pedazo de cuerpo para ganar un poquito de gloria." Habla de...
   a. Francis Drake.
   b. Edward Vernon.
   c. Blas de Lezo.

GRAMÁTICA Y VOCABULARIO

Direct Object Pronouns

me	me	nos	us
te	you	os	you
lo	him, it, you (usted)	los	them, you (ustedes)
la	her, it, you (usted)	las	them, you (ustedes)

1. Direct objects receive the action of the verb and usually answer the question *What?* or *Whom?* For instance, in the sentence *She sent the tickets to Pablo,* the direct object noun is *tickets.* Changing the direct object noun to a direct object pronoun, the sentence would read *She sent them to Pablo.* In Spanish, direct object pronouns correspond to the direct object nouns they replace in gender, person, and number.

¿El horario? No lo necesito ahora.	*The schedule? I don't need it now.*
¿Necesitan esta silla? —No, no la necesitamos.	*Do you need this chair? —No, we don't need it.*
Los llamé ayer. —¡Qué bueno!	*I called them yesterday. —Good!*
Nos llevan al aeropuerto.	*They're taking us to the airport.*

2. Direct object pronouns normally precede a conjugated verb. In a construction containing both a conjugated verb and an infinitive or present participle (**-ando** or **-iendo** form), direct object pronouns can either precede the conjugated verb or follow and be attached to the infinitive or present participle.

¿El mapa? No lo puedo encontrar. (No puedo encontrarlo.)	*The map? I can't find it.*
¿Están buscando los boletos?	*Are you looking for the tickets?*
¿Están buscándolos? (¿Los están buscando?)	*Are you looking for them?*

3. The neuter pronoun **lo** can refer to an idea or quality already mentioned. It is often used with the verb **ser** when the verb stands alone.

La catedral es muy linda. —Sí, lo es.	*The cathedral is very beautiful. —Yes, it is.*
¿Prefieres que vayamos al cine en vez de ir al partido? —Sí, realmente lo prefiero.	*Do you prefer that we go to the movies instead of going to the game? —Yes, I really prefer it.*
El tren tarda mucho en llegar. —Sí, lo sé.	*The train is taking a long time to come. —Yes, I know.*

PRÁCTICA

6-9 ¿Quién tiene...? Su profesor(a) les va a dar unos objetos (o fotos de objetos) a dos estudiantes de la clase. Contesten las preguntas que les hace.

> **MODELOS** ¿Quién tiene las llaves?
> *Rachel las tiene.*
> ¿Quién tiene la mochila?
> *Martín la tiene.*

The two students should stand in front of the class for this warm-up exercise. Give them whatever you have at hand, preferably objects students know the Spanish names of (or supply vocabulary if necessary), or have them hold up things of their own (watch, book, pencil, etc.). If you have travel-related items (passport, tickets, film, money) or pictures of such items, so much the better—bring them in a small suitcase.

6-10 El (La) turista desorganizado(a). Trabaje con un(a) compañero(a). Haga el papel de un(a) turista desorganizado(a) y conteste las preguntas.

> **MODELOS** ¿Olvidaste hacer las reservaciones?
> *Sí, olvidé hacerlas.*
> ¿Llevas la dirección?
> *No, no la llevo.*

1. ¿Perdiste el pasaporte?
2. ¿Olvidaste tus sandalias?
3. ¿Trajiste la película *(film)*?
4. ¿Puedes encontrar los boletos?
5. ¿Dejaste la cámara en la pensión?
6. ¿Tienes la llave?
7. ¿Sabes el número de nuestra habitación?
8. ¿Puedes pagar la cuenta?

ANS 6-10
1. Sí, lo perdí. 2. Sí, las olvidé. 3. No, no la traje. 4. No, no los puedo encontrar. o No, no puedo encontrarlos. 5. Sí, la dejé en la pensión. 6. No, no la tengo. 7. No, no lo sé. 8. No, no la puedo pagar. o No, no puedo pagarla.

6-11 De viaje. Unos amigos suyos salen de viaje y le hacen algunas preguntas. Conteste afirmativamente, usando pronombres.

> **MODELO** Vamos al aeropuerto. ¿Nos vas a acompañar?
> *Sí, voy a acompañarlos. (Sí, los voy a acompañar.)*

1. Necesito ayuda con las maletas. ¿Me puedes ayudar?
2. Llegamos al hotel a las cinco. ¿Nos vas a llamar allí?
3. Vamos a dejar el coche aquí. ¿Lo quieres usar?
4. Está muy alta *(loud)* la televisión. ¿Me puedes oír?
5. Te di mis llaves. ¿Estás buscándolas?
6. La gata necesita comida todos los días. ¿La puedes cuidar?

ANS 6-11
1. Sí, puedo ayudarte. Sí, te puedo ayudar. 2. Sí, voy a llamarlos. Sí, los voy a llamar. 3. Sí, lo quiero usar. Sí, quiero usarlo. 4. Sí, te puedo oír. Sí, puedo oírte. 5. Sí, las estoy buscando. Sí, estoy buscándolas. 6. Sí, la puedo cuidar. Sí, puedo cuidarla.

6-12 ¿Qué necesitas hoy? Con un(a) compañero(a), haga y conteste preguntas. Averigüe dos cosas que su compañero(a) va a necesitar hoy y dos cosas que no va a necesitar.

> **MODELO** ¿Necesitas tu traje de baño hoy?
> *No, no lo necesito.*

Ideas: calculadora, esquíes, pasaporte, cámara, sandalias, cuadernos, mochila, lápices...

First have students brainstorm things they need and why. Next, have them ask and answer questions using their own lists.

6-13 Entrevista. Entreviste a un(a) compañero(a), usando complementos *(objects)* directos cuando sea posible. Después, su compañero(a) lo (la) entrevista a usted.

> **MODELO**   A: *¿A quién o a quiénes admiras?*
> B: *Admiro a Juan Luis Guerra y los 4.40 (Cuatro Cuarenta).*
> A: *¿Por qué los admiras?*
> B: *Porque cantan bien.*

1. ¿A quién o a quiénes admiras? ¿Por qué... admiras?
2. ¿A quién o a quiénes ves a menudo? ¿Dónde... ves?
3. ¿Tienes alguna cosa muy especial, algo que valoras mucho? ¿Qué es? ¿Desde cuándo... tienes? ¿Quién te... dio?
4. ¿Qué comida preparas muy a menudo? ¿Por qué... preparas?
5. ¿A quién o a quiénes conoces hace mucho tiempo? ¿Cuándo... conociste?
6. ¿A quién o a quiénes detestas? ¿Por qué... detestas?

> *En los viajes, el niño sólo piensa en la partida, el adulto en el porqué, el viejo en el regreso.*
> —dicho

Indirect Object Pronouns

me	(to, for) me		nos	(to, for) us
te	(to, for) you		os	(to, for) you
le	(to, for) him, her, you (usted)		les	(to, for) them, you (ustedes)

1. In the sentence *She sent Pablo the tickets,* the indirect object noun is *Pablo.* Changing the indirect object noun to an indirect object pronoun, the sentence would read *She sent him the tickets.* In Spanish, indirect object pronouns differ in form from the direct object pronouns only in the third-person **le** and **les.** They tell *to* or *for whom* something is done, made, said, or whatever action the verb indicates. Like direct object pronouns, they precede conjugated verbs or follow and are attached to infinitives or present participles.

Ese guía habla mucho. —Sí, pero nos explicó muchas cosas interesantes.	That guide talks a lot. —Yes, but he explained a lot of interesting things to us.
Les voy a escribir una carta sobre la gira.	I'm going to write them a letter about the tour.

Notice in the last example that there are two ways to translate this in English: *I'm going to write them a letter* or *I'm going to write a letter to them.*

2. While indirect object pronouns usually answer the question *to whom?,* they sometimes answer the question *for whom?* or *from whom?*

Te voy a preparar un plato típico colombiano.	I'm going to prepare a typical Colombian dish for you.
Le compré los sellos a Paco.	I bought the stamps from Paco. (or I bought the stamps for Paco.)

3. Third-person indirect object pronouns (**le, les**) are generally used even when the indirect object is expressed as a noun.

Le pedí la cuenta al camarero.	*I asked the waiter for the check.*
El gerente les dio la llave a los huéspedes.	*The manager gave the guests the key.*

Notice that the preposition **a** is used in all of these examples to introduce the indirect object noun.

VOCABULARIO ÚTIL

EN EL BANCO O LA CASA DE CAMBIO

cambiar	to change, exchange
la casa de cambio	currency exchange
el cheque de viajero	traveler's check
cobrar	to charge
pagar al contado	to pay cash
(pagar con dinero en efectivo)	
la tarjeta de crédito	credit card
la tasa de cambio	exchange rate
el vuelto, el cambio	change (that you receive from larger units of money)

¡OJO!

gratis *free of charge* / **libre** *free, at liberty, unoccupied*
la moneda *coin; currency (of a country)* / **el dinero** *money* / **el dinero en efectivo** *cash* /
  la plata *(literally, silver) money (colloquial)*

There are many ways to say *money* in informal Spanish. In Spain, people say **la pasta** (like *dough* in English); in Mexico, people say **la lana** (*wool,* from the days when sheep raising was highly profitable). Other slang words for money: **la guita** (Ecuador, Peru, Southern Cone), **el pisto** (most of Central America), **el chavo** (meaning *peso, coin* in the Caribbean). Something very expensive is said to **costar un ojo de la cara** or **estar por las nubes**. If you want to "blow the works," you can **echar la casa por la ventana**.

PRÁCTICA

6-14 En el banco. Haga oraciones, usando pronombres de complemento indirecto.

> **MODELO** cobraron poco por los cheques / a nosotros
> *Nos cobraron poco por los cheques.*

1. cambiaron el cheque / a ellos
2. dijeron que la tasa de cambio era muy alta / a mí
3. mandaron la tarjeta de crédito / a mi amigo
4. explicaron la situación / al extranjero
5. ¿dieron el vuelto? / a ti

ANS 6-14
1. Les cambiaron el cheque.
2. Me dijeron que la tasa de cambio era muy alta. 3. Le mandaron la tarjeta de crédito.
4. Le explicaron la situación.
5. ¿Te dieron el vuelto?

6-15 Un buen guía. En una gira por España, el guía es excelente y ayuda a todos. ¿Qué hace? Haga oraciones, reemplazando las palabras subrayadas con los pronombres apropiados. Use complementos directos o indirectos.

> **MODELOS** traducir la palabra "manzana" para el señor de México
> *Le traduce la palabra.*
> ayudar <u>a los señores ingleses</u> con las maletas.
> *Los ayuda con las maletas.*

1. dar la bienvenida <u>a los turistas de Costa Rica</u>
2. llamar por teléfono <u>al amigo del señor japonés</u>
3. escribir la dirección del banco <u>para nosotros</u>
4. sacar una foto <u>al señor francés</u>
5. dar la dirección del Museo de América <u>a ti</u>
6. ayudar <u>a la señora alemana</u> a encontrar las monedas para la máquina de refrescos
7. explicar el itinerario <u>a ustedes</u>
8. mandar las tarjetas <u>para nosotros</u>
9. cambiar los dólares por euros <u>al señor canadiense</u>
10. describir el restaurante "La Sevillana" <u>a la señora de Miami</u>

6-16 Cuando estás de viaje... Entreviste a un(a) compañero(a) para averiguar si hace las siguientes cosas cuando está de viaje o de vacaciones. Use pronombres de complemento indirecto.

> **MODELO** mandar tarjetas postales a tus amigos
> *A: Cuando estás de viaje, ¿les mandas tarjetas postales a tus amigos?*
> *B: Sí, a veces les mando tarjetas postales. (No, no les mando...)*

1. comprar un recuerdo a tu mejor amigo(a)
2. escribir una carta a tu mamá
3. hacer muchas preguntas a los guías
4. dejar buenas propinas a los meseros
5. pedir información a personas desconocidas

6-17 Reunión de amigos.

1. Haga una pregunta usando un pronombre de complemento indirecto y escríbala en una tarjeta. (Por ejemplo, **Cuando tienes algún problema, ¿a quién le pides consejos?, ¿Qué te dieron tus papás de regalo de cumpleaños?**)
2. Levántese y haga la pregunta a un(a) compañero(a). Su compañero(a) le hace una pregunta a usted. Intercambien las tarjetas.
3. Busque a un(a) nuevo(a) compañero(a) y hágale la pregunta que le dio su compañero(a).
4. Haga y conteste por lo menos seis preguntas. ¿Cuál es la pregunta más interesante de todas?

> *El andar tierras y comunicar con gentes hace a los hombres discretos* [wise].
> —proverbio

Prepositional Object Pronouns

mí	me	nosotros(as)	us
ti	you	vosotros(as)	you
él	him, it	ellos	them
ella	her, it	ellas	them
usted	you	ustedes	you

1. The pronouns that serve as objects of prepositions are the same as the subject pronouns, except the first- and second-person singular: **mí** and **ti.**

¿Hablan de ti o de mí?	*Are they talking about you or me?*
—¿Quién sabe?	*—Who knows?*
Este regalo es para usted y ése	*This present is for you, and that one*
es para ella. —Muchas gracias.	*is for her. —Thank you.*

2. The preposition **con** combines with **mí** to form **conmigo** and with **ti** to form **contigo.**

Enrique, ¿vienes conmigo a la catedral?	*Enrique, are you coming with me to the cathedral?*
Pues, estoy de acuerdo contigo. —¡Por fin!	*Well, I agree with you. —Finally!*

   There is another form, **consigo,** that combines **con** with **sí,** a third-person singular and plural prepositional pronoun: **El guía se llevó los pasajes consigo.** *The guide took the tickets with him.* **Ella está enojada consigo misma.** *She's angry with herself.*

3. **Yo** and **tú** are used instead of **mí** and **ti** after **entre, excepto,** and **según.**

Bueno, entre tú y yo...	*Well, between you and me . . .*
Todos fueron a la plaza de toros excepto yo. —¡Caramba!	*Everyone went to the bullring except me. —Good grief!*
Según tú, todo el mundo debe ir de vacaciones a menudo.	*According to you, everyone should go on vacation often.*

PRÁCTICA

6-18 En Sevilla. Un grupo de madrileños está de visita en Sevilla. Complete la conversación con pronombres apropiados. Vocabulario: crucero *cruise,* Torre *Tower,* De película = Súper.

YOLANDA: ¿Qué tal el paseo por el río, Francisco?

FRANCISCO: De película.

YOLANDA: ¿Fuiste solo?

FRANCISCO: No, Rafael y Marisa fueron (1) con_____migo_____. Primero vimos el museo naval.

YOLANDA: Y ¿qué tal?

FRANCISCO: Bueno, a (2) _____ellos_____ [Rafael y Marisa] les gustó mucho. Pero entre (3) _____tú_____ y yo, para (4) _____mí_____ el paseo por el río era mucho más interesante. A (5) _____ti_____ te gustaría el museo porque te interesa la historia.

YOLANDA: ¡Parece que todos fueron excepto (6) _____yo_____!

FRANCISCO: Pues, Rafael me decía que quiere ir otra vez porque se le olvidó la cámera y las vistas de la ciudad eran estupendas. ¿Por qué no vas con (7) _____él_____?

YOLANDA: Buena idea.

FRANCISCO: Una sugerencia: lleva una cámara (8) con_____tigo (contigo)_____... y si es posible ve por la mañana, cuando no hace calor.

Two Object Pronouns; Position of Object Pronouns

1. When both an indirect and a direct object pronoun are in the same sentence, the indirect object pronoun (which usually refers to a person) always precedes the direct object pronoun (which usually refers to a thing).

Te voy a dar la dirección y el número de teléfono.	*I'm going to give you the address and phone number.*
Te los voy a dar.	*I'm going to give them to you.*
Me contaron la historia.	*They told me the story.*
Me la contaron.	*They told it to me.*
El empleado nos trajo los cheques de viajero.	*The employee brought us the traveler's checks.*
Nos los trajo.	*He brought them to us.*

Notice that when two object pronouns are attached to an infinitive, an accent is required over the final syllable of the infinitive.

Llamó para decírmelo.	*She called to tell it to me.*
Decidieron mandártela.	*They decided to send it to you.*

2. Object pronouns are placed directly before a verb or auxiliary; negative or affirmative words precede object pronouns.

¡No me lo dijeron!	*They didn't tell me about it!*
¿Dónde está papá? —Todavía nos espera en la aduana.	*Where's Dad? —He's still waiting for us in customs.*

3. A third-person indirect object pronoun (**le** or **les**) used with a third-person direct object pronoun (**lo, la, los, las**) is replaced by **se**.

le	= **se** before	**lo**
les		**la**
		los
		las

¿La llave? Se la dimos al gerente.	*The key? We gave it to the manager.*
Se lo explico a usted, señor.	*I'll explain it to you, sir.*
¿Las postales? Se las dejé a usted.	*The postcards? I left them for you.*

4. Prepositional phrases (**a él, a usted,** and so forth) are often used with indirect object pronouns for emphasis or clarification.

... y después se lo dieron. —¿A quién? —Se lo dieron a ella.	*. . .and then they gave it to him (her, you). —To whom? —They gave it to her.*
¿A ti te dijeron eso? ¡Dios mío!	*They told you that? Good grief!*

PRÁCTICA

6-19 En la recepción. Eduardo trabaja en la recepción del hotel "Caribe" en la península de Yucatán, México. Es muy amable y ayuda a mucha gente. ¿Qué hizo ayer? Acorte *(Shorten)* las oraciones, de acuerdo con el modelo.

> **MODELO** para mí
> Recomendó el restaurante "El portal".
> *Lo recomendó. Me lo recomendó.*

para mí

1. Reservó un carro para mañana.
2. Cambió las pilas (baterías) del control remoto del televisor.
3. Contó la historia de la ciudad maya de Uxmal.
4. Cambió cien dólares a pesos mexicanos.
5. Explicó el horario de los autobuses al aeropuerto.

para nosotros

6. Recomendó la tienda de recuerdos "La yucateca".
7. Guardó los pasaportes en la caja fuerte *(safe)*.
8. Sacó una foto.
9. Reservó boletos para el espectáculo de danza maya.
10. Hizo una copia de la cuenta.

para el turista de España

11. Explicó la expresión "¡Qué padre!"
12. Cambió cincuenta euros a pesos mexicanos.
13. Recomendó un paseo al parque Chankanaab.
14. Hizo una llamada a una agencia de viajes.
15. Contó un chiste.

ANS 6-19
1. Lo reservó. Me lo reservó.
2. Las cambió. Me las cambió.
3. La contó. Me la contó.
4. Los cambió. Me los cambió.
5. Lo explicó. Me lo explicó.
6. La recomendó. Nos la recomendó.
7. Los guardó. Nos los guardó.
8. La sacó. Nos la sacó.
9. Los reservó. Nos los reservó.
10. La hizo. Nos la hizo.
11. La explicó. Se la explicó.
12. Los cambió. Se los cambió.
13. Lo recomendó. Se lo recomendó.
14. La hizo. Se la hizo.
15. Lo contó. Se lo contó.

6-20 ¡Ya lo hice! Su mamá le dice que tiene muchas cosas que hacer durante su viaje. ¿Qué dice usted? Siga el modelo.

MODELO	Debes mandarle la postal a tu abuela.
	Ya se la mandé.

Debes...

1. comprarles recuerdos a tus primos
2. contarle ese chiste a tu papá
3. sacarles fotos a tus nuevos amigos
4. dejarle una buena propina al mesero
5. mandarles la postal a tus tíos

6-21 Situaciones. ¿Qué haría usted en las siguientes situaciones? Conteste usando pronombres y los verbos entre paréntesis u otros verbos de su propia elección *(choice)*.

MODELO	Su mejor amigo le pide cien dólares. No quiere decirle para qué los necesita. (dar)
	Se los daría sin hacerle preguntas. (No se los daría.)

1. Recibe una carta romántica de su novio(a). Su compañero(a) de cuarto quiere saber lo que dice. (leer)
2. Usted encuentra una gran cantidad de dinero en la calle. (dar)
3. Alguien quiere comprarle a usted unos platos que eran de su bisabuela; le ofrece mil dólares, pero los platos tienen cierto valor sentimental. (vender)
4. Un amigo suyo quiere que lo ayude durante un examen sin que lo sepan los otros estudiantes; quiere que le muestre su trabajo. (mostrar)
5. Piensa hacer auto-stop *(hitchhike)* en Europa este verano. Su mamá quiere saber cómo va a viajar. (decir)
6. Su hermano usa cocaína. Quiere que prometa que no les dirá nada a sus papás. (prometer)

6-22 Motivos. Su profesor(a) piensa en algunas cosas que se van a "regalar" a la clase y escribe una lista en la pizarra. ¿Quién tiene el mejor motivo para recibirlas? ¿Por qué se le debe "regalar" este objeto a usted?

MODELO	un snowboard
	Debe regalármelo a mí porque voy a ir a las montañas Rocosas en enero.

Commands

The following chart shows the command forms. As you can see, most direct command forms correspond to the present subjunctive. Exceptions are the affirmative **tú** and **vosotros** forms (shown in bold).

Affirmative

	usted	ustedes	tú	vosotros	nosotros
-ar	Hable.	Hablen.	**Habla.**	**Hablad.**	Hablemos.
-er	Coma.	Coman.	**Come.**	**Comed.**	Comamos.
-ir	Escriba.	Escriban.	**Escribe.**	**Escribid.**	Escribamos.

Negative

	usted	ustedes	tú	vosotros	nosotros
-ar	No hable.	No hablen.	No hables.	No habléis.	No hablemos.
-er	No coma.	No coman.	No comas.	No comáis.	No comamos.
-ir	No escriba.	No escriban.	No escribas.	No escribáis.	No escribamos.

Formal (*Usted* and *Ustedes*) Commands

1. Formal commands have the same forms as the corresponding **usted** or **ustedes** forms of the present subjunctive.

Vaya primero a la casa de cambio.	*First go to the currency exchange.*
Ponga su equipaje aquí.	*Put your luggage here.*
¡No crucen la calle sin mirar!	*Don't cross the street without looking!*
No fumen aquí, por favor.	*Don't smoke here, please.*

2. The word **usted** or **ustedes** can be added to soften a command, to make it more deferential.

Pase usted, señorita.	*Go ahead, miss.*
Tomen ustedes asiento.	*Have a seat.*

Informal (*Tú* and *Vosotros*) Commands

1. Negative **tú** and **vosotros** commands are the same as their corresponding present subjunctive forms.

¡No seas tan generoso, querido!	*Don't be so generous, dear!*
No vayas a la estación, mamá.	*Don't go to the station, Mom.*
No digáis eso, niños.	*Don't say that, children.*
No lo compréis.	*Don't buy it.*

2. Affirmative **vosotros** commands are formed by dropping the **-r** of the infinitive and adding **-d.**

Perdonadme.	*Forgive me.*
Seguid esta calle hasta el Paseo de la Castellana y allí doblad a la derecha.	*Follow this street to the Paseo de la Castellana and turn to the right there.*

3. Affirmative **tú** commands are the same as the third-person singular of the present indicative.

¡Come, bebe, canta y baila!	*Eat, drink, sing, and dance!*

Me gusta viajar cuando estoy en crisis, huir [flee] del sitio, cambiar de aires, estar sola.
—Carmen Rico-Godoy, periodista española

Use the four humorous illustrations and **usted** commands from the **Enfoque del tema** to have students guess the meaning of the rules for travelers and try to generate others.

The following affirmative **tú** commands are irregular.

di (decir)	**ve** (ir)	**sal** (salir)	**ten** (tener)
haz (hacer)	**pon** (poner)	**sé** (ser)	**ven** (venir)

Ven acá, Pepe.	*Come here, Pepe.*
Sé buena y haz lo que te diga tu papá, Josefina.	*Be good and do what your father tells you, Josefina.*

The *Nosotros* (Let's) Command

1. The first-person plural (**nosotros**) command is the same as the **nosotros** form of the present subjunctive.

Salgamos. —Como tú quieras.	*Let's go out.—Whatever you want.*
Sigamos por la calle principal.	*Let's follow the main street.*
Hablemos del viaje.	*Let's talk about the trip.*

2. **Vamos a** + infinitive can be used instead of the **nosotros** command in the affirmative.

Vamos a decidir ahora mismo. (Decidamos ahora mismo.)	*Let's decide right away.*

3. Either **vamos** or **vayamos** can be used as the affirmative **nosotros** command form of **ir,** but **vamos** is much more common. In the negative, only **no vayamos** is used.

Vamos al centro. —No, no vayamos allí; vayamos (vamos) al museo de historia.	*Let's go downtown. —No, let's not go there; let's go to the history museum.*

Indirect Commands

Indirect commands are given indirectly to a third person and are the same as the third-person subjunctive forms. They are usually introduced by **que.**

Que pase primero la señorita.	*Let the young lady come in first. (Have the young lady come in first.)*
¡Viva México!	*Hurray for (long live) Mexico!*

V O C A B U L A R I O Ú T I L

Act. 6.2

ALGUNAS ACTIVIDADES TURÍSTICAS

alquilar un auto (una motocicleta)	*to rent a car (a motorcycle)*
bucear, hacer buceo	*to go diving*
consultar el mapa (el plano)	*to consult the (city) map*
hacer una caminata	*to go walking, hiking*
hacer surfing	*to go surfing*

ir a los clubes nocturnos	*to go to nightclubs*
jugar al golf (al tenis)	*to play golf (tennis)*
jugar (por dinero) en los casinos	*to gamble at the casinos*
montar a caballo	*to go horseback riding*
nadar con tubo de respiración	*to go snorkling*
visitar museos	*to visit museums*
(ruinas antiguas, sitios históricos)	*(ancient ruins, historical sites)*

PRÁCTICA

6-23 En Garrafón, Isla Mujeres. El guía de una excursión a Isla Mujeres se preocupa por todo. ¿Qué les dice a los turistas del grupo?

> **MODELO** seguir por ese camino para ir a los vestidores
> *Sigan por ese camino para ir a los vestidores.*

1. no perder la llave del casillero
2. llevar sandalias si van al Jardín de hamacas
3. alquilar tubos de respiración y otras cosas en esta tienda
4. tener cuidado en la Tirolesa
5. no olvidar ver las guacamayas
6. echar un vistazo a la tienda de recuerdos
7. para una buena comida, almorzar en el restaurante "Tamarindo"
8. no dejar sus cosas en los vestidores
9. disfrutar de la tarde
10. volver al grupo cuando sea hora de partir

AVENTURA TROPICAL
TROPICAL ADVENTURE

EL PLACER DEL MAR Y LA TIERRA
¡Diviértete y descansa más de lo que jamás hayas soñado en este exótico paraíso!

Vuela *Fly*, orilla *shore*, Atrévete *Dare*, reto *challenge*, Platica *Talk*, guacamayas *parrots*, vestidores *dressing areas*, casilleros *lockers*, Aviéntate *Jump*, echar un vistazo *take a look*

6-24 Un turista entusiasmado. Gabriel nunca ha estado en la ciudad de México y está muy entusiasmado *(excited)* con todo. ¿Qué les dice a sus compañeros?

> **MODELO** pasar una tarde en el museo de antropología
> *Pasemos una tarde en el museo de antropología.*

1. visitar el Palacio Nacional
2. hacer una excursión a las pirámides
3. no ir a restaurantes como McDonald's
4. comer tacos en esta taquería
5. comprar recuerdos en el mercado de Toluca
6. buscar una plaza donde haya música
7. ir a ver el Castillo de Chapultepec
8. no perder tiempo en el hotel
9. no dormir hasta muy tarde

6-25 Instrucciones para un amigo que sale de viaje. Dígale a su amigo que haga lo siguiente.

> **MODELO** cerrar la puerta con llave *(lock the door)*; no cerrar la maleta
> *Cierra la puerta con llave. No cierres la maleta.*

1. perder las inhibiciones; no perder la confianza
2. olvidar tus problemas; no olvidar tus cheques de viajero
3. hacer las valijas esta noche; no hacer la gira mañana
4. comprar película para la cámara; no comprar demasiados regalos
5. salir a la calle por la tarde; no salir solo por la noche
6. ir a la piscina; no ir al mar
7. jugar al tenis; no jugar en los casinos
8. dejar una buena propina; no dejar la cartera en el hotel

6-26 El gerente. Usted y un(a) amigo(a) se quedan en un hotel caro, pero hay muchas cosas que no funcionan bien. Ustedes se quejan *(complain)* al recepcionista, pero éste le pasa *(pass on)* la queja al gerente, quien les contesta a ustedes indirectamente. ¿Qué les dice?

> **MODELO** El recepcionista: Dicen que no hay agua caliente.
> (esperar dos o tres horas)
> *El gerente: Que esperen dos o tres horas.*

1. Dicen que hace mucho frío en el cuarto. (poner unas mantas *[blankets]* adicionales en las camas)
2. Dicen que el televisor no funciona. (mirar televisión en el salón de entrada)
3. Dicen que hay mucho ruido en el cuarto de al lado. (decirles a los vecinos que no hablen tan fuerte)
4. Dicen que nadie contesta cuando llaman al comedor del hotel. (salir a comer a un restaurante)

5. Dicen que quieren hacer una llamada de larga distancia. (ir a un teléfono público)
6. Dicen que el ascensor *(elevator)* no funciona. (subir por las escaleras [*stairs*])
7. Dicen que quieren marcharse. (buscar otro hotel de lujo)

6-27 Para pasar unas vacaciones estupendas... Escoja un lugar que usted conozca y que pueda recomendar para pasar allí unas vacaciones. Cuéntele a un(a) compañero(a) cómo llegar allí, qué llevar, cuándo ir, qué lugares visitar, qué lugares evitar, dónde quedarse, etc. (Use la forma imperativa del verbo.)

Commands with Object Pronouns

1. Object pronouns are attached to the end of affirmative commands. Accents are added to verbs of more than one syllable to maintain the stressed syllable.

Comprémoslo.	*Let's buy it.*
¡Socorro! ¡Ayúdelos!	*Help! Help them!*

2. Object pronouns precede the verb in negative commands.

¡No me digas!	*Don't tell me!*
No lo compremos.	*Let's not buy it.*

3. Indirect object pronouns precede direct object pronouns when used in commands, just as they do in statements or questions.

Explícamelo.	*Explain it to me.*
No me lo expliques.	*Don't explain it to me.*
Désela.	*Give it to him (her).*
No se la dé.	*Don't give it to him (her).*

4. Before **se** can be added to an affirmative **nosotros** command, the final **-s** of the verb must be dropped.

Démoselo gratis.	*Let's give it to him (her, them) free of charge.*
Contémoselo.	*Let's tell it to him (her, them).*

PRÁCTICA

6-28 Cómo disfrutar de la vida. Las siguientes ideas para disfrutar de la vida aparecieron en la revista *Cosmopolitan en español*.* Cambie los mandatos *(commands)* de la forma **tú** a la forma **usted.**

> **MODELO** Aprende otro idioma y úsalo.
> *Aprenda otro idioma y úselo.*

1. Viaja a través de toda Europa.
2. Corre en un maratón.
3. Escríbele una carta a tu héroe o heroína favorito(a).

* "Vivir y vivir hasta morir", *Cosmopolitan en español*, año 20, número 10, página 25.

4. Regálale a tu madre cincuenta rosas rojas y dile que la quieres.
5. Bucea en los arrecifes *(coral reefs)* de Australia.
6. Cuéntale a alguien tu vida pero sin omitir ningún detalle.
7. Haz que te pinten tu retrato *(portrait)*.
8. Juega en un casino elegante de Europa.
9. Dile a la gente lo que verdaderamente piensas de ella.
10. Mete un mensaje en una botella y tírala *(throw it)* al mar.

¿Qué recomendaría usted para disfrutar de la vida? Imagine que habla con una persona deprimida. Déle varios consejos, usando la forma imperativa del verbo.

6-29 En la tienda de recuerdos. Cuando su familia está de viaje en Ixtapa, México, su hermanito quiere que su mamá le compre muchas cosas. ¿Qué le dice usted a su mamá?

> **MODELOS**
> Su mamá: Juanito quiere este sombrero mexicano.
> *Usted: Bueno, cómpraselo.*
> Su mamá: Juanito quiere este Nintendo que cuesta ochenta dólares.
> *Usted: ¡Qué barbaridad! (¡Qué caro!) No se lo compres.*

Juanito quiere...

1. este disco compacto de Ricky Martin
2. esta revista para adultos
3. estos jaguares de cerámica que cuestan cinco dólares
4. esta pistola de juguete
5. estos libros de Popeye
6. esta botella de tequila
7. estas sandalias para la playa
8. esta cámara que cuesta doscientos dólares

6-30 Preparando las maletas. Trabaje con un(a) compañero(a). Su compañero(a) va a hacer un viaje a un lugar misterioso. Ayúdele a hacer las maletas, siguiendo el modelo.

> **MODELO**
> *¿Quieres llevar las tarjetas de crédito?*
> *Sí, cómo no, dámelas.*

Ideas: esta novela policíaca, los cheques de viajero, la cámara de video, las llaves de la casa, el itinerario, los boletos, el teléfono celular...

6-31 ¡Vacaciones! Un gran momento para compartir con nuestros hijos. Mire el dibujo de Maitena; trabaje con un(a) compañero(a). Hagan tres mandatos que un padre o una madre de familia diría a su hijo(a) durante unas vacaciones.

> **MODELOS**
> *No duermas todo el día. Ayúdanos a limpiar.*

Después, hagan tres mandatos que un(a) hijo(a) le diría a su padre o a su madre.

MODELOS   *Cómprame un helado. Llévame a la tienda de videos.*

¡Qué asco! How disgusting!, ¡Qué manía! What craziness!, **trapo** rag

6-32 Querida doña Rosita... Doña Rosita escribe una columna en el periódico dando consejos a las personas que viajan. Trabaje con un(a) compañero(a). Conteste las preguntas que le hacen los lectores *(readers)* con órdenes, como ella lo haría.

> **MODELO** Mi hijo siempre hace mucho ruido, y se porta mal *(he behaves badly)* cuando estamos de vacaciones. ¿Qué debo hacer?
> *No lo lleve la próxima vez. Déjelo con algún (alguna) pariente o amigo(a). Dígale que si promete ser bueno, lo llevará en otro viaje. Enséñele a portarse mejor.*

1. Mi compañero(a) de viaje les tiene miedo a los ataques terroristas y no quiere salir de paseo. Para mí, ese punto de vista es ridículo. ¿Qué le digo?

2. Quiero ir a Europa pero no tengo mucho dinero. ¿Qué debo hacer?

3. Cuando estamos de vacaciones mi amigo(a) nunca quiere hacer nada; prefiere quedarse en el cuarto para leer. ¿Qué sugiere usted?

4. Quiero ir al Japón, pero no sé ni una palabra de japonés. ¿Qué debo hacer para aprender la lengua?

5. Aunque viajo a menudo, tengo dos fobias que me lo dificultan *(make it difficult):* temo volar y temo estar con mucha gente. ¿Qué me recomienda?

6-33 Consejos. Cuéntele a un(a) compañero(a) algún problema que tiene, algo que tiene que hacer o algo que le preocupa. Su compañero(a) le da consejos, usando la forma imperativa del verbo.

> **MODELO** A: *Necesito unas vacaciones.*
> B: *Ve a las montañas a esquiar. No vayas a...; quédate en... Si no tienes esquíes, alquílalos en...*

Ideas:

Voy de vacaciones y no sé qué hacer con mi perro (mi gato, mis plantas...).
Necesito hacer ejercicio (comprar un automóvil, comprar un regalo para...).
Tengo un problema con mi compañero(a) de cuarto (mi clase de física, mi bicicleta...).
Es posible que pierda la beca (el trabajo, el apartamento...) que tengo.
No tengo muchos amigos.
Mi novio(a) me trata mal.

ⒺN OTRAS PALABRAS

Direcciones y sentidos

One of the most essential language functions you will want to be able to use while traveling in a Hispanic country is asking for and understanding directions. Here are some ways to ask for directions:

¡Disculpe, señor(a) / señorita! ¡Oiga...! (Perdón... / Perdone...) Dígame, por favor,...
¿Me podría usted decir cómo llegar a...?
¿Dónde está...?
¿Hay un banco (una farmacia, etc.) cerca de aquí?
Por favor, señor(a), ¿está muy lejos (está cerca) el...?

Busco la calle...   ¿En qué sentido (dirección) está...?
¿Cómo llego a...?   ¿Sabe usted dónde queda...?

And here are some possible responses:

Siga por la calle...   Doble a la izquierda (derecha).
Siga adelante (derecho).   Está al norte (sur, este, oeste) de...
Sígame hasta llegar a...   Queda en la esquina de...
Vaya derecho hasta llegar a...   Está frente a *(across from)*...
Camine dos cuadras hasta llegar a... Tome la calle (avenida)...
Cruce la calle y...   ¡No se puede perder! *You can't miss it (get lost)!*

To say that something is far away, people in Spain and the Southern Cone might say **donde el diablo perdió el poncho.** In many parts of Latin America, the expression is **en el quinto infierno** *(in the fifth hell).* In Puerto Rico, people say **en las sínsoras** or **en el jurutungo viejo.**

PRÁCTICA

6-34 ¿Cómo llego a...? Pregunte cómo llegar a los siguientes lugares. Pida la información usando una expresión diferente cada vez.

> **MODELO**   el banco
> *Señor, por favor, ¿hay un banco cerca de aquí?*

1. el Museo Nacional de Arte
2. el restaurante Casa Lupe
3. el hotel Miraflores
4. la calle San Martín
5. una pensión o un hotel que no sea muy caro

6-35 En el Hotel París. Usted se queda en el Hotel París en Madrid y tiene la tarjeta del hotel (página 172). En el reverso, hay un pequeño mapa. Varias personas lo llaman a usted por teléfono para explicarle cómo llegar a diferentes lugares. Si sigue estas instrucciones, ¿dónde estará usted?

1. Salga del hotel y cruce la plaza. Tome la calle Arenal y pase por el Hotel Francisco I. Siga caminando. Un gran edificio de estilo clásico estará enfrente. ¿Cuál es?
2. Salga del hotel y doble a la derecha en Alcalá. Pase el Hotel Regina y siga caminando hasta llegar a una plaza enorme. ¿Cómo se llama esta plaza?
3. Salga del hotel y doble a la izquierda. Doble a la izquierda otra vez y tome la Carrera San Jerónimo a la Plaza de Neptuno. No doble en el Paseo del Prado; vaya derecho a la calle Alfonso XII. Siga derecho. ¿Dónde está usted?

Activities 6-35 to 6-37 will help prepare students for the **A escribir** writing assignment.

ANS 6-35
1. el Teatro Real 2. la Plaza de Cibeles 3. el Parque del Retiro

HOTEL PARIS

Alcalá, 2
(Puerta del Sol)
Tel: 91 521 64 91 al 96
Fax: 91 531 01 88

28014 MADRID

6-36 En Madrid. Trabaje con un(a) compañero(a). El (La) estudiante A mira el plano de Madrid que está en esta página. El (La) estudiante B mira el plano de Madrid en la página 175. Pregúntele a su compañero(a) cómo llegar a los siguientes lugares. Su compañero(a) le dice cómo llegar allí, empezando desde la Puerta del Sol. Escuche y escriba el nombre del lugar cerca de los puntos de interrogación (¿____?) apropiados del plano. Entonces su compañero(a) le pregunta cómo llegar a uno de los lugares de su lista. Déle la información, empezando cada vez desde la Puerta del Sol.

Set a time limit. Make sure students understand the instructions: they have to listen carefully as well as give directions. Each time they start from the Puerta del Sol.

Estudiante A:

¿Me podría decir cómo llegar...?

1. a la Puerta de Alcalá
2. a la Plaza Mayor

3. al Rastro
4. al Jardín Botánico

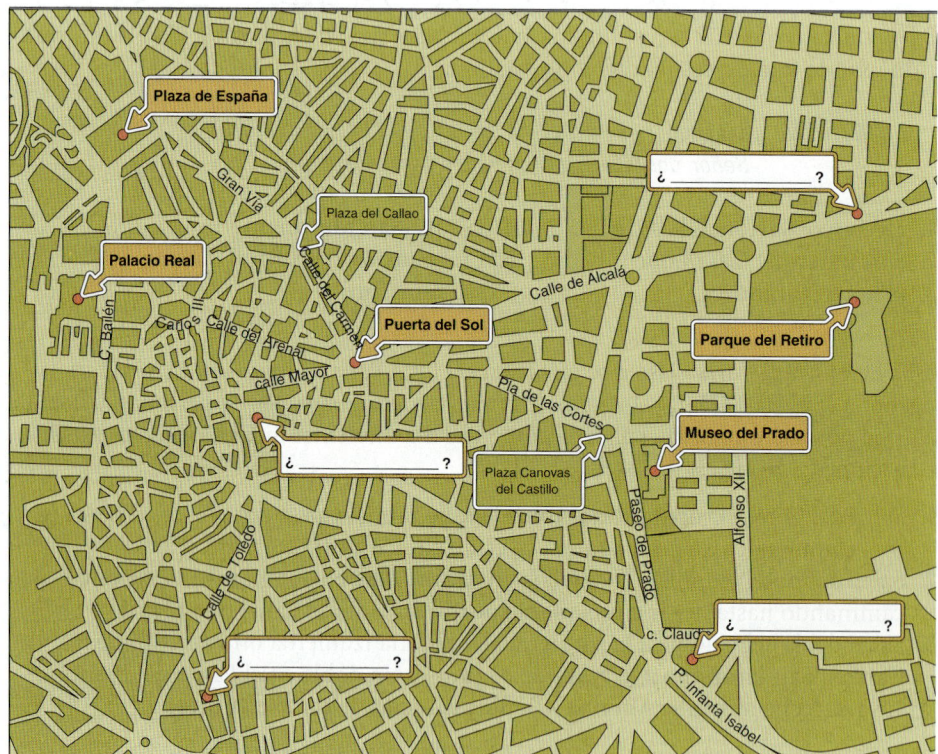

6-37 ¡No se puede perder! Déle indicaciones a un(a) compañero(a) de clase sobre cómo llegar a cada uno de los siguientes lugares. Comience desde un punto determinado en el centro del campus.

1. su restaurante favorito
2. una tienda muy interesante
3. un lugar muy bonito para dar un paseo

EN CONTACTO

6-38 La maleta misteriosa. Trabajando en grupos, representen la siguiente escena o situación:

Ustedes están de viaje en Costa Rica. Regresan a su hotel a las cinco de la tarde y encuentran una maleta en su cuarto con una nota misteriosa. ¿Qué dice la nota? ¿Deben abrir la maleta o no? ¿Qué hay dentro?

6-39 Un viaje a Argentina. Trabajen en grupos de tres o cuatro. Ustedes tienen mucha suerte: ¡han ganado un viaje a Argentina! Argentina tiene una geografía muy diversa. Primero, miren el anuncio de la oficina de turismo de Argentina y el mapa del país en la página 174. ¿Qué lugares les gustaría conocer? ¿Quieren ir a las montañas a esquiar o a montar a caballo? ¿A las cataratas *(falls)* de Iguazú, cerca de la frontera con Brasil en el Litoral? ¿A Buenos Aires, la capital, a ver los museos e ir a los clubes nocturnos? ¿A las pampas *(grasslands)* del centro, donde hay grandes estancias (ranchos) y lagos tranquilos? ¿O prefieren ir al extremo sur, a la Patagonia, donde pueden ver glaciares y pingüinos?

Act. 6.3

Después de ponerse de acuerdo sobre tres o cuatro sitios de interés que quieren visitar, hagan un itinerario para pasar una semana en Argentina. Usen su imaginación para decidir qué van a ver y hacer en cada sitio de interés, por la mañana, por la tarde y por la noche. Usen frases imperativas como las siguientes para hablar de las posibilidades.

> **MODELO**   A: *Vayamos a las Cataratas de Iguazú.*
> B: *Pero primero, vayamos a la capital en avión. Demos un paseo por la ciudad.*
> C: *Salgamos a bailar por la noche...*

6-39. Have students go to a Web site to gather more information about Argentina, or bring in additional photos.

6-40. By now, students have practiced vocabulary for traveling, the words from all of the chapter's vocabulary lists. They've interviewed each other about travel preferences (6-3) and reviewed the imperative forms they will need. If you presented **Para escuchar,** they heard conversations in which people were asking for and being given directions at a tourist site, and in **En otras palabras** they practiced asking for and giving directions themselves. If you've done the Web activities, they've explored some travel sites and places they'd like to visit and done related activities. They've talked about a vacation site and given recommendations about it to a partner (6-27). However, if you have additional time in class, have students brainstorm this activity together, working in pairs or groups. They can help each other make idea maps or simply ask each other questions about what they could include. Then let them write their paragraphs and, if you have time in class, peer edit them. In peer editing, tell them to look for one or two specific things, such as use of the imperative. After peer editing, they submit their final paragraphs.

Norte

Patagonia

Litoral

Cuyo

Buenos Aires

Centro

www.turismo.gov.ar

ARGENTINA
Secretaría de Turismo

6-40 A ESCRIBIR: Una visita a mi pueblo

Usando las listas de vocabulario útil de este capítulo y sus respuestas a los ejercicios 6-23, 6-25, 6-27 y 6-35 a 6-37, escriba una carta a un(a) amigo(a) hispano(a) que va a venir de visita a su pueblo o ciudad. Déle algunos consejos para el viaje. Por ejemplo, ¿qué sitios de interés debe conocer? ¿En qué estación del año debe venir? ¿Qué debe traer? ¿Cómo podría llegar a su casa o apartamento desde el aeropuerto? Use la forma imperativa del verbo cuando sea posible.

Grammar	verbs: imperative, verbs: imperative **tú,** verbs: imperative **usted(es),** verbs: imperative **(vosotros)**
Vocabulary	direction and distance, geography, leisure, means of transportation, time: seasons, time: months, traveling
Phrases	asking and giving advice, asking for and giving directions, describing places, expressing distance, expressing location, planning a vacation, writing a letter (informal)

6-36 En Madrid. (Continúa de la paginá 172)

Estudiante B:
¿Me podría decir cómo llegar...?

1. al Parque del Retiro
2. a la Plaza de España
3. al Museo del Prado
4. al Palacio Real

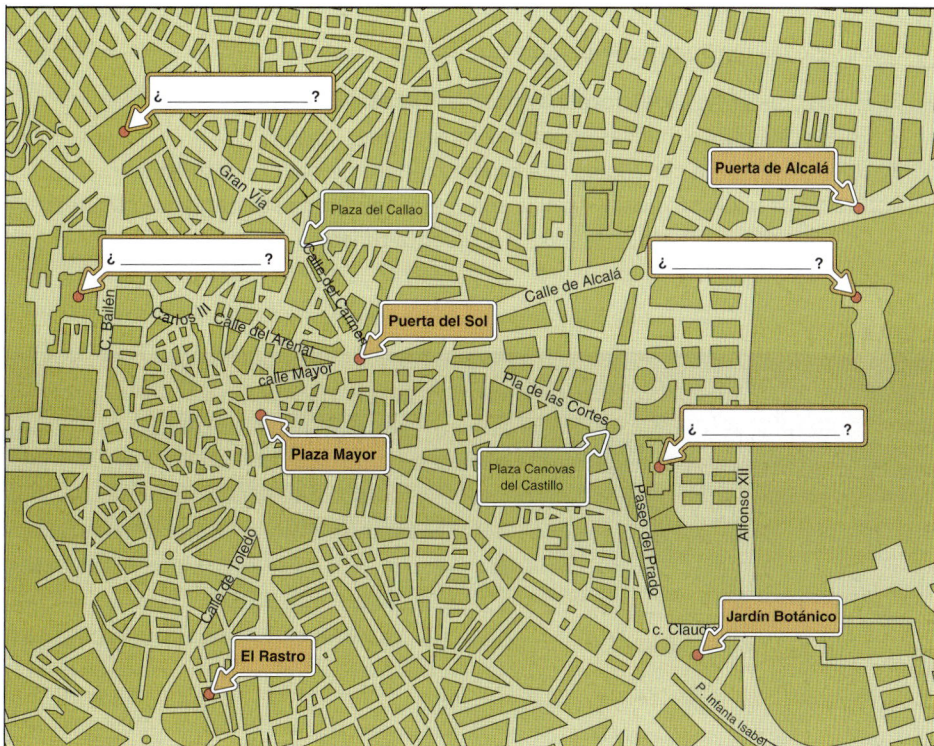

▶▶ En la Hostería San Jorge

Jorge Cruz Barahona habla de la **Hostería** San Jorge, cerca del volcán Pichincha en Ecuador. Todos los miembros de la familia Cruz Barahona son **partícipes** de un grupo de trabajo familiar que se dedica a la hotelería. Antes, la hostería era una hacienda, un sitio ganadero *(for raising cattle)* y agrícola *(agricultural)*. Ahora el hotel puede **albergar** a muchos turistas y les ofrece actividades muy interesantes.

VOCABULARIO

albergar	to lodge, accommodate
en vivo	live (e.g., a performance)
la hostería	inn, resort hotel
el jardín	garden
marcado(a)	noticeable, obvious
el paseo a caballo	horseback ride
ser partícipe en	to take part in, to be partners in

PRÁCTICA DE VOCABULARIO

Complete las oraciones con palabras de la lista.

1. En los ___jardines___ del hotel hay muchas flores exóticas.
2. En el restaurante muchas veces hay música en ___vivo___.
3. Un ___paseo___ a caballo es una buena manera de hacer ecoturismo.
4. Todos los miembros de la familia son ___partícipes___ en este negocio *(business)*.
5. La ___hostería___ puede ___albergar___ a sesenta turistas.

HABLANDO DEL TEMA

▶▶ Ecuador tiene tres zonas climáticas: la costa (al oeste), la montaña (en el centro), y la selva *(jungle, forest)* (al este, en la frontera con Brasil). Hay más de treinta volcanes activos en el país. La hostería de la familia Cruz Barahona está situada en los Andes, cerca de Quito, la capital.

▶▶ Quito es la ciudad más antigua de todas las capitales de América del Sur y muestra muy claramente el encuentro del Viejo Mundo con el Nuevo.

En los mercados hay una clara influencia de la cultura indígena; allí se puede comprar recuerdos muy especiales y únicos por precios muy razonables. Tiene una parte nueva de estilo moderno, y un centro histórico con muchas iglesias y muchos edificios antiguos. La UNESCO declaró a Quito "Patrimonio Cultural de la Humanidad", título que recibió por la belleza de sus calles y monumentos y por su rica tradición de arte y música. Es interesante visitar

PREGUNTA DE ENFOQUE

¿Por qué funciona bien esta hostería?

COMPRENSIÓN

1. ¿Quién es Jorge Cruz Barahona?
2. ¿Cómo participa su esposa en la hostería?
2. ¿Qué trabajo le corresponde a su padre?
   ¿a su madre?
3. ¿Qué actividades ofrece la hostería?

PUNTOS DE VISTA

1. ¿Qué aspecto de la hostería le llamó más
   la atención?
2. ¿Ha ido usted alguna vez a una hostería norteamericana? Compárela con la
   hostería ecuatoriana del video.
3. ¿Está usted de acuerdo con las observaciones de Jorge sobre la familia
   norteamericana? Explique.
4. ¿A usted le interesaría pasar una semana en esta hostería? ¿Por qué sí o o
   por qué no? ¿Cuáles son las ventajas y desventajas de quedarse en un hotel
   como éste?

Voice your choice! Visit **http://voices.thomsoncustom.com** to select additional
readings relevant to this chapter's theme.

"Mitad del Mundo", punto por donde pasa la línea del ecuador. Allí es posible tener un pie en el hemisferio norte y otro en el sur.

▶▶ Las hosterías, como los hoteles, pueden ser de diferentes precios y categorías (classes). También están las pensiones, hoteles donde la comida está incluida; puede ser menos caro quedarse en una pensión que en un hotel. En algunos países hispanos, hay albergues para jóvenes, donde normalmente hay que compartir habitación con otras personas, o se puede acampar en lugares naturales. (En España los "campings" cuestan muy poco y son muy populares.)

▶▶ En España también hay paradores, hoteles históricos. El parador puede ser un monasterio, un castillo, una casa medieval... es un monumento antiguo, ahora restaurado (restored). Aunque pueden ser caros, los paradores son ideales para pasar unas vacaciones o unos días de descanso, o sólo para comer o cenar. La comida es excelente y siempre sirven platos típicos de la región.

Gustos y preferencias

Joaquin Cortés, famoso bailador de flamenco español

CD 2,
Track 1

PRESENTACIÓN DEL TEMA

La cultura hispana tiene una tradición musical muy variada: hay estilos musicales para todos los gustos. En la página anterior se ve a un bailarín de flamenco en España. La música flamenca tiene una fuerte influencia oriental y refleja la pasión y el dolor de la gente gitana *(Gypsy)*. Muchas veces es espontánea, improvisada.

The Gypsies of Spain, who created flamenco music, originally came from India and Pakistan, which is why the music has oriental qualities.

Act. 7.1

El grupo cubano La Charanga Habanera

El son de Cuba tiene su origen en la religión afrocubana; fue un precursor importante de la salsa de hoy. En esa religión, conocida como la santería, hubo una fusión de santos católicos y orishas, o dioses africanos. Los antiguos rituales musicales caribeños, con solista (o sonero) y coro, también reflejaban una fusión de influencias españolas y africanas. La salsa es una combinación del son, y de otras formas musicales del Caribe, con el jazz de Estados Unidos.

El merengue es otro género musical que nació en el Caribe, en las zonas rurales de República Dominicana. El dominicano Juan Luis Guerra y su grupo 4.40 (Cuatro Cuarenta) han llevado los ritmos contagiosos del merengue a todo el mundo. La letra de sus canciones, inspirada en temas

Carlos Santana, salsero mexicano-americano

The word **salsa** means *sauce* (as in *hot sauce*) and supposedly got its name from the audience shouting out **¡Salsa!** for an especially "hot" solo.

Juan Luis Guerra, merenguero

sociales, expresa los problemas y la realidad de la gente caribeña. Guerra, cantante y compositor, dice: "Me interesa que mi ritmo, el merengue, pueda transmitir mensajes, que no sea simplemente una música para bailar."*

El tango tuvo su origen a fines del siglo XIX en los puertos de Buenos Aires (Argentina) y Montevideo (Uruguay). "Los esclavos africanos contribuyeron a su ritmo sincopado. Los gauchos, esos fieros (rough) mestizos independentistas de la pampa argentina, aportaron (brought) las baladas, la vestimenta (ropa) colorida y la postura orgullosa. Luego, los inmigrantes italianos y españoles inundaron los barrios rioplatenses (del río de la Plata) con el violín, el bandoneón (un tipo de acordeón) y una lírica de tristeza...".† En general, la música es melancólica, y el baile es romántico y sensual: "El tango es un corazón y cuatro piernas", dijo Juan Carlos Copes, coreógrafo del espectáculo "Tango argentino".

La música mariachi de México, la música andina de la gente indígena de América del Sur, la cumbia de Colombia, el mambo y la rumba de Cuba, la plena y la bomba de Puerto Rico, la música tejana de Estados Unidos... éstas y muchas otras formas musicales reflejan la gran diversidad cultural del mundo hispano.

> *La música que se aprende no tiene nada que ver con la que se lleva dentro.*
> —Juan Luis Guerra, compositor dominicano

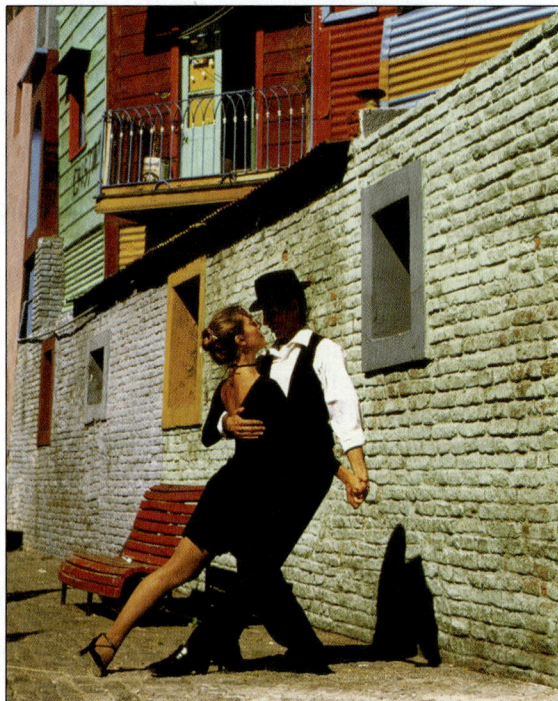

El tango: "un corazón y cuatro piernas"

---

*   "Juan Luis Guerra: 'No canto por divertirme' ", *Somos,* 16 de abril de 1993.
†   Chori Santiago, "Tango", *Hombre internacional,* mayo de 1994, página 36.

PRÁCTICA

7-1 Preguntas.

1. ¿Con qué grupo étnico se asocia la música flamenca?
2. ¿Qué es la santería? ¿Qué elementos tiene?
3. ¿Qué es la salsa?
4. ¿De dónde viene el merengue? ¿Qué expresa la música de Juan Luis Guerra?
5. ¿Dónde tiene su origen el tango? ¿Cuándo se originó? (Este baile fue prohibido en muchos lugares de Estados Unidos a principios del siglo XX.)

VOCABULARIO ÚTIL

LA MÚSICA

COGNADOS

la balada	el merengue
el ballet	la música folklórica, clásica, "pop",
el coro	"rock", "reggae", "rap"
espontáneo(a)	la ópera
el estilo	la salsa
expresar	el, la solista
el flamenco	el tango
improvisar	
el jazz	

LOS INSTRUMENTOS MUSICALES

el acordeón	los tambores *(drums)*
el clarinete	el trombón
la flauta	la trompeta
la guitarra	el violín
el piano	

OTRAS PALABRAS

el bailarín (la bailarina)	*dancer*
la canción	*song*
componer	*to compose*
el compositor (la compositora)	*composer*
el conjunto	*band, group*
el género	*type, genre*
gitano(a)	*Gypsy*
la letra	*lyrics*
reflejar	*to reflect*

7-2 Asociaciones. ¿Qué palabra(s) del mundo de la música se asocia(n) con...?

> **MODELO**   Enrique Iglesias
> *la música "pop", el cantante, el solista...*

1. Mariah Carey
2. Usher
3. la música triste
4. una marcha militar
5. la originalidad
6. *El Cascanueces (The Nutcracker)*
7. Wagner
8. Pink Floyd
9. música para trabajar o estudiar a gusto *(comfortably)*
10. música para dormir

7-3 Preguntas. En forma alternada, entreviste a un(a) compañero(a) utilizando las siguientes preguntas.

1. Mire el gráfico sobre los géneros musicales de la revista *Debate.* ¿Le gusta a usted escuchar música en la radio? ¿Qué estaciones de radio escucha? ¿Qué tipo de música le gusta escuchar? ¿Tiene reproductor *(player)* de MP3 u otro sistema para escuchar música (como un "Walkman" o un PDA)?
2. ¿Va a la ópera de vez en cuando? ¿Qué piensa de la ópera? ¿Conoce la música de los cantantes españoles Plácido Domingo y José Carreras?
3. ¿Le gusta bailar? ¿Ha visto bailar el tango? ¿la salsa? ¿el merengue? ¿Dónde?
4. ¿Tiene un(a) compositor(a) favorito(a)? ¿Cómo se llama?
5. ¿Cuál de los cantantes (o conjuntos) de hoy le parece el (la) mejor? ¿Cuáles son sus favoritos? ¿Por qué? ¿Le gusta la letra de sus canciones?
6. ¿Toca usted un instrumento musical? ¿Cuál? Si no, ¿cuál le gustaría tocar? ¿Por qué?
7. ¿Tuvo lecciones de música cuando era joven? ¿Fue una buena experiencia?
8. ¿Le gusta cantar? ¿Canta en un coro? ¿en la ducha *(shower)*?

¿DE LA SIGUIENTE RELACION, QUE GENEROS MUSICALES ESCUCHAS HABITUALMENTE?

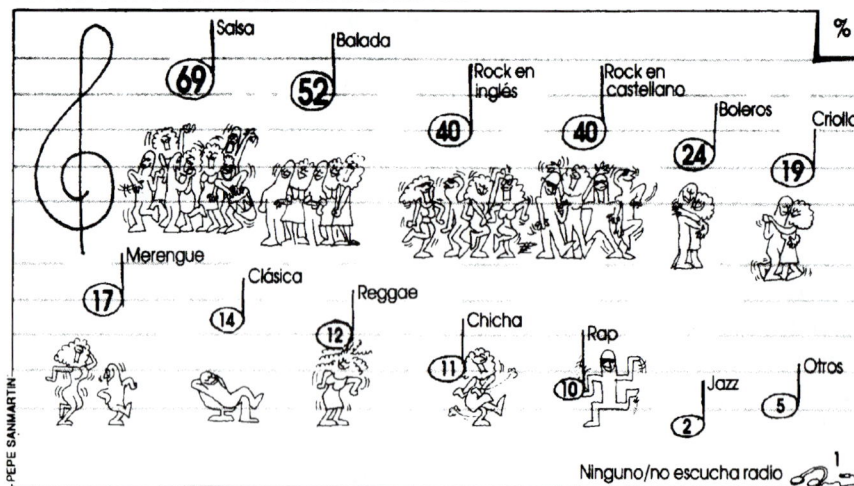

Luis Jaime Cisneros y Arturo Ferrari, "Del jardín a la calle: La juventud peruana de los '90", *Debate,* volumen 16, número 74, página 24.

7-4 La música latina. Por Internet, en una tienda de música o en una biblioteca, busque información sobre la música latina. Puede escoger cualquier estilo de música que le interese (la salsa, la música folklórica...) o cualquier persona hispana famosa en el mundo musical (por ejemplo, un[a] cantante, un[a] compositor[a] como los españoles Isaac Albéniz o Manuel de Falla, un bailarín o una bailarina...). Cada estudiante va a dar un breve informe al grupo sobre lo que descubrió.

Assign this activity for another day so students can present the information to the group. They may want to use this research later on for the **A escribir** activity.

Para escuchar: En Bogotá

Conversación 1: Para expresar acuerdo y desacuerdo. Mike y Julia conversan en un lugar céntrico de Bogotá.

CD 2, Track 2

7-5 Escuche la **Conversación 1** y conteste las preguntas.

1. Son las nueve de la noche. ¿Dónde están Mike y Julia?
  a. en un restaurante
  (b.) en la calle, cerca de un club nocturno
  c. en un concierto de música clásica

2. ¿Qué piensa Julia de la música?
  a. Le molesta.   b. Le gusta más o menos.   (c.) Le encanta.

7-6 Escuche la **Conversación 1** otra vez. Escoja las palabras apropiadas para completar la canción. Después conteste esta pregunta: ¿Qué quiere decir "Todo es según el color del cristal con que se mira"?

—Oye, Guillermo, te voy a hablar de las cosas de mi (1. ciudad / pueblo).
—Mentiras[1]...
—No, no, escucha esto.

Willy Chirino:
En mi pueblo sucedían[2] las cosas más sorprendentes.
Había una burra sin (2. dientes / gentes)
experta en ortografía...
—No hombre, no...
... un enano[3] que crecía
cuando (3. había / hacía) mucha humedad,[4]
un calvo[5] que en Navidad
(4. siempre / nunca) le nacía pelo,
y un gallo[6] con espejuelos[7]
de (5. sesenta / noventa) años de edad.
Y un gallo con espejuelos
de (6. sesenta / noventa) años de edad.

Álvarez Guedes:
Eso no es (7. nada / nadie).
Oye, no quiero menospreciar[8]
a tu pueblo fabuloso
pero en el mío, había un oso[9]
que fue campeón de billar[10]...
—No (8. existe / te creo).
... melones da el limonar[11]
y hay un ciempiés[12] con muletas[13];
Juan, un viejo anacoreta,[14]

ANS 7-6
Todo depende del punto de vista.

[1]*nonsense, lies*

[2]*pasaban*

[3]*dwarf*
[4]*humidity*
[5]*bald man*

[6]*rooster* [7]*glasses*

[8]*underrate*

[9]*bear*
[10]*billiards*

[11]*lemon tree*
[12]*centipede* [13]*crutches*
[14]*hermit*

[15]*flowerbed, small piece of land*

tiró un centavo al cantero[15];
creció un árbol de dinero
donde florecen[16] pesetas.

[16]*grow, flourish,*

—(9. ¿Cómo? / ¿Qué?)
Creció un árbol de dinero
donde florecen pesetas.

Coro:
Ya lo dijo Campoamor,[17]

[17]*a nineteenth-century Spanish poet*
[18]*shrinks /* [19]*stretches out*
[20]*treacherous, false*

todo encoje,[18] todo estira[19];
que en este mundo traidor[20]
nada es (10. real / verdad) ni es mentira;
todo es según el color
del cristal con que se mira.
—Willy Chirino, *South Beach,* SONY

Tropical, © 1993 Sony Discos Inc.

CD 2,
Track 3

Conversación 2: Para expresar desacuerdo. Julia y Mike están manejando por una calle de Bogotá.

7-7   Escuche la **Conversación 2.** ¿Qué quiere Julia? ¿Qué piensa Mike de su idea?
Julia quiere comer unas arepas calientes como "tentempié". A Mike no le parece una buena idea.

7-8   Escuche la **Conversación 2** otra vez. Escoja la mejor respuesta.

1. Según Julia, a las diez de la mañana, una comida muy deliciosa es...
   a. una dona *(doughnut).*
   b. una barra de granola.
   c. un plato de menudo *(tripe soup)* picante, con cebolla.

2. Para Mike, un plato de arepas *(thick corn tortillas)* con café negro es...
   a. un buen desayuno.   b. un buen almuerzo.   c. una buena cena.

3. Un "tentempié" es algo que...
   a. le da energía.   b. le tiene de pie.   c. **a y b**

GRAMÁTICA Y VOCABULARIO

Affirmatives and Negatives

algo *something, somewhat*	nada *nothing, (not) at all*
alguien *someone, anyone*	nadie *no one, nobody, not anyone*
siempre *always*	
algunas veces *sometimes*	nunca, jamás *never*
algún, alguno(a) *some, any*	ningún, ninguno(a) *none, not any, no*
también *also*	tampoco *not either*
o... o *either . . . or*	ni... ni* *neither . . . nor*
todavía *still*	todavía no *not yet*
aún *still*	ya no *not any more*

* **Ni... ni** when used with a subject that precedes the verb takes a plural verb: **Ni el que ama ni el que manda quieren compañía.** *Neither he who is in love nor he who gives orders wants company.*

1. Most sentences can be made negative by placing **no** directly before a conjugated verb (or a form of **haber** or other auxiliary).

The perfect tenses will be covered in Chapter 10.

Fernando no dijo qué clase de piano compró.	*Fernando didn't say what kind of piano he bought.*
Fernando no me lo ha dicho.	*Fernando hasn't told me (it).*

The only words that can come between **no** and the verb are object pronouns (and the impersonal **se,** to be discussed in Chapter 8).

2. Negative words can either (1) precede the verb or (2) follow the verb if **no** or another negative precedes. Note that many negatives can be used in a Spanish sentence.

Nunca tiene prisa. (No tiene prisa nunca.)	*He's never in a hurry.*
Nunca dije nada a nadie.	*I never said anything to anyone.*

3. Both **nunca** and **jamás** mean *never;* however, **jamás** means *ever* in a question where a negative answer is expected.

Nunca (Jamás) hizo mal a nadie.	*He (She) never harmed anyone.*
¿Has oído jamás semejante historia?	*Have you ever heard a similar story?*

Alguna vez is used to mean *ever* in a simple question where neither an affirmative nor a negative answer is expected.

¿Ha escuchado alguna vez este tipo de música?	*Have you ever heard this kind of music?*

4. **Alguien** and **nadie** refer to people. **Alguno** and **ninguno** can be used for either people or things; they normally refer to certain members of a group that the speaker or writer has in mind.

¿Hay alguien en casa? —No, parece que no hay nadie aquí.	*Is there anyone home? —No, it seems there is no one here.*
Algunos de mis amigos tocan varios instrumentos musicales, pero ninguno de ellos toca el trombón.	*Some of my friends play several musical instruments, but none of them plays the trombone.*

Alguno and **ninguno** used as adjectives become **algún** and **ningún** before masculine singular nouns.

Martita no tiene ningún libro (ninguna revista) de cocina.	*Martita doesn't have any books (magazines) about cooking.*
Algún día volverán.	*Someday they'll come back.*

Ningún and **ninguno(a)** are generally used in the singular as adjectives or pronouns; however, the English translation uses a plural.

Tengo algunas fotos tuyas; no tengo ninguna foto de ella.	*I have some photos of you; I don't have any photos of her.*
Conozco a algunos estudiantes de Puerto Rico; no conozco a ninguno de Cuba.	*I know some students from Puerto Rico; I don't know any from Cuba.*

5. As seen above, the indefinites **alguien, nadie, alguno,** and **ninguno** are preceded by the personal **a** when used as direct objects referring to people.

Conozco a alguien que está loco por la comida francesa.	*I know someone who is crazy about French food.*

Mention that in a negative statement you can use either **nunca** or **jamás** but to be very emphatic Spanish speakers sometimes use both; e.g., —¿**Probaste la especialidad de Oaxaca: chapulines fritos** *(fried crickets)*? —¡**Nunca jamás!**

Point out that in Spanish several negatives are frequently used in the same sentence; e.g., **A ese chico no le preocupa nada nunca.** *(That kid never worries about anything.)* English speakers are trained to think that double negatives are wrong and show a lack of logic, since if "*nothing never* worries him," then something does worry him. But in Spanish and many other languages, double or even triple negatives are actually the correct way of expressing certain kinds of negation.

6. **Algo** means *something* and **nada** means *nothing*, but they can also be used as adverbs meaning *somewhat* and *not at all:*

Esa balada es algo triste.	*That ballad is somewhat sad.*
No me gusta nada el rap.	*I don't like rap at all.*

7. **Todavía** and **aún** mean *still, yet;* **ya no** is used to mean *no longer, not any more;* **todavía no** means *not yet.*

¿Todavía te sientes mal? —Ya no.	*Do you still feel bad? —Not any more.*
¿Aún toca el clarinete?	*Is he (she) still playing the clarinet?*

Note that **ya no** and **todavía no** precede a verb: **Ya no tengo hambre. Todavía no han comido.**

8. Note that the indefinite pronoun **cualquiera** is used to mean *anyone (at all).* The adjective form, **cualquier,** means *any . . . (at all).* These forms are invariable—that is, the same in the masculine as in the feminine. You don't need to use these forms in this book, but you should be able to recognize them.

Cualquier cosita le molesta.	*Any little thing (at all) bothers him.*
Cualquiera sabría eso.	*Anyone (at all) would know that.*

Warm-up: Using affirmatives and negatives, make up false statements about the class, the university, current affairs, etc., and have students correct them. Examples: **Hoy nadie llegó tarde. En esta clase, alguien tiene pelo verde. El presidente de la universidad siempre viene a visitarnos.**

PRÁCTICA

ANS 7-9
1. Casi siempre está preocupado por algo. 2. Según él (ella), nadie es sincero.
3. Nunca tiene nada bueno que decir. 4. Según su opinión, no tiene ningún amigo feliz.
5. Cuando alquila un auto, siempre compra seguro. 6. No le interesa ningún libro sobre cómo ser feliz.

7-9 El optimista y el pesimista. Describa al pesimista, basándose en la descripción del optimista.

> MODELOS   EL OPTIMISTA Según su opinión, todo el mundo es honesto.
> EL PESIMISTA *Según su opinión, nadie es honesto.*
> EL OPTIMISTA Nunca piensa en ningún problema.
> EL PESIMISTA *Siempre piensa en algún problema.*

1. Casi nunca está preocupado por nada.
2. Según él (ella), todo el mundo es sincero.
3. Siempre tiene algo bueno que decir.
4. Según su opinión, tiene muchos amigos felices.
5. Cuando alquila un auto, jamás compra seguro *(insurance).*
6. Le interesa cualquier libro sobre cómo ser feliz.

7-10 La música flamenca. Complete la conversación con palabras afirmativas o negativas lógicas, según el contexto. Para una lista completa, mire la página 184.

A: ¿Tienes (1) algún disco compacto de Paco de Lucía, Marisa?

B: ¿Paco de Lucía? No, no tengo (2) ninguno.

A: Yo (3) tampoco, pero me gusta mucho la música flamenca y su música en particular.

B: Pregúntale a Carmen… Ella tiene muchos discos compactos.

A: Buena idea. Pero Carmen está en Córdoba, ¿no?

B: No, (4) todavía no se ha ido. Sale mañana.

A: Ah, y a propósito de la música flamenca, tengo dos entradas para el Palacio andaluz esta noche. Una amiga inglesa estaba aquí de visita y la iba a llevar, pero ya regresó a Inglaterra. ¿Quieres acompañarme?

B: Gracias, Andrés, pero no puedo. Tengo una cena familiar.

A: ¿Conoces a (5) alguien que quiera ir?

B: Pues, déjame pensar. (6) Ni Felipe ni Manuel están aquí; ayer salieron para las montañas. Ramona (7) tampoco está, porque fue a visitar a su familia.

A: Parece que (8) ninguno de nuestros amigos está aquí este fin de semana. Pues, no hay (9) ningún problema, no te preocupes.

7-11 Cuéntame, compañero(a)… En forma alternada, averigüe si su compañero(a)

> **MODELO** tiene algunos discos compactos de Alejandro Sanz
> *A: ¿Tienes algunos discos compactos de Alejandro Sanz?*
> *B: No, no tengo ninguno. (Sí, tengo uno [algunos].)*

Averigüe si su compañero(a)…

1. tiene algunos discos compactos de Christina Aguilera.
2. tiene algunas cintas de Enrique o de Julio Iglesias.
3. sabe algo sobre la música "rap".
4. sabe algo sobre las cumbias de Colombia.
5. conoce a alguna persona famosa.
6. conoce a alguien que maneje un Porsche.
7. todavía tiene su primera bicicleta.
8. siempre almuerza en casa.
9. tiene algún pariente en Europa.
10. siempre sale a bailar los fines de semana.

Gustar, Faltar, and Similar Verbs

As seen in Chapter 1, the verb **gustar** *(to please, be pleasing)*, is normally used in the third person with an indirect object pronoun.

¿Te gusta **el** jazz?	*Do you like jazz? (Is it pleasing to you?)*
A nosotros nos gusta **la** salsa.	*We like salsa music.*
A mí me gustan mucho **las** verduras. Soy vegetariano(a).	*I like vegetables a lot. I'm a vegetarian.*

Nunca llueve a gusto de todos. [You can't please everyone.]
—proverbio

A cada pájaro le gusta su nido [nest].
—proverbio

> *Plato ajeno* [belonging to someone else] *parece más lleno.* [The grass is always greener . . .]
> —proverbio

Notice the use of the definite articles (**el, la, las**) in the sentences above; this was reviewed in Chapter 1. Remember that **a** is used in front of the name of the person who likes something because **gustar** means that it is pleasing *to* him or her.

¡Qué raro! A Marisa le gustan los dulces sin azúcar, el café sin cafeina y la cerveza sin alcohol.	*How strange! Marisa likes sweets without sugar, coffee without caffeine, and beer without alcohol.*

Gustar is often used in the third-person singular with one or more infinitives as the subject.

A Laura le gusta tocar la guitarra y cantar.	*Laura likes to play the guitar and sing.*

A number of other verbs are used similarly to **gustar**.

convenir (ie)	*to be convenient or suitable*
doler (ue)	*to ache, hurt*
encantar	*to delight or charm* (often trans. as *to love*)
faltar	*to be lacking* (often trans. as *to need*)
hacer falta	*to be lacking, missing* (often trans. as *to need*)
importar	*to matter or be important*
interesar	*to interest*
molestar	*to bother*
parecer	*to seem*
quedar bien, mal; quedar grande, chico (pequeño)	*to fit well, badly; to be big, small*
¿Qué te (le, les) parece(n)?	*What do you (does he, she; do they) think about it (them)?*

A mis primos no les conviene vernos hoy.	*It's not convenient for my cousins to see us today.*
¿Qué le hace falta para hacer pan dulce?	*What do you need to make pastry (sweet bread)?*
Bueno, me falta azúcar.	*Well, I need sugar. (Sugar is lacking to me.)*
Me duele la cabeza.	*My head aches.*
¿Me queda bien esta chaqueta? —No, te queda grande.	*Does this jacket fit me well? —No, it's too big on you.*
A Susana le interesa la música clásica. No le interesan los deportes.	*Susana is interested in classical music. (It interests her.) She's not interested in sports.*
¿Qué cosas les importan? —Les importan la familia y la tradición.	*What things matter (are important) to them? —Family and tradition matter to them.*
Nos encanta la ópera.	*We love opera. (It charms, delights us.)*
¿Te molesta esta música?	*Does this music bother you?*
¿Qué te parecen estos entremeses? —Me parecen muy sabrosos.	*What do you think about these appetizers? (How do they seem to you?) —They seem delicious (very tasty) to me.*

Act. 7.2

— TÚ DIJISTE: "ME ENCANTA EL PULPO"... BUENO, AQUÍ TIENES: "EL PULPO".

V O C A B U L A R I O Ú T I L

DE COMIDAS Y BEBIDAS

LA COMIDA

la carne (de vaca, de res)	*meat (beef)*
los frijoles	*beans*
el helado	*ice cream*
los mariscos (los camarones, las almejas)	*shellfish (shrimp, clams)*
la papa (*Spain:* **patata**)	*potato*
el pescado	*fish*
el pollo	*chicken*
el postre, los dulces	*dessert, sweets*
el queso	*cheese*
la sal (la pimienta)	*salt (pepper)*
la sopa	*soup*
las verduras, las legumbres	*vegetables*

OTRAS PALABRAS

la cocina	*cuisine; kitchen; stove*
cocinar	*to cook*
el entremés	*appetizer*
el jugo (de naranja)	*(orange) juice*
el plato fuerte	*main course*
sabroso(a)	*delicious*
la servilleta	*napkin*
el vino blanco (tinto, rosado)	*white (red, rosé) wine*

¡OJO!

caliente *hot (temperature);* **frío** *cold* / **picante** *(hot) spicy;* **suave** *bland*
tener cuidado con *to be careful with* / **tener ganas de** *to feel like* /
tener hambre (sed) *to be hungry (thirsty)*

el pulpo *octopus*

You might give students the expression **importarle un pepino** ("to matter a cucumber") meaning *to not matter:* **Me importa un pepino lo que piensen.** *I don't give a darn (hoot) what they say.* This expression is used in both Spain and Latin America. They might also hear **importarle un comino** ("to matter a cumin seed").

La mejor salsa es el hambre.
—proverbio

Give students the word **amargo,** *bitter.* Name various foods and have them tell whether they are **dulce, salado, picante** or **amargo.** Examples: **una barra de chocolate, un café expresso (sin azúcar), chiles jalapeños, el jamón, el helado, la salsa roja Tabasco....**

To help students remember the difference between **picante** and **caliente,** explain that **picante** comes from the verb **picar,** which is used to describe the sting or bite of an insect (**La abeja me picó**). The sensation of spice is compared to *biting* or *stinging* the tongue rather than to *burning,* as in English.

ANS 7-12
Possible answers: 1. A los vegetarianos no les gusta la carne. 2. A mi mejor amigo y a mí (no) nos gusta almorzar juntos. 3. A mi mejor amigo (no) le gusta la comida china. 4. A mi madre (no) le gusta la comida picante. 5. A mi padre (no) le gustan los dulces. 6. A mí (no) me gusta el arroz con frijoles. 7. A mí (no) me gustan los camarones.

You might want to give students the words **¡Huácala!** (Mexico, Central America, parts of the Caribbean) and **¡Puah!** (Spain) for *Yuck!* To say *Yum!,* they can use **¡Umm!** and for indifference, **Ni fu ni fa.**

7-13. This activity will help prepare students for **Opción 2** of the **A escribir** assignment.

7-14. If students are having trouble with these forms, put some sentences on the board and help them to complete them (e.g., **A los ancianos les interesa[n]..., A los profesores les importa[n]..., A los estudiantes de esta universidad nos falta[n]..., A todo el mundo le conviene...**).

PRÁCTICA

7-12 Gustos. Haga oraciones acerca de sus gustos y de los gustos de otras personas, de acuerdo con los modelos.

> **MODELOS**   yo / cocinar
> *A mí no me gusta cocinar.*
> los vegetarianos / las frutas y las verduras
> *A los vegetarianos les gustan las frutas y las verduras.*

1. los vegetarianos / la carne
2. mi mejor amigo y yo / almorzar juntos
3. mi mejor amigo / la comida china
4. mi madre / la comida picante
5. mi padre / los dulces
6. yo / el arroz con frijoles
7. yo / los camarones

7-13 "Sobre gustos no hay nada escrito". ¿Le gustan las siguientes comidas? ¿Por qué sí o por qué no? (Use **porque** y una de las frases que aparecen en la lista de la derecha o una frase de su propia invención.)

> **MODELOS**   la sopa de mariscos
> *Me gusta la sopa de mariscos porque es muy sabrosa.*
> *No me gusta la sopa de mariscos porque es difícil de preparar.*

1. los burritos — fácil / difícil de preparar
2. la pizza — muy caro / muy barato
3. el sushi — (demasiado) picante
4. las hamburguesas — (no) tiene muchas calorías
5. el pan francés — bueno / malo para la salud
6. el jamón *(ham)* y el salami — no tiene sabor / es sabroso (delicioso)
7. la comida china — tiene mucha sal (o mucho azúcar)
8. la carne de vaca o de res — (no) tiene ingredientes artificiales
9. el chocolate
10. ¿...? (nombre de una comida que a usted le gusta mucho o no le gusta nada)

7-14 Use su imaginación. Complete las siguientes oraciones.

1. A mí me encanta(n)...
2. A los jóvenes les interesa(n)...
3. A los ancianos les interesa(n)...
4. A los profesores les importa(n)...
5. A los estudiantes les falta(n)...
6. A mí me falta(n)...
7. A mis papás les molesta(n)...
8. A las mujeres les importa(n) mucho...
9. A los hombres les importa(n) mucho...
10. A todo el mundo le conviene...

7-15 Entrevista. Entreviste a un(a) compañero(a) para averiguar lo siguiente.

Después su compañero(a) lo (la) entrevista a usted. Pregúntele:

1. qué le parece la música "country"
2. qué géneros musicales le interesan más
3. qué géneros musicales les gustan a sus papás y qué géneros musicales no les gustan nada
4. si le duele la cabeza en este momento
5. una cosa que le importa mucho y una cosa que no le importa nada
6. dos cosas que le molestan mucho
7. dos cosas que les molestan mucho a los jóvenes en general
8. qué les hace falta a los estudiantes aquí
9. qué le falta para ser feliz

7-16 El cotorreo *(Gossip or gab session).* Busque a un(a) compañero(a). Averigüe una cosa que le gusta mucho o que le encanta y una cosa que no le gusta nada. (Su compañero[a] hace lo mismo.) Después, cambie de compañero(a) y pásele la información acerca de su primer(a) compañero(a). Hágale preguntas a su nuevo(a) compañero(a) para averiguar una cosa que le gusta mucho y una cosa que no le gusta nada. El cotorreo sigue así durante diez minutos.

Students can move around the room to find partners. You can allow students to continue for as long as there is time.

Expand on the idea of the diversity of tastes by referring to the **Enfoque del tema,** which discusses unusual foods from Latin cultures, such as sea urchins in Chile, rabbit or goat served in Spain on Christmas Eve, and so on.

al horno *roasted or baked,* **entallada** *well cut, fitting well*

The Subjunctive in Descriptions of the Unknown or Indefinite

1. The subjunctive is used in certain adjective clauses that modify something that is unknown, indefinite, nonexistent, or unreal—for instance, a person or thing one is looking for but may not find or someone or something that definitely does not exist. However, the indicative is used for a specific person or thing definitely known to exist (including the pronouns **alguien, alguno,** and **algo**).

valga la pena *is worth the effort,*
malla = traje de baño
(Argentina)

Compare the following examples.

Hay alguien aquí que va a Barcelona.	*There is someone here who is going to Barcelona.*
¿Hay alguien aquí que vaya a Barcelona? —No, no hay nadie aquí que vaya a Barcelona.	*Is there anyone here who is going to Barcelona? —No, there's no one here who's going to Barcelona.*
Vamos al Club Latinoamericano, donde podemos escuchar música.	*Let's go to the Latinoamericano Club, where we can listen to music.*
Vamos a un lugar donde podamos escuchar música.	*Let's go to a place where we can listen to music.*
Busco la blusa azul que mi hija llevó en la fiesta de cumpleaños.	*I'm looking for the blue blouse that my daughter wore at the birthday party.*
Busco una blusa que mi hija pueda llevar en una fiesta de cumpleaños.	*I'm looking for a blouse that my daughter can wear at a birthday party.*

Notice that in the first example of each pair the speaker or writer is thinking of something or someone specific; therefore, the indicative is used. But in the second example of each pair, when the person or item is either nonexistent or not specific, the subjunctive is used. The subjunctive is used only in the adjective clause (a descriptive clause that generally begins with **que** and modifies a preceding noun).

2. The personal **a** is used before a direct object that is a person when the speaker or writer has someone definite in mind, but not normally when the person is indefinite or unspecified. However, the pronouns **alguien, alguno, nadie,** and **ninguno** used as direct objects referring to people always take the personal **a.**

Armando busca una mujer que lo quiera y que lo trate bien.	*Armando is looking for a woman who will love him and treat him well.*
Armando encontró a alguien que lo quiere y que lo trata bien.	*Armando found someone who loves him and treats him well.*

VOCABULARIO ÚTIL

Act. 7.3

LA ROPA

COGNADOS

la blusa
la chaqueta
el descuento
los pantalones
el suéter

OTRAS PALABRAS

el abrigo	coat
los calcetines	socks
la camisa	shirt
la camiseta	T-shirt
el chaleco	vest
la corbata	tie
la falda	skirt
el impermeable	raincoat
llevar, traer, usar	to wear
la marca	brand
las medias	stockings
el paraguas	umbrella
ropa ligera (abrigada)	light (heavy, warm) clothing
la sudadera	sweatshirt
el traje	suit
el vestido	dress
los zapatos	shoes

¡OJO!

probar (ue) to try; **probarse (ue)** to try on / **tratar de** (+ infinitive) to try, make an effort; **tratar de** (+ noun) to deal with, treat

PRÁCTICA

7-17 El Club "Tunait". ¿Qué dice el chico que quiere entrar en el Club "Tunait"? Complete las oraciones con los verbos apropiados.

me rindo *I give up,* **elige** *choose*

La semana pasada fui a una disco...

1. ... y llevé pantalón corto, pero esta noche voy a tener que llevar un pantalón que el portero *(doorman, guard)* del Club "Tunait" apruebe (aprobar).
2. ... y llevé calcetines blancos, pero esta noche voy a ponerme calcetines que el portero escoja (escoger).
3. ... que tenía música fatal, pero esta noche quiero ir a un lugar que tenga (tener) música guay *(cool, Spain).*
4. ... donde no pude bailar porque estaba llena de gente, pero esta noche voy a un lugar donde pueda (poder) bailar toda la noche.
5. ... y llevé zapatos tan incómodos que me dolían los pies, pero esta noche voy a llevar unos zapatos que me queden (quedar) bien.
6. ... y no conocí a nadie, pero esta noche quiero ir a un lugar donde conozca (conocer) a alguien.
7. ... y escuché a un conjunto que tocaba mal, pero esta noche quiero escuchar a un conjunto que toque (tocar) bien, con música que tenga (tener) pegue *(appeal).*

Make sure students notice the difference between the use of the past tense in the indicative (the past is certain) and the subjunctive (for the uncertain future). In Spain, the **portero** is referred to in slang as a **segurita** *(security guard);* the fellow pictured could also be called a **matón** *(thug)* or **perdonavidas** *(bully)*—from **perdonar** *(to spare)* **vidas**.

7-18 Juego de memoria: ¿Hay alguien que lleve...?

La clase debe dividirse en dos equipos. Un(a) voluntario(a) tiene que ponerse de pie *(stand up)* y cerrar los ojos. Algún estudiante del otro equipo le hace una pregunta sobre la ropa de las personas de la clase. Si el voluntario (la voluntaria) contesta bien (en español), su equipo gana un punto. Después le toca a *(it's the turn of)* un(a) voluntario(a) del otro equipo, etcétera. El equipo con más puntos al final gana el juego.

> **MODELOS** *¿Hay alguien que lleve un chaleco amarillo?*
> *No, no hay nadie que lleve un chaleco amarillo. (Está bien. Ganas un punto.)*
> *¿Hay alguien que lleve una camisa blanca?*
> *Sí, hay dos personas que llevan camisa blanca. (No está bien. Hay tres personas con camisa blanca. No ganas nada.)*

7-19 Ideales y aspiraciones. Entreviste a un(a) compañero(a). Hágale preguntas usando las ideas que siguen y otras de su propia invención. Después su compañero(a) lo (la) entrevista a usted. Luego, prepare un breve resumen *(summary)* de los ideales de su compañero(a) en cuanto al amor, a la amistad y al trabajo.

1. ¿Qué tipo de hombre o mujer buscas para esposo(a)? ¿Buscas a alguien que... (a) ¿ser muy atractivo(a)? ¿inteligente? ¿simpático(a)? ¿trabajador(a)? (b) ¿ganar mucho dinero? (c) ¿llevar ropa elegante? (d) ¿bailar bien? (e) ¿no tener celos? ¿...? (Si ya tienes esposo[a], descríbelo[la].)
2. Como amigo o amiga, ¿prefieres a alguien que... (a) ¿ser divertido(a)? ¿sincero(a)? ¿generoso(a)? (b) ¿tener las mismas opiniones políticas que tú? (c) ¿tener más o menos la misma edad? ¿...?
3. Para tu profesión, ¿prefieres tener un trabajo que... (a) ¿ser interesante? ¿fácil? ¿de gran prestigio? (b) ¿permitirte ganar un buen salario? ¿permitirte conocer a mucha gente, o viajar? (c) ¿no producirte estrés? ¿...? (Si ahora tienes el trabajo de tus sueños, descríbelo.)

The Subjunctive with Certain Adverbial Conjunctions

1. The following adverbial conjunctions always require the subjunctive, since they indicate that an action or event is indefinite or uncertain—it is not necessarily going to happen.

a menos que	*unless*
para que	*so that*
con tal (de) que	*provided that*
sin que	*without*
en caso (de) que	*in case*

Niños, a menos que bajen el volumen de esa música, me volveré loco.	*Children, unless you turn down that music, I'm going to go crazy.*
Con tal que me quieras, estaré contento.	*Provided that you love me, I'll be happy.*

This activity will serve as a review of colors as well as clothing.

You might want to give students some expressions that use clothing words: **estar hasta el gorro** *to be fed up,* **como niño con zapatos nuevos** *like a kid in a candy store,* **llevar bien puestos los pantalones** *to take charge, wear the pants or throw one's weight around,* **donde el diablo perdió el poncho** *in a god-forsaken place,* **perder hasta la camisa** *to lose one's shirt,* **colgar los guantes / los tenis** *to kick the bucket,* **zapatero a tus zapatos** *Mind your own business.*

Entre las gentes, hay mil gustos diferentes.
—proverbio

En caso de que venga Ana, dile que voy a regresar en unos minutos.	In case Ana comes, tell her I'll be back in a few minutes.
Te digo esto para que tengas cuidado.	I'm telling you this so that you will be careful.
Salen sin que tía Juana los vea.	They leave without Aunt Juana seeing them.

Sin que indicates that something does not take place—it does not in fact happen, as in the preceding example.

2. **Aunque** is used with the subjunctive to indicate opinion, uncertainty, or conjecture but with the indicative to indicate fact or certainty.

Aunque le guste esa camisa, no la va a comprar.	Although he may like that shirt, he's not going to buy it.
Aunque le gusta esa camisa, no la va a comprar.	Although he likes that shirt, he's not going to buy it.
Aunque no sea muy responsable, lo amo.	Although he may not be very responsible, I love him.
Aunque no es muy responsable, lo amo.	Although he isn't very responsible, I love him.

Note that the Spanish subjunctive is sometimes translated with *may* or *might* in English (in the present tense).

3. **Antes (de) que** is a conjunction of time that always takes the subjunctive, since it implies that an action has not yet occurred and, therefore, is uncertain.

Prometo practicar el violín antes de que cenemos.	I promise to practice the violin before we eat dinner.
Quiero disfrutar del buen tiempo antes de que empiece el invierno.	I want to enjoy the good weather before winter begins.

4. Other conjunctions of time can take either the subjunctive or the indicative.

cuando	when
hasta que	until
después (de) que	after
mientras (que)	while
en cuanto	as soon as
tan pronto como	as soon as

The indicative is used after these conjunctions to express a customary or completed action. In contrast, when the idea following the conjunction refers to an action in the future, the subjunctive must be used. This is because any action in the future is uncertain. Compare:

Cuando viene Mateo a nuestra casa, tocamos música "rock".	When Mateo comes to our house, we play rock music. (customary action)
Cuando venga Mateo a nuestra casa, tocaremos música "rock".	When Mateo comes to our house, we'll play rock music. (He hasn't come yet; projection into the future.)
Después que llega mi cheque cada mes, compro la comida.	After my check arrives each month, I buy food. (customary action)

Después que llegue mi cheque este mes, compraré una blusa.	*After my check arrives this month, I'll buy a blouse. (It hasn't come yet; projection into the future.)*

The past tense usually indicates that something has occurred and is a known fact. However, sometimes a past tense following a time conjunction is projected into the future and requires the subjunctive (in this case the imperfect subjunctive, which will be studied in Chapter 9). Compare:

Te llamé cuando llegó Pablo.	*I called you when Pablo arrived. (completed action, fact)*
Te iba a llamar cuando llegara Pablo. *(imperfect subjunctive)*	*I was going to call you when (as soon as) Pablo arrived. (Pablo's arrival had not occurred at that time; projection into the future.)*

The use of the subjunctive after these conjunctions does not mean that the speaker or writer necessarily doubts that the action or event will take place; it is simply indefinite, since it has not yet occurred. No matter how plausible the event seems, the subjunctive must be used if there is a projection into the future—after all, what is in the future is unreal and uncertain.

5. Some of the preceding conjunctions are made up of prepositions (**para, sin, antes de, después de, hasta**) combined with **que.** These prepositions are followed by an infinitive if there is no change in subject. Compare the following:

Antes de cenar, tomamos una copa.	*Before eating dinner, we have a drink.*
Antes de que lleguen los invitados, tomaremos una copa.	*Before the guests arrive, we will have a drink.*
Sin hablarme, entró en la casa.	*Without speaking to me, he went into the house.*
Paso por su casa todos los días sin que él me hable.	*I go by his house every day without his speaking to me.*

PRÁCTICA

7-20 La vida será mejor cuando... Se dice que mucha gente piensa tanto en el futuro que no goza del presente. Complete las oraciones sobre las diferentes edades de los seres humanos usando el tiempo subjuntivo del verbo.

La vida será mejor...

1. Un(a) niño(a): ... cuando [yo] _____ (crecer) y cuando _____ (tener) dinero para comprar todos los dulces que quiero.
2. Un(a) adolescente: ... cuando _____ (poder) manejar, cuando _____ (ir) a la universidad.
3. Un(a) estudiante universitario(a): ... cuando _____ (terminar) los estudios y _____ (conseguir) trabajo.
4. Un(a) joven soltero(a): ... cuando _____ (casarse) y _____ (tener) hijos.
5. Un padre o una madre de niños pequeños: ... cuando los niños _____ (crecer) y [nosotros] _____ (poder) ir de vacaciones.
6. Un padre o una madre de adolescentes: ... cuando [yo] _____ (tener) mejor

coche, cuando _____ (perder) peso *(weight)*, cuando _____ (ganar) más dinero, cuando mis hijos _____ (dejar) de ser tan rebeldes.

7. Una persona de mediana *(middle)* edad: ... cuando [yo] me _____ jubilar *(retire)* y _____ (poder) gozar de la vida.

Según su opinión, ¿hay una "mejor edad"? Si es así, ¿cuál es? ¿Es importante disfrutar de todas las edades al máximo o es necesario a veces trabajar un poco más para tener una vida mejor en el futuro?

7-21 Descripción. Piense usted en alguien a quien ve a menudo: un(a) pariente(a), un(a) amigo(a), su compañero(a) de cuarto, su novio(a).... Complete las siguientes oraciones. Esté preparado(a) para compartir la información.

1. Está contento(a) conmigo con tal que...
2. Estaba enojado(a) conmigo después de que...
3. Quiero comprarle un regalo sin que él (ella)...
4. Siempre está nervioso(a) antes de...
5. Estaba impaciente cuando...
6. Se va a alegrar en cuanto...

7-22 Situaciones y preferencias. Complete las oraciones con la forma apropiada de los verbos entre paréntesis.

En una tienda de ropa. Los señores Hernández hablan con el vendedor.

EL VENDEDOR: Buenos días, señores. ¿En qué puedo servirles?

LA SEÑORA H.: Busco un vestido para (1) _____ (ponerse) en una fiesta de cumpleaños.

EL VENDEDOR: ¿Quiere algo de seda *(silk)*...?

LA SEÑORA H.: No, quiero algo que (2) _____ (poder / yo) lavar a máquina. Y busco algo que no (3) _____ (ser) demasiado caro.

EL VENDEDOR: Tenemos muchos vestidos. Están por aquí.
(La señora Hernández mira los vestidos. Pasan unos minutos.)

EL SEÑOR H.: ¿No puedes encontrar nada que te (4) _____ (gustar), querida?

LA SEÑORA H.: Espera un momento más. Aquí hay algunos vestidos muy bonitos. ¿Te (5) _____ (gustar) éste?

EL SEÑOR H.: Sí, sí. Pruébatelo, mi amor.
(La señora se prueba el vestido y regresa.)

LA SEÑORA H.: ¿Cómo me queda? Aunque me (6) _____ (encantar) los colores y el modelo, temo que (7) _____ (costar) demasiado.

EL SEÑOR H.: No importa. Llévalo aunque (8) _____ (ser; *it may be*) un poco caro, porque es posible que no (9) _____ (encontrar / nosotros) otro hoy. Y yo voy a llevar esta camisa; en cuanto la (10) _____ (ver / yo), pensé en Miguelito. Creo que a él le (11) _____ (ir) a gustar mucho.

LA SEÑORA H.: De acuerdo. Pero después de que (12) _____ (salir / nosotros) de esta tienda, necesito buscar unos zapatos que me (13) _____ (quedar) bien con el vestido. Vamos a esa zapatería que está en la calle Vallejo, ¿no?

EL SEÑOR H.: ¡Ay, ay, ay!

7-23 Entrevista. Entreviste a un(a) compañero(a) para obtener la siguiente información.

> MODELO   qué quiere comprar en cuanto / tener el dinero
> *¿Qué quieres comprar en cuanto tengas el dinero?*
> *Quiero comprar un piano en cuanto tenga el dinero.*

1. qué va a hacer cuando / salir de la clase
2. a quién va a llamar cuando / llegar a casa
3. si piensa vivir en el mismo lugar hasta que / terminar sus estudios
4. qué necesita hacer antes de que / empezar los exámenes finales
5. si va a ir de viaje tan pronto como / llegar las vacaciones
6. si quiere ir a trabajar a algún país hispano con tal que alguien le / dar un buen puesto allí

ANS 7-23
Possible questions: 1. ¿Qué vas a hacer cuando salgas de la clase? 2. ¿A quién vas a llamar cuando llegues a casa? 3. ¿Piensas vivir en el mismo lugar hasta que termines tus estudios? 4. ¿Qué necesitas hacer antes de que empiecen los exámenes finales? 5. ¿Vas a ir de viaje tan pronto como lleguen las vacaciones? 6. ¿Quieres ir a trabajar a algún país hispano con tal que alguien te dé un buen puesto allí?

7-24 Consejos de una chica mexicana. Una chica mexicana le dio los siguientes consejos a una estudiante norteamericana que iba a México: "Si va a un restaurante en México, es una buena idea...

—preguntarle al mesero o a la mesera qué recomienda, cuál es la especialidad de la casa
—decir "¡Señor!" o "¡Señorita!" para llamarlo(la)
—preguntar qué platos hay en la comida de precio fijo (el menú del día)
—pedir el vino de la casa o una cerveza doméstica para no gastar mucho dinero
—no ir muy temprano para cenar
—ver si hay personas mexicanas en el restaurante; si no hay gente o si todos los clientes son turistas, quizás la comida no es muy buena o muy típicamente mexicana
—pedir la cuenta en vez de esperar hasta que el mesero la traiga
—dejar una propina del 15 por ciento (%)."

Paso 1. Hagan dos o tres oraciones usando los consejos de la chica mexicana y conjunciones adverbiales: e.g., **a menos que, con tal (de) que, cuando, después (de) que, en caso (de) que, hasta que, para que.**

> MODELO   *Pide la cuenta cuando termines de comer; no esperes hasta que el mesero la traiga.*

Paso 2. Denle consejos a un(a) mexicano(a) que viene a su ciudad. ¿Dónde debe comer? ¿Cuáles son algunas costumbres que debe conocer? Traten de usar conjunciones adverbiales.

You might give students more suggestions about restaurant etiquette. Don't call the waiter **camarero** or **mesero** or **mozo,** but **señor.** (Actually, Mexicans often say **¡Joven!** to call a waiter even if he's 50 years old.) Don't put your feet up on the table in an outdoor café. Don't expect a choice of salad dressings. Don't be surprised if people are smoking all around you. And don't think that you're getting bad service when the waiter doesn't bring you the check: it's considered rude to rush people by giving them the bill before they're ready to leave. This activity will help prepare students for **Opción 2** of the **A escribir** writing assignment.

EN OTRAS PALABRAS

Para expresar acuerdo y desacuerdo

There are many ways to express agreement and disagreement:

1. You strongly agree with what someone is saying.

Sí, ¡cómo no!	Cierto.
Exacto.	Por supuesto.
Eso es.	Correcto.
Claro.	Sí, es verdad. Estoy de acuerdo.

2. You disagree with what someone is saying.

No, no es verdad.	¡Qué tonterías!
No, no estoy de acuerdo.	¡Qué ridículo!
Al contrario...	¡Qué va!

3. You partially agree with what someone is saying and partially disagree. (Or you disagree but don't want to appear disagreeable.)

Bueno, eso depende.
Está bien, pero por otra parte *(on the other hand)*...
Estoy de acuerdo en parte.
Pues, sí, hasta cierto punto.

4. You agree with a suggestion that you or someone else do something.

¡Claro que sí!	Como usted quiera. (Como quieras.)
	As you like. Whatever you want.
Sí, ¡cómo no!	De acuerdo.

5. You disagree with a suggestion that you or someone else do something.

Por el momento, no, gracias. Prefiero...
¡Ni por todo el oro (dinero) del mundo! ¡Ni a la fuerza (a palos)! *Not even by force (because of blows)!* ¡Ni loco(a)! *(colloquial)*
¡De ninguna manera!

PRÁCTICA

7-25 Opiniones sobre la música. ¿Está usted de acuerdo o no con las siguientes afirmaciones? En forma alternada, un(a) estudiante hará una afirmación y el otro (la otra) dirá si está o no de acuerdo.

1. Todo el mundo debe poder descargar *(to download)* gratis de Internet cualquier música que le guste.
2. La mejor música es la música "rock".
3. Los afroamericanos de Estados Unidos crearon el jazz.
4. La música de acordeón es fatal *(horrible)*.
5. En general, las letras de la música "rap" son muy bonitas.
6. Juan Luis Guerra es famoso por sus merengues.

Just for fun, you can tell students that a slang alternative for **De ninguna manera** is **De ninguna manguera** *(hose),* **como dijo el bombero** *(fireman).*

This activity will help prepare students for **Opción 1** of the **A escribir** assignment.

7. Richard Wagner es el compositor más importante de la historia de la música.

8. (¿...?) sus propias ideas sobre los cantantes, conjuntos, estilos musicales...

7-26 ¿De acuerdo? Piense en algunas actividades que son atrevidas *(daring)* o interesantes y en otras que son más rutinarias o menos agradables e invite a un(a) compañero(a) a hacerlas con usted. Su compañero(a) dirá si está o no de acuerdo.

7-26. You might want to give students a few suggestions: **ir de vacaciones a Cancún, tomar unas copas en un bar, cruzar el Caribe nadando, bailar con un oso...** You might tell them that **No, hombre, no...** is reduced in speech to **No'mbre no...**

> MODELOS   A: *¿Quieres ver un espectáculo de tango?*
> B: *Sí, hombre, ¡cómo no!*
> A: *Vamos a un restaurante mexicano a comer un plato de menudo (tripe soup), ¿de acuerdo?*
> B: *De ninguna manera. ¡Ni a palos!*

Note that **hombre** is used in this way colloquially in most parts of the Spanish-speaking world to address either a male or a female.

EN CONTACTO

7-27 Escoger un restaurante. Con un(a) compañero(a), miren estos anuncios de algunos restaurantes de San Sebastián, España, y hagan juntos la actividad de la página siguiente. Vocabulario: vasca *Basque,* servicio a domicilio *delivery service to the home,* pinchos *appetizers (in this part of Spain),* cazuelitas *small casseroles*

> MODELO   ¿Qué restaurante le convendría a un viajero a quien le encanten las cazuelitas y que quiera escoger del menú del día?
> A un viajero a quien le encanten las cazuelitas y que quiera escoger del menú del día le convendría el restaurante Bar Zeruko. Tiene cazuelitas y menús de día y noche.

Barriga [Stomach] *llena, corazón contento.*
—proverbio

En su opinión, ¿cuál de estos restaurantes le convendría a...

1. alguien que quiera tomar un café especial?
2. dos turistas mexicanos que tengan ganas de comer tacos y enchiladas?
3. una persona a quien le encante el pulpo *(octopus)*?
4. una madre soltera que no quiera salir de su casa con sus dos hijos pequeños (a sus hijos no les gusta la comida mexicana)?
5. unos turistas que deseen encontrar la comida y el ambiente típicamente vascos?
6. una familia que salga para comprar helados italianos?
7. alguien que busque un restaurante con comedor privado y aire acondicionado?

¿Cúal de los restaurantes prefieren ustedes? ¿Por qué?

7-28 En el restaurante. Van a escoger un restaurante (posiblemente uno de los restaurantes del ejercicio 7-27) e inventar una conversación.

Paso 1. ¿Quién lo dice? Marque C (cliente) o M (mesero).

_C_ **1.** Tenemos reservaciones.
_____ **2.** ¿Una mesa para tres?
_____ **3.** ¿Desean pedir ahora?
_____ **4.** ¿Nos podría traer la lista de vinos?
_____ **5.** ¿Qué les traigo para empezar?
_____ **6.** ¿Cuál es el menú del día?
_____ **7.** ¿Qué nos recomienda?
_____ **8.** ¿De qué es la sopa del día?
_____ **9.** Permítanme recomendarles la especialidad de la casa.
_____ **10.** ¿Les gustaría probar...?
_____ **11.** Me falta un tenedor / un cuchillo / una cuchara *(fork / knife / spoon)*.
_____ **12.** ¿Me trae... por favor?
_____ **13.** Esto no es lo que pedí.
_____ **14.** ¿Les traigo algún postre? ¿café?
_____ **15.** ¿Hay café descafeinado *(decaf)*?

Paso 2. Trabajando con dos compañeros, inventen una conversación entre un(a) mesero(a) y dos clientes. Los clientes piden un entremés, bebidas, un plato fuerte *(principal)* y un postre. Luego, algo pasa que causa un problema. Finalmente, se soluciona el problema. (Se puede consultar el **Vocabulario útil** de la página 189.)

7-29 A ESCRIBIR: Gustos y preferencias personales.

Usando las listas de vocabulario útil de este capítulo, escriba un párrafo sobre uno de los siguientes temas.

Opción 1: La música. Usando el **Vocabulario útil** de la página 181 y sus respuestas a 7-1 to 7-4, 7-15, 7-16 y 7-25...

1. Haga una lista de tres cosas que le gustan o que le importan en la música y tres cosas que no le importan o que no le gustan. Puede mencionar el ritmo, el estilo de un(a) músico o cantante, los instrumentos musicales, la letra, etc.

2. Escriba un párrafo sobre un(a) cantante o conjunto que le gusta y diga por qué le gusta.

> **MODELO** *Me gusta que un cantante tenga una buena voz y que sus canciones tengan letras originales. Me gusta la música de… porque…*

Opción 2: Un buen restaurante. Usando el **Vocabulario útil** de la página 189 y sus respuestas a 7-13, 7-16, 7-24 y 7-27…

1. Haga una lista de varias comidas que le gustan.
2. Haga una lista de las cualidades de un restaurante que son importantes para usted; por ejemplo, el ambiente, el servicio, los precios, la música, etc.
3. Escriba un párrafo (¡con muchos detalles!) sobre un restaurante que le gusta y diga por qué le gusta. ¿Qué platos pide allí?

> **MODELO** *Me gusta que un restaurante tenga comida vegetariana (música alegre, etc.). Me gusta el restaurante… porque…*

Grammar	verbs: use of **gustar;** verbs: subjunctive in relative clauses
Vocabulary	musical instruments **(Opción 1);** food (all categories) **(Opción 2)**
Phrases	describing places; expressing an opinion; stating a preference

By now, students have reviewed vocabulary related to music and foods and also the forms of **gustar** and similar verbs. If you presented **Para escuchar,** they heard a conversation about music and a song by Willy Chirino as well as a conversation about tastes in foods. They've practiced in many ways expressing their opinions about tastes and preferences throughout the chapter, and in **En otras palabras** they practiced expressions to agree and disagree about these kinds of opinions. If you assigned Activity 7–4, they researched and reported on Latin music (a style or artist). If you've done the Web activities, they've also investigated some aspect of music or food in the Hispanic world. They've talked about food tastes and various kinds of restaurants and tips or advice for choosing a restaurant. However, if you have additional time in class, have students brainstorm this activity together. You might have them make a simple graphic organizer, with things they like on one side and things they don't like on another, or a Venn diagram with overlapping circles so that things they are indifferent about fall in the middle. Let them write their paragraphs and, if you have time in class, peer edit them. In peer editing, tell them to look for one or two specific things, such as forms of **gustar** or similar verbs. After peer editing, they submit their final paragraphs.

▶▶ El baile flamenco

La bailarina María Rosa habla de su amor por **la danza** y de los bailes que presenta su compañía El Ballet Español y comenta las diferentes clases de bailes que hace su grupo. En el video se ven los bailes y los trajes regionales y se escucha música **auténtica.**

V O C A B U L A R I O

el alma *(f)*	*soul, spirit, heart*
auténtico(a)	*authentic*
la danza	*dance*
el escenario	*stage*
la provincia	*province*
el pueblo	*people, nation*
la raíz (las raíces)	*root(s)*

PRÁCTICA DE VOCABULARIO

Complete las oraciones con palabras de la lista.

1. Andalucía tiene ocho ____provincias____.
2. Los bailarines bailan en el ____escenario____.
3. María Rosa dice que el flamenco es el _____alma_____ del pueblo.
4. El Ballet Español se especializa en danzas españolas ____auténticas____.
5. Las _____raíces_____ del flamenco están en la cultura gitana.

HABLANDO DEL TEMA

▶▶ Andalucía, el lugar de origen del flamenco (y también de la corrida de toros), es famosa por las lindas playas de la Costa del Sol y por las ciudades de Sevilla, Granada y Córdoba, entre otras. Es una región fértil, conocida por sus vinos, olivos, cereales y frutas. La mezquita *(mosque)* de Córdoba y la Alhambra de Granada son dos ejemplos de la gran herencia árabe de España. Los moros estuvieron allí desde 711 hasta 1492, cuando los Reyes Católicos conquistaron Granada, último reino árabe en España.

▶▶ El flamenco es un conjunto (grupo) de bailes pintorescos de mujeres vestidas de faralaes *(ruffled dresses),* con peineta *(comb)* y mantilla que hacen el zapateado *(heel-tapping).* Los espectáculos de flamenco se hacen en los **tablaos** (de **tablados** = escenarios). Los bailarines de flamenco se llaman **bailaores** y los cantantes y músicos que los acompañan, **cantaores** y **tocaores.**

PREGUNTA DE ENFOQUE

¿Qué significa el baile para María Rosa?

COMPRENSIÓN

1. ¿Qué tipo de bailes presenta la compañía de María Rosa?
2. ¿Qué expresa cada provincia y cada pueblo a través del baile?
3. Según María Rosa, ¿qué es el flamenco?

PUNTOS DE VISTA

1. ¿Ha visto alguna vez un espectáculo de flamenco? Descríbalo. (MODELOS: "He visto…"; "No, no he visto…")
2. ¿Cómo son los bailes españoles que se ven en el video? Describa la música y los trajes regionales.
3. ¿Cómo son los bailes folklóricos de Estados Unidos? Compárelos con los españoles.
4. ¿Conoce algunos bailes regionales de España? ¿De qué regiones? ¿Cómo son?
5. ¿Ha visto usted otro tipo de baile hispano? ¿Cuál? Compárelo con el flamenco.

Voice your choice! Visit **http://voices.thomsoncustom.com** to select additional readings relevant to this chapter's theme.

▶▶ Hoy en día, la música gitana se ha hecho muy popular. El conjunto de guitarristas gitano **Gypsy Kings** llegó a tener fama mundial. Estos músicos y cantantes pertenecen a las comunidades gitanas del sur de Francia. El cantante principal, Nicolás Reyes, es hijo del famoso cantante flamenco José Reyes.

▶▶ El **cante jondo** es un canto folklórico que tiene sus orígenes en la comunidad gitana de Andalucía. La influencia del cante jondo se ve en los poemas del célebre poeta y dramaturgo (dramatist) andaluz Federico García Lorca (1898–1936).

⑧ Dimensiones culturales

Un grupo de jóvenes españoles

CD 2,
Track 4

PRESENTACIÓN DEL TEMA

En el mundo hispano hay una gran variedad de culturas. El pueblo español es una mezcla de los muchos grupos que formaron lo que es hoy la cultura española: por ejemplo, los iberos (los primeros habitantes de la península), los celtas *(Celts)*, los griegos, los fenicios *(Phoenicians)*, los vascos *(Basques)*, los romanos y los árabes. Los romanos realizaron en España espléndidas obras de arqui-

This chapter includes many examples of the preterit and imperfect and many opportunities for reviewing these tenses; see, for instance, 8-3 and many of the grammatical examples.

Act. 8.1

Mujeres guatemaltecas de la región quiche

tectura, incluyendo murallas y acueductos que todavía se usan hoy. También trajeron a la península ibérica un sistema avanzado de leyes, el sistema de escritura que usamos y la religión cristiana. Cuando los árabes llegaron en el siglo VIII, mejoraron la agricultura con métodos de irrigación y trajeron muchas frutas y verduras (como la naranja y la zanahoria *[carrot]*) y el azúcar. También introdujeron un estilo de arquitectura que usaba el adobe y muchos arcos y patios. Entre los siglos VIII y XIII fundaron escuelas y numerosos centros culturales sin igual en el resto de Europa.

Al llegar *(Upon arriving)* los españoles a América en los siglos XV y XVI, se encontraron con las civilizaciones indígenas azteca e inca y con las ruinas de las grandes ciudades mayas. En México y Centroamérica, los mayas habían construido grandes observatorios y templos. Sus sacerdotes tenían conocimientos de matemáticas muy avanzados, entre ellos el concepto del cero (0). Los aztecas, como los mayas, tenían un calendario exacto; también tenían una capital impresionante. Más al sur, en la región de los Andes, los incas sabían mucho de medicina (incluso practicaban operaciones delicadas) y tenían un sistema socializado para darles comida a los pobres y a los ancianos. En América se cultivaban el maíz, la papa, el tomate, el cacao (del que se hace el chocolate), el tabaco y otras plantas que los españoles no conocían.

Con la llegada de los africanos, la cultura hispanoamericana se enriqueció aún más, con la introducción de una nueva música muy rítmica y con nuevas formas de arte y baile.

El cuadro de la derecha, de Elizabeth Gómez Freer, se llama *La imposibilidad de café en la mañana*. Dos mujeres están en el mismo lugar y las dos tienen mucho en común, pero una parece indígena y la otra mestiza o blanca. ¿Qué tienen en comun? ¿En qué son diferentes? ¿Qué significan las raíces? ¿Cómo interpreta usted este cuadro? La artista nació en México y vive actualmente en California.

> "*Nuestra identidad está en la historia, no en la biología, y la hacen las culturas, no las razas; pero está en la historia viva. El tiempo presente no repite el pasado: lo contiene.*
>
> —Eduardo Galeano, historiador uruguayo (1931–)

Muchas frutas, verduras y raíces *(roots)* que se comen ahora en Hispanoamérica — como el plátano *(plantain)* y el camote *(yam)*— vinieron de África. La literatura afroamericana también es una contribución importante a la cultura hispana.

En Hispanoamérica uno se encuentra con un panorama humano de razas y culturas muy variadas. En el crisol *(melting pot)* latino, hay gente indígena, afroamericana, gitana, judía y también hay inmigrantes de muchos países: españoles, italianos, libaneses, sirios, chinos, japoneses...

PRÁCTICA

8-1 Preguntas.

1. ¿Qué grupos étnicos formaron la cultura española?
2. Al llegar los españoles a América en los siglos XV y XVI, ¿con qué civilizaciones indígenas se encontraron?
3. ¿Cómo es la población de Hispanoamérica hoy?
4. ¿A quiénes debemos agradecer *(thank)* cuando...
   a. tomamos un vaso de jugo de naranja al levantarnos?
   b. nos desayunamos con cereal de maíz?
   c. escribimos una carta (usamos el alfabeto)?
   d. nos sentamos en el patio de una casa de adobe (o de "estilo español")?
   e. nos divertimos en una fiesta bailando al ritmo de la música del Caribe (como el merengue o la rumba)?
   f. comemos camote el Día de Acción de Gracias?
   g. tomamos una taza de chocolate caliente?
   h. comemos un pastel de zanahoria?
5. ¿Cuáles son las razas y culturas principales de Estados Unidos? ¿de Canadá? ¿Por qué cree usted que hay menos influencia de los indios (o de gente indígena) en Estados Unidos y Canadá que en Hispanoamérica?

8-2 ¿Cuál es el origen? Muchas de las cosas que vemos o usamos diariamente *(daily)* tienen un origen interesante o extraño. Trabaje con un(a) compañero(a). Usando una enciclopedia, Internet o algún libro de consulta, investigue el origen de las siguientes cosas. Luego, pásele la información a su compañero(a).

Estudiante A:
el ajedrez *(chess)*
la alcachofa *(artichoke)*
el algodón *(cotton)*
el cacahuate *(peanut)*
la calabaza *(squash)*
el calendario que usamos ahora
las castañuelas *(castanets)*

Estudiante B:
el chicle *(chewing gum)*
la corrida de toros
la guitarra
la mandioca (de la que se hace la tapioca)
los números arábigos (1, 2, 3, etc.)
el ron *(rum)*
la rumba

Alternatively, you may assign each member of the class to report on a different item. They may want to use this research for the **A escribir** assignment.

V O C A B U L A R I O Ú T I L

ASPECTOS CULTURALES

RAZAS Y CULTURAS DEL MUNDO HISPANO: COGNADOS

el africano (la africana)
el, la árabe
el, la azteca
el europeo (la europea)
el, la inca

el, la indígena
el, la maya
el mestizo (la mestiza)
el romano (la romana)

OTRAS PALABRAS

el judío (la judía)	*Jew*
el musulmán (la musulmana)	*Muslim*
precolombino(a)	*pre-Columbian (before Columbus)*

VERBOS

cultivar	*to grow (crops)*
descubrir	*to discover*
enriquecerse (zc)	*to become enriched*
mezclarse	*to mix together, become mixed*

¡OJO!

darse cuenta de *to realize, understand* / **realizar** *to realize; to bring about, make real*
encontrarse (ue) con *to meet, come across, run into* / **reunirse** *to meet, have a meeting*
introducir (zc) *to introduce* / **presentar** *to present, introduce (persons to each other)*

You might want to give students the words **islámico(a)** and **cristiano(a)** and tell them that **musulmán (musulmana)** refers to religion rather than ethnicity. The word **moro(a)** was the word used in Spain for the people who came from Mauritania, North Africa, in the ninth century, Arabs and also Berbers. In Latin America, people of Arab descent were referred to colloquially as **turcos** because they arrived with passports from the Ottoman Empire (whether they were Turkish, Syrian, Lebanese, or whatever).

Explain the difference between **encontrarse** and **conocer** and point out that only the second one means *to meet for the first time*. Then write examples in English and Spanish on the board and ask students to select and correct those that are *not* right: 1. **Ahora realizo mi error.** [wrong] 2. **Mi hermana realizó su sueño de bailar el tango.** 3. ¡Qué emoción! Encontré en una fiesta en Hollywood al famoso cantante Ricky Martin. [wrong] 4. **Me reuní con mucha gente en el club.** 5. **Introdujo un nuevo tema en la conversación.** 6. ¿No me presentas a tu vecino?

8-3 Identificaciones históricas. Diga a qué grupos étnicos se refieren las siguientes descripciones.

1. Vivieron en el Valle de México donde tenían una capital magnífica con bibliotecas, baños públicos y faroles de aceite *(oil streetlamps)*.
2. Introdujeron nuevos ritmos y formas musicales que revolucionaron la música del mundo.

3. Eran dos grupos que prosperaron en España durante la Edad Media, pero fueron expulsados *(expelled)* de ese país en 1492.
4. Era la única civilización precolombina con un sistema de escritura ideográfica y fonética.
5. Realizaron impresionantes obras de arquitectura en su imperio, que se extendía de Ecuador, en el norte, hasta Chile, en el sur.

8-4 Preguntas.

1. En muchas culturas hay un alimento básico; por ejemplo, los japoneses cultivan el arroz y los franceses, el trigo *(wheat)*. ¿Sabe usted qué cultivaban los mayas y aztecas como alimento básico? ¿los incas? ¿Sabe usted qué se cultiva en la región donde usted vive?
2. ¿Conoce usted algunas construcciones realizadas por los indígenas de Estados Unidos o de Canadá? ¿Qué son y dónde están?
3. ¿En qué año llegó Cristóbal Colón a América? ¿Cree usted que en ese momento se dio cuenta de la importancia de su "descubrimiento" o no? ¿Por qué?
4. Hace veinte o treinta años el matrimonio entre personas de diferentes religiones, nacionalidades o razas era muy poco común en Estados Unidos y Canadá. ¿Es diferente la situación ahora? ¿Cree usted que es más probable que un matrimonio de ese tipo se divorcie o no? ¿Por qué?

Para escuchar: Un panorama cultural

CD 2, Track 5

Conversación: Para expresar una falta de comprensión

Jessica habla con su amiga Carmen.

8-5 Escuche la **Conversación.** Conteste estas preguntas.

1. ¿Adónde viajó Carmen?
   a. a España   b. por toda Latinoamérica   c. por toda Colombia
2. Según Carmen, Latinoamérica...
   a. tiene muchas dimensiones culturales.
   b. es muy homogénea *(homogeneous)*.
   c. tiene muchos problemas de discriminación racial.

8-6 Escuche la **Conversación** otra vez. Escoja la mejor respuesta.

1. A Carmen le sorprendió ver...
   a. salones de té típicamente ingleses en Chile.
   b. barrios japoneses en Perú.
   c. **a** y **b** (los dos).

2. A Jessica le sorprendió que en la costa de Colombia hubiera mucha influencia...
   a. francesa.   b. italiana.   c. africana.

3. Antes de ir a Colombia, Jessica pensaba que todos los latinoamericanos...
   a. usaban sombrero grande.   b. comían tacos.   c. bailaban el tango.

Costumbres y tradiciones únicas

CD 2,
Track 6

8-7   Escuche las siguientes descripciones de costumbres o tradiciones latinoamericanas. Conteste estas preguntas.

1. ¿De dónde es Luz Sánchez?
   a. de Paraguay   (b.) de México   c. de Argentina

2. ¿De dónde es Néstor Cuba?
   a. de Panamá   (b.) de Perú   c. de República Dominicana

8-8   Escriba una breve descripción o resumen *(summary)* de cada costumbre o tradición.

Luz Sánchez: _____
_____
_____

Néstor Cuba: _____
_____
_____

Vocabulario: se queman muñecos *effigies are burned,* fuegos artificiales *fireworks,* lanzar *to throw,* uvas *grapes*

GRAMÁTICA Y VOCABULARIO
The Reflexive (2)

1. The reflexive was introduced in Chapter 1, pages 24–25.

Reflexive pronouns		despertarse (ie)	
me	nos	me despierto	nos despertamos
te	os	te despiertas	os despertáis
se	se	se despierta	se despiertan

Me lastimé.	*I hurt myself. (I got hurt.)*
No nos despertamos hasta las nueve.	*We didn't wake up until nine.*
¿A qué hora se acostaron ustedes?	*What time did you go ("put yourselves") to bed?*
Se vistieron.	*They got (themselves) dressed.*

2. Reflexive pronouns precede a conjugated verb or follow and are attached to an infinitive, as discussed in Chapter 1.

Me voy a quedar en casa.	*I'm going to stay home.*
Voy a quedarme en casa.	

They also follow and are attached to present participles, to be discussed in Chapter 12: for example, **Sólo acostándome temprano voy a poder levantarme a las seis.**

Reflexive pronouns precede other object pronouns.

Se lavó las manos. Se las lavó.	*He washed his hands. He washed them.*
Me pongo los zapatos. Me los pongo.	*I'm putting on my shoes. I'm putting them on.*
Nos quitamos el sombrero. Nos lo quitamos.	*We take off our hats. We take them off.*

Remember that a definite article (**el, la, los, las**) is used instead of a possessive for parts of the body or articles of clothing when it is clear who the possessor is. This is the case with reflexive constructions since the reflexive pronoun indicates that the action is being performed on the subject, the possessor. Notice in the last example (**Nos quitamos el sombrero**) that the singular, **el sombrero,** is used; it's understood that each person takes off one hat.

3. Reflexive pronouns can function as either direct or indirect objects.

Nos sentamos.	*We sat down (seated ourselves).* (**Nos** *is a direct object.*)
Nos pusimos el suéter.	*We put on our sweaters. (Literally, "We put to ourselves the sweater."* **Nos** *is an indirect object;* **el suéter** *is a direct object.)*

4. Observe the differences in meaning between the reflexive and nonreflexive uses of the following verbs.

Nonreflexive		**Reflexive**	
aburrir	*to bore*	aburrirse	*to be bored*
acordar (ue)	*to agree*	acordarse (ue) (de)	*to remember*
callar	*to quiet, silence*	callarse	*to be quiet*
cansar	*to tire*	cansarse	*to get tired*
enojar	*to anger*	enojarse	*to become angry*
equivocar	*to mistake*	equivocarse (de)	*to be wrong, mistaken*
lastimar	*to hurt, injure*	lastimarse	*to hurt oneself*
llamar	*to call*	llamarse	*to be named*
preguntar	*to ask*	preguntarse	*to wonder (ask oneself)*
preocupar	*to (cause) worry*	preocuparse (de)	*to worry about*
quedar	*to remain, be left*	quedarse	*to stay*
reunir	*to gather, assemble, unite (+ noun)*	reunirse con	*to meet*

¡OJO!

hacer *to make, do* / **hacerse** *to become*
ir *to go (somewhere)* / **irse** *to go away, to leave*
poner *to put, place* / **ponerse** *to put on;* **ponerse** + *adjective, to become* (*e.g.,* **ponerse nervioso**)
volver *to return* / **volverse** + *adjective, to become* (*e.g.,* **volverse loco**)

Nos equivocamos de habitación. ¡Perdón!	*We've got the wrong room. Sorry!*
Se reunió con su prima en el Café de la Paz.	*She met her cousin at the La Paz Café.*

Notice that many reflexive verbs indicate a change of state and are translated into English with *to become* or *to get*.

Me enojé.	*I became angry (got mad).*
Se puso muy serio (rojo, nervioso).	*He became very serious (red, nervous).*
Se aburren fácilmente.	*They get bored easily.*
Algunos conquistadores se hicieron muy ricos en América con el oro de los indios (entre ellos, el hermano de Santa Teresa de Ávila).	*Some conquistadores became very rich in America with the gold of the Indians (among them, the brother of St. Teresa of Avila).*

5. Most reflexive verbs can be used either reflexively or nonreflexively.

Estos ejercicios me cansan.	*These exercises tire me out.*
Me canso al final del día.	*I get tired at the end of the day.*
Su actitud me preocupa.	*His attitude worries me.*
Me preocupo mucho por mis notas.	*I'm really worried about my grades.*

6. A number of verbs are used only reflexively—for example, **darse cuenta de** *(to realize)* and **quejarse de** *(to complain about).*

Los incas no se dieron cuenta de que Pizarro iba a matar a su jefe, Atahualpa.	*The Incas didn't realize that Pizarro was going to kill their leader, Atahualpa.*
¿Por qué te quejas?	*Why are you complaining?*

> En el siglo XVI Cuzco, la capital de los incas, se podía comparar con cualquiera de las grandes ciudades de Europa. La civilización inca era muy avanzada.

...Y ASÍ HIJITO, FUE COMO CON DOS CUARTOS DE PLATA Y UNO DE ORO NOS ENSARTAMOS POR PRIMERA VEZ EN LA COMUNIDAD FINANCIERA INTERNACIONAL

nos ensartamos *we got into*

The story of Pizarro and Atahualpa, referred to in the cartoon, is featured in Jared M. Diamond's book *Guns, Germs, and Steel* and is pictured on the cover. Atahualpa's ransom was to be rooms of silver and gold but after it was paid he was executed.

7. Almost any verb that can take an object can be used reflexively.

Me miré en el espejo.	*I looked at myself in the mirror.*
A él le gusta escucharse.	*He likes to listen to himself.*

PRÁCTICA

8-9 ¿Qué pasa? Describa los dibujos, usando los verbos dados.

1. quejarse de, ponerse nervioso
2. ponerse, quitarse
3. equivocarse, darse cuenta de (que)
4. quedarse, irse (Jorge)

la cliente   Pepe   Felipe   los Díaz   Jorge

8-10 Descripciones y acciones.   Usando verbos reflexivos, describa a los siguientes individuos. (En algunos casos, hay varias posibilidades.)

MODELO	*una persona con poca energía*
	Se cansa fácilmente. / Se va cuando hay trabajo.

1. una persona que no habla mucho
2. un individuo que no tiene control sobre sus emociones
3. alguien con pocos intereses
4. alguien que tiene mucha curiosidad
5. alguien que tiene buena memoria
6. un individuo muy extrovertido y sociable
7. alguien que nunca está contento
8. un individuo que tiene muchos accidentes
9. el amigo ideal

V O C A B U L A R I O Ú T I L

LA RUTINA DIARIA

POR LA MAÑANA

desayunar(se), tomar el desayuno	*to have breakfast*
despertarse (ie)	*to wake up*
levantarse	*to get up*
ponerse (la ropa)	*to put on (clothing)*
vestirse (i)	*to get dressed*

POR LA TARDE / NOCHE

acostarse (ue)	*to go to bed*
almorzar (ue) (el almuerzo)	*to have lunch (lunch)*
cenar (la cena)	*to have dinner (dinner)*
dormirse (ue)	*to fall asleep*
quitarse (la ropa)	*to take off (clothing)*

EN EL CUARTO DE BAÑO

bañarse	*to bathe, take a bath*
cepillarse los dientes	*to brush one's teeth*
lavarse	*to get washed, wash up*
tomar una ducha, ducharse	*to take a shower*

8-11 Algunos buenos momentos de la vida. Describan algunos buenos momentos de la vida usando las frases que siguen. Usen todos los siguientes verbos reflexivos.

Verbos:

acordarse (de)	ducharse
acostarse	lastimarse
bañarse	levantarse
caerse	ponerse
darse cuenta (de)	quitarse
despertarse	reírse (de)
dormirse	reunirse (con)

> **MODELO** __*Te pones*__ un pantalón o una chaqueta que hace meses que no usas y encuentras dinero en uno de los bolsillos *(pockets)*.

1. _____ por la mañana y _____ de que puedes dormir una hora más.
2. _____ con un buen amigo y _____ de un chiste hasta que te duele el estómago.
3. _____ en una tina *(tub)* con hierbas aromáticas como la lavanda *(lavender)*.
4. Oyes una canción y _____ de una persona especial.
5. Hace mucho calor y tienes que caminar una milla. Llegas a tu casa, _____ los zapatos y la ropa y _____ con agua fresca.
6. Estás en el campo. Al final del día _____ en el saco de dormir y _____ bajo las estrellas.
7. Por la mañana _____ y ves la salida del sol.
8. Pasas el día en las montañas en invierno haciendo snowboard. _____ muchas veces en la nieve pero no _____ .

8-12 Mi rutina. Descríbale su rutina diaria a un(a) compañero(a). ¿Qué hace en un día típico? Use verbos reflexivos cuando sea posible. Luego su compañero(a) le describe su rutina a usted.

> **MODELO** *Me despierto a las siete...*

ANS 8-11

1. Te despiertas, te das cuenta
2. Te reunes, te ries 3. Te bañas
4. te acuerdas 5. te quitas,
te duchas 6. te acuestas,
te duermes 7. te levantas
8. Te caes, te lastimas

8-12. You can do this as a pair activity or with the whole class. You might want to have students act out the verbs in their daily routines as they say them. Also, you or the partner of the person who is responding can ask questions, using **siempre, nunca, de vez en cuando,** and so on.

Act. 8.2

8-13 Un día perfecto. Descríbale un día perfecto a un(a) compañero(a), usando verbos reflexivos cuando sea posible.

> **MODELO**   *Me despierto a las once...*

8-14 Un día en la vida de... En grupos de tres, escojan a una persona famosa e inventen una descripción de un día en su vida. Podría ser un(a) político(a), un(a) artista de cine o televisión, un(a) cantante, un(a) atleta o un personaje ficticio (Bart Simpson, Bob Esponja, la Cenicienta, etc.). Usen verbos reflexivos cuando sea posible.

The Reflexive with Commands

1. Like other object pronouns, reflexive pronouns precede negative commands or follow and are attached to affirmative commands. (For a review of commands, see Chapter 6.)

No te vayas, querido.	*Don't go, dear.*
¿Dónde está tu suéter, niño?	*Where is your sweater, child? Put*
Póntelo.	*it on.*
Siéntense, señores, por favor.	*Sit down, gentlemen, please.*

2. Before the reflexive **-os** can be added to an affirmative **vosotros** command, the final **-d** must be dropped. (Also, an accent must be added to the final **i** of **-ir** verbs.)

¡Divertíos!	*Enjoy yourselves!*
Vestíos —y daos prisa.	*Get dressed —and hurry up.*
¡Levantaos! —Dejadnos en paz.	*Get up! —Leave us alone.*

3. Before the reflexive **nos** can be added to an affirmative **nosotros** command, the final **-s** must be dropped. (Also, an accent must be added to the stressed syllable of the verb.)

Vámonos.	*Let's go.*
¡Levantémonos todos!	*Let's all stand up!*

To illustrate how verbs sometimes take on an extended meaning when used reflexively, quote from the **Selección 2** poem by Tato Laviera where the aunt repeats the negative reflexive command **No te juntes con...**. The verb **juntar** is used reflexively. Ask students to come up with a "free translation" of it. Then look in the rest of the short poem for examples of affirmative commands.

ACUÉRDESE CAPITÁN, QUE ESA VISA ES POR SEIS MESES PERO NO SE PONGA ASÍ; SE PUEDE RENOVAR...

VISADO DE LA REPÚBLICA FEDERADA INDÍGENA

PRÁCTICA

8-15 Las órdenes del comandante. Un(a) voluntario(a) hará el papel del comandante. Tiene que ponerse frente a la clase y darles a los estudiantes las siguientes órdenes. Los estudiantes tienen que "obedecer" al comandante. A ver si todo el mundo comprende...

This activity can also be done in small groups.

1. Díganme "¡Hola!".
2. Díganme "¡Hola!" en inglés.
3. Duérmanse.
4. Despiértense.
5. Levanten la mano.
6. Pónganse nerviosos.
7. Relájense.
8. ¿...?

Después, otro(a) voluntario(a) hace el papel del comandante.

1. Levantémonos.
2. Sentémonos.
3. Saludémonos.
4. Callémonos.
5. Riámonos.
6. Despidámonos.
7. ¿...?

8-16 ¿Qué se le dice a un amigo que...? Invente mandatos que correspondan a las siguientes situaciones. Use verbos reflexivos cuando sea posible.

If students have trouble coming up with ideas, give them the infinitives of the verbs in the answers (or other verbs that you want to give as cues).

MODELO	habla todo el tiempo
	Cállate. No hables tanto.

¿Qué se le dice a un amigo que...

1. lleva el sombrero siempre, aun dentro de la casa?
2. sale todas las noches y se queja de estar muy cansado?
3. se queda dormido toda la noche delante del televisor?
4. estudia demasiado y casi nunca sonríe?
5. se duerme muchas veces en la clase de español?
6. nunca lleva un abrigo cuando hace frío?
7. tiene que ir al dentista frecuentemente?

ANS 8-16

Possible answers: 1. Quítate el sombrero, por favor. 2. Quédate en casa y descansa. 3. Acuéstate más temprano. 4. Diviértete más. 5. Despiértate. 6. Ponte un abrigo. 7. Cepíllate los dientes.

8-17 Cuestión de actitud. Para cada situación, déle consejos a un(a) compañero(a), usando verbos reflexivos cuando sea posible. Puede usar las siguientes ideas o su imaginación.

MODELO	Situación: No quiere comer porque dice que está de dieta.
	Ideas: no torturarse por la dieta, regalarse algo que le guste, tratar de gozar de la vida
	No te tortures por la dieta. Regálate algo que te guste. Trata de gozar de la vida.

1. Situación: Hay una cola muy larga en la librería.
   Ideas: no aburrirse, leer un libro o charlar con alguien, tener paciencia
2. Situación: No puede dormir bien de noche porque su compañero de cuarto hace mucho ruido.
   Ideas: no enojarse, hablar con su compañero, quejarse cortésmente
3. Situación: Recibe una mala nota en una tarea importante.
   Ideas: no preocuparse, ir a hablar con el profesor, no sentirse mal
4. Situación: Alguien lo insulta.
   Ideas: contar hasta diez antes de responder, no gritar, olvidarse del asunto
5. Situación: Se siente sólo y un poco triste.
   Ideas: no quedarse en casa, reunirse con algún amigo, irse a pasear

The Reciprocal Reflexive

1. The reflexive pronouns **nos, os,** and **se** can be used with first-, second-, or third-person plural verbs, respectively, to express a mutual or reciprocal action.

Nos escribimos todas las semanas.	*We write to each other every week.*
Se gritaron.	*They shouted at each other.*
Se dan la mano.	*They shake (each other's) hands.*
Nos conocíamos desde chicos.	*We had known each other since we were children.*

2. **Uno(a) a otro(a), unos(as) a otros(as)** are sometimes added for either clarity or emphasis. **El uno al otro (la una a la otra)** can also be used. The masculine forms are used unless both subjects are feminine.

Nos hablamos unos a otros.	*We talked to one another.*
Se sonríen el uno al otro.	*They smile at each other.*
Las niñas se ayudaron unas a otras.	*The girls helped one another.*

VOCABULARIO ÚTIL

SALUDOS Y DESPEDIDAS

abrazar (un abrazo) *to hug, embrace (a hug)*
besar (un beso) *to kiss (a kiss)*
saludar *to greet*

darse la mano *to shake hands*
la despedida *leave-taking, saying good-bye*

¡OJO!

despedir (i) *to fire* / **despedirse (i) (de)** *to take leave (of), say good-bye (to)*

PRÁCTICA

8-18 Un saludo hispano: Con cariño. El saludo es muy importante en la cultura latina. Dos familias hispanas que son muy amigas se encuentran en la calle. ¿Qué hacen?

> **MODELO**   todos / saludarse
> *Todos se saludan.*

1. los hombres / darse la mano y abrazarse
2. las mujeres / besarse en la mejilla *(on the cheek)*
3. los niños y los adultos / besarse
4. todos / decirse "¡Hola! ¿Qué tal? ¡Qué gusto verte!"
5. los adultos / preguntarse "¿Cómo está la familia?"
6. sonreírse y hablar durante unos minutos
7. todos / despedirse, otra vez con besos y abrazos

8-19 Hablando de los saludos.

1. Cuando usted saluda a sus amigos, ¿los besa y abraza? ¿Se dan la mano?
2. ¿Qué hace usted cuando se despide de ellos?
3. ¿Hay algunas ocasiones cuando el modo de despedirse o saludarse es más cariñoso? Explique.
4. En su opinión, ¿por qué no se besan o abrazan mucho los norteamericanos?
5. ¿En qué culturas hay más contacto físico en los saludos y despedidas? ¿En qué culturas hay menos?

8-20 Un(a) buen(a) amigo(a). Con un(a) compañero(a), haga y conteste preguntas acerca de un(a) buen(a) amigo(a) suyo(a).

> **MODELO**   *¿Se ven mucho?*
> *Sí, nos vemos mucho.*
> *No, no nos vemos mucho.*

Ideas: conocerse desde hace mucho tiempo, hablarse mucho por teléfono, entenderse, gritarse a veces, ayudarse, extrañarse cuando no se ven durante mucho tiempo, escribirse de vez en cuando, darse regalos de cumpleaños

8-21 *La imposibilidad de café en la mañana.* Mire el cuadro de Elizabeth Gómez Freer en la página 208. Trabaje con un(a) compañero(a). Usando su imaginación y expresiones con **se**, haga y conteste preguntas.

> **MODELO**   *¿Estas mujeres se conocen?*

Use activities 8-18 and 8-19 to help make students aware of cross-cultural similarities and differences in regard to greetings, good-byes, and expressing affection in general.

ANS 8-18
1. Los hombres se dan la mano y se abrazan. 2. Las mujeres se besan en la mejilla. 3. Los niños y los adultos se besan. 4. Todos se dicen "¡Hola! ¿Qué tal? ¡Qué gusto verte!" 5. Los adultos se preguntan, "¿Cómo está la familia?" 6. Se sonríen y se hablan durante unos minutos. 7. Todos se despiden, otra vez con besos y abrazos.

Dime cuántas personas te saludaron y te diré quien eres.
—José Peñalosa

As a follow up, have students write about their friend.

The Impersonal *Se*; The *Se* for Passive

The Impersonal *Se*

The impersonal **se** is commonly used in Spanish when it is not necessary to identify the agent or doer of an action. The verb is always in the third-person singular.

Se come bien en Argentina.	*People (you, they) eat well in Argentina.*
Se calcula que el 20 por ciento de los esclavos africanos traídos a las Américas murieron en el viaje.	*It is calculated (people calculate) that 20 percent of the African slaves brought to the Americas died during the trip.*

Act. 8.3

Notice that there are different ways of translating this construction to English; these include *they, people, it, one, you,* and *we* used as the subject.

The *Se* for Passive

1. In the true passive voice, the subject receives (rather than performs) the action. It is used a great deal in English: *The glass was broken. The glasses were broken.* There is a true passive voice in Spanish (which is discussed in Chapter 10), but, in general, it is used only when the agent of an action is expressed. If there is no agent, the **se** for passive is generally used.

Se rompió la piñata. (Se rompieron las piñatas.)	*The piñata was broken. (The piñatas were broken.)*

But:

La piñata fue rota por los niños.	*The piñata was broken by the children. (The children are the agent, and the true passive is used.)*

Notice that in Spanish the subject can come after the verb, as well as before, while in English it is always before the verb. The verb is singular or plural to agree with the subject:

El Día de la Raza se celebra en muchos países hispanos. También se celebran muchas fiestas católicas.	*Columbus Day is celebrated in many Hispanic countries. Many Catholic holidays are also celebrated.*
En Curazao, isla caribeña, se habla papiamento (una lengua que es una mezcla de español, portugués, inglés, francés y holandés). En Guatemala se hablan veintisiete lenguas indígenas.	*In Curaçao, a Caribbean island, people speak Papiamento (a language that is a mixture of Spanish, Portuguese, English, French, and Dutch). In Guatemala, twenty-seven indigenous languages are spoken.*

You don't need to be able to distinguish between the impersonal **se** and the **se** for passive. Simply remember: In general, if a plural subject is present in the clause with **se,** use the plural form of the verb. In all other cases, use the singular form.

Se habla español (Se hablan inglés y español) en Puerto Rico.	*Spanish is (English and Spanish are) spoken in Puerto Rico.* (**se** for passive)
Se ven muchos cocoteros en Puerto Rico.	*You see a lot of coconut trees in Puerto Rico.* (**se** for passive)
Se ve que hay muchos cocoteros en Puerto Rico.	*You see that there are a lot of coconut trees in Puerto Rico.* (impersonal **se**)

2. Indirect objects are often used with the **se** for passive construction to imply that something happened accidentally or to indicate that the person involved was not at fault or responsible. (This construction is sometimes called the "**se** for unplanned occurrences.")

¿Se les perdieron las llaves?	*Did you* (**ustedes**) *lose the keys? (Did the keys [in your possession] get lost?)*
Se le olvidó el pan (a José).	*He (José) forgot the bread.*
¿Se te cayó la leche? ¡Qué lío!	*Did you drop the milk? What a mess!*
Se me rompió el espejo.	*The mirror (in my possession) got broken.*

PRÁCTICA

8-22 El Carnaval. El Carnaval *(Mardi Gras)* se celebra tanto en las ciudades de Montevideo y Buenos Aires como en muchas ciudades brasileñas y en Nueva Orleans. En Montevideo durante el Carnaval, que tiene lugar los días anteriores al comienzo de la cuaresma *(Lent)*, la gente de ascendencia africana organiza las "fiestas llamadas". Para saber cómo son, forme oraciones de acuerdo con los modelos. Hay una foto de esta celebración en la página 3.

MODELOS	oír ritmos africanos	oír un tambor
	Se oyen ritmos africanos.	*Se oye un tambor.*

1. bailar la samba
2. cantar canciones con palabras africanas
3. contar historias de los esclavos negros
4. llevar trajes espléndidos
5. ver un desfile *(parade)* espectacular
6. ver banderas de Uruguay por todas partes
7. participar en la vida colectiva de la comunidad

8-23 ¡Qué mala suerte! ¿Qué pasó?

MODELO	olvidar / las llaves
	A: *¿Se te olvidaron las llaves?*
	B: *Sí, se me olvidaron.*

1. romper / el espejo
2. ir / el autobús
3. morir / el gato
4. caer / los vasos
5. perder / las tarjetas de crédito

Activities 8-22 and 8-24 will help prepare students for the **A escribir** writing assignment, **Opción 2**.

The groups of couples, called **comparsas**, are mostly formed by people in the same line of work. The **mantones** are elaborately embroidered and are very large; the women use them as shields to protect the men (and themselves) in their group. The **tortillas** are special multilayered omelettes and the salad usually has cod (**bacalao**) in it. This celebration supposedly was begun by the **indianos**, Spanish who had been in the Indies and returned with vast amounts of money; the word **indianos** in literature referred usually to people who spent money extravagantly, built fancy houses, and told fabulous tales of life in the Americas. Many of the beautiful old buildings in the area around Vilanova and Barcelona were built by people who had made their money in Cuba, including Eusebio Güell, patron of Antoni Gaudí.

8-24 La guerra de caramelos. Trabaje con un(a) compañero(a).

Paso 1. Completen esta descripción de una fiesta única con las formas apropiadas de los verbos entre paréntesis. Vocabulario: cuaresma *Lent*, bolsas de caramelos *bags of candy*, mantones *large embroidered shawls*, tirarse = lanzarse, toneladas *tons*, llenarse *to be filled*, pegarse *to hit each other*

La "guerra de los caramelos": festividad española

Cada año antes de la cuaresma, 1. ___se celebra___ (celebrarse) la "guerra de caramelos" en Vilanova i la Geltrú, un pueblo pequeño cerca de Barcelona, España. Más de 5.000 parejas 2. ___se reúnen___ (reunirse) por la mañana en unos cincuenta grupos y caminan hacia la plaza principal. Los hombres 3. ___se visten___ (vestirse) de traje y corbata y llevan grandes bolsas de caramelos. Las mujeres llevan vestidos y mantones. En la plaza, los hombres 4. ___se lanzan___ (lanzarse) caramelos unos a otros mientras las mujeres los defienden con los mantones. Durante las seis o siete horas que dura la "guerra", 5. ___se tiran___ (tirarse) unas sesenta toneladas de caramelos. La plaza 6. ___se baña___ (bañarse) en azúcar. Los balcones de los edificios de la plaza 7. ___se llenan___ (llenarse) de caramelos.

Después de la "batalla", 8. ___se va___ (irse) a casa y 9. ___se prepara___ (prepararse) una comida especial, con tortilla de huevo, ensalada y merengue, un postre muy dulce. Y ¿qué hacen las parejas con los merengues? Pues, ¡ 10. ___se pegan___ (pegarse) en la cara! Así 11. ___se termina___ (terminarse) un día de dulce diversión. Esta celebración 12. ___se originó___ (originarse) en el siglo diecinueve cuando algunas familias regresaron de Cuba, ya ricas, y quisieron crear algo como el Carnaval de La Habana en Vilanova.

Paso 2. Hágale por lo menos dos preguntas a su compañero(a) acerca de este día de fiesta. Su compañero(a) contesta y le hace dos preguntas a usted.

8-25 Seis buenas razones para detestar las fiestas. ¿Hay algún día de fiesta que usted deteste? ¿Cuál? ¿Qué se hace ese día? ¿Cómo se siente ese día y qué es lo que no le gusta de la celebración?

armo la mesa = **pongo la mesa; petardos** *firecrackers;* **abstemia, atea y huérfana** *abstainer, atheist, and orphan;* **fideos** *noodles*

8-26 ¿Qué se hace...? Trabaje con un(a) compañero(a). Invente varias frases con **se** para explicar qué se hace en las siguientes situaciones.

> **MODELO**   en la cafetería de la universidad
> *Se come mucho y mal.*
> *Se paga poco por la comida.*
> *Se charla con los amigos.*
> *Se mira a la gente.*

1. cuando hay demasiado estrés en la vida
2. cuando se oye música africana bien tocada
3. en la biblioteca
4. en las montañas
5. cuando se tiene muchísima hambre
6. mientras se espera el autobús
7. durante los largos inviernos del norte
8. en las selvas tropicales
9. después de terminar un proyecto difícil
10. antes de salir de viaje

8-27 Una tortilla española. Lea la lista de ingredientes para hacer una tortilla (*omelette*) de papas a la española. Después, cuéntele a un(a) compañero(a) cómo hacer una tortilla española, usando el **se** pasivo. Siga el modelo. Vocabulario: aceite *oil*, pelar *to peel*, cortar *to cut*, sartén *frying pan*, freír a fuego lento *to fry on low heat*, batir *to beat*, bien cocidas *well done (cooked)*, fuente *bowl*

Ingredientes para cuatro personas:
Cinco patatas (papas)
Cuatro huevos
Una cebolla pequeña (opcional)
Sal
Aceite
Media taza de leche (opcional)

> **MODELO**   Primero, tienes que pelar las patatas y cortarlas en pequeños cubos.
> *Primero, se pelan las patatas y se cortan en pequeños cubos.*

1. Pon un poco de aceite en una sartén. Hay que freír las patatas a fuego lento. Puedes echar cebolla si quieres, y echa sal al gusto.
2. Despúes, bate los huevos con la leche.
3. Cuando las patatas estén bien cocidas, ponlas en la fuente con los huevos y la leche.
4. Pon más aceite en la sartén. Después pon los huevos y las patatas y fríelos por cuatro o cinco minutos de un lado y cuatro o cinco minutos del otro lado.

   ¡Buen provecho!

EN OTRAS PALABRAS

La falta de comprensión

You have probably had many experiences of miscommunication or misunderstanding even in your native language, and you probably find yourself sometimes interrupting someone to ask him or her to explain or clarify something, repeat part of a sentence, slow down, and so forth. In a foreign language, it's even more important to learn to make it clear that you just aren't following and need some help. Here are some ways to express this.

1. You don't understand any part of what the speaker is saying.

    No comprendo... No entiendo...
    ¿Cómo?
    ¿Mande? *(Mex.)*
    ¿Qué dijo (dijiste), por favor? ¿Qué decía(s)?

2. You have a general idea of what was said, but you missed part of the statement or question.

    ¿Podría usted (¿Podrías) repetir lo que dijo (dijiste), por favor?
    ¿Cómo? ¿Me lo podría(s) decir otra vez?
    No entendí el nombre de... ¿Cómo se llama?
    ¿Qué quiere decir la palabra...?
    ¿Pero dónde (cuándo, por qué, etc.)...?

3. The speaker is talking a mile a minute.

    Más despacio, por favor.
    ¡No hable (hables) tan rápidamente, por favor!

4. You are fairly sure you know what the speaker said but want to confirm it. You can do this in a number of ways. One, of course, is to restate the sentence using the confirmation tags **¿verdad?, ¿no?,** and so forth.

    El hermano de Isabel se llama Ricardo, ¿verdad? (¿no? ¿no es cierto?)

Another way to get a speaker to confirm what he or she said so that you are sure you understand is to restate the sentence using one of the following:

    ¿Es decir que... ?
    Si entiendo bien, quiere(s) decir que...
    En otras palabras...

Remember that the tag **¿de acuerdo?** *(all right?, okay?)* is used in a different way, when some sort of action is proposed: **Vamos al cine, ¿de acuerdo?**

Other ways of expressing incomprehension: **¿Y eso?** *What does that mean? What's all that about?* **No entiendo ni papa (jota).** *I don't understand beans about that. I don't get it.* When something is complicated, Spanish speakers don't say it's Greek to them but rather **Está en chino.**

PRÁCTICA

8-28 Un momento, por favor... Usted no comprende el significado total de lo que le dicen cuando oye los siguientes comentarios. Interrumpa *(Interrupt)* a la persona que habla y pídale que le clarifique *(to clarify)* lo que dice.

> **MODELO**   Hubo un accidente de avión en... Murieron... personas. Era un vuelo de la compañía...
>
> *¿Cómo? ¿Dónde hubo un accidente? ¿Cuántas personas murieron? No entendí el nombre de la compañía aérea.*

1. ¿Supiste que... ya es doctora? Se graduó hace...

2. El señor Hernández tiene... años y goza de buena salud. Pero ayer supe que se quejaba de que...

3. ¡Increíble! El doctor Ochoa se divorció en junio y se va a casar en agosto con...

4. No recuerdo una palabra española para eso, pero la palabra francesa *s'engager* lo expresa muy bien.

5. Los Salazar iban a ir a Coatzacoalcos pero se equivocaron de...

8-29 Si entiendo bien... Trabaje con un(a) compañero(a). Dígale a su compañero(a) varias cosas sobre su vida. Su compañero(a) repite la información, usando otras palabras o expresiones. Le pide que verifique *(verify)* lo que ha comprendido.

> **MODELO**   *A:* Mi familia es de ascendencia japonesa. Mis abuelos paternos vinieron de Yatsushiro en el año 1900.
>
> *B:* Es decir que su familia es de Japón, ¿no? ¿Dice que sus abuelos paternos vinieron de Yatsushiro?

1. Mis papás son de [nombre de ciudad]... Viven en [nombre de ciudad]... hace... años.

2. Mi cumpleaños es... [la fecha de su cumpleaños]. Cuando nací, mi mamá tenía... años y vivía en...

3. Fui a una fiesta [la fecha o el día]... Celebramos...

ⒺN CONTACTO

8-30 Juego de memoria: ¡Y entonces me acuesto! La primera persona empieza diciendo qué hace primero durante el día. La segunda persona repite esta frase y agrega una nueva frase. La tercera persona repite las dos frases y agrega una tercera, y así continúa. Cuando alguien se equivoca o no puede recordar las frases anteriores, tiene que decir, "¡Y entonces me acuesto!" y retirarse del juego. Entonces la próxima persona dice la última frase pronunciada y agrega una nueva frase. El juego seguirá hasta que se eliminen todos los jugadores excepto los que tienen muy buena memoria (o buena suerte).

> **MODELO**   A: *Me despierto a las siete y diez.*
> B: *Me despierto a las siete y diez. Me cepillo los dientes.*
> C: *Me despierto a las siete y diez. Me cepillo los dientes. Tomo un café con leche...*

8-31 Entrevista. Entreviste a un(a) compañero(a) para averiguar cómo se siente y qué hace en las siguientes situaciones. Verbos útiles: **aburrirse, cansarse, enojarse, ponerse contento(a)/decepcionado(a)/triste, preocuparse, quejarse.**

> **MODELO**   vienen las fiestas de Navidad
> A: *¿Qué haces (o cómo te sientes) cuando vienen las fiestas de Navidad?*
> B: *Me pongo triste. Me siento solo(a).*

1. andas de compras con un(a) amigo(a) indeciso(a)
2. te atienden muy mal en un restaurante
3. no tienes dinero para pagar la cuenta
4. tienes exámenes
5. llueve todos los días
6. te cobran demasiado en una tienda
7. pasas mucho tiempo en el gimnasio (haciendo ejercicios, por ejemplo)
8. tienes que esperar mucho (en el aeropuerto, por ejemplo)
9. un(a) amigo(a) te miente

8-32 Costumbres distintas. Trabaje con un(a) compañero(a). El cuadro abajo explica qué se hace en algunos días de fiesta en el mundo hispano. Complétenlo diciendo qué se hace en las mismas fechas en Estados Unidos y Canadá. Usen el **se** pasivo o impersonal en sus oraciones. La primera está hecha, como modelo. Vocabulario útil: ir a esquiar, bailar, cantar, invitar a alguien a comer, darles dulces a los niños, comprar flores y cajas *(boxes)* de chocolates en forma de corazón, abrir/dar regalos, ir a la iglesia (al templo), comer jamón (pavo), reunirse con los amigos.

Activity 8-32 will help prepare students for the **A escribir** writing assignment, **Opción 2.**

Fecha	Lugar	Actividad
Día de Año Nuevo	España y Latinoamérica	Se duerme hasta tarde porque todos están cansados después de celebrar el último día del año.
	Estados Unidos y Canadá	*También se duerme hasta tarde y se miran partidos de fútbol americano en la televisión.*
Nochebuena *(Christmas Eve)*	España y Latinoamérica	Se hace una cena especial y después se va a la misa de medianoche.
	Estados Unidos y Canadá	
Navidad	Argentina	Se va a la playa porque allá es verano.
	Estados Unidos y Canadá	
Nochevieja *(New Year's Eve)*	España	Se comen doce uvas a medianoche, una por cada campanada *(stroke)* del reloj.
	Estados Unidos y Canadá	
Domingo de Pascua *(Easter Sunday)*	España y Latinoamérica	Se hacen procesiones, se va a misa y se prepara una comida especial.
	Estados Unidos y Canadá	
Día de la Madre	España y Latinoamérica	Se dan regalos o flores a la madre o se va a comer a un restaurante.
	Estados Unidos y Canadá	
Día de San Valentín	algunos países hispanos	Se regalan flores a la novia.
	Estados Unidos y Canadá	

8-33 A ESCRIBIR: Dimensiones culturales del mundo hispano. Usando las listas de **Vocabulario útil** de este capítulo, escriba un párrafo sobre uno de los temas que siguen.

Opción 1: Hay muchas culturas y grupos étnicos en el mundo hispano. Escoja uno de esos grupos (por ejemplo, el de los incas, los vascos o los judíos sefardíes) y escriba un párrafo sobre su historia; mencione por lo menos una de sus contribuciones a la cultura hispana. Podría usar sus respuestas a los ejercicios 8-1 a 8-3.

Opción 2: Escriba un párrafo sobre una celebración española o latinoamericana. ¿Qué se hace? ¿Cuándo y dónde se celebra? ¿Qué se come? ¿Cuál es el origen de la celebración? Use el **se** impersonal o **se** pasivo, como en los ejercicios 8-22, 8-24 y 8-32.

Grammar	verbs: past **(Opción 1)**; verbs: impersonal **(Opción 2)**	
Vocabulary	cultural periods and movements; food: general; nationality; people; religious holidays; time: calendar	
Phrases	talking about the past **(Opción 1)**; describing people **(Opción 1)**	

Students have reviewed vocabulary related to ethnic groups and cultures in the Hispanic world and done activities about their contributions. If you presented **Para escuchar,** they heard a conversation about diversity in Latin America and some descriptions of unique customs or traditions. If you've done the Web activities, they've also investigated some aspect of culture in the Hispanic world. They've reviewed the impersonal **se** and **se** for passive and completed several activities using these forms to talk about a cultural event in Spain or Latin America. However, if you have additional time in class, have students make graphic organizers or brainstorm this activity together. For **Opción 1,** they might make an idea map, writing the name of the group they chose in the center and placing subtopics around it. For **Opción 2,** they might simply ask each other questions to generate ideas. Let them write their paragraphs and, if you have time in class, peer edit them. In peer editing, tell them to look for one or two specific things, such as the impersonal **se.** After peer editing, they submit their final paragraphs.

For **Opción 1,** you might want to have students watch the video and base their paragraph on it; if so, show the video in advance.

▶▶ El chocolate en la cocina mexicana

Patricia Quintana habla del uso del chocolate en la cocina mexicana desde los tiempos antiguos hasta hoy. Describe el **cacao** como "el grano (*grain, bean*) divino de los dioses" y se refiere a la cocina mexicana como el resultado de **un mestizaje,** es decir, de una mezcla de influencias indígenas y españolas.

VOCABULARIO

el cacao	chocolate, cocoa bean
la cocina	cuisine; kitchen
la espuma	foam
la jícara	kind of cup, especially one made from a gourd
el mestizaje	mixture (of races or cultures)
el mole	spicy Mexican sauce containing chilis and, in most cases, chocolate
la monja	nun
nutrir	to nourish, feed
poblano(a)	of or from the Mexican state of Puebla
(lo) salado	(what is) salty

PRÁCTICA DE VOCABULARIO

Complete las oraciones con las palabras de la lista.

1. El chocolate _____nutre_____ el alma y el espíritu.
2. Se lo puede servir como bebida en una _____jícara_____ .
3. El chocolate caliente tiene una blanca _____espuma_____ encima.
4. Muchas _____monjas_____ llegaron de España y vivían en conventos.
5. Un plato típico de Puebla se llama mole _____poblano_____ .

HABLANDO DEL TEMA

▶▶ El estado de Puebla queda en el centro de México y es la región más famosa por la excelencia de su arte culinario. La ciudad de Puebla, capital del estado, es una de las ciudades más grandes, antiguas y famosas de México. Es una ciudad colonial conocida por sus hermosos edificios e iglesias de estilo barroco. La arquitectura de Puebla es distinta por el uso de ladrillos (*bricks*) rojos y azulejos (*tiles*) pintados a mano.

▶▶ Los mexicanos de hoy siguen comiendo muchos alimentos y platos que comían los indígenas prehispánicos, hechos a base de plantas de origen americano. Además del chocolate, se comen chiles, frijoles, calabazas (*squash*), jitomates (*tomatoes*) y tortillas hechas de maíz. Todos ellos son productos que los europeos no conocían.

PREGUNTA DE ENFOQUE

¿Cuál es la importancia del chocolate en la cocina mexicana?

COMPRENSIÓN

1. Para preparar chocolate caliente, ¿Qué ingredientes se usan además del azúcar? ¿Qué ingrediente llegó a México después de la conquista?
2. ¿Cuál es el origen de la palabra **chocolate**?
3. ¿Dónde está Puebla?
4. ¿Por qué se puede decir que la cocina mexicana es un mestizaje?
5. ¿Cuántos ingredientes tiene el mole poblano clásico?
6. Además del chocolate, ¿qué otros ingredientes se usan en la cocina mexicana?

PUNTOS DE VISTA

1. ¿A usted le gusta el chocolate? ¿En qué comidas o bebidas lo toma?
2. ¿Prefiere los platos dulces o salados? ¿Qué le parece la idea de combinar los dos como se hace con el mole?
3. ¿A usted le gusta la comida mexicana? ¿Cuáles son sus platos favoritos?
4. ¿Prepara usted platos mexicanos? ¿Qué ingredientes usa?
5. Hay treinta y un estados en México y también hay un Distrito Federal (la capital). Según Patricia, ¿cuántas cocinas hay en México?
6. ¿Cuántas cocinas habrá en Estados Unidos y Canadá? ¿Qué regiones son famosas por su cocina? ¿Qué platos regionales le gustan a usted?

Voice your choice! Visit **http://voices.thomsoncustom.com** to select additional readings relevant to this chapter's theme.

▶▶ La cocina hispanoamericana varía según la región y los productos locales. En la mayoría de los países sudamericanos, la comida no es picante. En Argentina, por ejemplo, la gente come mucha carne asada con papas, porque Argentina es uno de los más importantes países ganaderos (cattle-raising) del mundo. En Perú, un país del Pacífico, el ceviche (marinated fish or shellfish) es uno de los platos preferidos. El maíz, grano cultivado por los indígenas de todo el continente, se usa para preparar una gran variedad de platos en todos los países de Hispanoamérica.

Un planeta para todos

Latinoamérica: gran diversidad ecológica

(P)RESENTACIÓN DEL TEMA

Las nueces de la tagua se transportan por canoa.

En España y Latinoamérica, como en todo el mundo, hay grandes problemas ecológicos, pero también hay mucha gente que trata de proteger los recursos del planeta. En los últimos treinta años se han establecido 461 nuevas áreas protegidas en Mesoamérica (Centroamérica y el sur de México). Según Julio Calderón, del Programa de las Naciones Unidas para el Medio Ambiente, "nuestra prioridad es la sustentabilidad *(sustainability)* del ser humano, que los pobladores [la gente local] aprendan a hacer uso de los recursos naturales y a vivir de ellos, pero sin que haya una sobreexplotación...."* En la página anterior se ve un bosque tropical que está en uno de los "megaparques" de Costa Rica; el director de cada parque trabaja con la gente de la comunidad para conservar el medio ambiente y, al mismo tiempo, estimular la economía. Por su gran belleza natural, los parques de Mesoamérica son muy populares para el ecoturismo. Miles de turistas llegan todos los años a ver playas magníficas, volcanes legendarios, plantas extraordinarias y animales exóticos. También llegan científicos de todo el mundo para estudiar la flora y la fauna de la región.

Latinoamérica tiene cerca de la mitad de las selvas tropicales de la tierra. En un solo parque de Ecuador puede haber más especies de pájaros que en todo Estados Unidos; en una milla cuadrada *(square)* de selva amazónica puede haber 1.500 especies de mariposas. Sin embargo, en los bosques tropicales la tierra es muy pobre; después de pocos años de utilización ya no es buena ni para la agricultura ni para la ganadería *(cattle raising)*. En algunos lugares se ha comprobado *(proved)* que, sin destruir los bosques, la producción o recolección de nueces *(nuts)*, semillas, flores, plantas y hasta maderas tropicales puede ser muy lucrativa. En Maldonado, Ecuador, se ha desarrollado una industria

Botón hecho de la nuez de la tagua.

basada en la recolección de una nuez que se llama la tagua. La gente de Maldonado (descendientes de esclavos africanos que llegaron a la región en el siglo XVIII) tiene gran respeto por la naturaleza.

En la Reserva de la Biosfera de Calakmul, México, se han creado más programas y fuentes de trabajo que en cualquier otra reserva de Latinoamérica. Mucha gente vive de la artesanía, creando esculturas de madera, por ejemplo. Hay también muchas flores, como las orquídeas. En la foto de la siguiente página se ven unas colmenas de

In this same article, Calderón also talks about "**la estrecha relación entre la deforestación y la presencia de desastres naturales**." There has been a lot of deforestation in some of these countries, such as Honduras, and that is a major reason for the severe damage that occurs when there is a hurricane or other natural disaster.

---

* "Documento: Ecología", *Muy interesante*, año XXI, número 6, página 11.

abejas *(beehives).* Hace siglos los mayas practicaban la apicultura *(beekeeping).* Calakmul también tiene una zona arqueológica que incluye la ciudad maya más grande de México; desde 2002 es un Patrimonio Mundial de la UNESCO. Sus 6.252 estructuras (palacios, templos y centros ceremoniales) datan de 300 años antes de Cristo. En Calakmul, la gente participa en los programas de conservación, trabajando con el gobierno para preservar la belleza natural de la zona.

9-1 Preguntas.

1. ¿Qué hacen los turistas en los parques nacionales de Mesoamérica? ¿y los científicos?
2. ¿Qué hacen los directores de los nueve megaparques de Costa Rica?
3. ¿Aproximadamente qué porcentaje de las selvas tropicales de la tierra están en Latinoamérica?
4. ¿Cómo es la tierra de esas regiones?
5. ¿Qué puede hacer la gente que vive en una zona tropical para ganarse la vida sin destruir la selva?
6. ¿Qué se puede hacer en nuestro país para ayudar a proteger las selvas tropicales?

VOCABULARIO ÚTIL

EL MEDIO AMBIENTE

COGNADOS

destruir	la gasolina
la ecología	la naturaleza
el ecólogo (la ecóloga)	el petróleo
el ecoturismo	reciclar
la explosión demográfica	el reciclaje

EN LA SELVA (EL BOSQUE) *IN THE JUNGLE (FOREST)*

la abeja	*bee*
el árbol	*tree*
la flor	*flower*
la mariposa	*butterfly*
el pájaro	*bird*
el pez	*fish*
la semilla	*seed*

OTRAS PALABRAS

la basura	*garbage*
el calentamiento global	*global warming*
la capa de ozono	*ozone layer*
el control de la natalidad	*birth control*
desperdiciar	*to waste*
los envases retornables	*returnable containers*
la huerta	*(fruit, vegetable) garden*
la lata (de aluminio)	*(aluminum) can*
mejorar, ponerse mejor	*to get better*
empeorar, ponerse peor	*to get worse*
proteger	*to protect*
el recurso natural	*natural resource*
la reserva	*preserve*

¡OJO!

ahorrar *to save (money, time, etc.)* / conservar *to save, preserve* / salvar *to save, rescue*
la atmósfera *air, atmosphere* / el ambiente *setting, ambience, environment* / el medio
ambiente *(natural) environment*

Have students read the **Enfoque del tema** to reinforce many words from this vocabulary and acquire other related ones in a context that discusses the recent dramatic changes in world ecology, the main problems these pose, and some possible solutions.

El que nada desperdicia, de nada carece [lacks]. [Waste not, want not.]
—proverbio

La tasa [rate] *de natalidad en España es una de las más bajas de Europa.*

PRÁCTICA

9-2 Conexiones. Conecte la palabra de la columna derecha con su definición o descripción en la columna izquierda.

1. usar más de una vez
2. la superpoblación
3. cuidar
4. ponerse peor
5. la rosa, por ejemplo
6. el insecto que hace la miel *(honey)*
7. devastar, arruinar
8. el petróleo, los minerales, por ejemplo
9. una persona que se dedica al medio ambiente

a. la abeja
b. empeorar
c. el ecólogo (la ecóloga)
d. la explosión demográfica
e. los recursos naturales
f. reciclar
g. destruir
h. la flor
i. proteger

ANS 9-2
1. f 2. d 3. i 4. b 5. h. 6. a 7. g
8. e 9. c

9-3 El medio ambiente. Escoja la palabra apropiada para completar las oraciones.

1. Es importante proteger (la capa de ozono / el calentamiento global).
2. Siempre es preferible comprar (basuras / envases) retornables.
3. Tengo una (huerta / semilla) porque me gustan las frutas y verduras frescas.
4. Si plantamos más (flores / árboles), mejorará la calidad del aire.
5. En muchos países, hay programas de control de la (natalidad / mortalidad) y de planificación familiar.
6. Todos debemos (ahorrar / conservar) energía.

9-4 Entrevista. Entreviste a un(a) compañero(a), usando las preguntas que siguen. Después su compañero(a) lo (la) entrevista a usted.

This activity will help prepare students for the **A escribir** writing assignment, both options.

Act. 9.1

1. ¿Conoces un parque nacional o estatal de gran belleza natural? ¿Cómo se llama? ¿Dónde está? ¿Se puede acampar allí? ¿Qué atracciones tiene?
2. ¿Qué piensas del ecoturismo? ¿Has hecho ecoturismo alguna vez? ¿Dónde?
3. ¿A ti te gusta estar al aire libre *(outside)*, gozando de la naturaleza? ¿Te gusta hacer caminatas? ¿andar en bicicleta? ¿ir en kayak o canoa?
4. ¿Manejas mucho? ¿Tienes un auto grande o pequeño? ¿Qué piensas de los autos eléctricos o híbridos? ¿Debe el gobierno limitar el uso de la gasolina o subir los impuestos *(taxes)* de la gasolina?
5. ¿Cuál es un problema ecológico muy grave, según tu opinión (por ejemplo, el calentamiento global, la explosión demográfica, la contaminación del aire o del agua, la destrucción de los bosques tropicales)? ¿Le ves alguna solución al problema?

Para escuchar: El ecoturismo y la ecología

CD 2, Track 8

Conversación 1: Para dar consejos. Julia está de visita en el Parque Amacayacu, una reserva en la Amazonia colombiana cerca de la ciudad de Leticia. Un guía habla con un grupo de turistas.

9-5 Escuche la **Conversación 1.** ¿Qué se puede ver en el parque?

_____ **1.** más de 450 especies de pájaros
_____ **2.** más de 150 especies de mamíferos *(mammals)*
_____ **3.** una cantidad extraordinaria de mariposas
___✓___ **4.** 1, 2 y 3

9-6 Escuche la **Conversación 1** otra vez. ¿Qué recomienda el guía?

_____ **1.** que caminen juntos en un solo grupo
_____ **2.** que hablen en voz alta
___✓___ **3.** que no asusten *(frighten)* a los animales
___✓___ **4.** que no recojan flores
___✓___ **5.** que visiten los mercados de Leticia
_____ **6.** que compren regalos hechos de plumas *(feathers)*
_____ **7.** que vayan a Iquitos desde Leticia

CD 2, Track 9

Conversación 2: Para expresar compasión. Jessica habla con Ana, una amiga colombiana.

9-7 Escuche la **Conversación 2.** ¿De qué hablan Jessica y Ana?

_____ **1.** del ecoturismo
___✓___ **2.** de la contaminación y del reciclaje
_____ **3.** del calentamiento global

9-8 Escuche la **Conversación 2** otra vez. Conteste **V** (verdadero) o **F** (falso).

   V **1.** En Colombia hay un Ministerio del Medio Ambiente.

   V **2.** La industria petrolera y las compañías multinacionales han causado mucha contaminación en la Amazonia.

   V **3.** Según Ana, hay que enseñarles a los niños a querer la naturaleza para que la cuiden.

   F **4.** En Colombia no hay programas de reciclaje.

   V **5.** Los cartoneros van de basurero en basurero sacando cartones, latas y papel.

9-9 Escuche la **Conversación 2** una vez más. ¿Qué expresiones se usan para expresar compasión?

✓ **1.** ¡Es una lástima!		____ **4.** ¡Cuánto lo siento!
____ **2.** ¡Qué horror!		____ **5.** ¡Caramba!
✓ **3.** ¡Qué desgracia!		✓ **6.** ¡Pobrecitos!

ⒼRAMÁTICA Y VOCABULARIO

The Imperfect Subjunctive

1. The imperfect subjunctive for all verbs is formed by removing the **-ron** ending from the third-person plural of the preterit and adding the appropriate imperfect subjunctive endings: **-ra, -ras, -ra, -´ramos, -rais,** and **-ran.** Note that only the first-person plural (**nosotros**) form of the imperfect subjunctive has an accent.

hablar		comer		vivir	
habla**ra**	habl**áramos**	comie**ra**	comi**éramos**	vivie**ra**	vivi**éramos**
habla**ras**	habla**rais**	comie**ras**	comie**rais**	vivie**ras**	vivie**rais**
habla**ra**	habla**ran**	comie**ra**	comie**ran**	vivie**ra**	vivie**ran**

2. Here are some verbs that have irregular third-person preterit stems:

andar	**anduvie-**	haber	**hubie-**	querer	**quisie-**
caer	**caye-**	hacer	**hicie-**	reír	**rie-**
conducir	**conduje-**	ir, ser	**fue-**	saber	**supie-**
construir	**construye-**	leer	**leye-**	tener	**tuvie-**
creer	**creye-**	morir	**murie-**	traer	**traje-**
dar	**die-**	oír	**oye-**	venir	**vinie-**
decir	**dije-**	poder	**pudie-**	ver	**vie-**
estar	**estuvie-**	poner	**pusie-**		

> *Científicamente, las manifestaciones del cambio climático se reflejan en el aumento* [increase] *de la temperatura, del nivel del mar, en el deshielo* [thawing] *y en la desaparición de glaciares, lo cual produce impactos directos, como las lluvias excesivas y los desastres naturales.*
> —Víctor Magaña, Centro de Ciencias de la Atmósfera de la Universidad Nacional Autónoma de México

3. The imperfect subjunctive is used in dependent clauses just as the present subjunctive is used, but it usually expresses a past action.

Quieren que conservemos limpia el agua del río.	*They want us to keep the river water clean.*
Querían que conserváramos limpia el agua del río.	*They wanted us to keep the river water clean.*

4. The imperfect subjunctive is used in the same situations as the present subjunctive (discussed in Chapters 5 and 7), although the verb in the main clause is usually in a past tense. It is used:

a. after main clauses containing verbs of uncertainty, emotion, will, necessity, approval (disapproval), and advice

Dudaban que el agua fuera potable.	*They doubted that the water was potable (drinkable).*
Tenían miedo de que el río estuviera contaminado.	*They were afraid the river was polluted.*
Papá me dijo que sacara la basura.	*Dad told me to take out the garbage.*
Nos aconsejaron que recicláramos los periódicos.	*They advised us to recycle the newspapers.*

b. in adjective clauses that describe something indefinite or unknown

Quería conocer a alguien que supiera algo sobre las plantas tropicales.	*I wanted to meet someone who knew something about tropical plants.*
No había nadie en el grupo que pudiera decirnos qué tipo de pájaro era.	*There was no one in the group who could tell us what kind of bird it was.*

c. with impersonal expressions of doubt, expectation, emotion, will, or necessity

Era lamentable que destruyeran el bosque.	*It was sad that they were destroying the forest.*
Era bueno que el ecoturismo lo salvara.	*It was good that ecotourism was saving (saved) it.*

d. after certain conjunctions, such as a **menos que, con tal (de) que, para que, sin que,** and the time conjunction **antes de que**

Íbamos a ir al concierto a menos que lloviera.	*We were going to go to the concert unless it rained.*
La ecóloga esperó una hora para que el gobernador pudiera verla.	*The ecologist waited an hour for the governor to be able to see her.*
Marisol lo vio antes de que él fuera a Costa Rica.	*Marisol saw him before he went to Costa Rica.*

However, note that after other time conjunctions, such as **hasta que, cuando, después de que,** and **mientras,** the subjunctive is used to express an indefinite past action or one projected into the future, and the indicative is used to express past actions viewed as definitely completed. Compare:

Quería esperar hasta que llegaran.	*I wanted to wait until they arrived (would arrive).*
Esperé hasta que llegaron.	*I waited until they arrived.*

To illustrate points 3 and 4 of the grammar explanation, have the class look at **Selección 1**, the short fable from Ecuatorial Guinea (the only Spanish-speaking country in Africa). It contains many examples of the present subjunctive (e.g., after **quiero que, antes de que, cuando**) in the dialog among a fisherman, his wife, and a magic fish. Ask students to change each sentence from present to past by putting **"Ayer dijo…"** in front of it. They will see how the same situations then require the imperfect subjunctive and will practice coming up with the correct forms.

5. The imperfect subjunctives of **querer, deber,** and **poder** are often used to indicate politeness, to soften a statement or question.

Yo quisiera ir también. —¿Por qué no?	*I'd like to go too. —Why not? (wish)*
Yo quiero ir también. —Vamos.	*I want to go too. —Let's go.*
Debiera ir. —Bueno, sería mejor ir.	*I should go. —Well, it would be better to go. (will)*
Debo ir. —Sí, no tienes alternativa.	*I should (must) go. —Yes, you don't have any choice. (stronger obligation)*

6. The imperfect subjunctive is always used after **como si,** which implies a hypothetical or untrue situation.

En la selva nos sentimos como si fuéramos los únicos seres humanos en la tierra.	*In the jungle we felt as if we were the only human beings on earth.*

7. The **-ra** form of the imperfect subjunctive is generally preferred for conversation in Spanish America. An alternative form is found in many literary works and is often used in Spain. This second form consists of the third-person plural preterit without the **-ron** endings plus the following endings: **-se, -ses, -se, -´semos, -seis, -sen.** You should learn to recognize these forms; they are used just as the other forms except that they are not used to indicate politeness.

Querían ir a un lugar donde pudiesen ver flores tropicales.	*They wanted to go to a place where they could see tropical flowers.*
Llevamos a los niños a la reserva para que jugasen y gozasen del aire puro.	*We took the children to the preserve so that they could play and enjoy the fresh air.*
El niño se alegraba de que hiciese sol.	*The child was happy that it was sunny.*

PRÁCTICA

9-10 La tirolesa *(zip line).* Complete las oraciones con la forma apropiada de los verbos que están entre paréntesis; use el imperfecto de indicativo o de subjuntivo.

If any students ask why the Spanish language evolved these alternate endings, tell them that Spanish (unlike English or French) has very few vowel sounds (the basic five, really), and having both -**ra** endings and -**se** endings gives orators the opportunity to avoid repeating too many of the same vowel sounds in their well-rounded sentences. Traditionally, conversation is considered an art in the Spanish-speaking world.

The **tirolesa** is also called a **tirolina**, especially in Spain.

You might want to give students the expression **como la copa de un pino** meaning *very big*: e.g., **una mentira como la copa de un pino.**

> *Mundialmente, el número de autos es más de cuatro veces mayor que hace treinta años. El número de aviones es diez veces mayor.*

Carmen le habla a su amiga Diana.

DIANA: ¿Qué tal las vacaciones?
CARMEN: Muy mal. Todo muy caro. Además, ese paseo por las copas de los árboles *(canopy tour)* fue un desastre.
DIANA: ¿Por qué?
CARMEN: Yo pensaba que se trataba de *(it was a matter of)* una caminata por una plataforma alta con vista a la selva. Creía que [nosotros] (1) _____íbamos_____ (ir) a hacer una caminata. Y fíjate que se trataba de una tirolesa.
DIANA: ¡Qué barbaridad! ¿Y no tenías miedo?
CARMEN: Yo no subí, pero sí tenía miedo de que los niños se (2) _____lastimaran_____ (lastimar). Le dije a mi esposo que (3) _____regresáramos_____ (regresar) al hotel pero ni modo. Los niños no querían irse de allí a menos que (4) _____pudieran_____ (poder) subir.

En otro cuarto, dos niños están hablando.

MIGUEL: Y ¿cómo te fue en las vacaciones?
MARCOS: Superbién. Comimos en unos restaurantes de película y fuimos a un parque donde (5) _____había_____ (haber) una tirolesa.
MIGUEL: ¡Caray!
MARCOS: Subimos a una plataforma y nos lanzamos al aire. Vimos monos *(monkeys)*, ardillas *(squirrels)*, mariposas... volamos como si (6) _____fuéramos_____ (ser) pájaros.
MIGUEL: No puedo creer que tu mamá los (7) _____dejara_____ (dejar) hacer eso.
MARCOS: Ni yo tampoco. Ella dijo que no lo (8) _____hiciéramos_____ (hacer), que tenía miedo de que nos (9) _____cayéramos_____ (caer), pero ya había pagado, así que nosotros le dijimos que no queríamos que (10) _____perdiera_____ (perder) su dinero. Y papá fue con nosotros.
MIGUEL: ¡Y tú temías que el viaje (11) _____fuera_____ (ser) aburrido!

ANS 9-11
1. Quisiera... 2. Usted debiera...
3. ¿Quisiera...? 4. Quisiéramos...
5. Usted debiera...

9-11 De manera más cortés. Siga los modelos.

> MODELOS   *Quiero decir algo ahora.*
> *Quisiera decir algo ahora.*
> *¿Debemos irnos?*
> *¿Debiéramos irnos?*

1. Quiero un vaso de agua.
2. Usted debe esperar.
3. ¿Quiere usted entrar?
4. Queremos hablarle.
5. Usted debe regresar más tarde.

9-12 Cuando eras niño(a)... Entreviste a un(a) compañero(a) usando las ideas que siguen. Después su compañero(a) lo (la) entrevista a usted.

Cuando eras niño(a)...

1. ¿qué querían tus padres que hicieras?
   Ideas: tocar un instrumento musical, sacar buenas notas, aprender a nadar, hablar con los adultos que venían de visita
2. ¿qué te prohibían que hicieras?
   Ideas: salir a jugar sin pedir permiso, estar con "malas compañías", hablar con gente desconocida, pelear con tus hermanos
3. ¿qué te pedían o mandaban que hicieras?
   Ideas: limpiar tu cuarto, recoger tus juguetes *(toys)*, cuidar a un(a) hermano(a) menor, ayudar con las tareas de la casa
4. ¿qué no te gustaba que tu familia hiciera?
   Ideas: no respetar tu derecho a estar solo(a) en tu cuarto, entrar en tu cuarto sin tocar *(knocking)*, hablar mal de ti delante de otra gente, llevar cosas tuyas sin pedir permiso, llamarte por un nombre familiar como "Mikey" o "Jo-Jo"
5. ¿hiciste alguna travesura *(something mischievous)* alguna vez sin que tus papás lo supieran? ¿Qué?

9-13 Una buena amistad, ¿cómo es? Entreviste a un(a) compañero(a) sobre las amistades que ha tenido en el pasado. Después, traten de decidir qué cualidades son más importantes en un(a) buen(a) amigo(a). ¿Qué cualidades son indeseables?

Have students report on their lists of important / undesirable qualities in a friend.

Cuando eras más joven...

1. ¿Qué era importante para ti en cuanto a las amistades? Por ejemplo, ¿era importante que un(a) amigo(a) estuviera "en la onda" *("with it," popular)*? ¿que te escuchara cuando tenías algún problema?
   Ideas: ser honesto(a) contigo, querer pasar tiempo contigo (haciendo alguna actividad que a ti te gustaba), acordarse de cosas pequeñas que te importaban, hablar abiertamente de sus sentimientos, dejarte expresar tus sentimientos sin tener miedo de que se riera, compartir tus intereses, llevarse bien con todo el mundo, ¿...?
2. ¿Qué hacían tus amigos que no te gustaba o que te molestaba? Por ejemplo, ¿te molestaba que un(a) amigo(a) te tratara bien cuando estaban solos pero que no te tratara bien cuando estaban con otros?
   Ideas: reírse de ti, no guardar tus secretos, no hacerte caso, presionarte *(pressure you)* a hacer cosas que no querías hacer, quejarse o protestar si no hacías lo que él (ella) te decía, pedirte dinero u otras cosas, fumar marihuana, tomar demasiado, ¿...?

If Clauses (1)

1. An *if* clause in the present tense always takes the indicative, since a simple assumption is being made. The verb in the main clause may be in the present or future tense or the imperative mood.

Si nos bajamos aquí, podemos caminar al parque.	*If we get off here, we can walk to the park.*
Si tienes frío, ponte el suéter.	*If you're cold, put on your sweater.*

If clauses will be discussed further in Chapter 11. The important thing to remember is that the present subjunctive is not used after **si** meaning *if (assuming that)*. **Si** meaning *whether* also takes the indicative in the present.

No sé si podemos reciclar esta clase de plástico.	*I don't know if (whether) we can recycle this kind of plastic.*

2. When an *if* clause expresses something hypothetical or contrary to fact (not true), a past subjunctive is used.

Habla como si fuera experto en ecología.	*He talks as if he were an expert in ecology.*
¡Si pudieran venir ustedes con nosotros a las Islas Galápagos!	*If only you could come with us to the Galapagos Islands!*

3. The conditional is generally used in the main clause when a past subjunctive is used in the *if* clause.

Si hubiera más ecoturismo, la economía del país mejoraría.	*If there were more ecotourism, the economy of the country would improve.*
Si cuidáramos mejor la tierra, no habría tantos problemas ecológicos.	*If we took better care of the earth, there wouldn't be so many ecological problems.*

4. If the speaker or writer is not discussing something contrary to fact, then the statement is assumed to be true and the indicative is used. Compare:

Si no cuesta mucho, podemos visitar Monteverde.	*If it doesn't cost a lot, we can visit Monteverde.*
Si no costara mucho, podríamos visitar Monteverde.	*If it didn't cost a lot, we could visit Monteverde.*
Si llueve, no irán al campo.	*If it rains, they won't go to the country.*
Si lloviera, no irían al campo.	*If it were raining, they wouldn't go to the country.*

The indicative can also be used in the past tense in an *if* clause, depending upon the point of view.

Si Juan te dijo eso, se equivocó.	*If Juan told you that, he was wrong. (speaker believes that Juan made a certain statement)*
Si él me dijera eso, no lo creería.	*If he told me that, I wouldn't believe it. (hypothetical statement)*

V O C A B U L A R I O Ú T I L

PROBLEMAS AMBIENTALES

El siguiente gráfico apareció en la revista peruana *Debate.* Está basado en una encuesta *(survey)* de más de mil personas que contestaron la pregunta, "¿Cuál o cuáles de estos problemas ambientales diría usted que le preocupan más?" Los números representan porcentajes del total.

¿CUÁL O CUÁLES DE ESTOS PROBLEMAS AMBIENTALES DIRÍA UD. QUE LE PREOCUPAN MÁS?

% MULTIPLE

72 — BASURA EN LA CALLE Y OTROS LUGARES PÚBLICOS
41 — LA CONTAMINACIÓN DE LOS RÍOS Y MARES
56 — LA CONTAMINACIÓN DEL AIRE CAUSADA POR LOS ESCAPES DE LOS VEHÍCULOS
35 — LA CONTAMINACIÓN DEL AIRE CAUSADA POR PLANTAS ELÉCTRICAS E INDUSTRIALES
31 — CONTAMINACIÓN DEL AGUA POTABLE
24 — LA DESTRUCCIÓN DE LOS BOSQUES TROPICALES
15 — CONGESTIÓN VEHICULAR EN LOS CAMINOS
14 — PÉRDIDA DE CAMPO Y ESPACIOS ABIERTOS
9 — EXTINCIÓN DE ALGUNAS ESPECIES ANIMALES
5 — CONTAMINACIÓN POR RUIDO

> *Todo papel o cartón es reciclable, casi al 100% (cien por ciento).*

Act. 9.2

OTRAS PALABRAS

llover (ue)	*to rain*
nevar (ie)	*to snow*

¡OJO!

hacer calor (frío) *to be warm (cold) (weather)* / tener calor (frío) *to be warm (cold), said of people or animals*

PRÁCTICA

9-14 Consejos para proteger el medio ambiente. La señora Medina se preocupa mucho por el medio ambiente. ¿Qué le sugiere a su marido?

> **MODELO** no comprar productos con envases innecesarios / ahorrar dinero
> *Si no compráramos productos con envases innecesarios, ahorraríamos dinero.*

1. caminar al trabajo / ponernos en forma *(in good shape)*
2. secar la ropa afuera en vez de usar la secadora *(dryer)* / usar menos electricidad
3. usar detergente biodegradable / no contaminar el agua
4. tener una huerta / comer frutas y verduras frescas
5. plantar más árboles / ayudar a mejorar la calidad del aire
6. escribir en los dos lados de las hojas de papel / no desperdiciar tanto papel
7. apagar las luces al salir de una habitación / conservar energía

9-15 Un día en Xcaret, México. Complete las oraciones con el tiempo apropiado de los verbos entre paréntesis. (Pronunciación: Ish-ka-RET.)

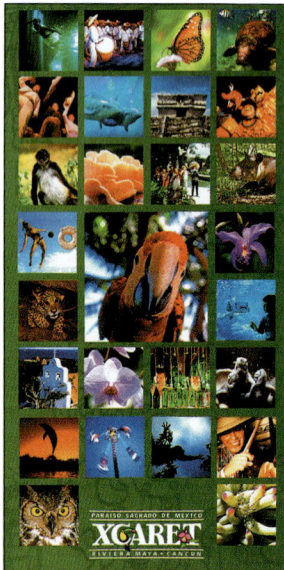

1. Si _____ hace _____ (hacer) sol mañana, debes ir a Xcaret.
2. Si _____ fuera _____ (ser) la estación seca, haría sol todos los días.
3. Si (tú) _____ vas _____ (ir) a Xcaret, lleva un traje de baño.
4. Si (yo) _____ tuviera _____ (tener) tiempo, iría contigo.
5. Si (tú) _____ llegas _____ (llegar) por la mañana, tendrás tiempo para bucear y ver el parque también.
6. Si te _____ interesan _____ (interesar) los peces exóticos, debes ir al acuario.
7. Si no _____ hubiera _____ (haber) acuario, no podrías ver peces de agua dulce *(fresh water)*.
8. Si todavía _____ estás _____ (estar) allí de noche, no te pierdas el espectáculo.

9-16 ¡A disfrutar de la naturaleza! Trabaje con un(a) compañero(a). Escojan un parque o una reserva natural que ustedes conocen y denle consejos a un(a) amigo(a) latino(a) que quiera visitarlo. Hagan por lo menos cinco oraciones que empiecen con **Si...**

> **MODELO** querer visitar..., / ser mejor...
> *Si quieres visitar Yellowstone, es mejor ir en la primavera porque se pueden ver muchas clases de animales y el tiempo es muy agradable.*

1. querer pasar la noche allí, / ser una buena idea...
2. llevar..., / poder...
3. no importarte el dinero, / poder...
4. querer comer bien, / deber ir...
5. hacer buen tiempo, / poder...
6. tener un espíritu aventurero, / deber...

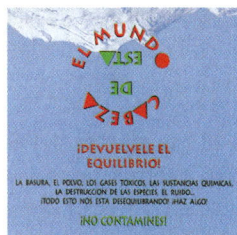

9-17 El ambiente. Trabajando con tres o cuatro compañeros, discuta las siguientes preguntas. Después, esté preparado(a) para explicarle a la clase las opiniones de su grupo.

1. Si el gobierno de Estados Unidos (o Canadá) pudiera resolver uno de los problemas que se presentan en el gráfico del **Vocabulario útil** de la página 243, ¿qué problema doméstico debería resolver primero? ¿Qué problema internacional debería tratar de resolver?
2. Si queremos dejar de hacerles daño *(harm)* a las especies animales, ¿qué podemos o debemos hacer? (Ideas: apoyar a organizaciones como..., no comer carne, no usar abrigos de piel, no comprar productos como...)
3. Si todos los países trabajaran juntos, ¿qué podrían hacer para parar la destrucción de los bosques tropicales? ¿la contaminación del agua? ¿del aire?
4. ¿Cuál es el problema más grande que tenemos ahora en este país? Si tuvieran poder y dinero, ¿qué harían para resolverlo?

Adverbs

1. Many adverbs are formed from the feminine form of an adjective plus the suffix **-mente.** In many cases, the masculine and feminine forms are the same.

Masculine adjective	Feminine adjective	Adverb
misterioso	misteriosa	misteriosamente *mysteriously*
preciso	precisa	precisamente *precisely, exactly*
igual	igual	igualmente *equally; likewise*
común	común	comúnmente *commonly*
frecuente	frecuente	frecuentemente *frequently*

2. If two or more adverbs ending in **-mente** occur in a series, only the last one has the suffix **-mente.**

Viven sencilla y tranquilamente.	*They live simply and quietly.*
Los niños caminaban rápida y alegremente.	*The children were walking quickly and happily.*

Act. 9.3

Selección 2 is a short story by one of Mexico's classic writers about one of the biggest environmental problems in the world: the scarcity of potable water. It contains examples of several of the grammar points from this chapter and finishes with a surprise ending that is ironically humorous and also makes a serious point.

9-16. This activity will help prepare students for the **A escribir** writing assignment, **Opción 2.**

The class should decide as a whole which problems are the most urgent and what the best solutions are. Have the groups report to the class; if there is time, have the group secretaries write some of the responses on the board, using *if* clauses. Reinforce the sequence of tenses used. This activity will help prepare students for the **A escribir** writing assignment, **Opción 1.**

Los genomas del chimpancé y del hombre se parecen en un 98.5 por 100.
—Muy interesante, año XVIII, número 4, página 62.

3. In Spanish as in English, adverbs usually follow the verbs they modify, as you have seen in the preceding examples. They generally precede adjectives they modify: **muy bonito; totalmente inolvidable.** Note that adverbs like **demasiado, bastante, poco,** and **mucho** can also be used as adjectives, in which case they agree with the nouns they modify.

El gato come poco (demasiado).	The cat eats very little (too much).
Compramos pocos (demasiados) envases de plástico.	We buy few (too many) plastic containers.

PRÁCTICA

9-18 Los efectos del tiempo. Convierta en adverbios los adjetivos que están entre parén-tesis y complete las oraciones. Después, tome una prueba sobre los efectos del tiempo; diga si las oraciones son verdaderas (**V**) o falsas (**F**). (Las respuestas están abajo.)

1. El tiempo afecta ___radicalmente___ (radical) a los seres humanos; por ejemplo, nos enfermamos más ___fácil y frecuentemente___ (fácil, frecuente) durante el invierno. (**V F**)
2. Cuando hace frío, el pelo crece más ___rápidamente___ (rápido). (**V F**)
3. Durante un huracán, pensamos más ___claramente___ (claro). (**V F**)
4. (normal) ___Normalmente___, la presión atmosférica *(air pressure)* baja relaja a la gente. (**V F**)
5. (preciso) ___Precisamente___ por eso, durante un día de presión atmosférica baja tenemos tendencia a olvidar las cosas que llevamos como, por ejemplo, el paraguas, los paquetes... (**V F**)
6. Cuando la presión atmosférica baja muy ___lentamente___ (lento), hay más accidentes, más suicidios y más crímenes. (**V F**)

Respuestas al ejercicio 9-18: 1. V 2. F (Crece más lentamente.) 3. V 4. V 5. V 6. F (Cuando la presión atmosférica baja muy rápidamente hay más accidentes, suicidios y crímenes.)

9-19 En mi caso... Complete las oraciones con la forma apropiada de **poco, mucho** o **demasiado**, según su propia situación.

1. Reciclo _____ latas y botellas.
2. Compro _____ artículos hechos de plástico.
3. Uso _____ papel.
4. Como _____ carne de vaca.
5. Como _____ postres.
6. Trabajo _____ en la computadora.
7. Tomo _____ bebidas con cafeína.

ANS 9-19
1. muchas (pocas, demasiadas)
2. pocos (muchos, demasiados)
3. mucho (poco, demasiado)
4. poca (mucha, demasiada)
5. demasiados (muchos, pocos)
6. mucho (poco, demasiado)
7. muchas (pocas, demasiadas)

9-20 ¿Pero cómo? Trabaje con un(a) compañero(a). En forma alternada, una persona le da un mandato a su compañero(a), según el modelo. Su compañero(a) hace lo que le dice.

> **MODELO**   sacar / exacto / 25 centavos de la billetera *(wallet)*
> A: *Saca exactamente 25 centavos de la billetera.*
> B: *(Hace lo que le dijo —i.e., saca 25 centavos de la billetera.)*

1. levantarse / lento
2. bailar / alegre
3. sentarse / rápido
4. pedirme un lápiz / cortés
5. mirarme / fijo
6. saludarme / cariñoso
7. levantar la mano / rápido
8. despedirse / triste
9. ir a la pizarra / directo
10. escribir tu nombre / claro / en la pizarra
11. abrir la puerta / cuidadoso y nervioso

Model the activity by commanding and eliciting the whole class to do (or pretend to do) the example. Have students make up additional commands. This activity serves as a review of command forms.

ANS 9-20
1. Levántate lentamente.
2. Baila alegremente. 3. Siéntate rápidamente. 4. Pídeme un lápiz cortésmente. 5. Mírame fijamente. 6. Salúdame cariñosamente. 7. Levanta la mano rápidamente.
8. Despídete tristemente.
9. Ve a la pizarra directamente.
10. Escribe tu nombre claramente en la pizarra. 11. Abre la puerta cuidadosa y nerviosamente.

The Infinitive

As you have seen, the infinitive is commonly used after conjugated verbs (particularly verbs such as **tener que, deber, hay que, poder,** and **querer**) or after impersonal expressions (such as **es necesario, es importante,** and so on).

Tengo que (Debo/Quiero) trabajar.	*I have to (should/want to) work.*
Esa clase de música me hace dormir.	*That kind of music makes me sleep.*
Es importante proteger el medio ambiente.	*It's important to protect the environment.*

Vivir es cambiar, ver cosas nuevas, experimentar otras sensaciones.
—Amando de Miguel, sociólogo español

The infinitive is also used:
1. as a noun, sometimes preceded by **el**

El fumar contamina el aire.	*Smoking contaminates the air.*

2. after a preposition

Fueron a las Islas Galápagos para estudiar la flora y la fauna.	They went to the Galápagos Islands to study the flora and fauna.
Siga por allí hasta llegar al parque.	Continue that way until you reach the park.
Después de cenar, fuimos al cine.	After having dinner, we went to the movies.

3. with verbs like **prohibir** and **permitir** (along with an indirect object) instead of a subjunctive form. Compare the following:

No permitieron que yo los acompañara.	They didn't allow me to go with them.
No me permitieron acompañarlos.	
Prohibió que recogiéramos flores.	He forbade us to pick flowers.
Nos prohibió recoger flores.	

4. **Al** + infinitive means *on* or *upon doing something*.

Al verlo entrar, fui a saludarlo.	On seeing him come in, I went to greet him.
¿Qué te dijo ella al salir?	What did she say to you upon leaving?

Two other uses of the infinitive, which you should be able to recognize, are:

1. with **hacer** or **mandar** to mean *to have something done*. An indirect object is sometimes used with this construction.

Cortés hizo destruir el templo de los aztecas y mandó construir en su lugar una catedral.	Cortés had the temple of the Aztecs destroyed and ordered a cathedral built in its place.

2. with **¡A...!** as a command.

¡A comer, niños!	Come eat, children!
¡A trabajar!	Get to work!

PRÁCTICA

9-21 El sueño y la contaminación por el ruido. En las grandes ciudades del mundo, mucha gente sufre de insomnio o de otros problemas relacionados con el sueño. El ruido, que ahora se considera un agente contaminante, es uno de los muchos factores que afectan al sueño. Para saber más sobre este tema, tome esta prueba. Complete las oraciones con el equivalente en español; después, diga si las oraciones son verdaderas (**V**) o falsas (**F**). (Las respuestas están abajo.)

1. El ruido reduce la fase de sueño profundo y hasta puede ____causar____ (cause) pesadillas (nightmares). (**V F**)
2. ____Al oír____ (Upon hearing) un ruido inesperado, como una sirena, una motocicleta, un avión o un tren que pasa, mucha gente se siente molesta; en cambio, los ruidos habituales, como el aire acondicionado, no molestan tanto. (**V F**)
3. En general, los hombres se duermen más rápidamente que las mujeres y duermen más profundamente. Por eso, se oyen muchas anécdotas de mujeres que hacen ____levantar____ (get up) a sus esposos para ____buscar____ (look for) "al ladrón (thief) que está abajo". (**V F**)

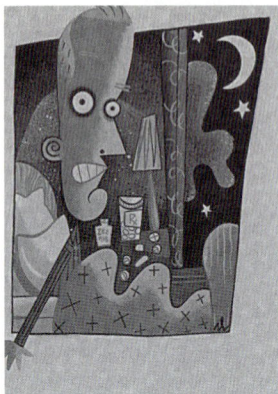

4. La persona que duerme como una piedra *(rock)* lo hace _____sin cambiar_____ *(without changing)* mucho de posición. **(V F)**

5. El _____no soñar_____ *(Not dreaming)* es muestra *(sign)* de que una persona tiene la conciencia tranquila. **(V F)**

6. Un baño caliente inmediatamente _____antes de acostarse_____ *(before going to bed)* produce un sueño rápido. **(V F)**

7. Las bebidas que contienen cafeína no afectan a nuestra capacidad para _____quedarnos_____ *(remain, stay)* dormidos. **(V F)**

8. Un vaso de leche caliente puede _____hacerte dormir_____ *(make you fall asleep)* rápidamente. **(V F)**

9. Después de veinticuatro horas _____sin dormir_____ *(without sleeping)*, mucha gente da muestras de irritabilidad, pérdida de memoria y alucinaciones. **(V F)**

9-22 Refranes (proverbios). Todos los proverbios que aparecen a la izquierda llevan uno o más verbos en infinitivo. Trate de comprender su significado (pida ayuda a su instructor[a], si la necesita) y luego forme sus propios proverbios.

1. Ver es creer. Amar es...
2. El dar es honor, y el pedir dolor. El... es honor y el... dolor.
3. Para aprender nunca es tarde. Para... nunca es tarde.
4. Querer es poder. ... es...
5. Ni ir a la guerra ni casarse se deben aconsejar. Ni... ni... se deben aconsejar.
6. Más vale *(It is better)* estar solo que mal acompañado. Más vale... que...

9-23 Entrevista. Entreviste a un(a) compañero(a) para saber qué hizo, qué dijo o cómo se sentía en los siguientes momentos de su vida. Use las ideas que siguen o sus propias ideas y **al** (+ infinitivo).

> **MODELO** terminar la escuela secundaria
> *A: ¿Qué hiciste (dijiste, ¿Cómo te sentías) al terminar la escuela secundaria?*
> *B: Al terminar la escuela secundaria, fui a una gran fiesta (me sentía muy feliz).*

1. entrar en la escuela primaria por primera vez
2. ir solo(a) a un lugar lejos de tu familia por primera vez
3. sacar la licencia de manejar
4. cumplir dieciocho años
5. conseguir tu primer empleo

Respuestas al ejercicio 9-21: 1. V 2. V 3. V 4. F 5. F (Todos sueñan, pero solo algunos lo recuerdan.) 6. F (Un baño frío o caliente es demasiado estimulante. Pero un baño tibio *[lukewarm]* relaja los músculos y produce somnolencia.) 7. F 8. V 9. V

9-24 ¡Qué lata! *(What a pain!)* Trabaje con un(a) compañero(a). ¿Qué cosas le molestan? Dé tres o cuatro ejemplos usando el infinitivo. Haga y conteste preguntas (**¿Por qué...? ¿Cuándo...?**).

> **MODELOS** *Me molesta no poder dormir (perder algo y no poder encontrarlo, sentir celos, olvidar..., no recordar...).*

The Verb *Acabar*

1. **Acabar** means *to end, finish,* or, with the **se** for unplanned occurrences, *to run out.*

¿Cuándo vas a acabar con ese proyecto?	When are you going to finish with that project?
¿Se nos va a acabar el petróleo?	Are we going to run out of petroleum?

2. **Acabar bien (mal)** means to *have a happy (sad) ending.*

¿Cómo acabó la novela? ¿Acabó bien? —No, acabó mal. Murió el héroe.	How did the novel end? Did it have a happy ending? —No, it had a sad ending. The hero died.

3. **Acabar de** + infinitive in the present tense means *to have just*; in the imperfect, it means *had just.*

Acabamos de oír las noticias. ¡Felicitaciones!	We have just heard the news. Congratulations!
Acababan de salir cuando empezó a nevar.	They had just gone out when it started to snow.

PRÁCTICA

9-25 Entrevista. Con un(a) compañero(a), haga y conteste preguntas usando el verbo **acabar**. Estén listos para compartir la información con la clase.

> **MODELOS** *¿Acabas de cambiar algo en tu vida? Por ejemplo, ¿acabas de empezar un nuevo programa de ejercicios? ¿iniciar una nueva relación amorosa? ¿mudarte? ¿cambiar de trabajo?*
> *¿Acabas de ver una película interesante? ¿Cómo acabó? ¿Acabó bien o mal?*
> *¿Se acaba de hacer algo en esta universidad o ciudad que mejore (empeore) la calidad de vida de los estudiantes o habitantes? ¿Qué?*

E N OTRAS PALABRAS

Para dar consejos; Para expresar compasión o solidaridad o falta de compasión o solidaridad

Para dar consejos

Here are some ways to give advice in Spanish.

Usted debe (tú debes)...
Usted debiera (tú debieras)...
Le (Te) aconsejo que (+ *subj.*)...
Es mejor que (+ *subj.*)...
Le (Te) recomiendo que (+ *subj.*)...

Para expresar compasión o solidaridad o falta de compasión o solidaridad

When people tell you something sad, how do you show that you sympathize with them, feel sorry about what they're going through? Here are some ways to do that.

¡Qué lástima!
¡Qué desgracia! (= ¡Qué mala suerte!)
¡Qué barbaridad! *Good grief! How awful!*
¡Pobrecito(a)! ¡Pobre de ti!
¡Qué molestia! *What a pain!*
¡Qué horror! *How awful!*

Eso debe ser terrible.
¡Ay, Dios mío!
¡Caramba! ¡Caray!
Siento mucho que (+ *subj.*)...
¡Cuánto lo siento!

Other ways to offer sympathy:
Estoy con usted (contigo) or
Cuente (Cuenta) conmigo.
To offer condolences, people may say: **Le (Te) acompaño en el dolor**.

Oftentimes, however, when friends or family are telling you a tale of woe, you don't necessarily feel sorry for them. Here are some ways to express lack of sympathy.

¿Y qué? ¿Qué más da? ¿Qué importancia tiene?
Es de esperar.
¿Qué esperaba(s)?
La culpa es suya (tuya).
¡Buena lección! Ahora aprenderá(s)
   a... Eso le (te) enseñará a...

So what?
It's to be expected.
What did you expect?
It's your own fault.

PRÁCTICA

9-26 Consejos. Déles consejos a las personas que se encuentran en las siguientes situaciones. Invente varios consejos diferentes para cada caso. Use las formas de **tú**.

> **MODELO**   Quiero hacer una excursión a la Amazonia pero no sé a qué país ir ni cuánto costaría.
> *Te aconsejo que llames a la agencia Discovery Ecotours. Debes conseguir una guía de turismo sobre América del Sur.*
> *Te recomiendo que busques información por Internet.*

1. Tengo ganas de trabajar para alguna organización que se dedique a proteger el medio ambiente.
2. Deseo aprender más sobre la ecología y cómo se puede ayudar a salvar la tierra.
3. Una amiga mía está deprimida porque sus padres piensan divorciarse.
4. Hace tres días que mi novio(a) no me llama.
5. Mis padres quieren que pase el verano con ellos, pero yo quiero ir a Latinoamérica.

ANS 9-27
Possible answers: 1. ¿Qué esperabas? 2. ¡Cuánto lo siento! 3. ¡Buena lección! Eso te enseñará a pagar el alquiler a tiempo. 4. ¡Qué desgracia! 5. La culpa es tuya.

9-27 Su amigo. Usted tiene un amigo que siempre parece tener mala suerte, pero a veces él mismo se la busca *(sometimes he brings it on himself)*. Su amigo le cuenta sus problemas; a veces a usted le da lástima y a veces no, según el caso. Exprésolo en las siguientes situaciones.

1. Fracasé en el examen de biología porque no había estudiado.
2. Alguien me robó la bicicleta.
3. Tengo que mudarme de apartamento; me olvidé de pagar el alquiler *(rent)* durante dos meses.
4. Mi hermano tuvo un accidente automovilístico y está en el hospital.
5. No conseguí el trabajo porque llegué dos horas tarde a la entrevista.

9-28 ¿Qué hago? Escriba un problema (real o imaginado) en cada una de estas tres categorías:

1. la vida amorosa
2. una dificultad en cuanto a sus clases
3. algún dolor físico

Su profesor(a) le dará a cada uno un papel (e.g., psicólogo[a], consejero[a], doctor[a]). Pónganse de pie; pídales y déles consejos a los demás según sus papeles.

9-28. Count off the students by three and give each a role to play. All students should have a role and their three problems to seek help for. Give students enough time to have the appropriate person answer each type of question. If time permits, have students share and respond to the advice they received.

EN CONTACTO

9-29 Entrevista. Con un(a) compañero(a), pregunte y conteste las siguientes preguntas personales e invente otras para conocer mejor a su compañero(a).

1 Si tuvieras $1.000, ¿qué comprarías?
2. Si pudieras cambiar algo en tu vida, ¿qué cambiarías?
3. Si pudieras hablar con cualquier personaje histórico, ¿con quién hablarías?
4. Si estuvieras en una isla desierta, ¿con quién te gustaría estar? ¿Qué libros llevarías? ¿Qué otra cosa llevarías?

9-30 Un día fatal. Trabaje con un(a) compañero(a). Describa un día horrible. ¿Qué pasó? Trate de usar algunas de las siguientes estructuras:

> Mis papás (no) querían que... (+ *imp. subj.*)
> Un amigo me pidió que... (+ *imp. subj.*)
> Mi profesor de... me dijo que (no)... (+ *imp. subj.*)
> Era sorprendente / increíble / horrible que... (+ *imp. subj.*)
> Acababa de... cuando...
> Al (+ *infinitive*)...
> Desafortunadamente...

Give students examples based on a bad day you've had.

9-31 Los animales y tú.

Paso 1. Entreviste a un(a) compañero(a) sobre las mascotas *(pets)*, o animales domésticos. Después, su compañero(a) lo (la) entrevista a usted.

1. De niño(a), ¿tenías una mascota, como un perro (gato, pájaro, caballo, pez, ratoncito) o una tortuga? ¿Cómo se llamaba?
2. ¿Cómo era tu mascota?
3. ¿Quién la cuidaba? ¿Era importante que alguien la paseara? ¿que alguien le cambiara el agua al acuario? ¿que le diera alguna comida especial?
4. ¿Qué te rogaban tus papás que hicieras por tu mascota? ¿Qué te pedían que no hicieras?
5. ¿Era necesario que la llevaras frecuentemente al veterinario? ¿que le dieras mucho cariño?
6. ¿Te alegrabas de que tu mascota fuera cariñosa contigo? ¿que jugara contigo?
7. ¿Tenías miedo de que se perdiera (escapara)? ¿que se enfermara? ¿que no se llevara bien con otros animales o con la gente?
8. Si pudieras tener cualquier mascota ahora, ¿qué mascota escogerías?

*If you have time, you might want to have students write a short anecdote about their pet for a review of the past tenses. If not, have students share with the rest of the class some of the things that their partners said about their pets. If the students show a lot of interest in this topic, you could also offer it as an alternative for the **A escribir** assignment instead of the options given there.*

Paso 2. Escriba una breve anécdota sobre su mascota. Trate de usar el imperfecto de subjuntivo por lo menos dos veces.

9-32 Un poema. Trabaje con un(a) compañero(a). Escojan una estación del año: la primavera, el verano, el otoño o el invierno. Escriban un poema que tenga la siguiente estructura:

La primavera
adjetivo adjetivo
infinitivo infinitivo infinitivo
sustantivo sustantivo* PALABRA DE TRANSICIÓN sustantivo sustantivo
infinitivo infinitivo infinitivo
adjetivo adjetivo
El verano

9-33 A ESCRIBIR: Usted y el medio ambiente. Usando el **Vocabulario útil** de este capítulo, escriba un párrafo sobre uno de los siguientes temas. Trate de usar **si** *(if)* por lo menos dos veces.

Opción 1. **Un problema ecológico que a usted le interese.** ¿Cuál es el problema? ¿Qué se hace hoy día para resolverlo? ¿Qué más se debiera o se pudiera hacer para resolverlo? Puede escoger uno de los problemas en la página 243 o uno que investigó por Internet. También podría escribir sobre una especie animal que debiéramos proteger; descríbala y diga qué podemos hacer para protegerla. Puede usar algunas de las ideas de los ejercicios 9-1, 9-4, 9-14 y 9-17.

Opción 2. **El ecoturismo.** Describa un lugar (como un parque nacional en este o en otro país) muy bonito para la práctica del ecoturismo. ¿Cómo se llama y dónde está? ¿Qué animales y plantas hay allí? ¿Cuándo se debe ir y qué tiempo hará? ¿Qué atracciones hay? Puede usar algunas de las ideas de los ejercicios 9-1, 9-4, 9-15 y 9-16.

---

* Up to this point in the poem, the words should describe or relate to the season you have chosen (in this case, spring). Then add a transition word that links the seasons (for example, SOL). After this, the nouns, infinitives, and adjectives should relate to the next season (in this case, summer).

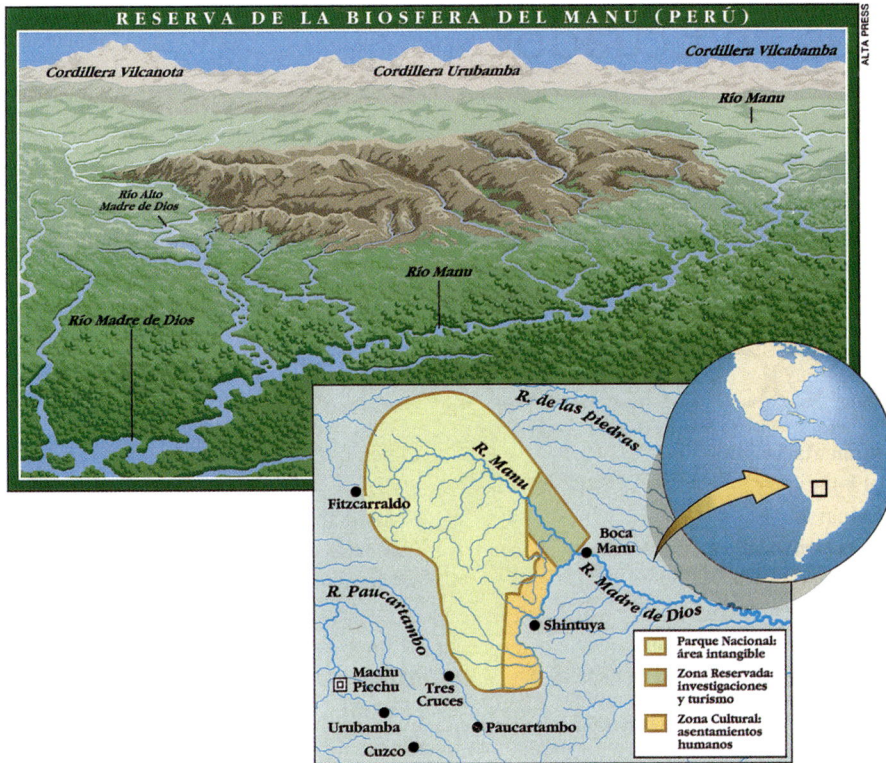

RESERVA DE LA BIOSFERA DEL MANU (PERÚ)

Cordillera Vilcanota   Cordillera Urubamba   Cordillera Vilcabamba

Río Manu

Río Alto Madre de Dios

Río Manu

Río Madre de Dios

R. de las Piedras

R. Manu

Fitzcarraldo

Boca Manu

R. Paucartambo

R. Madre de Dios

Shintuya

Machu Picchu   Tres Cruces

Urubamba   Paucartambo

Cuzco

Parque Nacional: área intangible

Zona Reservada: investigaciones y turismo

Zona Cultural: asentamientos humanos

ALTA PRESS

Grammar — verbs: *if* clauses

Vocabulary — animals: birds; animals: domestic; animals: fish; animals: wild; plants: flowers; plants: trees

Phrases — expressing an opinion **(Opción 1)**; describing weather; describing places; expressing location **(Opción 2)**

ATAJO

[Los turistas] ya no solamente quieren sol, playa y discoteca, sino también paz, belleza, transparencia sobre sus cabezas, contacto con la naturaleza y buena salud de las aguas litorales [coastal].
—Joaquín Araújo, escritor español

La Reserva de la Biosfera del Manu, Perú, a unos 160 kilómetros de Machu Picchu, es la zona protegida más rica en especies del mundo. "La lista de aves [birds]*, mamíferos* [mammals]*, reptiles y plantas es interminable. La de los pueblos nativos, no lo es. Sólo hay cuatro grupos étnicos, dos de los cuales, los kogapakori y los yora, apenas han mantenido contactos con la civilización... Su vida depende totalmente de la selva para vestirse, alimentarse y curar sus enfermedades."*
—J. P. De Albéniz, "Paraíso peruano", *El País*, 6 de febrero de 1994, páginas 80–81.

▶▶ Las mariposas en Ecuador

El Yunque, Puerto Rico y Mindo, Ecuador

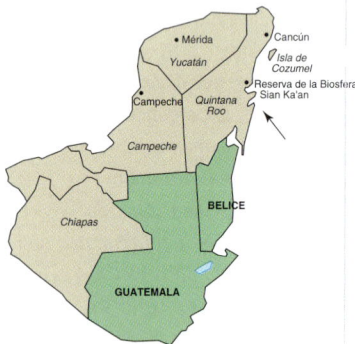

Sian Ka'an, México

En la reserva de Mindo, Ecuador, en el bosque ecuatoriano, hay gente que se dedica a estudiar las mariposas. Rossi Gómez de la Torre explica cómo estos insectos empiezan su vida y cómo se transforman de **oruga** en **pupa** y finalmente en mariposa. Habla de la importancia de proteger las especies de mariposas no investigadas hasta ahora y del peligro que corren por la tala de árboles.

VOCABULARIO

alimentarse (de)	to eat, get nourishment (from)
el búho	owl
colgarse	to hang, to be suspended
el invernadero	hothouse, greenhouse
la oruga	caterpillar
la pupa	pupa, chrysalis
rescatar	to save, rescue
reventar (ie)	to break, burst
la sobrevivencia	survival
la tala	felling, cutting (of trees)
talar	to fell, cut (trees)

PRÁCTICA DE VOCABULARIO

Complete las oraciones con las palabras de la lista.

1. La mariposa hembra (female) pone los huevos en una planta particular y luego éstos se rompen o __revientan__.
2. Las orugas salen del huevo y __se alimentan__ de la planta por tres meses y medio.
3. Luego las orugas buscan un lugar donde __colgarse__ y se transforman en pupa.
4. Muchas variedades de mariposas raras se crían (are raised) en el __invernadero__.

HABLANDO DEL TEMA

▶▶ El Bosque Protector Mindo-Nambillo, reserva de fauna y flora, y el pequeño pueblo de Mindo están cerca de Quito, al oeste del volcán Pichincha. En este impresionante paisaje se encuentran muchas variedades de mariposas, aves (birds) y orquídeas. Los ecoturistas que deseen visitar la reserva pueden ponerse en contacto con los Amigos de la Naturaleza de Mindo, una organización ecológica.

▶▶ El Yunque, una reserva nacional de Puerto Rico, es la única selva tropical del territorio norteamericano. El Yunque tiene doscientos cuarenta tipos de árboles, orquídeas y otras plantas. Es el lugar preferido del loro (parrot) puertorriqueño, que se ha salvado de la extinción. Por los muchos senderos (trails) de El Yunque se puede oír el canto de la ranita (frog) indígena de Puerto Rico, el coquí.

5. Desafortunadamente, se cree que habrá ____tala____ de árboles para construir un oleoducto *(oil pipeline)*.

6. En Mindo, mucha gente trata de ____rescatar____ las diversas especies de mariposas.

PREGUNTA DE ENFOQUE

¿Por qué es la mariposa uno de los primeros insectos en huir *(flee)* de un bosque talado, según la narradora?

COMPRENSIÓN

1. ¿Cuántas variedades de mariposas hay en Mindo que no han sido investigadas todavía?

2. Durante la reproducción de las mariposas, ¿por cuánto tiempo se unen el macho y la hembra?

3. ¿Qué pasa después de que las orugas se cuelgan?

4. ¿Qué imagen tiene una de las mariposas raras en sus alas *(wings)*? ¿Cómo la ayudará a sobrevivir?

5. ¿Por qué la construcción de un oleoducto representa un peligro para la reserva?

PUNTOS DE VISTA

1. ¿A usted le interesaría estudiar la entomología, es decir, el estudio de los insectos? ¿Por qué sí o por qué no?

2. ¿Cree usted que es necesario proteger toda la flora y fauna que existe hoy? Explique.

3. ¿Por qué es importante el trabajo que se hace en Mindo?

4. ¿Puede haber un oleoducto y protección de la fauna al mismo tiempo? Explique.

Voice your choice! Visit **http://voices.thomsoncustom.com** to select additional readings relevant to this chapter's theme.

Las Vicuñas, Chile

▶▶ México tiene varias reservas biosféricas. Una de las más famosas es la de Sian Ka'an, en la península de Yucatán. La reserva tiene más de un millón de acres, divididos entre pantanos *(swamps)*, una selva tropical y un sistema marino. Esta reserva es tan importante que se incluye entre los sitios considerados por la UNESCO como Patrimonio de la humanidad.

▶▶ En Chile, la Reserva Nacional Las Vicuñas está situada en los Andes a más de 5.000 metros de altura y ofrece panoramas espectaculares. Entre los animales que se pueden observar allí están el cóndor, la perdiz *(partridge)*, el cuy *(guinea pig)*, el puma y la vicuña. La reserva también tiene interés histórico y antropológico por sus altares y ruinas precolombinos.

Imágenes y negocios

cupido
net

El Sitio se adaptó
a ti y creó Cupido Net.
Un lugar para que
encuentres al amor
de tu vida.

Imagen publicitaria de un sitio de Internet

CD 2,
Track 10

Act. 10.1

ⓟRESENTACIÓN DEL TEMA

En todas partes del mundo la gente vive bombardeada con anuncios comerciales: en la televisión, en la radio, en revistas, en periódicos, por Internet y por correo. Durante años los anuncios nos han sugerido cómo debemos vestir, a quién nos debemos parecer y qué tipo de productos debemos comprar para dar una buena imagen. A menudo nos han convencido de que si compramos esos productos conseguiremos la felicidad, la juventud, el éxito, la belleza y otros aspectos. Nos han vendido la idea de que se puede resolver cualquier problema en la vida comprando un producto determinado. Según un artículo de la revista española *Prima:* "La buena imagen vende, sea *[be it]* un detergente o un político. Y como la imagen y la economía son dos pilares de nuestra sociedad, detergentes y políticos se han buscado a quienes les pueden aconsejar 'cómo comerse el mercado'... Pierre Balduin, responsable de la imagen de muchos franceses famosos, dice que da igual un detergente que un político cuando ambos *[they both]* entran en el mundo de la imagen: 'Tanto en un caso como en otro, hay que decir verdades que el hombre quiere oír. La Coca-Cola es joven desde hace 140 años.' "*

La mayoría de los anuncios comerciales sugieren que los productos modernos son mejores que los tradicionales. Muchos anuncios van dirigidos a gente sin recursos económicos que vive en países pobres. Estas personas tienen poco dinero pero a menudo viven en familias extensas y combinan sus ingresos. Miran los anuncios en la televisión y quieren los productos que ven.

Algunas personas opinan que la publicidad es mala porque ha contribuido a cambiar nuestros valores. Dicen que nos ha hecho malgastar dinero y comprar cosas que no necesitamos. Quieren prohibir la publicidad dirigida a los niños porque a menudo los niños no saben distinguir entre un anuncio comercial y el programa de televisión que están mirando.

En cambio, otras personas opinan que la publicidad no es negativa. A todo el mundo le gusta ir de compras aunque sólo sea para mirar las vitrinas *(store windows)*. El ir de compras nos hace sentir bien. Comprando y usando los productos anunciados, nos identificamos con las personas que los promocionan. Así, todos podemos sentirnos jóvenes, ricos y bellos.

PRÁCTICA

10-1 Preguntas.

1. ¿Cuáles son los valores o temas que los anuncios han usado con frecuencia para promocionar sus productos?
2. ¿De qué nos han convencido, muchas veces?
3. ¿Por qué opinan algunas personas que la publicidad es mala? ¿Qué cree usted?
4. ¿Cree que los jóvenes de hoy se preocupan demasiado por la imagen externa (los estilos y las marcas de ropa, los peinados *[hairdos]*, etc.)? ¿y los adultos?
5. ¿A usted le gusta ir de compras? ¿Lo (La) pone de buen humor? O sea, ¿se siente feliz en las tiendas? ¿Va a las tiendas cuando se siente triste o aburrido(a) para olvidarse de las preocupaciones?

---

* María Salinas, "¡Quién te ha visto y quién te ve!" *Prima*, septiembre de 1994, página 38.

The **Enfoque del tema** section opens with an ad from a Buenos Aires firm that offers its clients a makeover of their personal image. It also discusses the ways that the image of the perfect Latin American businessperson is different from the image of the perfect North American businessperson. Refer to this and extend the discussion to the topic of how the sales campaigns of certain products and/or people (such as politicians or stars) need to be different in different cultures.

ANS 10-1
1. Los anuncios han usado los valores de la felicidad, la juventud, el éxito, la belleza, etcétera, para promocionar sus productos. 2. Muchas veces nos han convencido de que se puede resolver cualquier problema en la vida comprando un producto determinado. 3. Algunas personas opinan que la publicidad es mala porque nos hace malgastar dinero y comprar cosas que no necesitamos. / Answers will vary. 4–7. Answers will vary.

6. ¿Mira las vitrinas cuando no tiene dinero para comprar cosas?
7. ¿Qué tipo de cosas le gusta comprar? ¿Qué tipo de cosas no le gusta comprar? ¿Cuáles son sus tiendas favoritas?

V O C A B U L A R I O Ú T I L

> *La publicidad no inventa nada. Sólo recoge lo que está en el aire y le da una nueva forma.*
> —José María Raventos, presidente de una agencia de publicidad

IMÁGENES Y NEGOCIOS

COGNADOS

el comercio	el producto
la compañía	la publicidad
la imagen	el vendedor (la vendedora)

LOS GASTOS PERSONALES

la alimentación	food
el alquiler	rent
la deuda	debt
el gasto	expense
el presupuesto	budget
el recibo	receipt

VERBOS

ahorrar	to save (money)
anunciar	to announce, advertise
aumentar	to increase, go up
conseguir (i)	to obtain, get
contratar	to employ, hire
deber	to owe
dirigir (j)	to direct
invertir (ie) en	to invest in
negociar	to negotiate, do business
pedir (i) / tomar prestado(a)	to borrow
prestar	to lend
promocionar	to promote

OTRAS PALABRAS

a precio reducido (rebajado)	at a reduced (lower) price
el ahorro	savings
el anuncio	announcement, advertisement
el, la comerciante	businessperson
el ingreso	income
el negocio	business
el sueldo	salary

> **¡OJO!**
>
> **gastar** *to spend (money or energy)* / **malgastar** *to waste, spend badly* / **pasar**
>   *to spend (time)*
> **mantener** *to support (economically)* / **soportar** *to put up with, hold up (physically)*

PRÁCTICA

10-2 Familias de palabras. Dé el sustantivo que corresponda a cada verbo.

MODELO	alquilar
	el alquiler

1. comerciar
2. negociar
3. anunciar
4. ahorrar
5. producir
6. imaginar
7. gastar
8. deber

> *El dinero es como el agua; un poquito salva, y mucho ahoga* [drowns].
> —proverbio

10-3 ¡Falta algo! Escoja la palabra apropiada para completar las siguientes oraciones.

1. (Gastamos / <u>Pasamos</u>) tres días en Sevilla.
2. No puedo (<u>soportar</u> / mantener) a mi tío porque es muy rico y muy egoísta.
3. ¿Cuánto dinero (malgastas / <u>gastas</u>) tú en comida por semana?
4. Eduardo (<u>mantiene</u> / soporta) a su familia con un ingreso de sólo cuatro mil pesos al mes.
5. ¿Me podrías (<u>prestar</u> / dirigir) ese lápiz, por favor?

10-4 Entrevista: El dinero y tú. Entreviste a un(a) compañero(a), usando las preguntas que siguen. Después, su compañero(a) lo (la) entrevista a usted. Comparen las respuestas con las de los otros estudiantes de la clase.

Act. 10.2

1. ¿En qué gastas más dinero: en la matrícula, la alimentación, el alquiler, los libros?
2. ¿Tienes un presupuesto? ¿Calculas tus gastos cada mes?
3. ¿Qué gastos han aumentado recientemente? ¿Cuáles han bajado?
4. ¿Qué porcentaje de tus ingresos gastas en alquiler? ¿Te importa vivir en un lugar lindo o prefieres ahorrar en alquiler y tener más dinero para otras cosas? Explica.
5. ¿Malgastas dinero a veces? ¿En qué malgastas dinero?
6. ¿Tienes una tarjeta de crédito? ¿A veces gastas más de lo que puedes pagar? ¿Tienes deudas? ¿A quién le debes dinero?
7. ¿Conoces a una persona adicta a las compras, tipo "¡Compro, luego existo!"? Si es así, describe a esa persona.
8. Cuando quieres ahorrar dinero, ¿qué haces? Por ejemplo, ¿haces una lista de lo que necesitas antes de ir de compras? ¿Tomas decisiones firmes sobre lo que *no* vas a comprar durante la semana? ¿Apuntas tus gastos en una agenda?

This activity will help prepare students for the **A escribir** writing assignment. In item 7, students may not understand that **"¡Compro, luego existo!"** is a variation on Descartes' **"Pienso, luego existo."** You might have them make variations on this themselves, changing the first verb.

10-5 Tres anuncios comerciales. Trabajando con dos o tres estudiantes, compare los siguientes anuncios. ¿Qué productos anuncian? ¿Cuál es la imagen que tratan de proyectar? ¿Están dirigidos a hombres? ¿a mujeres? ¿De qué edad? ¿Qué piensa usted de los anuncios? Vocabulario: platería *silver work;* el seguro *insurance*

¿Sabes qué hay detrás de la **Platería Hecha en México**?

Contigo es posible

Fíjate que esté **MX** HECHO EN MÉXICO

| Geólogas | Mineros | Diseñadores | Artesanas |

Al comprar productos hechos en México obtienes **calidad, buenos precios** y contribuyes a generar y conservar miles de **empleos**

Fíjate que esté **MX** HECHO EN MÉXICO

Act. 10.3

CD 2,
Tracks
11, 12, 13

Para escuchar: Anuncios comerciales

10-6 Escuche los tres anuncios comerciales. ¿Cuál de los tres anuncios (1, 2 o 3) está dirigido a...

   _2_ a. una persona que quiera celebrar su cumpleaños con música y baile?

   _3_ b. una persona que necesite mandar dinero a otro país?

   _1_ c. una persona que quiera pasar unas vacaciones tranquilas en las montañas?

10-7 Escuche otra vez y conteste las preguntas.

Anuncio 1

1. ¿Dónde está el Oasis Piramidal de los Andes?
2. ¿Cómo es el ambiente allí?
3. ¿Qué tienen las cabañas piramidales?
4. ¿Quiere usted visitar esa parte del mundo? ¿Por qué sí o por qué no?

Anuncio 2

1. ¿En qué país está este club nocturno?
2. ¿Qué estilos de música se pueden escuchar allí?
3. ¿Sabe usted bailar salsa? ¿Hay un club nocturno con música latina en su pueblo o ciudad?

Anuncio 3

1. ¿Qué quiere hacer el hombre del tercer anuncio? (Dice "mi vieja" para referirse de manera coloquial a su esposa.)
2. ¿Qué compañía ofrece este servicio?
3. ¿Por qué salió de su país, según su opinión?

10-8 Escuche otra vez y complete las oraciones con los números correctos.

1. El Oasis Piramidal de los Andes está a ____quince____ minutos de la ciudad de Bariloche, Argentina.
2. Para más información, visite el sitio Internet www.sinfronteras____dos mil____.com.
3. El club nocturno Azúcar tiene espacio para más de ____setecientas____ personas.
4. En este club los miércoles y jueves hay clases gratis de salsa a las _nueve y treinta_ de la noche.
5. En el tercer anuncio, hay una oferta especial de un mensaje de ____cinco____ palabras gratis con la transferencia del dinero.

Anuncio 1 1. El Oasis Piramidal de los Andes está en Patagonia, cerca de Bariloche, Argentina. 2. Hay montañas y lagos (aguas puras y cristalinas); es un lugar muy tranquilo. 3. Las cabañas piramidales tienen cocina, áreas de descanso, baños, chimenea y jardín. 4. Answers will vary.
Anuncio 2 1. Está en Canadá (en Edmonton). 2. Se pueden escuchar salsa, merengue, bachata, cumbia, música vaquera y muchos otros estilos musicales. 3. Answers will vary.
Anuncio 3 1. Quiere mandar dinero a México, a su esposa. 2. Western Union ofrece este servicio. 3. Probablemente salió de su país para encontrar trabajo.

There are many cognates in these ads, so you could have students practice understanding cognates, making a list of all those they hear. There are also many command forms; if you want to review commands, have them find words for: Follow. Relax. Forget. Visit. (Ad 1); Dance. Obtain. Don't forget. Visit. (Ad 2); Pass me... Listen. Send. (**tú** forms, Ad 3).

ⒼRAMÁTICA Y VOCABULARIO
Past Participles as Adjectives

Formation of the Past Participle

Regular Past Participles

To form the past participles of nearly all verbs, add **-ado** to the stems of **-ar** verbs and **-ido** to the stems of **-er** or **-ir** verbs. If an **-er** or **-ir** verb stem ends in **-a**, **-e**, or **-o**, the **-ido** ending takes an accent.

habl**ado**	com**ido**	viv**ido**
tra**ído**	le**ído**	o**ído**

Irregular Past Participles

Some past participles are irregular.

abierto	abrir	**muerto**	morir
cubierto	cubrir	**puesto**	poner
descrito	describir	**resuelto**	resolver
dicho	decir	**roto**	romper
escrito	escribir	**visto**	ver
hecho	hacer	**vuelto**	volver

Verbs built upon these verbs will also have the irregularity. Some examples are **descubierto (descubrir), deshecho (deshacer), supuesto (suponer), devuelto (devolver).**

Use of the Past Participle

1. Past participles used as adjectives agree in gender and number with the nouns they modify.

   varias revistas publicadas en México
   several magazines published in Mexico
   diez pesos prestados y pagados
   ten pesos borrowed and paid
   "Comida hecha, amistad deshecha."
   The meal done, the friendship undone (said jokingly of someone who "eats and runs").

2. Past participles are often used with **estar;** as adjectives, they agree with the subject.

   Las tazas están rotas.
   The cups are broken.
   ¿Está cerrado el negocio?
   Is the business closed?
   Los precios están rebajados.
   The prices are reduced.

3. Notice that **estar** with a past participle generally indicates the result of an action.

El matemático resolvió el problema. El problema está resuelto.	*The mathematician solved the problem. The problem is solved.*
El vendedor abrió la tienda. La tienda está abierta.	*The salesperson opened the store. The store is open.*
Los comerciantes están sentados en el restaurante; hablan de negocios mientras toman el desayuno.	*The businesspersons are sitting (seated) in the restaurant; they're talking about business while they have breakfast.*

Notice that in English in this particular example the present participle *(sitting)* could be used. However, the use of the present participle in Spanish (**están sentándose**) would mean *are sitting down* (i.e., action in progress rather than resultant state).

PRÁCTICA

10-9 El Día de los Reyes. Es el 6 de enero y se celebra el Día de los Reyes Magos *(Three Wise Men)*, que conmemora (recuerda) el día en que, según la tradición, Melchor, Gaspar y Baltazar le hicieron regalos al Niño Jesús. Diga qué ha pasado, de acuerdo con el modelo.

> **MODELO**   Los comerciantes cerraron los negocios.
> *Los negocios están cerrados.*

1. Vestimos a los niños con ropa bonita.
2. Los niños abrieron los regalos.
3. Hicimos la "rosca de reyes" *(special cake)*.
4. Reunimos a la familia y a los amigos.
5. Pusimos la mesa.
6. Nos sentamos a la mesa a comer.

10-10 Para ahorrar dinero en una tienda...

Paso 1. Complete las conversaciones con participios pasados. Use el participio pasado de cada uno de los siguientes verbos por lo menos una vez.

cerrar	importar	rebajar
hacer	pintar	romper

CLIENTE:	¿Se puede lavar esta blusa a máquina?
VENDEDORA:	Cómo no, señora.
CLIENTE:	¿De qué está (1) _____?
VENDEDORA:	Es de algodón *(cotton)* y poliéster.
CLIENTE:	¿Es de color permanente?
VENDEDORA:	Sí, señora.
	***

CLIENTE:	Quisiera devolver este reloj. No funciona.
VENDEDOR:	¿Cuándo lo compró?
CLIENTE:	Hace dos días. Pero como usted puede ver, está (2) _____.
	***

CLIENTE:	¿Cuánto vale este televisor?
VENDEDOR:	Seis mil pesos.
CLIENTE:	Es un poco caro para mí. ¿No tiene otro a precio más bajo?
VENDEDOR:	Sí, señor. Tenemos éste de aquí por tres mil quinientos pesos. El precio está (3) _____.

***

CLIENTE:	¿De qué están (4) _____ estos platos?
VENDEDOR:	Son de cerámica, señorita.
CLIENTE:	¡Qué bonitos! Me gustan los colores y el diseño. ¿Están (5) _____ a mano?

| VENDEDOR: | Sí, señora. Hay un grupo de artistas en un pueblo cercano que los pintan. |

***

| CLIENTE: | Si a mi esposo no le gusta esta camisa, ¿podrá devolverla? |
| VENDEDOR: | Sí, señora, si nos trae el recibo y si lo hace antes del fin de semana. Los domingos la tienda está (6) _____. |

***

CLIENTE:	¿Estos pendientes (earrings) son de oro puro?
VENDEDORA:	No, señor, no lo son. Pero son muy bonitos, ¿no?
CLIENTE:	Sí. ¿Se hacen aquí?
VENDEDORA:	No, señor. Son (7) _____.

Paso 2. Conteste las siguientes preguntas.

1. ¿Qué podría decir para devolver algo a una tienda?
2. ¿Qué preguntas podría hacer en una tienda para ahorrar dinero?

10-11 ¿Qué vas a comprar? En forma alternada, cuéntele a un(a) compañero(a) varias cosas que quisiera comprar, usando participios pasados.

> **MODELO** una película / dirigir por...
> *Pienso comprar una película dirigida por Pedro Almodóvar.*

Ideas: un disco compacto de música / componer por..., una novela / escribir por..., un traje (auto, etc.) / hacer en..., un perfume (unos chocolates) / importar de..., unos zapatos / hacer en....

The Perfect Indicative Tenses

Present perfect			Past perfect		
he	hemos		había	habíamos	
has	habéis	+ *past participle*	habías	habíais	+ *past participle*
ha	han		había	habían	

Explain to students that in most places in the Hispanic world it's not that easy to return things; many stores and shops simply do not allow you to do that. If you ask about their policy before buying, that can be effective; also, if a clerk refuses to let you return something, you can ask to speak to his or her **supervisor**. But *caveat emptor* is the name of the game in many places. This activity will help prepare students for the **A escribir** writing assignment, **Opción 2**.

> *Amor, dinero y dolores nunca han estado escondidos.*
> —Pedro Calderón de la Barca (1600–1681), *El condenado de amor*

Future perfect			Conditional perfect		
habré	habremos	+ *past participle*	habría	habríamos	+ *past participle*
habrás	habréis		habrías	habríais	
habrá	habrán		habría	habrían	

Selección 1 is an article about the first car designed completely by women. To elicit natural conversation using the future perfect implying past probability, show the class the photo of this car and say: **Este coche fue diseñado por mujeres.** Then ask questions: **¿Por qué habrán tomado los directores de Volvo esta decisión? ¿Lo habrán hecho para ayudar a las mujeres? ¿Lo habrán hecho porque los directores eran feministas?** Keep on until someone comes up with an answer, e.g., **Lo habrán hecho para ganar más dinero. Las mujeres tienen dinero.** Then, if there is interest in the topic, ask more questions with perfect tenses: **¿Le gusta que las mujeres hayan diseñado un coche? ¿Por qué ninguna compañía había hecho esto antes? ¿Han visto ustedes los coches nuevos de este año? ¿Qué tal les han parecido?**

1. The perfect tenses are all formed with **haber** plus a past participle. The past participle does not agree with the subject—it always ends in **-o.**

¿Qué han hecho, niños? ¿Han roto algo?	What have you done, children? Have you broken something?
Recientemente hemos ahorrado diez mil pesos.	Recently we've saved ten thousand pesos.

2. The present perfect (the present tense of **haber** plus a past participle) is used to tell that an action *has occurred* recently or has some bearing upon the present. It is generally used without reference to a specific time in the past, since it implies an impact upon the present.

Ya ha ido al banco y tiene el dinero en efectivo.	He (She) has already gone to the bank and has the cash.
Han cambiado la imagen del producto.	They've changed the product's image.
¡Mi hijo se ha graduado!	My son has graduated!

The preterit can often be used to convey the same general meaning as the present perfect, but the use of the present perfect implies that the impact of the situation or event is still felt; for instance, the speaker of the last example could have said **¡Mi hijo se graduó!** but this would have indicated more distance—emotionally or in time—from the event.

3. The past perfect (imperfect of **haber** plus a past participle) is used for past actions that *had occurred* (before another past event, stated or implied). The second event, if mentioned, is usually in the preterit.

Ya habían escogido una mesa cerca de la ventana.	They had already chosen a table near the window.
Ya había vendido el coche cuando llamé.	He (She) had already sold the car when I called.

4. The future perfect (the future of **haber** plus a past participle) implies that something *will have taken place* (or *may have taken place*) by some future time. It can also imply probability in the past, that something *must* or *might have occurred*, that it *has probably occurred.*

¿Habremos terminado la campaña de publicidad para diciembre?	Will we have finished the ad campaign by December?
Usted habrá estado muy entusiasmado con el nuevo negocio, ¿no?	You have probably been very excited about the new business, right?
Esteban parece muy contento. Habrá conseguido el puesto.	Esteban looks very happy. He must have gotten the job.

5. The conditional perfect (the conditional of **haber** plus a past participle) is used to express actions or events that *would have* or *might have taken place.* Like the future perfect, it can imply probability in the past, that something *had probably occurred.*

Yo no me habría olvidado de pagar la cuenta.	*I would not have forgotten to pay the check.*
Lo habría soportado sin decir nada.	*He (She) must have put up with it without saying anything.*

6. The auxiliary form of **haber** and the past participle are rarely separated by another word—negative words and pronouns usually precede the auxiliary, as you have seen in the previous examples.

PRÁCTICA

10-12 Quejas. La señora Vega se queja de la situación económica. ¿Qué le dice a su esposo? Siga el modelo.

> **MODELO** Aumentan el alquiler.
> *Han aumentado el alquiler.*

1. Los precios suben.
2. El costo de vida aumenta el doble.
3. No ahorramos nada este mes.
4. Tú tienes muchos gastos.
5. Tenemos que gastar todos nuestros ahorros.

ANS 10-12
1. Los precios han subido. 2. El costo de vida ha aumentado el doble. 3. No hemos ahorrado nada este mes. 4. Tú has tenido muchos gastos. 5. Hemos tenido que gastar todos nuestros ahorros.

10-13 Una mañana de mala suerte. El señor Ramos trabaja en la sección de marketing de una compañía grande y ayer llegó muy tarde al trabajo. ¿Qué había pasado allí por la mañana antes de su llegada?

> **MODELO** El presidente y los gerentes tuvieron una reunión importante.
> *El presidente y los gerentes habían tenido una reunión importante.*

Antes de la llegada del señor Ramos...

1. El presidente describió la mala situación de las ventas.
2. El abogado de la compañía llamó para dar más malas noticias.
3. El señor Ramos recibió muchas cartas de clientes descontentos.
4. Su secretaria perdió unos documentos legales.
5. Olvidó una cita con un cliente importante.
6. La computadora dejó de funcionar.
7. Todos los empleados tuvieron una mañana terrible.

ANS 10-13
1. El presidente había descrito la mala situación de las ventas. 2. El abogado de la compañía había llamado para dar más malas noticias. 3. El señor Ramos había recibido muchas cartas de clientes descontentos. 4. Su secretaria había perdido unos documentos legales. 5. Había olvidado una cita con un cliente importante. 6. La computadora había dejado de funcionar. 7. Todos los empleados habían tenido una mañana terrible.

Point out that English speakers might not realize they are using the past perfect tense because generally they use a contraction of the auxiliary verb; e.g., *They'd already.... He'd already....*

10-14 Anuncios clasificados. Lea los siguientes anuncios. Para cada puesto de trabajo formule dos preguntas que usted le haría a una persona que llegue a una entrevista. Use **ha** o **había**. Verbos útiles: servir, usar, estar, hacer, tener que.... Vocabulario: se valorará *will be valued or considered,* formación *training,* a cargo de la empresa *by the company,* talleres *shops,* a convenir *as appropriate,* tele- *distance-*

> MODELO el anuncio número 1, para cocinero
> *¿Ha trabajado en un restaurante antes? ¿Qué platos ha preparado?*

1. Se necesita cocinero con experiencia en Madrid. Empleo inmediato. Excelente sueldo. Tres años de experiencia. Cocina valenciana.

2. Buscamos camareros. Con capacidad para grupos grandes, se realizan servicios de convenciones, bodas y carta / restaurante. Se requiere vivir en Barcelona; tiempo parcial; se necesita vehículo propio. Se requiere experiencia.

3. Se necesitan vendedores(as) para centro comercial en Sevilla. No es necesaria experiencia aunque se valorará; formación a cargo de la empresa. Horario flexible.

4. Seleccionamos profesionales y ayudantes de mecánica para nuestros talleres de automóviles. Se requieren conocimientos de electromecánica y mecánica rápida. Sueldo a convenir según experiencia. Tiempo completo.

5. Necesitamos tutores para formación a distancia para cursos de inglés a nivel básico, intermedio y avanzado. Buscamos personas capaces de impartir inglés de negocios e inglés para habilidades directivas. 3 años de experiencia. Tiempo parcial.

6. Se necesitan profesores y tutores de francés (niveles básico, intermedio y avanzado); clases "online" a través de nuestro centro virtual de formación. Las teletutorías se realizarán desde su propia casa. Requisitos mínimos: Excelentes conocimientos hablados y escritos del idioma francés. Excelentes conocimientos de Internet. Experiencia en formación de adultos. Requisitos deseados: Experiencia en teleformación.

❖   ❖   ❖

10-15 Mi rutina. ¿Qué habrá hecho usted mañana a las seis y media? ¿a las once? ¿a las tres de la tarde? ¿a las diez de la noche?

> MODELO a las seis y media
> *No habré hecho nada. (Me habré despertado.)*

10-16 ¿Qué habrías hecho tú? Trabaje con un(a) compañero(a). Déle consejos a un amigo suyo que acaba de graduarse, de acuerdo con el modelo. Uno lee algunas de las situaciones en voz alta. Alternen: ambos deben dar consejos sobre algunas de las situaciones.

> MODELO A: Alguien me ofreció un puesto con un sueldo *(salary)* anual de quince mil dólares, pero con la oportunidad de viajar por toda Latinoamérica con todos los gastos pagados. ¿Qué habrías hecho tú?
> B: ¡Lo habría aceptado! (Lo habría aceptado, pero sólo por seis meses.)

1. Alguien me ofreció un puesto ideal, exactamente lo que quería, pero sólo pagaban veinticinco mil dólares al año.
2. Mi novia quería que trabajara en la compañía de su papá, y me gustaba el trabajo, pero su papá es una persona muy exigente *(demanding)*.
3. Mis papás me querían regalar un viaje a Europa, pero yo quería un auto nuevo.
4. Harvard me aceptó para una maestría *(master's)*, pero estaba un poco cansado de estudiar y dar exámenes.
5. ¿...? (Invente una situación; por ejemplo un trabajo en su universidad, un viaje a un lugar emocionante...)

10-17 De trabajos y carreras. Entreviste a un(a) compañero(a) sobre trabajos y carreras, usando las preguntas que siguen. Luego, su compañero(a) lo (la) entrevista a usted. Esté preparado(a) para explicar después las opiniones de su compañero(a).

1. ¿Has trabajado alguna vez en una compañía o negocio? ¿En qué tipo de compañía o negocio? ¿Cómo era tu jefe?
2. Cuando llegaste a la universidad, ¿habías decidido ya qué especialidad o campo de estudio seguirías? ¿Habías escogido ya una profesión? ¿Habías tenido antes un trabajo relacionado con esa profesión?
3. Desde que llegaste a la universidad, ¿qué cursos has seguido que te han gustado (o no te han gustado) mucho?
4. Para el año 2020, ¿habrás terminado con tus estudios? ¿conseguido un buen puesto? ¿comprado una casa? ¿comprado un carro? ¿Te habrás casado? ¿Tendrás hijos?

10-18 El trabajo más interesante (aburrido). En grupos de cuatro o cinco estudiantes, cada persona describe un trabajo que ha hecho alguna vez. Puede ser un trabajo pagado o voluntario. ¿Quién ha tenido el trabajo más interesante? ¿más aburrido? ¿más difícil? ¿más extraño? Estén preparados para compartir la información con la clase.

> **MODELOS** A: *He trabajado de vendedor en una tienda de ropa deportiva.*
>   *He vendido...*
>   B: *He cuidado a cinco niños muy traviesos* (mischievous)...
>   C: *He trabajado para el Club Sierra. He hecho llamadas para pedir dinero...*

Ⓥ Ⓞ Ⓒ Ⓐ Ⓑ Ⓤ Ⓛ Ⓐ Ⓡ Ⓘ Ⓞ Ⓤ́ Ⓣ Ⓘ Ⓛ

COMPRA Y VENTA

la caja	*register*
el, la dependiente	*salesclerk*
el dueño (la dueña)	*owner*
la etiqueta	*label*
la medida, la talla	*size (e.g., clothing)*
el número	*size (e.g., shoes)*
la oferta; en oferta	*offer; on sale*
el precio fijo	*fixed price*
regatear	*to bargain*

Quien aumenta sus riquezas, aumenta sus preocupaciones. El pobre se conforma [contents himself] con todo y el rico, con nada.
—Simón Grass, *Las miserias del rico*

La publicidad es seducción... igual que el proceso de seducción entre un hombre y una mujer.
—Gonzalo Antequera, presidente de una agencia publicitaria colombiana

Selección 2 is an extended reading that contains examples of past participles, the subjunctive, present and past perfect tenses, and the passive voice (which comes later in this chapter). It could serve as a review of the different tenses and structures used up to this point and provide opportunities to comment on them in context.

The Present Perfect and Past Perfect Subjunctive

Present perfect		
haya	hayamos	
hayas	hayáis	+ past participle
haya	hayan	

Past perfect		
hubiera(-se)	hubiéramos(-semos)	
hubieras(-ses)	hubierais(-seis)	+ past participle
hubiera(-se)	hubieran(-sen)	

The alternate endings are shown in parentheses (**hubiese, hubieses,** and so on).

1. The present perfect subjunctive, formed with the present subjunctive of **haber** plus a past participle, is used instead of the present perfect indicative when the subjunctive is required.

Los hemos conocido antes.	*We have met them before.*
¿Es posible que los hayamos conocido antes?	*Is it possible that we've met them before?*
Han terminado.	*They have finished.*
Espero que hayan terminado.	*I hope they have finished.*

Remember that compound (perfect) tenses in Spanish are used similarly to English, as discussed earlier in this chapter. Compare the following:

¿Es posible que los hayamos conocido?	*Is it possible that we have met them? (present perfect subjunctive)*
¿Es posible que los conozcamos?	*Is it possible that we know them? (present subjunctive)*
Espero que hayan terminado.	*I hope they have finished. (present perfect subjunctive)*
Espero que terminen.	*I hope they finish. (present subjunctive)*

Once again, remind students that in English we generally use contractions and often omit the connector (**que** + = *that* +). Ask them how we would say the examples in rather formal English; e.g., *Is it possible we've met them? I hope they've finished.*

2. After a main clause in the present tense, the present perfect subjunctive is generally used rather than the imperfect subjunctive to express a completed action. Compare the Spanish with the English translation.

Me alegro de que no hayas malgastado el dinero.	*I'm glad you haven't wasted the money.*
Es posible que hayan vendido el auto.	*It's possible that they sold the car.*

3. The past perfect subjunctive, formed with the imperfect subjunctive of **haber** plus a past participle, is used instead of the past perfect indicative when the subjunctive is required.

Ya habían pagado la deuda.	*They had already paid the debt.*
Me sorprendió que ya hubieran (hubiesen) pagado la deuda.	*It surprised me that they had already paid the debt.*

Había comprado el último boleto.
Tenían miedo de que yo hubiera
(hubiese) comprado el último boleto.

I had bought the last ticket.
They were afraid I had bought the
last ticket.

4. Compare these sentences:

Tenían miedo de que yo comprara
el último boleto.
Tenían miedo de que yo hubiera
comprado el último boleto.

They were afraid I would buy the
last ticket. (past subjunctive)
They were afraid I had bought the
last ticket. (past perfect subjunctive)

The use of the past perfect subjunctive in the dependent clause indicates that the action occurred before the action or situation expressed in the main clause—it *had occurred earlier.*

Sequence of tenses with the subjunctive will be discussed further in Chapter 11.

PRÁCTICA

10-19 ¿Cómo te ha ido? Trabaje con un(a) compañero(a).

Paso 1. Un(a) voluntario(a) va a leer las siguientes oraciones. Exprese sus reacciones, empezando con **Me alegro de que..., Es una lástima que..., Siento mucho que..., Es horrible (fantástico) que...** u otra expresión apropiada.

> **MODELOS** He conocido a una chica supersimpática.
> *Me alegro de que hayas conocido a una chica supersimpática.*
>
> Me he puesto un tatuaje de Jennifer López en el pecho *(chest).*
> *¡Me sorprende que te hayas puesto un tatuaje de Jennifer López en el pecho!*

1. Me han robado el carro.
2. Me he casado.
3. Mis papás me han comprado un Jaguar.
4. He fracasado en todas mis clases.
5. Mis abuelos me han mandado quinientos dólares.

Paso 2. Dígale a su compañero(a) por lo menos cuatro cosas que usted ha hecho últimamente, cosas que lo (la) han hecho feliz o infeliz. Su compañero(a) debe expresar sus reacciones, siguiendo los modelos.

Ideas:

conseguir el trabajo perfecto
sacar "A" en...
conocer a...
comprar...

leer un libro fascinante (fatal)
ver una obra teatral (una exposición de arte)
ir a una fiesta muy buena (horrible)
hacer un viaje a...

10-20 ¿Y antes de llegar a la universidad? Trabaje con tres compañero(s). Diga por lo menos dos cosas que le habían pasado antes de venir por primera vez a la universidad. Otras personas del grupo deben hacer comentarios, empezando con **Qué bueno** (**fantástico, horrible, malo, extraño, ridículo, increíble, etc.**) **que...**

> **MODELO**   *Antes de llegar a la universidad, había ahorrado dos mil dólares (vendido mi motocicleta, viajado por Europa, etc.).*
> *Qué sorprendente que hubieras ahorrado dos mil dólares (vendido tu motocicleta, viajado por Europa, etc.).*

The Verb *Haber*; Expressing Obligation

1. In addition to its use in forming compound (perfect) tenses, the verb **haber** is used impersonally in the third-person singular; in the present tense, the irregular form **hay** means *there is* or *there are.*

Hay muchos anuncios en el periódico hoy.	*There are a lot of ads in the newspaper today.*

The regular third-person forms are used in other tenses in a similar manner.

Hubo (Habrá) mucha publicidad en la televisión durante el partido.	*There was (will be) a lot of advertising on television during the game.*

2. **Haber de** means *to be supposed or expected to.*

Hemos de ir al mercado esta tarde.	*We are supposed to go to the market this afternoon.*
Los dependientes habían de ganar quinientos pesos la hora.	*The salesclerks were supposed to earn five hundred pesos an hour.*

3. **Hay que** means *it is necessary, one must.*

Hay que trabajar para vivir.	*We have to work to live. (It's necessary to, one must.)*

Hay que is more impersonal than **tener que** or **deber. Tener que** is normally translated *to have to,* and **deber** is often translated as *should*; both of these expressions convey personal or individual obligation, but **deber** does not express as strong an obligation as **tener que.**

Tenemos que pagar la deuda.	*We have to (must) pay the debt.*
Tengo que buscar un compañero de cuarto.	*I have to look for a roommate.*
Debo asistir a la reunión.	*I should (ought to) attend the meeting.*
Debiera ir.	*I should go (no strong obligation).*

PRÁCTICA

10-21 No es obligatorio, pero... Conteste las preguntas, de acuerdo con el modelo.

This exercise reviews direct object pronouns.

> **MODELO** ¿Tienes que llamar a tus papás?
> *No, pero debiera llamarlos. He de llamarlos hoy.*

1. ¿Tienes que terminar el trabajo?
2. ¿Tienes que hacer las fotocopias?
3. ¿Tienes que escribir la composición?
4. ¿Tienes que leer el artículo?
5. ¿Tienes que mandar la carta?

10-22 Hay que trabajar para vivir. Piense en las responsabilidades que todos tenemos y escriba por lo menos tres oraciones acerca de ellas. Siga el modelo.

> **MODELO** *Hay que estudiar para sacar buenas notas.*

> *No es oro todo lo que reluce* [glitters].
> —proverbio

10-23 Obligaciones. Cuéntele a un(a) compañero(a) tres o cuatro obligaciones que usted tiene ahora. Use los verbos **haber, deber** o **tener que.**

> **MODELO** *Tengo que comprar una nueva bicicleta. He de comprarla mañana porque la necesito pronto.*
> *No debiera gastar mi dinero en cosas frívolas.*

The Passive Voice

1. In Spanish as well as in English, sentences can be in either the active voice or the passive voice. Compare the following:

Passive voice	Active voice
La casa fue vendida por los dueños, los señores Rendón. *(The house was sold by the owners, Mr. and Mrs. Rendón.)*	**Los dueños,** los señores Rendón, vendieron la casa. *(The owners, Mr. and Mrs. Rendón, sold the house.)*
Muchas ciudades magníficas fueron construidas por los mayas. *(Many magnificent cities were built by the Mayas.)*	**Los mayas** construyeron muchas ciudades magníficas. *(The Mayas built many magnificent cities.)*

The subjects of the sentences are shown in bold type. In the passive voice, the subject receives (rather than performs) the action of the verb. In the active voice, the subject performs the action of the verb.

2. The passive voice is constructed with a form of **ser** plus a past participle. The past participle agrees with the subject in gender and number.

subject	+	*ser*	+	past participle	(+ *por* + agent)
La casa		fue		vendida	(por los dueños).

Los cien mil euros serán pagados por la compañía.	The one hundred thousand euros will be paid by the company.
El dinero ha sido prestado por el Banco Central.	The money has been lent by Central Bank.

3. The agent of the action performed on the subject (**por** + agent) is not always expressed.

Los productos fueron comprados a precio reducido.	The products were bought on sale.
Mucho petróleo mexicano fue exportado a Estados Unidos el año pasado.	A lot of Mexican oil was exported to the United States last year.
Hemos sido invitados a un congreso.	We have been invited to a conference.

4. The true passive is not used as often in Spanish as in English. The active voice is preferred. When an agent is not expressed, the passive **se** is much more common than the true passive. **Estar** plus a past participle is used to express the result of an action, as discussed on page 266 of this chapter. Compare the following:

Se abrió una zapatería en esa calle la semana pasada.	A shoe store was opened on that street last week. (*agent unimportant*—**se**)
La zapatería fue abierta por una familia de Lima.	The shoe store was opened by a family from Lima. (*agent expressed*—**ser**)
La zapatería está abierta ahora.	The shoe store is open now. (*resulting condition*—**estar**)
Se redujeron los precios de la gasolina.	Gasoline prices were reduced. (*agent unimportant*—**se**)
Los precios de la gasolina allí fueron reducidos por el gobierno.	Gasoline prices there were reduced by the government. (*agent expressed*—**ser**)
Los precios están reducidos.	The prices are reduced. (*resulting condition*—**estar**)

PRÁCTICA

10-24 Hechos *(Facts)*. Haga oraciones acerca de las cosas y las personas siguientes. Use la voz pasiva de los siguientes verbos: **pintar, elegir, diseñar, construir, escribir, explorar.**

MODELO	Michelle Bachelet / presidenta de Chile / 2006
	Michelle Bachelet fue elegida presidenta de Chile en 2006.

1. las ciudades de Chichén-Itzá y Uxmal / mayas / antes del siglo XI
2. el suroeste de Estados Unidos / Vásquez de Coronado / 1540
3. *El Quijote* / Miguel de Cervantes / 1605
4. los cuadros *La Tirana* y *La reina María Luisa* / Francisco de Goya / 1799
5. el Templo de la Sagrada Familia / el arquitecto español Antoni Gaudí

10-25 ¿Verdad o mentira? Haga tres o cuatro oraciones como las del ejercicio 10-24, usando la voz pasiva. Algunas deben ser ciertas y otras, falsas. Luego, dígaselas a un(a) compañero(a). Su compañero(a) debe corregir las oraciones falsas.

> **MODELOS** *A: La ciudad de Tenochtitlán, en México, fue construida por los mayas.*
> *B: ¡No, hombre! Fue construida por los aztecas.*
> *A: La novela* La casa de los espíritus *fue escrita por Isabel Allende.*
> *B: Correcto.*

10-26 La alienación. Lea esta anécdota del escritor uruguayo Eduardo Galeano y conteste las preguntas.

La alienación

Allá en los años mozos [de la juventud], fui cajero de banco.

Recuerdo, entre los clientes, a un fabricante [*maker*] de camisas. El gerente del banco le renovaba [*renewed*] los préstamos por pura piedad [*pity*]. El pobre camisero vivía en perpetua zozobra [angustia]. Sus camisas no estaban mal, pero nadie las compraba.

Una noche, el camisero fue visitado por un ángel. Al amanecer, cuando despertó, estaba iluminado. Se levantó de un salto [*bolt, jump*].

Lo primero que hizo fue cambiar el nombre de su empresa, que pasó a llamarse Uruguay Sociedad Anónima, patriótico título cuyas siglas [*initials*] son: U.S.A. Lo segundo que hizo fue pegar [*stick*] en los cuellos [*necks*] de sus camisas una etiqueta que decía, y no mentía: Made in U.S.A. Lo tercero que hizo fue vender camisas a lo loco. Y lo cuarto que hizo fue pagar lo que debía y ganar mucho dinero.*

1. ¿Dónde trabajaba el autor cuando era joven?
2. ¿A quién recuerda él en la anécdota?
3. ¿Por qué fueron renovados los préstamos del fabricante?
4. Según Galeano, ¿por quién fue visitado el camisero una noche?
5. ¿Qué idea tuvo el camisero? ¿Por qué cambió el nombre de su empresa?
6. ¿Fueron hechas en Estados Unidos las camisas? ¿Dónde fueron hechas?
7. ¿Qué pensaba la gente que compraba las camisas? ¿Por qué preferían las cosas importadas? ¿Qué opina usted de la estrategia del camisero?

---

* Eduardo Galeano, *El libro de los abrazos* (México, DF: siglo veintiuno editores, 1994), página 146.

ⒺN OTRAS PALABRAS

Para solicitar algo; Para regatear y hacer una compra; Para comprender los números; Para ofrecer ayuda

In Mexico and parts of Central America, people sometimes say **¡Amigo!** to get someone's attention.

Para solicitar algo

1. on the street

> ¡Disculpe! (¡Oiga!) ¿Me podría decir...?
> Por favor, ¿podría usted ayudarme?

2. in a shop or business

> Buenos días. ¿Podría usted atenderme?
> Buenos días. Busco (Necesito) un suéter blanco. Mi talla es treinta y ocho.
> Buenas tardes. Quisiera cambiar algunos cheques de viajero.

Remember to greet the clerk or shopkeeper before making a request; it's considered rude not to. Also, polite forms like **podría** and **quisiera** are often used in requests, and it's better to avoid **quiero** or **deseo,** which are very direct and can sound childish or impolite.

Para regatear y hacer una compra; Para comprender los números

While most stores and shops have **precios fijos** (*fixed prices)* in the street, flea market, or countryside it is common to bargain, especially for crafts. This is not considered rude, and the rules are fairly simple. After asking the price and receiving a reply, you (1) praise the item or say you like it, (2) explain you can't pay much, and (3) offer about half the price mentioned.

> Es muy linda (la manta), pero no puedo gastar mucho. Podría ofrecerle tres mil pesos.
> *(Asking price was 6,000 pesos.)*
> Me gusta (la cartera), pero no tengo mucho dinero. ¿Podría usted aceptar diez mil pesos?
> *(Asking price was 20,000 pesos.)*

A common way to say you can't afford something is to say **No me alcanza el dinero** (My money won't reach—or stretch that far). Usually, the person selling will then offer a new price, approximately two-thirds or three-quarters of the original. You can then accept (**"Muy bien. Me lo [la] llevo."**) or continue bargaining, if you enjoy it, by offering a slightly lower price.

For more specific vocabulary for shopping, see the **En contacto** section of this chapter: **Paso 1,** 10-32. For a review of numbers, see Appendix B.

Para ofrecer ayuda

Offering help or assistance goes hand in hand with requests. In a shop, the clerk or owner will normally say:

¿En qué le puedo servir?
¿Le puedo ayudar en algo?
¿En qué puedo ayudarle?

If you are in a position of offering assistance yourself, you might say the following:

¿Quiere(s) que yo... (+ *subj.*)?
¿Desea(s) que yo... (+ *subj.*)?
Haré... con mucho gusto.
Si gusta (quiere), yo podría...
Permítame (Permíteme) ayudarle(te) a...

PRÁCTICA

10-27 Breves conversaciones. Trabaje con un(a) compañero(a).

Paso 1. Completen las conversaciones con frases apropiadas.

En el mercado

VENDEDOR: (1) _____
  CLIENTE: Muy buenas. Este poncho, ¿cuánto vale?
VENDEDOR: Doscientos pesos.
  CLIENTE: ¿Doscientos pesos? No me alcanza el dinero. Le podría (2) _____ cien.
VENDEDOR: Se lo doy por ciento cincuenta.
  CLIENTE: Entonces muy bien. (3) _____
VENDEDOR: Si (4) _____, se lo envuelvo *(wrap)*.

En la calle

UNA SEÑORA: (5) _____, señor. ¿Me (6) _____ decir qué hora es?
  UN SEÑOR: Son las tres y veinte.

En una tienda

VENDEDORA: Buenos días. ¿En qué (7) _____?
  CLIENTE: Buenos días. ¿Cuánto (8) _____ esta blusa?
VENDEDORA: Trescientos pesos.
  CLIENTE: ¿Tiene de otros colores?
VENDEDORA: Sí, señorita, cómo no. Si me sigue, con (9) _____ le muestro otras de otros colores.

Paso 2. Hagan los papeles del (de la) vendedor(a) y del (de la) cliente en la primera conversación pero cambien los precios; por ejemplo, el (la) vendedor(a) pide doscientos cincuenta pesos por el poncho en vez de doscientos.

10-28 Situaciones. ¿Cómo expresaría usted su solicitud *(request)* en cada una de las siguientes cinco situaciones?

1. Usted entra en el correo; necesita cuatro estampillas para mandar cartas por avión a Estados Unidos.
2. Usted ha visto un anuncio de una oferta especial en una zapatería; entra en la zapatería para comprarse un par de sandalias.
3. Usted está en un banco. Quiere cambiar un cheque de viajero.
4. Alguien le ha robado el dinero. Usted no sabe qué hacer ni adónde ir.
5. El hombre sentado delante de usted en el cine habla mucho, y usted no puede escuchar el diálogo de la película.

¿Cómo ofrecería ayuda en estas dos situaciones?

6. Caminando a la terminal de autobúses, usted ve a una señora llevando dos maletas pesadas.

7. Entra en un banco y ve que detrás de usted hay un señor con cuatro paquetes muy grandes.

ⒺN CONTACTO

10-29 Un anuncio muy efectivo (o muy tonto). Escoja un anuncio comercial que usted haya visto en la televisión o escuchado en la radio. Descríbale el anuncio a un(a) compañero(a). ¿Qué producto o servicio anunciaba? ¿Era chistoso? ¿tonto? ¿Le gustó? ¿Le molestó? Después, con su compañero(a), decidan por qué recuerdan algunos anuncios y se olvidan de otros. Hagan una lista de tres cosas importantes que debe tener un anuncio para tener éxito.

10-30 ¿Quién es más rápido? La clase se divide en dos equipos. Hay dos sillas cerca del (de la) profesor(a): una tiene la etiqueta "Verdad" y la otra "Mentira". Un(a) estudiante de cada equipo se levanta y se pone de pie *(stands)* delante de la clase. El (La) profesor(a) hace una serie de afirmaciones usando la voz pasiva. Algunas son verdaderas y otras, falsas. Si la afirmación es verdadera, el (la) primer(a) estudiante en llegar a la silla y sentarse gana un punto. Si se sienta en la silla equivocada *(wrong)*, el otro equipo gana un punto. El (La) profesor(a) decidirá cuántos puntos hay que tener para ganar el juego.

10-31 Mercado al aire libre. Este juego es para toda la clase.

1. Cada persona trae uno o dos objetos para "vender" en el mercado (un libro, una planta o cualquier objeto).

2. Dos tercios (2/3) de la clase son los "turistas" que miran los objetos y regatean el precio de los que quieren. Los otros tratan de vender su mercancía. Refiérase a "Para regatear y hacer una compra" en la sección **En otras palabras.**

3. Después de un rato, cada persona "compra" algo y explica por qué. Luego llega otro grupo de "turistas".

10-32 En la tienda. Trabaje con un(a) compañero(a). Van a inventar una conversación entre un(a) vendedor(a) y un(a) cliente. Pero primero, un poco de vocabulario.

Paso 1. ¿Quién lo dice? Marque **C** (cliente) o **V** (vendedor).

__V__ **1.** ¿Busca algo en especial?

__C__ **2.** Sólo estoy mirando.

__C__ **3.** ¿Me podría enseñar aquel..., por favor?

__V__ **4.** ¿De qué talla? ¿Cuál es su talla?

__C__ **5.** ¿Hay uno más barato (grande, pequeño)?

__C__ **6.** ¿Podría probármelo? (Me gustaría probármelo.)

__C__ **7.** ¿Dónde está el probador *(fitting room)*?

__V__ **8.** ¿Qué medida quiere?

__V__ **9.** ¿Qué número necesita / usa (e.g., para zapatos)?

10-30. You can use information you have covered in class (items from Exercise 10-24, for instance), common knowledge (La Declaración de Independencia de Estados Unidos fue escrita en 1776. Estados Unidos fue atacado por Japón en 1941.), or insider knowledge such as circumstances of class members well known by all. If you prefer, you can call this game **Correcto o incorrecto** and have students focus only on the grammatical forms.

10-31. This activity will help prepare students for the **A escribir** writing assignment.

If possible, bring one or more store ads from a newspaper or Internet site in Spanish (or have students choose and download their own). You may have to help with unfamiliar words. This activity will help prepare students for the **A escribir** writing assignment.

___V___ **10.** Es de muy buena calidad. Está hecho a mano.

___C___ **11.** Necesito un número más grande (pequeño). Son anchos (estrechos) *(wide [narrow]).*

___V___ **12.** Le queda muy bien.

___C___ **13.** No me gusta el color. ¿Hay otros colores (estilos)?

___C___ **14.** Voy a pensarlo. No puedo decidirme.

___V___ **15.** Se puede pagar con tarjeta de crédito. También aceptamos cheques de viajero.

___C___ **16.** ¿Dónde está la caja?

___V___ **17.** ¿Se lo envuelvo *(wrap)*?

___V___ **18.** ¿Cómo quisiera pagar? ¿Va a pagar con dinero en efectivo?

___V___ **19.** ¿No tiene cambio?

___C___ **20.** ¿Me podría dar un recibo, por favor?

Paso 2. Inventen una conversación entre un(a) vendedor(a) y un(a) cliente:

1. El (La) cliente pide que el (la) vendedor(a) le muestre varias cosas.

2. Duda antes de comprar una de esas cosas.

3. Pasa algo que causa un problema.

4. Finalmente, se soluciona el problema. (Se puede consultar el **Vocabulario útil** de la página 271.)

10-33 A ESCRIBIR: Compra y venta. Usando las listas de vocabulario de este capítulo, escriba un párrafo con sus recomendaciones para hacer compras en su pueblo o ciudad. Use **haber, deber** o **tener que** por lo menos una vez y, si es posible, por lo menos un participio pasado.

Recomendaciones para hacer compras en mi pueblo (ciudad). Uno de sus amigos hispanos le manda un e-mail y le pide información. Va a estar en su pueblo o ciudad y quiere hacer unas compras. Quiere comprar unos discos compactos para su papá, unos libros para su mamá, ropa para su hermana, unos juguetes para su hermanito y recuerdos para sus amigos. Le pregunta adónde y cuándo ir para hacer compras, qué marcas comprar y cómo ahorrar dinero. Escríbale un e-mail con algunas recomendaciones. Podría mencionar las tiendas de segunda mano, los mercados de pulga *(flea)* y sus tiendas y marcas favoritas. También podría usar algunas ideas de los ejercicios 10-1, 10-4, 10-10 y 10-32.

10-33. You might want to show the video before assigning **A escribir**.

Students have practiced vocabulary for shopping throughout the chapter. They've interviewed each other about how they spend (or waste!) money, their favorite stores, and their shopping habits. If you've done the Web activities, they've investigated various aspects of advertising and shopping. They've reviewed past participles and ways to express obligation with **haber, deber,** and **tener que**. They've composed conversations in stores and role-played bargaining and buying things. However, if you have time in class, have students brainstorm this activity together, working in pairs or groups. They can make a chart **Compras en mi pueblo (ciudad)** with five categories for the five things the friend plans to buy and different shops, markets, or places they would recommend. For each category, they can also make a section for brand names and additional advice about how to save money. Then let them write their e-mail and, if you have time in class, peer edit it. In peer editing, tell them to look for one or two specific things. After peer editing, they submit their final draft.

Grammar	verbs: use of **haber;** verbs: use of **tener;** verbs: compound tenses
Vocabulary	stores; stores and products
Phrases	giving and asking advice; describing places; writing a letter (informal)

ATAJO

▸▸ De compras en Madrid

Aunque no se puede comprar la felicidad, casi todo lo demás está a la venta en Madrid. En el video, se sigue una ruta comercial por las animadas calles de la capital. En esta zona hay grandes **almacenes,** como El Corte Inglés, mercados tradicionales y tiendas pequeñas. También, los domingos por la mañana y los días de fiesta se ve el famoso mercado del **Rastro** en el viejo Madrid, donde se venden objetos usados.

VOCABULARIO

al peso *by the weight*
el almacén *department store*
cazar una buena oferta *to hunt for a good deal (offer)*
los deleites *delights*
el equipo electrónico *electronic equipment*

las golosinas *sweets*
el obsequio *gift, present*
por pieza *by the item*
el rastro *flea market (literally, trace, sign)*
el regateo *bargaining*

PRÁCTICA DE VOCABULARIO

Empareje las siguientes palabras y frases.

1. golosinas	e	a.	por kilo, por ejemplo
2. cazar una buena oferta	b	b.	buscar algo a buen precio
3. obsequio	d	c.	tienda grande
4. almacén	c	d.	regalo
5. al peso	a	e.	caramelos, dulces

HABLANDO DEL TEMA

▸▸ El Rastro, el famoso mercado al aire libre madrileño, se puede visitar los domingos y los días festivos por la mañana. Se encuentra en el pintoresco Madrid viejo, por la calle Ribera de Curtidores, muy cerca de la Plaza Mayor. En este mercado los precios no siempre son fijos, y se puede regatear.

▸▸ En el centro de Madrid y en la Gran Vía se encuentran muchas tiendas y grandes almacenes. Por allí cerca queda la Puerta del Sol, la célebre plaza donde a los madrileños y a los turistas les encanta pasear, ir de compras y tomar o comer algo en uno de los muchos cafés y restaurantes de la zona.

PREGUNTA DE ENFOQUE

¿Qué está a la venta en el centro de Madrid?

COMPRENSIÓN

1. ¿Cómo se llama el almacén madrileño que se ha convertido en "una institución"?
2. ¿Qué se puede comprar en la "calle del sonido *(sound)*"? ¿Qué habrán vendido allí en el pasado?
3. ¿Qué se vende en los mercados tradicionales? ¿Cómo se venden los productos?
4. ¿Qué es el Rastro? ¿Cuándo es posible visitarlo? ¿Qué se puede comprar allí?
5. ¿Cómo son los compradores madrileños? ¿A qué nivel han elevado la compra algunos de ellos?

PUNTOS DE VISTA

1. ¿Adónde va usted para comprar ropa, comida, equipo electrónico, un obsequio? ¿Al centro? ¿a un centro comercial? ¿Le gusta "cazar buenas ofertas"?
2. ¿Qué le parece el regateo? ¿Por qué objetos en nuestra sociedad es común regatear? ¿Dónde y cuándo ha tratado usted de negociar una rebaja de precio? ¿Qué tal le ha resultado cuando lo ha hecho?
3. Si pudiera ir de compras en Madrid, ¿adónde iría? ¿Qué compraría?
4. ¿Ha comprado usted objetos de segunda mano en un mercado como el Rastro? ¿Dónde?

Voice your choice! Visit **http://voices.thomsoncustom.com** to select additional readings relevant to this chapter's theme.

▶▶ El mercado de la Merced, en la ciudad de México, se considera el mercado más antiguo de las Américas. Fue así nombrado por el monasterio de la Merced, cuyas ruinas se encuentran allí cerca. Se vende de todo en sus tiendecillas *(shops, stalls)*. También los compradores serios han de visitar los **tianguis,** que son pequeños mercados que se instalan temporalmente en las calles de la capital mexicana.

11

¡Adiós, distancias!

Gracias a la Red, estamos a seis clics de cualquier persona del mundo.

PRESENTACIÓN DEL TEMA

CD 2,
Track 14

Parece que el mundo es cada vez más pequeño. El teléfono celular o móvil ha revolucionado la comunicación; en España, por ejemplo, el 80 por ciento de la población tiene celular, muchos con video. La práctica de mandar mensajes de texto es también común, especialmente entre los jóvenes. En los países de Latinoamérica, donde a veces es difícil o caro instalar un teléfono fijo, los celulares son muy prácticos.

Si antes se decía que "El mundo es un pañuelo *(handkerchief—i.e., small)*", hoy se puede decir que el mundo es una @ (arroba). Un estudio de hace varios años estableció que estamos a seis clics de cualquier persona del mundo. Según el doctor ingeniero Andreu Veà, autor de varios libros y artículos sobre Internet, los cambios que la Red nos ha traído son inmensos; hay "un montón de servicios inimaginables hace diez años. Se puede encontrar residencia, comprar un coche, hacer viajes virtuales, seguir cursos de estudio, buscar empleo, establecer una red de relaciones sociales a escala planetaria y comunicarse con millones de personas. El sector de la música vive y vivirá una revolución total, les guste o no a las compañías discográficas *(record);* también el sector del video a la carta y los sistemas de comunicación interpersonal a través de Internet liderarán *(will lead)* una revolución que cambiará totalmente el concepto que tenemos ahora de telefonía fija *(fixed telephone systems),* hablando a través de Internet.

"Hay una brecha *(gap)* social y tecnológica en el acceso a la Red. Para mí la brecha no se produce tanto entre ricos y pobres, sino entre jóvenes y mayores. Es una exclusión por edad. Déjame comentar un caso divertido. Una institución pública española muy importante, cuando lanzó *(launched)* su Web corporativa, puso un horario de visita a la Web, a Internet. Esto es un ejemplo del choque *(collision)* entre mentalidades diametralmente opuestas *(opposed).* Es importante que las nuevas generaciones mantengan el espíritu de cooperación que los 'pioneros' de la Red tenían y que entre todos consigamos que Internet sea realmente para todos."

Según estudios a nivel mundial, las personas que tienen computadoras en casa le dedican más horas que a la televisión o a la lectura de libros y revistas. ¿Somos más solitarios ahora por culpa de la tecnología? Dice el doctor Veà, "Según un estudio reciente publicado en Estados Unidos, la gente que utiliza intensivamente Internet (más de un tercio de la población)

This concept of being six clicks away seems to be a variation on the foundational "six degrees of separation" study, made in 1967 by social psychologist Stanley Milgram.

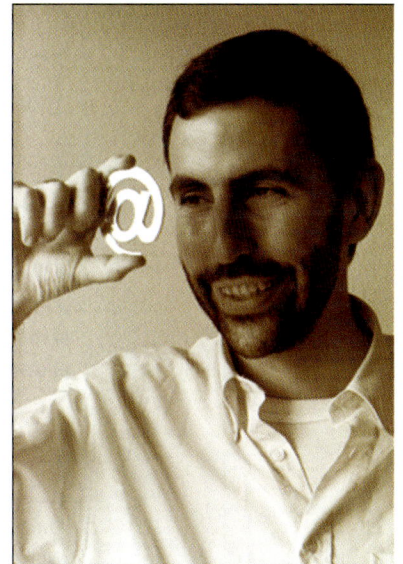

El doctor ingeniero Andreu Veà, de Barcelona, España

Act. 11.1

pasa una media *(average, mean)* de tres horas al día en el ordenador. Dedican la mitad de estas horas, noventa minutos, a comunicarse con otras personas pero a su vez dedican setenta minutos menos a los miembros de la familia. Hay más comunicación, pero menos interacción de cara a cara. Sin embargo *(However),* la irrupción masiva de la videoconferencia instantánea está cambiando también esta situación. Recientemente tuve una multivideoconferencia con ocho personas de mi grupo de investigación ubicados *(located)* en seis países distintos. La tecnología nos permite hacer cosas que jamás se nos habían ocurrido, a la vez que nos ahorra tiempo en muchas facetas de la vida, dándonos más tiempo para las actividades sociales."[1]

PRÁCTICA

11-1 Preguntas.

1. ¿Usa usted un teléfono celular? ¿A quiénes llama más a menudo?
2. ¿Manda muchos mensajes de texto? ¿En qué situaciones?
3. ¿Cuáles son algunas cosas que se hacen ahora por medio de Internet que eran inimaginables hace diez años?
4. ¿Qué anécdota cuenta el doctor Veà para ilustrar el choque entre mentalidades en cuanto a la tecnología?
5. ¿Cree usted que hay una brecha *(gap)* tecnológica entre jóvenes y mayores en Estados Unidos o Canadá? ¿entre ricos y pobres?
6. ¿Cómo ha cambiado la tecnología la manera en que la gente se divierte hoy en día? ¿la manera en que trabaja? ¿estudia?
7. Según el doctor Veà, ¿somos más solitarios ahora por culpa de la tecnología? ¿Qué piensa usted?

VOCABULARIO ÚTIL

LA COMPUTADORA Y LA COMUNICACIÓN

COGNADOS

el blog	el servidor
el documento	el sitio Web
el fax	la tecnofobia
(el / la) Internet[2]	el teléfono celular *(Spain:* el móvil*)*
el monitor	el virus
el ratón *(mouse)*	la webcam

---

[1] Entrevista con el doctor Andreu Veà en la Universidad de Stanford, 14 de abril de 2005.

[2] While often no article is used with the word *Internet*, in Mexico the article **el** is sometimes used and the article **la** is used among many Latin Americans. Words like **faxear** and **mailear** or **emailear** (pronounced maintaining the vowel sounds of "e-mail" in English) also come from English, as do words like **flamear** *(to flame)*, **formatear** *(to format)*, **cliquear** *(to click)*, **hacer un backup**, and **hacer un download**.

VERBOS

archivar	*to file*
bajar (descargar) archivos	*to download files*
enviar por correo electrónico, mailear, emailear	*to send by e-mail*
enviar por fax, faxear	*to send by fax*
guardar	*to save; to keep*
hacer una copia de seguridad (un backup)	*to make a backup*
imprimir	*to print, print out*
navegar por (recorrer) la Red	*to navigate (go through) the Net*
registrarse	*to log in*
salir del sistema	*to log off, quit*

OTRAS PALABRAS

el buscador	*search engine*
el ciberamigo (la ciberamiga)	*cyberfriend*
la computadora portátil	*laptop*
la dirección de correo electrónico, la dirección electrónica	*e-mail address*
el disco duro	*hard disk*
la impresora (láser)	*(laser) printer*
el ordenador	*(Spain) computer*
la página Web	*Web page*
la pantalla	*screen*
el programa informático	*computer program*
los programas	*software*
el salvapantallas, el fondo de pantalla	*screensaver*
el sonido	*sound*
el tono	*ringtone*
el usuario (la usuaria)	*user*
el videojuego	*videogame*

¡OJO!

el cibercafé (*also:* **el ciber**) *Internet café* / **el locutorio** *(Spain) small Internet café that often has telephones or faxes, usually less expensive than a* **cibercafé**

enviar un mail o un e-mail *to send e-mail* / **enviar correo postal** *to send regular mail*

enviar un mensaje de texto *to send a text message, IM* / **enviar un SMS** *(Spain, for short message system) to send a text message, IM*

la página personal *personal home page* / **la página principal** *home page or main page*

entrar al chat, estar en un grupo de chat o foro de discusión *to go into a chatroom, be in a chat group or discussion group (different from a blog, which consists of things that are posted and usually viewed later)*

Point out to students that many words taken from English are masculine: **el fax, el e-mail, el monitor, el chat, el fútbol, el suéter. La webcam** is feminine because **cam** is short for **cámera.** In online discussion, the **arroba** is often used for words referring to people, like **usuari@.**

La Red nació en 1969 y el correo electrónico en 1971. En su corta existencia, Internet ha revolucionado las relaciones humanas.

ANS 11-2
1. bajar 2. dirección 3. salir
4. dar 5. el buscador

11-3. This activity will help students with the **A escribir** writing assignment.

PRÁCTICA

11-2 Fuera de lugar. Para cada grupo, indique cuál de las palabras está fuera de lugar.

MODELO	usuario / programador / sonido / ingeniero
	sonido

1. navegar / bajar / viajar / recorrer
2. pantalla / monitor / dirección / impresora
3. enviar / faxear / salir / mailear
4. guardar / dar / archivar / reservar
5. el tono / el móvil / el buscador / el celular

11-3 Entrevista. Entreviste a un(a) compañero(a), usando las siguientes preguntas. Después, su compañero(a) lo (la) entrevista a usted.

Act. 11.2

1. ¿Cómo es el salvapantallas de tu computadora? ¿de tu celular? ¿Lo cambias a menudo? ¿Cómo es el tono de tu celular?
2. ¿Participas en algún grupo de chat o foro de discusión? ¿Tienes un blog? ¿Participa mucha gente?
3. ¿Pasas mucho tiempo navegando por la Red? ¿Cuáles son algunas de tus páginas favoritas?
4. ¿Tienes una página en la Red o has participado en algún grupo que tiene una página? ¿Qué información incluye?
5. ¿Qué le aconsejas a una persona que sufre de tecnofobia?
6. ¿Tienes una webcam? Si es así, ¿para qué la usas?
7. ¿Cuál es el peor problema que has tenido con las computadoras? Por ejemplo, ¿has perdido algún trabajo o archivo que habías hecho en la computadora? ¿Eres adicto(a) a la Red? ¿Tienes amigos con esta adicción?
8. ¿Te gustan los videojuegos? ¿Tienes un videojuego favorito?

9. ¿Mandas y recibes muchos mensajes por correo electrónico? ¿Cuáles son las ventajas del correo electrónico? Por ejemplo, ¿te gusta mandar mensajes a las dos de la mañana?

Para escuchar: En Bucaramanga

CD 2,
Track 15

Conversación 1: Para expresar alivio, gratitud y comprensión. Mike y Julia hablan con la señora Gutiérrez, la mamá de Julia.

11-4 Escuche la **Conversación 1.** ¿Cuál es el dibujo que muestra el lugar donde están?

1.    **2.**

11-5 Escuche la **Conversación 1** otra vez. Conteste **V** (verdad) o **F** (falso).

___V___ **1.** La señora Gutiérrez espera a Julia desde las diez.
___F___ **2.** Los jóvenes llegaron temprano.
___F___ **3.** Mike y la señora Gutiérrez ya se conocían.
___F___ **4.** Los jóvenes viajaron por autobús.
___F___ **5.** Fue un viaje muy largo y aburrido.
___V___ **6.** Mike le dice a la señora Gutiérrez "Habrá estado muy preocupada".

Conversación 2: Para expresar incredulidad y enojo. Julia está en el aeropuerto. Va de regreso a Bogotá, donde tiene que asistir a un congreso. Le da el boleto a un agente de la aerolínea. Vocabulario: se venció *expired*

ANS 11-6
Julia está enojada porque tiene que ir a Bogotá y no hay asientos en el avión; la aerolínea cometió un error y no le cambió su reservación.

11-6 Escuche la **Conversación 2** y conteste la pregunta que sigue: ¿Por qué está enojada Julia?

11-7 Escuche la **Conversación 2** una vez más. ¿Qué expresiones se usan para expresar incredulidad o enojo?

____ **1.** ¿Está bromeando?	✓ **5.** ¡No puede ser!
✓ **2.** ¡Qué barbaridad!	____ **6.** ¡Qué ridículo!
____ **3.** ¡Sólo esto me faltaba!	✓ **7.** ¿Habla en serio?
____ **4.** ¿En qué te molesta?	✓ **8.** ¡Esto es el colmo!

ⒼRAMÁTICA Y VOCABULARIO

Sequence of Tenses with the Subjunctive: Summary

You have seen that the subjunctive is used in a dependent clause after certain verbs or impersonal expressions that occur in a main clause (for a review of the subjunctive, see Chapters 5 and 7). This chart summarizes the sequence of tenses with the subjunctive:

Main clause (indicative)	Dependent clause (subjunctive)
present (present perfect) future command	present or present perfect subjunctive
past (preterit, imperfect, past perfect) conditional	imperfect or past perfect subjunctive

In general, the *present* or *present perfect subjunctive* is used in a dependent clause that requires the subjunctive when the verb in the main clause is in the:

1. present tense

Espero que impriman el informe.	*I hope they print out the report.* (*present subjunctive:* **impriman**)
Espero que hayan imprimido el informe.	*I hope they have printed out the report.* (*present perfect subjunctive:* **hayan imprimido**)

2. present perfect tense

La directora ha pedido que lleguemos a las ocho.	*The director has requested that we be there at eight.*

3. future tense

El jefe insistirá en que aprendas el nuevo sistema.	*The boss will insist that you learn the new system.*

4. imperative

Dígale que me lo envíe por fax.	*Tell him (her) to send it to me by fax.*

In general, the *imperfect* or *past perfect subjunctive* is used in a dependent clause that requires the subjunctive when the verb in the main clause is in the:

1. preterit

Me alegré de que hicieras una copia de seguridad. ¡Qué alivio!	*I was happy that you made a backup file. What a relief! (imperfect subjunctive:* **hicieras**)
Me alegré de que hubieras hecho una copia de seguridad. ¡Qué alivio!	*I was happy that you had made a backup file. (past perfect subjunctive:* **hubieras hecho**)

2. imperfect

Dudaba que Ana hubiera bajado los archivos.	*I doubted that Ana had downloaded the files.*

3. past perfect

La universidad no había permitido que hiciéramos copias de los programas.	*The university hadn't permitted us to make copies of the software.*

4. conditional

Mis padres me aconsejarían que estudiara informática.	*My parents would advise me to study computer science.*

As you will remember from Chapter 10, compound tenses are generally used in Spanish just as they are in English. In the example **Espero que impriman el informe,** for instance, you use **impriman** if you mean *print* and **hayan imprimido** if you mean *have printed.* The progressive tenses (formed with **estar**) are discussed in Chapter 12.

PRÁCTICA

11-8 Breves conversaciones. Las siguientes conversaciones tienen lugar en Honduras. Complételas con la forma apropiada del modo subjuntivo de los verbos indicados.

CLIENTE: Buenas tardes. ¿Cuánto cuesta usar el Internet?
DEPENDIENTE: Cien lempiras la hora.
CLIENTE: Sólo necesito unos diez minutos para mirar el e-mail. Pero después de que (1) [yo] __termine__ (terminar), mi hija también quiere chequear rápidamente su e-mail.
DEPENDIENTE: Pues, en ese caso le recomiendo que (2) __pague__ (pagar) sólo media hora. Serán sesenta lempiras. En caso de que (3) __necesite__ (necesitar) más tiempo, le cobro solamente cien la hora.

★ ★ ★

Give students examples such as: **Me alegro de que hayan comprado la computadora. Dudo que hayan contratado a Alonso.** English speakers might say *I'm glad they bought the computer. I doubt they hired Alonso.* Point out that the *had* of *had bought* or *had hired* might not be said. Tell them not to get confused and put (incorrectly) an imperfect subjunctive in the clause following one in the present tense; e.g., **Me alegro de que *compraran* la computadora,** which is wrong.

In Honduras, the **lempira** is the unit of currency and people say **el Internet** and **chequear.**

Act. 11.3

ALBA: ¡Caray! El jefe me dijo que (4) ___bajara___ (bajar) unos archivos, que (5) ___hiciera___ (hacer) una copia de seguridad y que (6) ___imprimiera___ (imprimir) un montón de documentos, pero mi computadora no funciona.

ANTONO: Pídale al jefe que le (7) ___preste___ (prestar) a usted su computadora portátil.

* * *

MARINA: ¿Quiere que le (8) ___ayude___ (ayudar) a crear una página personal?

MARTA: Prefiero que me (9) ___arregle___ (arreglar) la impresora y me (10) ___busque___ (buscar) información sobre Frida Kahlo.

MARINA: Sería mejor que le (11) ___enseñara___ (enseñar) a hacer esas cosas, ¿no cree?

MARTA: Bueno, es que temo que (usted) (12) ___pierda___ (perder) la paciencia conmigo.

* * *

BEATRIZ: Inés me vuelve loca. Ayer quería que le (13) ___creara___ (crear) una página principal y después insistió en que (14) ___recorriera___ (recorrer) la Red para reservarle un vuelo a Bogotá. Me alegro de que hoy no (15) ___haya venido (venga)___ (venir).

ÁNGELA: Pues, sí. Si ella (16) ___estuviera___ (estar) aquí hoy, tendríamos mucho más trabajo. ¡Será mejor que (nosotras) no (17) ___contestemos___ (contestar) el teléfono!

11-9 Antes y ahora. Trabaje con un(a) compañero(a). En forma alternada, conteste las siguientes preguntas usando los tiempos verbales apropiados del subjuntivo. Puede usar las ideas que se dan entre paréntesis o sus propias ideas. Después, comparta algunas de sus respuestas con la clase.

Cuando eras pequeño(a), ...

1. ¿qué querías que tus amigos hicieran por ti? (jugar contigo, compartir sus dulces, ir contigo a patinar)

2. ¿qué les pedías a tus papás que hicieran por ti? (comprarte juguetes *[toys]*, llevarte al parque, pagar tus lecciones de natación)

3. ¿qué te gustaba que tus maestros hicieran? (mostrar películas, dejarte salir temprano, llevar a la clase a alguna excursión)

4. ¿qué **no** querías que la gente hiciera? (decirte "¡Qué grande estás!", tratarte como un bebé, comprarte libros o ropa para tu cumpleaños)

Y ahora...

¿qué quieres que hagan? (dejarte en paz cuando necesitas estudiar, compartir sus apuntes, ir contigo al cine)

¿qué les pides que hagan? (comprarte ropa, mandarte dinero, pagarte la matrícula)

¿qué te gusta que tus profesores hagan? (explicar las tareas claramente, repasar *[review]* antes de los exámenes, ser generosos con las notas)

¿qué **no** quieres que la gente haga? (mandarte correo electrónico descortés, enviarte chistes tontos, insultarte en el foro de discusión)

If Clauses (2)

1. When an *if* clause expresses something hypothetical or contrary to fact, a past subjunctive is used. The conditional or conditional perfect is generally used in the main clause (if there is a main clause).

Si + imperfect subjunctive, ... conditional...:

Si ella estuviera aquí, ¿qué haría?	*If she were here, what would she do? (Fact: she isn't here.)*

Si + past perfect subjunctive, ... conditional perfect... :

Si hubiéramos usado otro buscador, habríamos encontrado la información.	*If we had used another search engine, we would have found the information. (Fact: we didn't use another search engine.)*

2. **Como si** always requires a past subjunctive form:

Marta habla francés como si fuera francesa.	*Marta speaks French as if she were a Frenchwoman. (Fact: Marta is not a Frenchwoman.)*
¡Como si (yo) no me hubiera registrado!	*As if I had never logged in! (Fact: I did log in.)*

3. However, if the speaker or writer is not discussing something contrary to fact, if the statement is assumed to be true, the indicative is used. After **si,** a verb in the present tense is always in the indicative (never the present subjunctive).

Compare:

Si lo mandan por fax, llegará en seguida.	*If they send it by fax, it will arrive immediately. (simple statement, assumed to be true)*
Si lo mandaran por fax, llegaría en seguida.	*If they sent it by fax, it would arrive immediately. (Note that both clauses use a simple verb form.)*
Si lo hubieran mandado por fax, habría llegado en seguida.	*If they had sent it by fax, it would have arrived immediately. (Note that both clauses use a compound verb form.)*

FORGES

La economía digital que Internet hace posible dará como resultado el ahorro de 2,7 millones de toneladas [tons] anuales de papel, según el Centro de Soluciones Energéticas y Climáticas. Este ahorro de papel representa una reducción de 10 millones de toneladas en las emisiones mundiales de dióxido de carbono. Internet es muy favorable al medio ambiente.

To get across the idea of the contrary-to-fact *if* clauses, bring in pictures of famous people or characters (Bill Gates, Dracula, Julia Roberts, King Kong) and ask: **Si ____ estuviera aquí, ¿qué haría? (¿qué pasaría?, ¿qué diría?)** If you don't have pictures, write these (and other) names on the board and point to them.

If a student argues that a verb after **si** should be in the present subjunctive because the action is uncertain, explain that it is expressing only the logical consequence of what happens when something else happens: cause and effect *(If this, then that).*

brindis *toast*

PRÁCTICA

11-10 En el congreso (*conference*) de informática. Complete las siguientes oraciones con las formas apropiadas de los verbos que están entre paréntesis.

MARTA: ¿Qué tal el congreso, Susana?

SUSANA: Pues, acabo de escuchar una conferencia muy interesante. ¿Sabías que si se (1) __utilizara__ (utilizar) la energía solar, se podría tener cibercafés portátiles en medio del Sahara y que ya hay planes para instalar Internet en unos pueblos muy remotos de África?

MARTA: Nunca pensé en eso. Pues yo también he aprendido mucho. Fui a una conferencia sobre los biochips y parece que si alguien (2) __quiere__ (querer) saber si tiene cierto tipo de cáncer, ya hay un biochip que le dará la respuesta instantáneamente.

* * *

JOSÉ: Si te (3) __doy__ (dar) mi dirección electrónica, ¿me mandarás una copia de tus apuntes?

EDUARDO: Claro, y también te (4) __enviaré__ (enviar) ese artículo sobre buscadores. ¿Me prestas un bolígrafo, por favor, para escribir tu dirección?

MARTA: Déjame ver si (5) __tengo__ (tener) uno.

* * *

ANA: Carlos, si no (6) __hubieras venido__ (venir) al congreso, ¿qué habrías hecho este fin de semana?

CARLOS: No sé. Quizás (7) __habría salido__ (salir) de paseo con la familia.

* * *

EDUARDO: ¿Qué habría pasado si este congreso (8) __hubiera tenido__ (tener) lugar en Buenos Aires?

SILVIA: Pues, yo estaría paseando ahora, visitando los sitios de interés. Creo que nadie (9) __asistiría__ (asistir) a ninguna conferencia si pudiera ver "el París de Sudamérica".

11-11 Mi celular y yo.

Paso 1. Complete las siguientes oraciones. Vocabulario útil: sonar *to ring,* apagar *to turn off*

1. Si [yo] pudiera tener el número del celular personal de cualquier persona del mundo, ...
2. Si alguien me manda un mensaje de texto, ...
3. Perder el celular es un problema. Una vez, perdí mi celular y si..., habría tenido que pagar las llamadas que no había hecho.
4. A veces el celular me ayuda mucho. Por ejemplo, un día... Si no hubiera tenido un celular, ...
5. Pero otras veces, es un problema. Por ejemplo, un día sonó cuando... Si no quiero que la gente me llame, ...
6. Le dejo a alguien usar mi celular si...
7. Pero no dejaría que una persona usara mi celular si...

Prueba de amor

¿...Y CÓMO ESTÁS TAN SEGURA DE QUE LA COSA VA SÚPER EN SERIO, QUE ESTÁ TOTALMENTE COLADO Y CONFÍA EN TI A MUERTE?, ¿TE PRESENTÓ A SU MAMÁ?, ¿TE DIO LA LLAVE DE SU CASA? ¿TE PRESTA EL COCHE...?

...NO, MUCHO MÁS QUE ESO... ¡ME DEJA CONTESTAR SU MÓVIL..!

colado (coloquial) = enamorado

Paso 2. Trabaje con un(a) compañero(a). Primero, describa su celular. ¿Qué capacidades tiene? Describa un episodio cuando su celular le causó un problema y un episodio cuando le fue muy útil. Su compañero(a) le hace tres o cuatro preguntas; por lo menos dos preguntas tienen que empezar con una cláusula con **si**. Después, intercambien papeles.

11-12 Entrevista. Entreviste a un(a) compañero(a), usando las siguientes preguntas. Después, su compañero(a) lo (la) entrevista a usted.

This activity will help students with the **A escribir** writing assignment.

1. ¿Recibes correo basura o "spam"? ¿De qué clase? Si alguien quiere protegerse del "spam", ¿qué puede hacer?
2. ¿En qué aspectos habría sido diferente tu vida si no hubieran inventado la computadora? ¿Qué otra invención cambió la vida humana? ¿Cómo habría sido diferente tu vida si no la hubieran inventado?
3. ¿Conoces a alguien que haya conocido a su novio(a) por Internet? Si tú buscaras novio(a), ¿usarías la Red como ayuda?
4. Si pudieras viajar a través del tiempo, ¿a qué siglo y lugar te transportarías? ¿Qué harías allí? ¿Con quién hablarías? ¿Qué preguntas le harías?
5. Si pudieras tener una videoconferencia con cualquier persona del mundo, ¿con quién hablarías? ¿Qué le dirías?

Write on the board some names of people or fictional characters who made mistakes or did things that they probably regretted. Examples: **el general Custer, Napoleón, Otelo, Ronald Reagan, Jennifer López, Britney Spears,** etc. You might want to use examples from current events. Have students make up sentences: **Si no hubiera..., no habría....**

11-13 Una reunión de amigos. Haga una pregunta usando una cláusula con **si** y escríbala en una tarjeta. (Por ejemplo, "Si tuvieras $1.000, ¿qué comprarías?"; "Si fueras presidente...", etc.) Levántese y hágale la pregunta a otro(a) estudiante. Después de contestar, el (la) otro(a) estudiante le hará una pregunta a usted. Intercambien las tarjetas. Haga la pregunta que ha recibido a otro(a) estudiante. Haga y conteste por lo menos seis preguntas. ¿Cuál es la pregunta más interesante de todas?

Conjunctions

Y to E, O to U

Use **e** instead of **y** when the following word begins with **i-** or **hi-** (but not when it begins with **hie-**).

padre e hijo *father and son*	gracia e ironía *humor and irony*
Fernando e Isabel *Ferdinand and Isabella*	verano e invierno *summer and winter*
fuego y hielo *fire and ice*	

Use **u** instead of **o** when the following word begins with **o-** or **ho-**.

plata u oro *silver or gold*	dinero u honor *money or honor*
uno u otro *one or another*	

Pero versus Sino

Pero is generally used to mean *but;* however, if the first phrase or clause is negative and the second phrase or clause contradicts the first, **sino** or **sino que** is used. **Sino** means *but on the contrary* or *but rather* and is followed by information that contradicts and replaces the previous information.

No llegó temprano, sino tarde.	He didn't arrive early, but late.
No llegó temprano, pero por lo menos vino.	He didn't arrive early, but at least he came.
Papá no está en su oficina, sino en casa.	Papa isn't in his office, but at home.
Papá no está en casa, pero no sé dónde está.	Papa isn't at home, but I don't know where he is.

Sino que, not **sino,** is often used to introduce a clause (which by definition contains a conjugated verb):

No parecía triste, sino que sonreía.	She didn't seem sad; (but rather) she was smiling.

PRÁCTICA

11-14 Combinaciones. Una (Combine) las siguientes palabras con **y** o **e**.

MODELOS	chistes / anécdotas	genial / inteligente
	chistes y anécdotas	*genial e inteligente*

1. ida / vuelta
2. español / inglés
3. anglos / hispanos
4. nieve / hielo
5. carne / hueso
6. inmigrantes / emigrantes

jurásico *from the Jurassic era*

11-15 ... y más combinaciones. Una las siguientes palabras con **o** o **u**.

ANS 11-15
1. oreja u ojo 2. oro o plata
3. espalda u hombro 4. unos u
otros 5. ayer u hoy 6. mujer u
hombre

> **MODELOS** gracia / humor invierno / otoño
> *gracia o humor invierno u otoño*

1. oreja / ojo
2. oro / plata
3. espalda / hombro

4. unos / otros
5. ayer / hoy
6. mujer / hombre

11-16 Las comunicaciones del Imperio Inca. Los incas del siglo XV podían mandar un mensaje de Quito, Ecuador, a Cuzco, Perú —una distancia de dos mil kilómetros— en sólo cinco días. Complete las siguientes oraciones sobre su sistema de comunicaciones con **pero**, **sino** o **sino que**.

For an extra activity have students write complete sentences about the advantages and disadvantages of campus technology using these conjunctions.

1. El sistema de comunicación más rápido del siglo XV no se encontraba en Europa, ___sino___ en Perú.
2. Los incas de Perú tenían un sistema de carreteras muy avanzado, ___pero___ no conocían la rueda *(wheel)*.
3. Por eso, en sus grandes carreteras, no siempre usaban rampas para subir y bajar, ___sino que___ los caminos también tenían escaleras.
4. No tenían caballos, ___sino que___ usaban llamas para transportar materiales.
5. La capital de su imperio no fue Machu Picchu, ___sino___ Cuzco.
6. Los caminos del Imperio Romano eran extensos, ___pero___ no tanto como los del Imperio Inca.

Por versus *Para*

The most common meaning of both **por** and **para** in English is *for*. In general, **por** often has to do with source, cause, or motive, whereas **para** has to do with intended destination, purpose, or use.

The **Enfoque del tema** includes a number of examples of **por** and **para**. You might want to have students skim the **Enfoque del tema** section and try to explain why **por** or **para** is used before this explanation is given.

> La página principal fue creada por Miguel para los otros estudiantes.
> "¿Por qué nací, padre?" —"Pregunte más bien para qué nació."
> Unamuno, *Abel Sánchez*

> *The home page was created by Miguel for the other students.*
> *"Why was I born, father (for what reason)?"—"Ask instead for what purpose you were born."*
> *Unamuno, Abel Sánchez*

Para is used to express:

1. direction or destination *(toward)*

Salieron para Colombia ayer.	*They left for Colombia yesterday.*

2. intended recipient *(for someone or something)*

Estas flores son para ti. —Gracias. Muy agradecida.	*These flowers are for you. —Thank you. I'm very grateful.*
¿Trabaja usted para ellos?	*Do you work for them?*

3. purpose *(in order to)*

Para encontrar información rápidamente, usa la Red.	*(In order) To find information fast, use the Net.*

4. a specific point in time

Tengo que contestar para el viernes.	*I have to answer by Friday.*
Vamos a casa de mis abuelos para la Semana Santa.	*We're going to my grandparents' house for Easter (Holy Week).*

5. lack of correspondence in a comparison

Para su edad, el niño es muy fuerte.	*For his age, the child is very strong.*
Ella es muy joven para José.	*She's very young for José.*

6. intended use

Utilizamos una webcam para comunicarnos con la familia.	*We used a webcam to communicate with the family.*
Este papel es para la impresora.	*This paper is for the printer.*

Por is used to express:

1. cause, motive *(on account of, for the sake of, because of)*

¿Por qué salieron del sistema? ¿Por frustración?	*Why did they log out? Out of frustration?*

The use of **por** to express the agent in a passive construction was discussed in Chapter 10, but students may need a reminder.

2. *through, along, by, by means of* (a mode of transportation or communication)

Todos los domingos damos un paseo por esta calle y por la plaza principal.	*Every Sunday we take a walk along this street and through the main square.*
El mensaje fue mandado por fax por José Luis.	*The message was sent by fax by José Luis.*
Mandaron el piano por barco.	*They sent the piano by ship.*

3. *in exchange for*

En 1763 los españoles cambiaron la Florida por La Habana (que había sido capturada por los ingleses en 1762).	*In 1763 the Spanish exchanged Florida for Havana (which had been captured by the English in 1762).*

| Pepito, ¡esto es el colmo! ¿Pagaste tres mil pesos por esos dulces? | *Pepito, this is the last straw! You paid three thousand pesos for those candies?* |

4. the object of an errand

| Armando fue a la tienda por papel. | *Armando went to the store for paper.* |

5. *in place of (as a substitute for, on behalf of)*

| Acepté el premio por José; él está enfermo. | *I accepted the prize for José; he's sick.* |
| Hoy Isabel trabaja por mí en el banco. | *Today Isabel is working instead of me (taking my place) in the bank.* |

Notice the difference between **trabajar por** above and **trabajar para** in the example **¿Trabaja usted para ellos?** on page 298, item 2.

6. duration or length of time

| ¿Por cuántas semanas te vas de vacaciones? —Por dos semanas. | *For how many weeks are you going on vacation? —For two weeks.* |
| Iremos a España por dos meses. | *We'll go to Spain for two months.* |

7. unit of measure, *per*

| Los huevos están a cincuenta pesos por docena. | *Eggs are fifty pesos a dozen.* |
| ¿Cuánto gastas por mes en alquiler? | *How much do you spend a month on rent?* |

V O C A B U L A R I O Ú T I L

EXPRESIONES CON *POR* Y *PARA*

darse por vencido(a)	*to give up, surrender*
estar para	*to be about to; to be in the mood for*
estar por	*to be in favor of*
para mí (ti, etc.)	*as far as I'm (you're, etc.) concerned*
para siempre	*forever*
por completo	*totally, completely*
por eso	*for that reason*
por desgracia	*unfortunately*
por lo menos	*at least*
por otra parte	*on the other hand*
por primera vez	*for the first time*
por si acaso	*just in case*
por todos lados, por todas partes	*everywhere*

Wikipedia en español crece a un ritmo del 12 por ciento mensual. (Wikipedia es la enciclopedia libre de la Red, construida con la colaboración de miles de voluntarios en casi 200 lenguas.)

La tecnología digital, de momento [ahora], está hecha por y para los países ricos.

—Muy interesante, año XVI, número 1, página 16. (La gran mayoría de los usuarios viven en los países del norte. En muchos lugares del mundo, es muy caro tener una computadora con conexión a la Red.)

For some uses of **por** and **para**, it helps to write the two words on the board and draw an arrow in front of **por** pointing to the left and another after **para** pointing to the right. Then give examples. The motive, reason, or object of an errand are "before the action": **Murió por amor. Fueron por gasolina.** But the goal, destination, resultant act, or point in the future comes "after the action": **Esta carta es para ti. Se van para México. Trabajan para ganar dinero. Lo tendrán listo para el martes.**

PRÁCTICA

11-17 ¿Por o para? Haga oraciones con **por** o **para**.

> **MODELO** Mandé el mensaje / correo electrónico
> *Mandé el mensaje por correo electrónico.*

1. Esa computadora es demasiado grande / el escritorio
2. Estaremos en Barcelona / el sábado
3. Vamos a Toledo / una semana
4. Olvidé su nombre / estar muy nervioso
5. Fue a la sala / hablar con los invitados
6. Pagué demasiado / la impresora
7. Tengo el dinero / comprar el monitor
8. Dimos un paseo / el centro

11-18 Dos chistes. Complete los párrafos con **por** o **para**.

Una pareja decide ir (1) _____ dos semanas de vacaciones a Miami. El señor va (2) _____ avión dos días antes que su esposa porque tiene negocios allí. En el hotel el marido decide enviarle a su esposa un e-mail (3) _____ decirle que llegó sin problemas. Le envía un mensaje (4) _____ e-mail. (5) _____ desgracia, la dirección de correo que escribe no es la correcta y el mensaje le llega a una viuda. Cuando la viuda ve su e-mail, grita y se desmaya *(she cries out and faints)*. Sus hijos entran y miran la computadora donde está escrito lo siguiente:

Cariño,
Todo está listo (6) _____ tu llegada.
Tu marido que te quiere mucho.
P.D. Hace mucho calor aquí.

* * *

Un ingeniero informático viaja con dos amigos, un ingeniero mecánico y un ingeniero eléctrico, (7) _____ asistir a un congreso. Van (8) _____ la carretera de León a la capital. Después de media hora, el motor del coche se para *(stops)* y el coche no quiere moverse. El ingeniero eléctrico dice: "Creo que el problema debe ser (9) _____ el sistema eléctrico; hay que limpiar los contactos". El ingeniero mecánico dice: "Será un problema con el motor, quizás los pistones". El ingeniero informático dice, "Yo creo que la solución es más fácil. ¿(10) _____ qué no bajamos? Después, esperemos un par de minutos, nos subimos de nuevo y el coche debería arrancar *(start up)*."

11-19 Opiniones. Trabaje con un(a) compañero(a). Hágale por lo menos tres preguntas usando **por** o **para**. Esté preparado(a) para compartir la información con la clase.

> **MODELOS** *¿Crees que dos personas pueden estar enamorados "para siempre" o no? ¿Por qué?*
> *¿En qué ocasión te has dado por vencido(a)?*
> *Para ti, ¿cuál es el momento más agradable del día? ¿Por qué?*

ⒺN OTRAS PALABRAS

Para expresar alivio, gratitud y comprensión

In Chapter 3, you saw various ways to express approval, disapproval, and surprise. You have also looked at various ways of expressing emotions such as fear, hope, surprise, and so on that require the subjunctive (Chapter 5). Here are some ways to express other kinds of emotion:

1. alivio *(relief)*

¡Qué bien!	¡Gracias a Dios!	¡Menos mal!
¡Qué alivio!	¡Cuánto me alegro! ¡Qué alegría!	¡Por fin! *(when something good has finally happened)*

2. gratitud

   Gracias. Mil (Muchas) gracias.   Usted es muy amable.

3. comprensión *(empathy)*

   Debe(s) estar muy contento(a). *You must be very happy.*
   Estará(s) muy orgulloso(a). *You must be very proud.*
   Se (Te) sentirá(s) muy decepcionado(a). *You must feel very disappointed.*

   Note that expressing empathy (that you understand what someone else is feeling or thinking) is different from expressing sympathy, discussed in Chapter 9.

Para expresar incredulidad y enojo

1. incredulidad *(disbelief)*

¿Habla(s) en broma?	¡Qué ridículo!	¡No me diga(s)!
¿Está(s) bromeando?	Increíble.	Vaya. ¡Qué va! *Come on now!*
¡Pero lo dice(s) en broma!	Imposible.	
¡Pero no habla(s) en serio!	No puede ser.	

2. enojo *(anger)*

¡Esto es el colmo!	¡Qué barbaridad!
¡Esto es demasiado!	¡Sólo eso nos faltaba! *That's all we needed!*

PRÁCTICA

11-20 Situaciones. Trabaje con un(a) compañero(a). Dé la respuesta apropiada de acuerdo con cada una de las siguientes situaciones.

> **MODELO**   alguien le dice que ganó la lotería
> *¡Qué suerte! ¡Estarás muy contento(a)! (¡Te sentirás muy feliz!)*

To say *What do you mean...?*, Spanish speakers may say **¿Cómo que...?** For example, **¿Cómo que olvidaste la dirección?** You may also hear: **¡Déjese (Déjate) de cuentos!** *That's enough nonsense!* or **No me venga(s) con eso.** *Don't give me that.*

You might give students the Mexican expression **estar como agua para chocolate**, *to be at the boiling point (with anger or passion).* Related expressions used in both Spain and Latin America: **estar bravo(a)** *(to be mad),* **estar hasta la coronilla** *(to be fed up),* **echar chispas** *(to fume— literally, "throw off sparks").*

1. alguien le cuenta que su mamá está en el hospital
2. alguien le dice que se va a casar
3. su hermana se lleva el coche de usted sin pedir permiso; es la tercera vez que hace lo mismo este mes
4. hay un accidente de avión; usted teme que sea el mismo avión en que viaja su papá, pero resulta que no lo es
5. alguien le regala unos chocolates muy ricos

11-21 ¡Eso es increíble! Trabaje con un(a) compañero(a). El (La) estudiante A hace cuatro afirmaciones poco probables. El (La) estudiante B expresa su incredulidad.

Ideas: Mi novio(a) es... (e.g., Míster/Miss Universo), Todos los norteamericanos son... (e.g., materialistas), Todos los profesores de esta universidad son... (e.g., expertos en informática), Mi hermano de doce años es... (e.g., astronauta).

ⒺN CONTACTO

11-22 Busco a... Busque a un(a) compañero(a) que haga las siguientes cosas. Debe hablar con varios compañeros. Puede hacerle sólo una pregunta a cada persona.

> **MODELO**   mirar el correo electrónico más de tres veces por día
> *A:* *¿Miras el correo electrónico más de tres veces por día?*
> *B:* *Sí, miro... No, no miro...*

(Si la respuesta es afirmativa, el o la estudiante B firma abajo.)

	Firma
1. ver programas de televisión por Internet	_____
2. recibe más de cien mensajes por correo electrónico cada día	_____
3. ha comprado por lo menos dos cosas por Internet recientemente	_____
4. se da por vencido(a) muy fácilmente cuando hay un problema con la computadora o con otra máquina	_____
5. usa el teléfono celular más de veinte veces al día	_____
6. ha trabajado para una compañía u organización que no tiene sitio Web	_____
7. usó una webcam por primera vez hace poco	_____
8. va de vacaciones por más de dos meses este verano	_____

11-23 ¿Quién es? Este juego es para grupos de cuatro jugadores o más.

1. Una persona sale de la sala de clases mientras las otras seleccionan a alguien del grupo o a alguna persona conocida de todos.
2. La persona que está afuera vuelve al grupo y trata de adivinar quién es el individuo seleccionado, haciendo preguntas que empiezan con **si**. Ejemplos: *Si esta*

persona se casara, ¿con qué tipo de hombre (mujer) se casaría? Si fuera una máquina (un país, un edificio), ¿qué máquina sería? Si escribiera un cuento, ¿qué tipo de cuento escribiría?

3. Las otras personas del grupo deben turnarse *(take turns)* para contestar hasta que la persona que juega adivina correctamente o se da por vencida.

11-24 La tecnología moderna. Entreviste a un(a) compañero(a), usando las preguntas que siguen. Después, su compañero(a) lo (la) entrevista a usted. Vocabulario: electrodomésticos *appliances,* lavaplatos *dishwasher,* horno de microondas *microwave oven,* amarrados *tied*

1. ¿Cuáles son algunas ventajas de la tecnología moderna? Por ejemplo, ahora que mucha gente tiene electrodomésticos como el lavaplatos y el horno de microondas y puede comunicarse por fax o por correo electrónico, ¿vivimos mejor? ¿En qué aspecto(s)? ¿Ahorramos tiempo? ¿dinero?

2. ¿Cuáles son las desventajas de tener muchos electrodomésticos? Por ejemplo, ¿gastamos más energía? ¿Hay más basura cuando tiramos las máquinas usadas? ¿Hay más contaminación con las pilas (baterías), los chips y otras cosas? ¿Tenemos que tener casas y garajes más grandes para guardar todas las máquinas que tenemos?

3. ¿Vivimos más tranquilos que nuestros antepasados? ¿Tenemos más tiempo libre? ¿Sufrimos de más tensión nerviosa? ¿Estamos amarrados a nuestras máquinas (televisor, teléfono celular, fax, correo electrónico)? ¿Hay problemas cuando se rompen? ¿O vivimos mejor por la tecnología?

11-25 A ESCRIBIR: La tecnología.

Usando la lista de vocabulario de este capítulo, escriba un párrafo sobre la tecnología moderna. En general, ¿cree que la tecnología es una ventaja o una desventaja? Si no existieran algunas máquinas, ¿sería mejor o peor la calidad de vida? Puede usar algunas de las ideas de los ejercicios 11-1, 11-3, 11-11, 11-12 y 11-24.

1. Escriba una oración que presente su punto de vista. Por ejemplo: **Según mi opinión, la tecnología ha mejorado la vida de mi generación y de la sociedad en general** (o **La tecnología ha creado muchos problemas que nuestros antepasados no tenían).**

2. En por lo menos cinco oraciones, explique su punto de vista. Dé ejemplos concretos. ¿Cómo ha cambiado su vida la tecnología? ¿la vida de su familia? ¿Cómo ha cambiado la sociedad en general?

3. Termine con una oración de conclusión: ¿Por qué es una ventaja o desventaja la tecnología?

Grammar	verbs: *if* clauses
Vocabulary	computers; media: photography and video; media: telephone
Phrases	expressing an opinion

11-24. This activity will help students with the **A escribir** writing assignment.

11-25 You may choose to wait until after the class watches the video to work on this composition and have students focus specifically on the Internet as the paragraph's theme.

11-25. By now, students have practiced vocabulary for technology. They've interviewed each other about their use of computers, the Internet, cell phones, video games, and so on. If you presented **Para escuchar,** they heard one conversation that shows a positive side of technology and one that shows a negative side. If you've done the Web activities, they've researched various aspects of Internet services and computer use. They've reviewed *if* clauses and the verb tenses to use in them. However, if you have time in class, have students brainstorm this activity together, working in pairs or groups. You could have them make a Venn diagram with disadvantages of technology in a circle on the left and advantages in a circle on the right; the things that are neither disadvantages nor advantages are in the intersection of the two circles. Then let them write their paragraphs and, if you have time, peer edit them in class. In peer editing, tell them to look for one or two specific things, such as the use of verbs in *if* clauses. After peer editing, they submit their final paragraphs.

▸▸ Los cibercafés

La **alta tecnología** es bastante cara en los países latinoamericanos. Debido a que la gran mayoría de las personas no tienen computadora en casa, van a los cibercafés. Mientras toman algo, pueden **chequear** su correo electrónico o navegar por Internet.

V O C A B U L A R I O

la alta tecnología *high technology*
hogares *homes*
chequear (Mexico: **checar**) *to check*

degustar *to taste, sample*
digamos *let's say, as we say (often used before an opinion)*
escanear *to scan*

PRÁCTICA DE VOCABULARIO

Complete las oraciones con las palabras de la lista.

1. Muchos latinoamericanos no tienen acceso a Internet en sus ___hogares___ .
2. Necesita ___chequear___ el correo electrónico varias veces al día.
3. ¿Las fotos? Pueden ___escanear___ las y enviármelas.
4. Mientras trabajas en la computadora en el café, puedes ___degustar___ un pastel.
5. Mis amigos trabajan para una compañía de ___alta tecnología___ .

HABLANDO DEL TEMA

▸▸ Muchos mexicanos van al café América Online, que se encuentra en un centro comercial en la ciudad de México, para usar los servicios de Internet. En Latinoamérica, los cibercafés le dan a la gente acceso a la alta tecnología. En los cibercafés los estudiantes pueden escribir e imprimir sus trabajos, chequear su correo electrónico y escanear fotos.

▸▸ La informática (o la computación, como se dice en México) es muy importante en la formación, o educación, universitaria. Todas las universidades grandes del mundo hispano tienen centros de cómputo donde los estudiantes pueden hacer sus investigaciones por computadora; muchas publican revistas digitales.

PREGUNTA DE ENFOQUE

¿Por qué es el cibercafé un gran fenómeno en Latinoamérica?

COMPRENSIÓN

1. ¿Qué posibilidades le da el cibercafé al público?
2. ¿Dónde se encuentran los cibercafés? ¿Cómo son?
3. ¿Se enseña más sobre alta tecnología en la escuela pública o en la privada? Explique.
4. ¿Qué tareas hace la gente en el cibercafé? ¿Cómo se divierte allí?
5. ¿Qué consigue la gente a través del *chat* o de la plática en Internet?

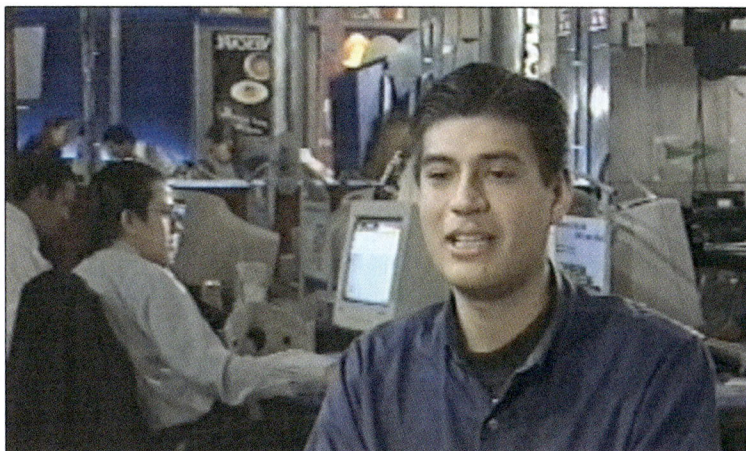

PUNTOS DE VISTA

1. ¿Ha ido usted alguna vez a un cibercafé? ¿Cómo era el ambiente?
2. ¿Prefiere trabajar en casa, en la biblioteca o en un cibercafé? ¿Por qué?
3. Si usted pudiera abrir un cibercafé, ¿dónde lo haría? ¿Cómo sería?
4. Si usted conociera a alguien en un *chat* o en una plática, ¿iría a una cita con esa persona? ¿Por qué sí o por qué no?
5. ¿Cómo han cambiado las relaciones humanas con el uso de las computadoras?

Voice your choice! Visit **http://voices.thomsoncustom.com** to select additional readings relevant to this chapter's theme.

▶▶ En Hispanoamérica, como en Estados Unidos, la informática ha transformado las bibliotecas, especialmente las bibliotecas nacionales. Por ejemplo, la Biblioteca Nacional de Panamá tiene su catálogo en línea y una reedición digital de las obras impresas *(printed)* antes del 1900.

¡Viva la imaginación!

Vendedora de toronjas, Rufino Tamayo

PRESENTACIÓN DEL TEMA

CD 2, Track 17

Act. 12.1

Existen muchos ejemplos de la imaginación creadora en el mundo hispano; aquí hay algunos importantes.

En la página anterior se ve un cuadro del pintor mexicano Rufino Tamayo (1899–1991). Sus cuadros son famosos por la intensidad y belleza de sus colores. Muestran una fuerte influencia del arte indígena de su tierra natal *(home country)*. Tamayo era famoso por sus retratos de temas esencialmente simples y humanísticos y por su habilidad para evocar las texturas y los colores de la naturaleza. De niño, Tamayo trabajó en un puesto de fruta, y la fruta es un tema recurrente en sus obras.

Muchos expertos en el mundo de la gastronomía consideran que la "nueva cocina" de España es la mejor de Europa y que el chef Ferrán Adriá es su representante más innovador. Adriá empezó lavando platos en un restaurante en un pueblo pequeño cerca de

Ferrán Adriá: chef innovador

Barcelona y trabajó en muchos restaurantes antes de llegar a ser chef del restaurante Bulli en la costa de Cataluña. La revista *Gourmet* lo llama "El Dalí de la cocina", haciendo referencia al famoso artista catalán Salvador Dalí. En las comidas de Adriá hay combinaciones y contrastes de sabores, temperaturas y texturas. Dice, "Nada es lo que parece. La idea es provocar, sorprender y dar gusto al cenador *(diner)*".

Artesanas hondureñas

Tejedora guatemalteca

The **Enfoque del tema** section discusses the origins of another very well-known character from the Golden Age of Spanish literature who has become a part of today's pop culture and appeared in poems, operas, and movies in many cultures: don Juan. Broaden discussion by asking students to contrast him with don Quijote. What is don Juan like? Why has he become so well known?

Don Quijote y Sancho Panza

Hay muchos ejemplos de la creatividad humana en las artesanías de España y Latinoamérica. En la foto de la izquierda (página 307), se ve un tallado en madera *(wood carving)* de Honduras. Fue hecho a mano por los artesanos de la región de Valle de Ángeles. Primero hicieron el dibujo sobre la madera y luego la tallaron con cinceles *(chisels)*. Muchos de estos tallados son tridimensionales, como se puede ver en la foto. En la foto de la derecha (página 307), una mujer de Guatemala está tejiendo. Guatemala tiene una de las tradiciones textiles más ricas del mundo, con más de 325 trajes típicos diferentes, y los tejidos guatemaltecos son famosos por sus diseños imaginativos y sus colores vivos. En todas partes del mundo hispano, se ven artesanías muy originales, como cerámicas, canastas *(baskets)* y artículos de cuero *(leather)*, de plata o de cobre *(copper)*.

En 2005 dos de los personajes más conocidos de la literatura mundial cumplieron cuatrocientos años: don Quijote de la Mancha y su compañero Sancho Panza, creados por Miguel de Cervantes (1547–1616). El aniversario fue celebrado mundialmente con ferias, obras de teatro, conciertos, exposiciones de arte y maratones de lectura de la famosa novela *El ingenioso hidalgo don Quijote de la Mancha*. Esta obra trata de un hombre que lee tantos libros de caballería *(chivalry, about knighthood)* que empieza a creer que la vida caballeresca es la realidad. Toma el nombre "don Quijote de la Mancha" y sale en busca de aventuras. Interpreta todo lo que encuentra según los libros que había leído. En una de sus aventuras más conocidas, don Quijote ataca unos molinos de viento *(windmills)* creyendo que son gigantes *(giants)*. Hoy, en muchas lenguas, el nombre de "don Quijote" se usa para referirse a alguien que es muy idealista. En 2002 un grupo de cien escritores famosos de veintidós países escogieron a esta obra como el mejor libro de todos los tiempos.

El científico Mario Molina Henríquez nació en la ciudad de México. En 1995 ganó el Premio Nóbel de Química por su descubrimiento del papel que desempeñan *(play)* los fluoroclorometanos en la destrucción de la capa de ozono. Esto tuvo un impacto inmediato en la regulación y control de estos compuestos químicos y resultó en una mayor preocupación por proteger el medio ambiente.

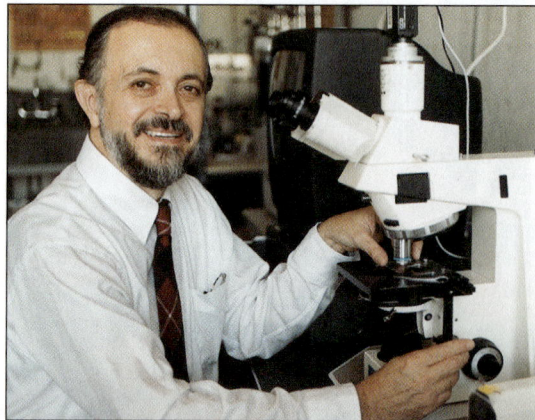

Mario Molina: científico mexicano

Pedro Almodóvar, el director de cine español, nació en los años cincuenta y a los dieciséis años vivía ya solo en Madrid, sin familia ni dinero. Su película *La mala educación* (2004) trata de la "Movida", la época después de la muerte del general Francisco Franco, cuando ya no había censura *(censorship)*. En 2000 ganó el Óscar a la mejor película extranjera por

Cecilia Roth y Penélope Cruz en *Todo sobre mi madre*

> *Las desdichas [misfortunes] históricas provocan buena literatura.*
> —Octavio Paz, escritor mexicano

Todo sobre mi madre con Cecilia Roth y Penélope Cruz. Su película *Mujeres al borde* (verge) *de un ataque de nervios,* con Carmen Maura y Antonio Banderas, fue seleccionada para el Óscar a la mejor película extranjera en 1989. *Volver,* con Carmen Maura y Penélope Cruz, salió en 2006.

Gloria Achucarro nació en Paso de los Libres, provincia de Corrientes, Argentina, en 1962. Dibuja y hace esculturas en bronce y resina *(resin)*. Sus esculturas, casi siempre de formas humanas, expresan una gran vitalidad y energía y también su amor por la vida.

Gloria Achucarro: artista argentina

> *La suprema facultad del hombre no es la razón, sino la imaginación.*
> —Edmundo O'Gorman, historiador mexicano

PRÁCTICA

12-1 Preguntas.

1. Describa el cuadro *Vendedora de toronjas.* ¿Le gusta a usted esta obra? ¿Conoce otras obras de Rufino Tamayo?
2. ¿Quién es Ferrán Adriá? ¿Cuál es su filosofía sobre la cocina? ¿A usted le gusta cocinar? ¿Qué clase de comida le gusta preparar? ¿Prepara platos originales a veces?
3. ¿Dónde fue hecho el tallado en madera? ¿Por qué son famosos los tejidos guatemaltecos? ¿Tiene usted algunas artesanías hechas en España o Latinoamérica?
4. Cuando se usa el nombre "don Quijote" para referirse a alguien, ¿qué quiere decir? ¿Conoce usted a alguien "tipo don Quijote"?
5. ¿Quién es Mario Molina? ¿Por qué ganó el Premio Nóbel de Química?
6. ¿Ha visto usted alguna película de Pedro Almodóvar? ¿Cuál? ¿Le gustó? ¿Por qué

*This exercise will help prepare students for the **A escribir** writing assignment.*

sí o por qué no? ¿Ha visto otra película de España o Latinoamérica? ¿Tiene una película favorita filmada en España o América Latina?

7. ¿Qué hace Gloria Achucarro?
8. Dé un ejemplo de alguien que usted conoce que es creativo(a) en la vida diaria; por ejemplo, alguien que sepa cocinar, sacar fotos, tejer, coser, dibujar, hacer carpintería... ¿Puede dar algún ejemplo de algo que usted o alguna otra persona haya creado o inventado recientemente?
9. ¿Se considera usted una persona creativa? Explique.

VOCABULARIO ÚTIL

LA CREACIÓN HUMANA

COGNADOS

la carpintería	creativo(a)	el invento
el carpintero (la carpintera)	el escultor (la escultora)	el inventor (la inventora)
la colección de estampillas (antigüedades)	la escultura	el pintor (la pintora)
	el fotógrafo (la fotógrafa)	

VERBOS

adornar *to decorate*	diseñar *to design; to draw*	inventar *to invent*
coser *to sew, stitch*	entusiasmarse por *to be (get) enthusiastic about*	investigar *to research*
crear *to create*		producir (zc) *to produce*
dibujar *to draw*	ilustar *to illustrate*	tejer *to weave; to knit*

OTRAS PALABRAS

creador(a) *creative (of artistic work)*	la joyería (el collar, la pulsera, el pendiente) *jewelry (necklace, bracelet, earring)*	la pintura *painting*
el creador (la creadora) *creator*		el retrato *portrait*
el dibujo *drawing*	la obra *work (of art, literature)*	el tallado en madera *wood carving*
la investigación *research*		el tejido *weaving*
		la tela *fabric*

PRÁCTICA

12-2 ¿Quién es? Para cada uno de los siguientes sustantivos, dé el sustantivo derivado que se aplica a las profesiones.

MODELO	la escultura
	el escultor (la escultora)

1. la pintura
2. la carpintería
3. la fotografía
4. el invento
5. la creación

12-3 Entrevista. Entreviste a un(a) compañero(a), usando las siguientes preguntas. Después, su compañero(a) lo (la) entrevista a usted.

1. ¿Sabes coser? ¿tejer? ¿Diseñas la ropa que coses o tejes?
2. ¿Tienes una colección de estampillas? ¿de monedas? ¿de alguna otra cosa?
3. ¿A ti te interesa la fotografía? ¿Salen bien las fotos que sacas? ¿De qué o de quién sacas fotos, generalmente?
4. ¿Te entusiasmas por la carpintería? ¿la jardinería?
5. ¿Te gusta hacer cosas de cerámica? ¿hacer joyería?
6. ¿Sabes dibujar? ¿pintar? ¿Seguiste una clase de arte alguna vez?

Act. 12.2

12-4 Actividad. Trabaje con tres compañeros. Cada persona de su grupo escoge una obra de una persona creadora de origen hispano (e.g., una película, una novela, un dibujo, una pintura o una fotografía). Use Internet o algún libro de consulta si es necesario. Dé un breve informe al grupo sobre la obra y su creador(a).

Assign this activity as homework so students can be prepared to present their reports in class. This will help prepare them for the **A escribir** writing assignment.

Para escuchar: El arte y la imaginación

CD 2,
Track 18

Conversación: Para disculparse; para expresar vacilación; para cambiar de tema.
Mike y Julia se reúnen en la Plaza Bolívar.

La imaginación, según Santa Teresa de Ávila, es "la loca de la casa".

12-5 Escuche la **conversación.** ¿Dónde va a estar Julia en el verano? ¿y Mike?
Julia va a estar en Florencia, y Mike va a estar en Brasil.

12-6 Escuche la **conversación** otra vez. Conteste **V** (verdad) o **F** (falso).

___V___ **1.** Mike recibió una carta de un fotógrafo que está en Brasil y va a ir allí a trabajar con él.
___F___ **2.** Va a hacer un reportaje fotográfico acerca de Río de Janeiro.
___F___ **3.** Julia va a ir a Italia a estudiar literatura italiana.
___F___ **4.** Julia piensa mucho en el matrimonio.
___V___ **5.** Mike y Julia van a celebrar las fiestas navideñas en Colombia.

Celebración de la fantasía

CD 2,
Track 19

12-7 El historiador, escritor y dibujante Eduardo Galeano, autor de "Celebración de la fantasía",* nació en Montevideo, Uruguay, en 1940. Escuche la siguiente selección; probablemente no entenderá todas las palabras, pero eso no es necesario para comprender lo que pasa. Conteste esta pregunta: ¿Qué tiene el niño en la muñeca *(wrist)*?

ANS 12-7
El niño tiene un reloj dibujado con tinta negra en la muñeca.

Vocabulario: haraposo *in rags;* cerdito *small pig;* Súbitamente se corrió la voz *Suddenly the word got around;* rodeado *surrounded;* loritos o lechuzas *small parrots or owls;* desamparadito *waif;* atrasa *it runs slow*

---

* Eduardo Galeano, *El libro de los abrazos* (México, DF: siglo veintiuno editores, 1994), página 27.

You may want to quote the first five verses of **Coplas por la muerte de su padre** by Jorge Manrique. These are some of the most famous and often quoted lines of classical poetry in Spanish, and they derive much of their power from the rhyming finish of the two **-ando** endings.

12-8 Escuche otra vez. Conteste **V** (verdad) o **F** (falso).

 _F_ **1.** La historia tiene lugar en Montevideo, Uruguay.
 _V_ **2.** El autor está mirando unas ruinas de piedra *(stone)*.
 _V_ **3.** Un niño le pide al autor que le regale una lapicera *(pen)*.
 _V_ **4.** Otros niños se acercan al autor porque quieren que les dibuje animalitos en la mano.
 _F_ **5.** Los niños son de familias de la clase media.

12-9 Escuche por tercera vez. ¿En qué forma muestra la anécdota la imaginación creadora?
El niño imagina que el reloj dibujado es un reloj verdadero. El autor no sólo es un buen escritor, también es artista.

GRAMÁTICA Y VOCABULARIO

The Present Participle and the Progressive Forms

The Present Participle

1. To form present participles, add **-ando** to the stems of **-ar** verbs and **-iendo** to the stems of **-er** and **-ir** verbs.

   habl**ando**   com**iendo**   viv**iendo**

2. If the **-er** or **-ir** verb stem ends in a vowel, add **-yendo** rather than **-iendo** (since an unaccented **i** between two vowels becomes a **y**).

   cre**y**endo   ca**y**endo   o**y**endo   tra**y**endo

   The present participle of **ir**, **yendo**, is rarely used.

3. In stem-changing **-er** and **-ir** verbs, the stem changes from **e** to **i** or **o** to **u** (as in the third-person singular and plural of the preterit).

   diciendo   durmiendo   siguiendo
   pidiendo   muriendo   sintiendo
   prefiriendo   pudiendo   viniendo

4. Present participles are invariable except that reflexive or object pronouns can follow and be attached to them.

   Clara se despertó creyendo que había oído algo.
   Juan pasó toda la tarde adornando el árbol de Navidad.
   No conociéndolos bien, decidí no hablarles de política.

   Clara woke up thinking she'd heard something.
   Juan spent the whole afternoon decorating the Christmas tree.
   Not knowing them well, I decided not to talk politics with them.

   Note that when pronouns are attached an accent is required to maintain the syllable stressed in the infinitive.

Hablando se entiende la gente.
—proverbio

Cuando te encuentras escribiendo una novela, en los momentos de gracia de la creación del libro, te sientes… eterno. Uno escribe siempre contra la muerte.
–Rosa Montero, *La loca de la casa*

5. Sometimes the present participle can be used to mean *by* plus a present participle in English.

> No vas a solucionar nada
>   llorando, Martita.

> *You're not going to solve anything*
>   *by crying, Martita.*

The Progressive Forms

1. The progressive forms, **estar** plus a present participle, are used when attention to a specific moment is emphasized. They indicate that an action *is (was, will be, would be) taking place or in progress* at a specific time, at this or that moment in time.

> ¿Qué estás haciendo?
> Ana estaba cosiendo una blusa
>   para su hija.
> Cristina estará pintando ahora.
> Estaría bailando ahora si no
>   tuviera que estudiar. —¡Así es la vida!

> *What are you doing?*
> *Ana was sewing a blouse for her*
>   *daughter.*
> *Cristina must be painting now.*
> *I would be dancing now if I didn't*
>   *have to study. —That's life!*

The progressive is used far less in Spanish than in English, since the simple forms in Spanish (for instance, the present) usually translate the English progressive. It is generally used in reference to a very specific time frame. The use of the preterit progressive is rare.

2. The present progressive is never used for future or anticipated actions, when the simple present is often used.

> El martes salgo para Montevideo.

> *Tuesday I'm leaving for Montevideo.*
>   (*not* estoy saliendo)

3. **Andar, ir, seguir,** and **venir** can also be used to form the progressive, although these constructions are not as common as the progressive with **estar.**

> Anda buscando a alguien que lo ayude
>   a programar la computadora.
> Iban cantando por la calle.
> El muchachito seguía mirán-
>   dola. ¡Qué mujer más rara!
> Viene componiendo música
>   desde que tenía quince años.

> *He's (going around) looking for someone*
>   *to help him program the computer.*
> *They went singing down the street.*
> *The little boy kept watching her.*
>   *What a strange woman!*
> *She's been composing music since*
>   *she was fifteen years old.*

PRÁCTICA

12-10 Pablo Picasso: Una persona creadora. Picasso nació en 1881; a la edad de 92 años, en 1973, todavía se mantenía activo y creador. Diga qué estaba haciendo en los años siguientes.

> **MODELO**   1897 / estudiar en la Real Academia de Bellas Artes de Madrid
>   (a la edad de dieciséis años)
>   *En 1897 estaba estudiando en la Real Academia de Bellas Artes*
>   *de Madrid.*

El novelista tiene el privilegio de seguir siendo un niño [o] de poder ser un loco.
—Rosa Montero, *La loca de la casa*

Un chiste: Una mujer está leyendo un libro y le dice a su esposo, "¿Puedes creer que un tal Pablo Neruda anda copiando las poesías que me escribiste cuando éramos novios?"

Yo no tengo la culpa de ver más y diferente que los otros.
—Pablo Picasso, pintor español

This exercise will help prepare students for the **A escribir** writing assignment by providing an example of a creative person and his work.

1. 1900 / vivir en París; descubrir las obras de Toulouse-Lautrec y de otros pintores
2. 1906 / pintar *Les demoiselles d'Avignon (Las damiselas de Aviñón)*, una obra rev-
   olucionaria
3. 1907 / trabajar con los "Ballets Rusos" de Sergio Diaghilev; hacer el montaje de
   escenarios *(sets)*
4. 1908 / desarrollar el estilo cubista
5. entre 1930 y 1935 / ilustrar obras literarias y hacer esculturas
6. 1937 / pintar *Guernica,* que trata de la Guerra Civil Española
7. entre 1937 y 1944, durante la Segunda Guerra Mundial / sufrir hambre y miseria
8. 1947 / producir cerámica muy original
9. entre 1953 y 1954 / dibujar y hacer 180 dibujos, muchos de minotauros y toreros
10. entre 1955 y 1973 / todavía crear nuevos estilos y técnicas artísticas

12-11 ¡Ajá! Trabaje con un(a) compañero(a). Describa un incidente en que usted
tuvo una idea original o una inspiración. ¿Dónde estaba? ¿Qué estaba haciendo?
¿Había otras personas con usted? ¿Quiénes? ¿Qué estaban haciendo ellos?

> **MODELO**   *Un día hace muchos años estaba en la sala de clases del primer grado.*
> *Afuera, estaba nevando y por la ventana vi a unos chicos jugando en la*
> *nieve. Adentro, estábamos leyendo; unos alumnos estaban leyendo muy*
> *despacio. La maestra estaba repitiendo lo que leían. De repente se me*
> *ocurrió que el libro era una manera en que una persona se comunica*
> *con otra. Y empecé a leer a una velocidad normal.*

12-12 ¿Qué estarías haciendo si...?

Paso 1. En una tarjeta, va a escribir dos preguntas. Empiece con estas frases:

> ¿Qué estarías haciendo si...?
> ¿Qué estarás haciendo...?

*Todo niño es artista. El
problema estriba [lies,
rests] en que lo siga
siendo cuando crezca.*
—Pablo Picasso

Paso 2. Levántese y haga las preguntas a otro(a) estudiante. Después de contestar, el
(la) otro(a) estudiante le hará sus preguntas a usted. Intercambien las tarjetas. Haga
las preguntas que ha recibido a otro(a) estudiante. Haga y conteste por lo menos seis
preguntas. ¿Cuál es la pregunta más interesante de todas?

12-13 ¿Qué estoy haciendo? Piense en una acción que sepa decir en español: por
ejemplo, **Estoy tejiendo, cosiendo, jugando a las cartas (o a algún deporte), abriendo
un paquete, tocando el trombón.** Exprese la acción con gestos para que la vean los
otros miembros del grupo. (Habrá que repetir la acción varias veces.) Después, la persona que adivina lo que usted está haciendo debe expresar otra acción con gestos,
etcétera.

12-14 ¿Cuánto tiempo de nuestra vida pasamos...?

...vistiéndonos?
531 días

...hablando por teléfono?
180 días

...consultando la hora?
3 días

1. Primero, lea la siguiente información: "Si tomamos como referencia a un ciudadano mexicano que viva setenta años, y calculamos lo que le ocupan las más diversas tareas cotidianas *[daily]*, comprobaremos *[we'll find]* que emplea un año en correr, otro en divertirse, y siete los dedica a comer... Así gastamos el tiempo del que disponemos *[that we have available]*". —Elena García de Guinea, *Muy interesante*, año XVI, número 7, páginas 68–72.

2. Con un(a) compañero(a), haga y conteste preguntas acerca de las actividades del cuadro, usando participios presentes.

   MODELO   ¿Cuánto tiempo se pasa viendo televisión?
   Cinco años, 303 días.

   Vocabulario: resfriado ill *with a cold*, cortejar *to court*, festejar *to celebrate*, rellenar *to fill out*, afeitarse *to shave*, peinarse *to comb or brush one's hair*

   ¿Hay algunos datos que les sorprendan? ¿Cuáles?

3. Hagan y contesten preguntas acerca de sus propias rutinas.

   MODELOS   En un día típico, ¿cuánto tiempo pasas viendo televisión?
   ¿Crees que vas a pasar un año y 195 días de tu vida cocinando?
   En una semana típica, ¿cuánto tiempo pasas cocinando?

12-15 ¿Qué están haciendo? Escoja cualquier foto de este libro y escriba por lo menos dos oraciones usando el tiempo progresivo. ¿Qué están haciendo las personas de la foto?

TABLA DE TIEMPOS

Estar de pie	30 años
Dormir	23 años
Estar sentado	17 años
Caminar	16 años
Trabajar	8-9 años
Comer	6-7 años
Soñar	4 años
Transporte colectivo	3 años
Ver televisión	5 años + 303 días
Hablar y escuchar	2 años
Reír	1 año + 258 días
Cocinar	1 año + 195 días
Estar resfriado	1 año + 135 días
Cortejar y ser cortejado	1 año + 139 días
Correr	1 año + 75 días
Estar enfermo	1 año + 55 días
Ir a la escuela	1 año + 40 días
Festejar	1 año + 10 días
Hacer colas	500 días
Rellenar formularios	305 días
Leer	250 días
Telefonear	180 días
Vestirse (hombre)	177 días
(mujer)	531 días
Hacer las compras	140 días
Afeitarse	140 días
Lavarse (hombre)	117 días
(mujer)	2 años
Peinarse	108 días
Cepillarse los dientes	92 días
Depilarse (mujer)	72 días
Llorar	50 días
Saludar	8 días
Rellenar formas fiscales	3- 6 días
Consultar el reloj	3 días

FUENTE: SCIENCE ET VIE

Relative Pronouns; The Neuter *Lo, Lo que*

Relative pronouns replace nouns and are used to join simple sentences. For example:

Conozco a un carpintero. El carpintero trabaja aquí. → Conozco a un carpintero que trabaja aquí.	*I know a carpenter. The carpenter works here. → I know a carpenter who works here.*
Pienso en unos amigos. Los amigos viven en Salamanca. → Los amigos en quienes pienso viven en Salamanca.	*I'm thinking about some friends. The friends live in Salamanca. → The friends I'm thinking about (about whom I'm thinking) live in Salamanca.*

1. The relative pronoun **que** (*that, which, who, whom*) can refer to either people or things.

El postre que preparaste estaba muy rico.	*The dessert (that) you prepared was very delicious.*
El poeta que escribió "Hora Cero" se llama Ernesto Cardenal.	*The poet who wrote "Zero Hour" is named Ernesto Cardenal.*

Quien cannot be used in the preceding example—**que** is essential. Note that relative pronouns cannot be omitted in Spanish as they often are in English.

2. **Quien** (plural **quienes**), meaning *who* or *whom,* is used to refer to people. It is frequently used after prepositions (often the preposition **a**).

Los amigos a quienes busco son periodistas.	*The friends I'm looking for (for whom I'm looking) are journalists.*
La señora con quien me encontré ayer es escultora.	*The woman I met yesterday is a sculptor.*
La pintora de quien me hablabas vive en Madrid, ¿no?	*The painter you were talking to me about (about whom you were talking) lives in Madrid, doesn't she?*
Los carpinteros en quienes pienso son de El Salvador.	*The carpenters I'm thinking about (about whom I'm thinking) are from El Salvador.*

Que is not used after a preposition to refer to people; **quien(es)** must be used in the preceding examples and has the meaning *whom.* Notice that although in informal English a sentence can end with a preposition, this is not possible in Spanish.

¿Cómo se llama el estudiante con quien habla el profesor?	*What's the name of the student the teacher is talking to (to whom the teacher is talking)?*

3. **Cuyo** (*whose, of which*) agrees in gender and number with the noun it modifies (person or thing), not with the possessor.

En un lugar de La Mancha, de cuyo nombre no quiero acordarme...	*In a place in La Mancha, whose name (the name of which) I don't wish to remember . . .*
Una novela cuyos personajes viven en Macondo...	*A novel whose characters (the characters of which) live in Macondo . . .*

To say *whose* when asking a question, use **¿De quién...?: ¿De quién es esta composición?**

4. **El cual (que), la cual (que), los cuales (que),** and **las cuales (que)** are sometimes used instead of **que** or **quien** after prepositional phrases or prepositions with two or more syllables (e.g., **hacia, para, detrás, contra**) and after **por** and **sin** to avoid confusion with the conjunctions **porque** and **sin que:**

La biblioteca detrás de la cual (la que) hay un museo de arte...	The library behind which there is an art museum . . .
Las antigüedades por las cuales (las que) pagamos cien mil pesos...	The antiques for which we paid one hundred thousand pesos . . .
La hermana de Luis, para la que compré el pasaje...	Luis's sister, for whom I bought the ticket . . .
Crecí en una familia patriarcal en la cual mi abuelo era como Dios: infalible, omnipresente y todopoderoso. —Isabel Allende	I grew up in a patriarcal family in which my grandfather was like God: infallible, omnipresent, and all-powerful.

5. **El (la) que** and **los (las) que** have a use that **el cual** does not have. These forms can mean *he (she, the one) who (that)* or *those who (that).*

Uno de mis primos, el que vive en México, viene a visitarnos el domingo.	One of my cousins, the one who lives in Mexico, is coming to visit us on Sunday.
Los que no ayudan, no comen.	Those who don't help don't eat.

Quien can also mean *he (she) who;* it is often used in proverbs.

Quien más sabe, más duda.	He who knows most doubts most.

6. The neuter **lo** can be used with a masculine singular adjective to express an abstract idea or quality.

Lo cierto es que la computadora es un invento muy útil.	The (one) sure thing is that the computer is a very useful invention.
Lo único que comprendí de esa obra fue el título.	The only thing I understood about that play (work) was the title.

7. **Lo** can also refer to an idea or quality already mentioned.

¡Esas fotos son horribles! —No, querida, no lo son.	Those photos are terrible! —No, dear, they aren't.
Es divertido hacer su propia ropa. —Sí, lo sé.	It's fun to make your own clothing. — Yes, I know.

8. **Lo que** expresses the English relative pronoun *what* or , less often, *that which.*

No entiendo lo que quiere decir, señor.	I don't understand what you mean, sir.
A menudo sucede que lo que parece más irreal y ficticio es lo único verdadero. —Soledad Puértolas, escritora española	It often happens that that which appears the most unreal and fictitious is the one true thing.

Quico

¡ CUIDADO! CARLOS NO PLAGIA OTROS DISEÑOS SINO QUE SE INSPIRA EN OTROS DISEÑOS

CUIDADO, PORQUE NO ES LO MISMO

¿ QUÉ DIFERENCIA HAY ENTRE PLAGIAR E 'INSPIRARSE' ?

EHM... LO PRIMERO ES LO QUE HACEN LA MAYORÍA Y LO SEGUNDO ES LO QUE HACEN TUS AMIGOS

Act. 12.3

VOCABULARIO ÚTIL

EL MUNDO LITERARIO

COGNADOS

el autor (la autora)
la (auto)biografía
la ciencia ficción
la fantasía (fantástica)
la novela (romántica, histórica, policíaca, de misterio)

el, la novelista
la poesía
el, la poeta (*also*, la poetisa)
publicar
satírico(a)

OTRAS PALABRAS

el cuento   *story*
el ensayo   *essay*
el escritor (la escritora)   *writer*

¡OJO!

el personaje *character in film or literature; personage* / **el carácter** *character, personality, temper*
el tiempo *time (as an abstract concept)* / **la hora** *time (of day)* / **la vez** *time (instance)* / **el rato** *short time or while*

> Escribir una novela es como bordar [embroider] una tapicería [tapestry] con hilos [threads] de muchos colores: es un trabajo artesanal de cuidado y disciplina.
> —Isabel Allende

ANS 12-16
1. Estoy buscando un libro de poemas que se llama *Rimas*. 2. Pablo Neruda era un poeta chileno que ganó el Premio Nóbel. 3. En la biblioteca están los escritores peruanos con quienes estaba hablando el profesor. 4. Voy a una conferencia sobre Gabriela Mistral que empieza a las dos. 5. Cervantes era el novelista excepcional de quien se dijo: "Él es la vida y la naturaleza".

PRÁCTICA

12-16 La creación literaria. Una (Combine) las oraciones usando como enlace (*link*) **que** o **quien(es)**, de acuerdo con los modelos.

> **MODELOS**   Isabel Allende es una escritora chilena. El profesor hablaba de ella ayer.
> *Isabel Allende es la escritora chilena de quien el profesor hablaba ayer.*
>
> Nicolás Guillén era poeta. Describió a Cuba como "un largo lagarto (*alligator*) verde".
> *Nicolás Guillén era el poeta que describió a Cuba como "un largo lagarto verde".*

1. Estoy buscando un libro de poemas. Se llama *Rimas*.
2. Pablo Neruda era un poeta chileno. Ganó el Premio Nóbel.
3. En la biblioteca están los escritores peruanos. El profesor estaba hablando con ellos.
4. Voy a una conferencia sobre Gabriela Mistral. Empieza a las dos.
5. Cervantes era un novelista excepcional. Se dijo de él: "Él es la vida y la naturaleza".

12-17 Escritores hispanos. Una las oraciones con una forma de **cuyo**, de acuerdo con el modelo.

> **MODELO** Gabriel García Márquez es un escritor colombiano. Su autobiografía se llama *Vivir para contarla*.
> Gabriel García Márquez es el escritor colombiano cuya autobiografía se llama *Vivir para contarla*.

1. Ángeles Mastretta es una autora mexicana. Sus libros tratan de mujeres fuertes e independientes.
2. Arturo Pérez-Reverte es un escritor español. Sus novelas son muy imaginativas.
3. Jorge Luis Borges era un escritor argentino. Sus cuentos son muy populares en todo el mundo.
4. Tino Villanueva es un escritor chicano. Su poesía es satírica.
5. José Martí era un poeta cubano. Sus *Versos sencillos* son muy famosos.

12-18 Proverbios. Complete los siguientes proverbios con **lo que** o **el que**.

1. Ni ___el que___ ama ni ___el que___ manda quieren compañía.
2. ___Lo que___ saben tres, público es *(is public knowledge)*.
3. ___El que___ espera, desespera, si no alcanza ___lo que___ desea.
4. Paga ___lo que___ debes y sabrás ___lo que___ tienes.
5. No hay peor sordo *(deaf person)* que ___el que___ no quiere oír.

Después, haga su propio proverbio con **lo que** o **el que**.

> **MODELOS** El que nunca ama, nunca sufre.
> El que se queja de lo que le falta, no sabe apreciar lo que tiene.

12-19 "Cosas que me molestan" y "Cosas que me encantan." Trabaje con un(a) compañero(a). Haga y conteste preguntas sobre sus gustos y sobre las cosas que de veras lo (la) vuelven loco(a). Ayude a su compañero(a) a crear dos listas, una con varias cosas que le molestan y otra con varias cosas que le encantan. Use pronombres relativos.

> **MODELOS** Lo que me molesta:
> (1) la gente que habla en el cine durante una película
> (2) las personas a quienes siempre hay que esperar porque siempre llegan tarde
> (3) los profesores cuya escritura no se puede leer en la pizarra...

One of Guillén's most famous poems, "**Balada de los dos abuelos**," appears in Chapter 8.

An example of Gabriel García Márquez' work is included in the section **La novela** in Chapter 12; it is a piece from his landmark novel *Cien años de soledad*. Isabel Allende is another very popular exponent of the **realismo mágico** style. An excerpt from her fantasy novel *El reino del dragon de oro* is included in Chapter 11.

The touching short story "**Mujeres de ojos grandes**," by Ángeles Mastretta, is included in the section **El cuento**.

ANS 12-17
1. Ángeles Mastretta es una autora mexicana cuyos libros tratan de mujeres fuertes e independientes. 2. Arturo Pérez-Reverte es un escritor español cuyas novelas son muy imaginativas. 3. Jorge Luis Borges era un escritor argentino cuyos cuentos son muy populares en todo el mundo. 4. Tino Villanueva es un escritor chicano cuya poesía es satírica. 5. José Martí era un poeta cubano cuyos *Versos sencillos* son muy famosos.

For an extra activity, put proverbs (such as those throughout this section or others with relative pronouns or the neuter **lo**) on index cards, but break them into two parts (e.g., **Quien habla dos lenguas...** / **...vale por dos**). Have students get up and find their partner, the person who has the matching part of the proverb. They stand together and read them aloud to the class.

12-20 ¿Qué te gusta leer? Entreviste a un(a) compañero(a) sobre sus gustos litera-rios, usando las preguntas que siguen. Después, su compañero(a) lo (la) entrevista a usted. Esté preparado(a) para compartir la información con la clase.

1. ¿Cuál es el nombre de un(a) novelista cuyas obras te gustan mucho? ¿Por qué te gustan? Entre sus obras, ¿cuál fue la que más te gustó? ¿Hay un personaje con quien te identifiques?

2. En Estados Unidos y Canadá, la gran mayoría de los libros que se venden son novelas románticas, policíacas o de misterio. Para mucha gente representan un escape de la realidad. ¿A ti te gustan estas clases de libros o prefieres leer libros que traten de la vida real?

3. ¿Lees biografías o autobiografías? Entre las que has leído, ¿cuáles eran las más in-teresantes?

4. ¿Lees poesía? ¿Hay un(a) poeta cuyos versos hayas leído varias veces? ¿Cómo se llama?

5. ¿Qué clase de revistas te gusta leer? ¿Te gustan las revistas que traen información o las que entretienen con humor, artículos sobre deportes, la moda, … ?

6. ¿Hay un periódico por medio del cual te informes de lo que pasa en el mundo? ¿Cómo se llama? ¿Lo lees todos los días?

> Hay que tomar lo bueno con lo malo.
> —dicho

> Escribo novelas para recrear la vida a mi manera.
> —Arturo Pérez Re-verte, escritor español

no alternamos we don't mingle
criados servants

¡Hola! woman's magazine

If students have read **Selección 2** of Chapter 3, you can remind them of the Cuban father who re-ferred to his little daughter as his **tesorito** and then to her eyes as she was crying as her **ojitos brillosos.** If they have not read this selection, you might briefly explain the story and read them the last four para-graphs, which contain the diminutives and the punch line.

SIEMPRE METIDA EN CASA,
QUE NO ES SEÑORIAL NI CON PISCINA.
NO VIAJAMOS NI ESQUIAMOS NUNCA.
NO ALTERNAMOS CON LA JET-SET.
NI TENEMOS CRIADOS QUE LUEGO
HABLARÁN DE NOSOTROS EN
SUS MEMORIAS…

¿YA HAS VUELTO A LEER EL HOLA?

NURIA POMPEIA

Diminutives

1. Diminutives are often used to express smallness in size or to show affection. The most common diminutive endings are **-ito, -illo, -ecito,** and **-ecillo** (and their feminine and plural forms). A final vowel is often dropped before a diminutive ending is added.

amiguita	pueblecito	pajarillo	floracilla
muchachito	viejecito	chiquilla	panecillo (roll)
delgadito (thin)	jovencita		

Notice the words **amiguita** and **chiquilla.** Just as a final -**go** (-**ga**) becomes **gu** and a final -**co** (-**ca**) becomes **qu** in verb forms you have studied (e.g., **sigo** becomes **sigue** or **toca** becomes **toque** in the subjunctive), this spelling change occurs also with diminutives.

2. Sometimes diminutives can express ridicule—the ending -**illo** or -**ecillo** is sometimes used for this purpose.

No me gustan las obras de ese autorcillo.	I don't like the works of that author (implying dislike).
¡Qué coquetilla!	What a little flirt!

PRÁCTICA

12-21 Un chiste. Para cada diminutivo en negrilla, dé la palabra base.

> **MODELO** florecilla
> *flor*

Una mujer mexicana que tiene tendencia a usar muchos diminutivos se casa con un hombre venezolano. Se van a vivir a Venezuela. Un día están almorzando cuando la mujer le dice a su marido: "Ay, mi (1) **amorcito,** ¡cómo extraño a mi querida familia en México! Quisiera ver a mamá, a papá, a mis (2) **hermanitos** y a sus (3) **chiquillos...** ¿No podríamos hacer un (4) **viajecito** para verlos? Podríamos quedarnos allí en la (5) **casita** de mi (6) **abuelita** para no gastar en hoteles. Tú sabes que ella tiene sus 80 años y está muy (7) **viejita** ahora... ¿Me pasas un (8) **panecillo,** por favor?" El hombre, cansado ya de oír tantos diminutivos, le dice, "Mi amor, ¿qué es esto de 'abuelita', 'viajecito', 'chiquillos'? ¿No puedes hablar como todo el mundo?" La mujer se calla, y después de un rato él nota que ella no ha comido nada. "Y ahora, ¿qué te pasa, cariño? ¿No quieres comer?", le dice. Y ella responde: "Bueno, es que ya no tengo mucho... apeto."

12-22 Use su imaginación. Escriba una oración usando tantos diminutivos como le sea posible.

> **MODELO** *El perrito estaba jugando con los zapatitos de mi hermanita en el jardincito.*

EN OTRAS PALABRAS

Para disculparse

How do you excuse yourself or apologize for something? How do you express forgiveness if someone apologizes to you? Here are some ways to do that:

Lo siento (mucho). Siento mucho que (+ *subj.*)...
Perdón. Perdóneme. (Perdóname.)
Discúlpeme. (Discúlpame.)
La culpa fue mía. *It was my fault.*
Está bien.
No importa. No hay problema.
No tenga(s) pena. *No need to be embarrassed.*

Para expresar vacilación

Here are some phrases you can use when you need time to think (hesitation phrases).

Pues... / Bueno... / Este...
A ver. *Let's see.*
Buena pregunta.
Depende (de)... *It depends (on)* . . .
Yo diría... / ¿Cómo diría?
Tendría que pensarlo.

Para resumir una idea

Summarizing, or drawing conclusions, is important in both speaking and writing. Here are some ways to indicate that you are coming to the point, expressing a conclusion.

A fin de cuentas... , Después de todo... *In the final analysis* . . .
Al fin y al cabo... *In the end (after all is said and done)* . . .
Total (que)... *So* . . .
En conclusión..., En resumen... *(formal) In summary* . . .
En síntesis... *In short* . . .

Para cambiar de tema

The ability to make a transition, or change of subject, is also important in both speaking and writing. Here are some ways to do this in Spanish.

En cambio... *On the other hand* . . *., In contrast* . . .
Por el contrario... *However* . . *., On the contrary* . . .
Por otra parte... *On the other hand* . . .
Sin embargo... *However* . . .

Cambiando de tema… *To change the subject . . .*
A propósito, … *By the way, . . .*
A propósito de… *Regarding . . ., Talking about . . .*
En cuanto a…, Con respecto a… *As far as . . . is concerned . . .*

PRÁCTICA

12-23 Disculpas. Dé la respuesta apropiada de acuerdo con cada una de las siguientes situaciones.

1. Su mamá le dice: "Siento mucho que tu papá y yo no te podamos acompañar al cine".
2. Usted llega media hora tarde a una reunión en casa de su hermano.
3. Usted llega media hora tarde a una cita que tiene con un profesor.
4. Usted tropieza con *(bump into)* alguien en el teatro.
5. Alguien le dice: "Me olvidé de presentarte a María en la fiesta de anoche. Lo siento mucho".

12-24 Entrevista. Trabaje con un(a) compañero(a). Usted tiene una entrevista para obtener un trabajo de verano y piensa mucho antes de responder a las preguntas que le hacen. Utilice las frases que sirven para expresar vacilación. Use las formas de **usted.**

1. ¿Por qué cree usted que tiene las cualidades necesarias para hacer este tipo de trabajo?
2. ¿Para qué tipo de persona desea usted trabajar?
3. ¿Podría usted trabajar para una persona un poco exigente y agresiva?
4. Una de sus cartas de recomendación dice que usted es inteligente pero no muy trabajador(a). ¿Qué dice usted?
5. ¿Qué tipo de trabajo piensa usted tener dentro de diez años?

12-25 ¡Socorro! *(Help!)* La siguiente composición está incompleta; necesita frases de transición. Ayude a quien la escribe a sacar mejor nota, completándola con las expresiones apropiadas.

(1) _____ la literatura española del siglo XVI, no hay duda de que el escritor más famoso de entonces es Miguel de Cervantes. Su conocido *Don Quijote* es una parodia de las novelas de caballería. En esas novelas, el caballero andante *(knight errant)* siempre es una encarnación del héroe típico. (2) _____, don Quijote y su amigo Sancho Panza son fieles retratos humanos, y la novela muestra la realidad cotidiana *(daily)* de la época. (3) _____ de Sancho Panza, la obra lo presenta como un personaje materialista cuya idiosincrasia contrasta con el idealismo de don Quijote. Los dos personajes reflejan un extenso panorama de cualidades humanas que van de lo ridículo a lo sublime. La novela trata algunos problemas fundamentales, como, por ejemplo: ¿Qué somos los seres humanos: lo que creemos ser o lo que los demás *(other people)* creen que somos? ¿Existe una verdad ideal, como cree don Quijote en su locura, o no hay más realidad que la que percibimos *(we perceive)* por los sentidos *(senses)*? (4) _____, Cervantes no nos da la respuesta. (5) _____, nos hace pensar y nos obliga a buscar la respuesta a nosotros mismos.

ANS 12-23
Possible answers: 1. No importa. No hay problema. 2. Discúlpame. 3. Lo siento mucho. 4. Perdón. 5. No tengas pena.

In both Spain and Latin America, you might hear people who want to end a discussion say **¡Sanseacabó!** *("saint-it's-over")* meaning *That's that!* You may also hear **¡Y punto!** or **¡Punto final!** In Mexico you might hear **A otra cosa, mariposa** or **Pasemos a otro patín** *(skate),* said informally among young people when someone wants to change the subject. A very talkative person who won't be quiet **habla hasta por los codos**—especially if he or she decides to **echar el rollo** *(let out a long tale or tell it all).*

ANS 12-24
Possible answers: 1. Bueno… 2. Yo diría… 3. Tendría que pensarlo. 4. Pues… 5. Este…

To find out more about Cervantes and his famous book, have students look at don Quijote's adventure involving the liberation of the galley slaves (Chapter 11) and the introduction that precedes it.

ANS 12-25
Possible answers: 1. Con respecto a, En cuanto a 2. En cambio 3. A propósito 4. A fin de cuentas, Sin embargo 5. Por el contrario

La vida es un enigma; el arte es su revelación. ¿Nos dice la verdad? No. ¿Para qué? Nos hace olvidarla.
—Jacinto Benavente, *De sobremesa*

ⒺN CONTACTO

12-26 Las mejores películas de todos los tiempos. Haga una lista de tres películas que para usted son las más interesantes de todos los tiempos. Después, hable con un(a) compañero(a). Juntos, escogan las tres películas más interesantes. Luego hablen con otra pareja y hagan la lista entre los cuatro. Los cuatro tienen que estar de acuerdo. Cuando tengan su lista, escriban tres oraciones acerca de sus selecciones, usando pronombres relativos y **lo** o **lo que.** ¿Qué grupo puede usar más pronombres relativos?

> **MODELOS**   *La película más interesante para nosotros es _____; es la que...*
>
> *Es una película cuyo...*
>
> *Lo que más nos gusta de esta película es...*
>
> *Otra película que nos hizo reír (pensar) fue...*

12-27 Entrevista. ¿Qué lo (la) ayuda a ser más creativo(a)? Para el autor alemán Federico Schiller era el aroma de las manzanas podridas *(rotten)*. Ernest Hemingway necesitaba "un lugar limpio y bien iluminado." Honorato de Balzac se vestía de monje *(monk)* para buscar inspiración. Entreviste a un(a) compañero(a), usando las siguientes preguntas. Después, su compañero(a) lo (la) entrevista a usted.

1. ¿Qué te ayuda a ser creativo(a)? ¿Alguna comida? ¿bebida? ¿cierto tipo de música? ¿los ejercicios físicos?
2. ¿Existe cierto lugar en el cual trabajas mejor o algún momento del día durante el cual se te ocurren las ideas más creativas? ¿Dónde o cuándo?
3. ¿Conoces a alguien a quien tú consideras muy creativo(a)? ¿Quién? ¿Qué hace?

12-28 La poesía concreta. La poesía "concreta" es una combinación de palabras y diseños o imágenes que ilustran una cosa o un concepto. Con un(a) compañero(a), escriba un poema "concreto." Aquí hay algunos ejemplos.

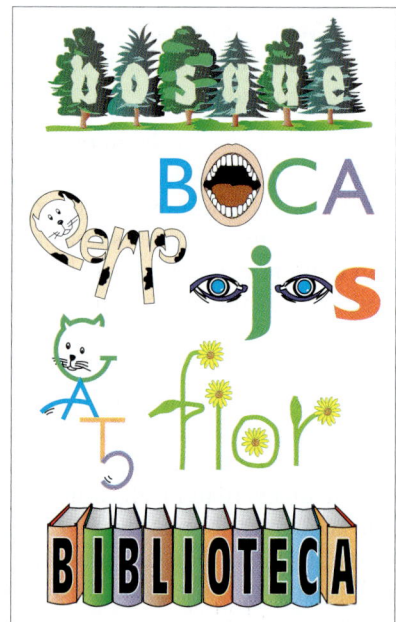

12-29 A ESCRIBIR: Una persona creadora.

Usando las listas de vocabulario de este capítulo y algunas ideas de los ejercicios 12-1, 12-4, 12-10, 12-16, 12-17 y 12-27, escriba un párrafo sobre una persona que, según su opinión, es muy creadora. Trate de usar pronombres relativos y algunas expresiones de la sección **En otras palabras** de este capítulo. Siga estas instrucciones.

1. Escriba una oración que presente a la persona que escogió. Por ejemplo: **Según mi opinión, Elizabeth Gómez Freer, la pintora mexicana, es una persona muy creadora.**
2. En por lo menos cinco oraciones, describa lo que hace la persona que escogió. Si sabe algo sobre su vida, cuéntelo en dos o tres oraciones, diciendo dónde nació, dónde vive (o vivía), algún hecho que influyó en su vida, etcétera.
3. Termine con una oración de conclusión: ¿Por qué escogió usted a esta persona?

Grammar	relative pronouns: **cuyo, el cual, la cual, el que, la que, que, quien**
Vocabulary	people; arts; poetry; prose
Phrases	describing people; expressing an opinion; writing a conclusion

ATAJO

By now, students have discussed creative people, literature, movies, art, and ways in which ordinary people are creative. If you presented **Para escuchar**, they heard a conversation about creative pursuits and Eduardo Galeano's **"Celebración de la fantasía."** If you've done the Web activities, they've investigated writers, artists, and other people who are creative. They've looked at ways to change the subject and to summarize in **En otras palabras** and they've reviewed relative pronouns. If you assigned activity 12-4, they reported on a creative work and its author. However, if you have time in class, have students brainstorm this activity together, working in pairs or groups. They can ask each other questions about the creative people they chose to write about. Then let them write their paragraphs and, if you have time, peer edit them in class. In peer editing, tell them to look for one or two specific things, such as the use of relative pronouns or the conclusion. After peer editing, they submit their final paragraphs.

▶▶ El Nuyorican Poets Café

Los puertorriqueños han creado en Nueva York instituciones culturales como el Museo del Barrio, teatros en español y un café que funciona como **salón** literario, el Nuyorican Poets Café. A Miguel Algarín, fundador del café, le encanta recitar sus obras para el público. El café **se ha convertido** en un centro internacional.

VOCABULARIO

acudir a	to come / go to
convertirse (ie) (en)	to become
criarse	to grow up
en búsqueda de	in search of
el enfoque	focus
habituarse (a)	to get used or accustomed (to)
lograr	to succeed in, manage to
la nobleza	nobility, integrity
la pretensión	pretentiousness
el salón	literary salon

PRÁCTICA DE VOCABULARIO

Complete las oraciones con palabras de la lista.

1. Los inmigrantes tuvieron que __habituarse__ al nuevo país.
2. Los poetas estaban en __búsqueda__ de un __salón__.
3. El café ha logrado __convertirse__ en un centro internacional.
4. Según Miguel Algarín, el __enfoque__ del Nuyorican Poets Café es "puramente la poesía".
5. El señor tiene __nobleza__ de espíritu y se interesa en todas las culturas.

HABLANDO DEL TEMA

▶▶ Miguel Algarín, poeta, profesor y director de teatro puertorriqueño, fundó el Nuyorican Poets Café en 1974. Algarín, el dramaturgo (*dramatist*) Miguel Piñero y otros escritores puertorriqueños formaron un movimiento literario en Nueva York durante los años 70. El Nuyorican Writers Group daba voz a la comunidad puertorriqueña de Estados Unidos, los "Nuyoricans". Algarín ha escrito varios libros, entre los cuales está la antología *Aloud: Voices from the Nuyorican Poets Café.*

▶▶ El Nuyorican Poets Café se abrió en 1974. Se encuentra en el distrito East Village. Hay funciones (*shows*) de poesía, teatro, música o película todas las noches menos los lunes. Muchos escritores famosos, como Sandra María Esteves, Víctor Hernández Cruz y Pedro Pietri se asocian con el café.

PREGUNTA DE ENFOQUE

¿Cuál es la importancia del Nuyorican Poets Café para los poetas jóvenes y para la cultura puertorriqueña?

COMPRENSIÓN

1. ¿Dónde se crió (creció) Miguel Algarín?
2. ¿Qué significa el Nuyorican Poets Café para él?
3. ¿Cómo era el café cuando se abrió?
4. ¿En qué se convirtió el café?
5. Cuente lo de la visita de los poetas japoneses. ¿Cómo los recibió el público?

PUNTOS DE VISTA

1. ¿Qué contactos tiene usted con la poesía? ¿La escucha en *rap* o en canciones? ¿La lee en tarjetas o en libros? ¿La inventa?
2. ¿Qué lugares hay en su ciudad donde se recita poesía? ¿Cuál es su poema favorito?
3. Miguel Algarín dice que "estoy en casa" en el café. ¿Qué significa? ¿En qué lugares se siente usted en casa?
4. ¿Cómo está ayudando el café a fomentar *(foster, encourage)* la cultura?

Voice your choice! Visit **http://voices.thomsoncustom.com** to select additional readings relevant to this chapter's theme.

▶▶ En la ciudad de Boston viven muchos hispanoamericanos y hay una comunidad puertorriqueña importante. Uno de los barrios hispanos más conocidos de la ciudad se llama Jamaica Plain; por las calles de este barrio se encuentran restaurantes, comercios y tiendas hispanos, y hay una marcada presencia hispana en las artes. Villa Victoria, en el sur de Boston, es el centro de la comunidad puertorriqueña de esa ciudad.

Capitalization, Punctuation, Syllabication, and Word Stress

Capitalization

A. Names of languages and adjectives or nouns of nationality are not capitalized in Spanish; names of countries are.

Robin es inglés, pero habla muy bien el español. Pasó varios años en Panamá.	*Robin is English, but he speaks Spanish very well. He spent several years in Panama.*

B. The first-person singular **yo** is not capitalized, as *I* is in English. Days of the week and names of months are also lowercased in Spanish.

En enero, durante el verano, yo voy a la playa todos los domingos por la tarde.	*In January, during the summer, I go to the beach every Sunday afternoon.*

C. In Spanish titles, with rare exceptions, only the first word and any subsequent proper nouns are capitalized.

El amor en los tiempos del cólera	Love in the Time of Cholera
La casa de Bernarda Alba	The House of Bernarda Alba

D. **Usted** and **ustedes** are capitalized only when abbreviated: **Ud. (Vd.), Uds. (Vds.).** Similarly, **señor (Sr.), señora (Sra.),** and **señorita (Srta.)** are capitalized only in abbreviations.

Punctuation

A. The question mark and exclamation mark appear, in inverted form, at the beginning of a question or exclamation. They are not always placed at the beginning of a sentence but, rather, at the beginning of the actual question or exclamation.

¡Hola! ¿Cómo estás? Si usted pudiera viajar a Sudamérica, ¿a qué país viajaría?	*Hi! How are you? If you could travel to South America, to what country would you travel?*

B. Guillemets (« ») are used instead of the quotation marks used in English.

«¡Felicitaciones!» me dijo.	*"Congratulations!" he said to me.*

Syllabication

A. A single consonant (including **ch, ll,** and **rr**) forms a syllable with the following vowel(s).

co-ci-na   ba-rrio   lla-ma
mu-cha-cha   de-sa-rro-lla-do   hu-ma-ni-dad

B. Syllables are usually divided between two consonants.

Mar-ta   sal-go   gen-te   ár-bol

C. However, most consonants with **l** or **r** form a consonant group that can't be divided.

a-bril   so-pra-no   de-mo-cra-cia
re-gla   a-gra-da-ble   ha-bla-dor

D. Groups of two or more consonants are normally divided so that the final consonant goes with the following vowel(s): pe**rs-p**ec-ti-va, i**ns-t**an-te. However, if there is a combination of consonants that can't be divided (one of the consonants is **r** or **l**), this rule does not apply: mo**ns-tr**uo (**tr** can't be divided), so**r-pr**en-der (**pr** can't be divided).

E. Combinations of strong vowels (**a, e, o**) are divided to form separate syllables.

ca-es   le-er   ca-no-a   pa-se-o

However, a weak vowel (**i** or **u**) combines with a strong vowel or with another weak vowel to form a diphthong, which functions with a consonant or consonants as a single syllable if unaccented.

ciu-dad   puer-to   bai-lar   au-di-to-rio

Note that in combinations of a weak and strong vowel where the weak vowel is accented, the two vowels are divided into separate syllables.

mí-o   pa-ís   re-ír   po-li-cí-a

Word Stress

A. Words that end in a vowel, **n,** or **s** are stressed on the next-to-the-last syllable.

dul-ce   **dis**-co   man-**za**-nas   o-**ri**-gen

B. Words that end in a consonant other than **n** or **s** are stressed on the final syllable.

ju-ven-**tud**   ve-**jez**   pa-**pel**   ad-mi-**rar**

C. An accent changes the pattern; a word is always stressed on a syllable with an accent.

a-**diós**   **ár**-bol   **pá**-ja-ro   **ó**-pe-ra

Numbers, Dates, and Time

Cardinal Numbers

0	cero	29	veintinueve (veinte y nueve)
1	uno, una	30	treinta
2	dos	31	treinta y un(o), una
3	tres	40	cuarenta
4	cuatro	50	cincuenta
5	cinco	60	sesenta
6	seis	70	setenta
7	siete	80	ochenta
8	ocho	90	noventa
9	nueve	100	ciento (cien)
10	diez	101	ciento un(o, a)
11	once	110	ciento diez
12	doce	200	doscientos(as)
13	trece	300	trescientos(as)
14	catorce	400	cuatrocientos(as)
15	quince	500	quinientos(as)
16	dieciséis (diez y seis)	600	seiscientos(as)
17	diecisiete (diez y siete)	700	setecientos(as)
18	dieciocho (diez y ocho)	800	ochocientos(as)
19	diecinueve (diez y nueve)	900	novecientos(as)
20	veinte	1000	mil
21	veintiún, veintiuno, vein-tiuna (veinte y un[o, a])	1100	mil ciento (mil cien)
		1500	mil quinientos(as)
22	veintidós (veinte y dos)	2000	dos mil
23	veintitrés (veinte y tres)	100.000	cien mil
24	veinticuatro (veinte y cuatro)	200.000	doscientos(as) mil
25	veinticinco (veinte y cinco)	1.000.000	un millón (de)
26	veintiséis (veinte y seis)	2.000.000	dos millones (de)
27	veintisiete (veinte y siete)	2.500.000	dos millones quinientos(as) mil
28	veintiocho (veinte y ocho)		

Ordinal Numbers

1st	primer(o, a)	5th	quinto(a)	8th	octavo(a)
2nd	segundo(a)	6th	sexto(a)	9th	noveno(a)
3rd	tercer(o, a)	7th	séptimo(a)	10th	décimo(a)
4th	cuarto(a)				

A. Cardinal numbers are invariable ...

cuatro hermanas y cinco hermanos — *four sisters and five brothers*

except **ciento** and **uno** and their compound forms:

doscientas personas — *two hundred people*
un viudo y una viuda — *a widower and a widow*
treinta y una familias — *thirty-one families*
veintiún maridos y veintiuna esposas — *twenty-one husbands and twenty-one wives*

B. **Ciento** becomes **cien** before a noun or before **mil** or **millones.**

Cien años de soledad es una novela famosa de Gabriel García Márquez. — *One Hundred Years of Solitude is a famous novel by Gabriel García Márquez.*
Hace cien mil años el hombre neandertal vivía en España. — *One hundred thousand years ago Neanderthal man lived in Spain.*

C. Above 999 **mil** must be used.

En mil novecientos cincuenta y nueve Fidel Castro llegó al poder en Cuba. — *In nineteen (hundred) fifty-nine Fidel Castro came to power in Cuba.*

D. **Un millón de** (**dos millones de,** etc.) are used for millions.

España tiene unos 40 millones de habitantes. — *Spain has about 40 million inhabitants.*

E. Ordinal numbers have to agree in gender with the nouns they modify.

la décima vez — *the tenth time*
el noveno día — *the ninth day*

F. The final **o** of **primero** and **tercero** is dropped before a masculine singular noun.

¿Es el primer o el tercer día del mes? — *Is it the first or third day of the month?*

G. **El primero** is used in dates for the first of the month; cardinal numbers are used for other days of the month.

El primero de mayo es el Día
  de los Trabajadores; el cinco
  de mayo es el día de la batalla de Puebla contra los franceses en México.

*The first of May is Labor Day; the
  fifth of May is the day of the
  battle of Puebla against the
  French in Mexico.*

H. Ordinal numbers are used with names of kings or queens up to **décimo(a),** *tenth;* beyond that cardinal numbers are normally used.

Isabel Primera (I)   Carlos Quinto (V)   Alfonso Doce (XII)

I. Note that ordinal numbers are used for fractions up to *tenth,* except that **medio** is used for *half* and **tercio** for *third.* **La mitad (de algo)** is used for *half of a definite amount.*

una cucharada y media   *a teaspoon and a half*
medio español y medio inglés   *half Spanish and half English*
la mitad de una manzana   *half an apple*
dos tercios del trabajo   *two-thirds of the work*
un cuarto (quinto) del libro   *a fourth (fifth) of the book*

Days of the Week

domingo	*Sunday*	jueves	*Thursday*
lunes	*Monday*	viernes	*Friday*
martes	*Tuesday*	sábado	*Saturday*
miércoles	*Wednesday*		

Months of the year

enero	*January*	julio	*July*
febrero	*February*	agosto	*August*
marzo	*March*	se(p)tiembre	*September*
abril	*April*	octubre	*October*
mayo	*May*	noviembre	*November*
junio	*June*	diciembre	*December*

Seasons

la primavera	*spring*	el otoño	*autumn*
el verano	*summer*	el invierno	*winter*

Time of day

The verb **ser** is used to tell time in Spanish.

¿Qué hora es?	*What time is it?*
Era la una.	*It was one o'clock.*
Son las tres en punto.	*It's exactly three o'clock.*
Son las diez y media.	*It's 10:30.*
Serán las cuatro y cuarto (quince).	*It must be 4:15.*
Son las siete menos diez.	*It's 6:50.*
Eran las nueve y veinte de la noche.	*It was 9:20 at night.*

Use of Prepositions

A. Verbs that are followed by **a** before an infinitive:

acostumbrarse a to get used to
aprender a to learn (how) to
atreverse a to dare to
ayudar a to help to
bajar a to come down to
comenzar a to begin to
contribuir a to contribute to
correr a to run to
decidirse a to decide to
empezar a to begin to

enseñar a to teach (how) to
enviar a to send to
invitar a to invite to
ir a to go to
obligar a to force or oblige to
oponerse a to oppose
pasar a to go to
salir a to go out to
venir a to come to
volver a to do (something) again

B. Verbs followed by **a** before an object:

acercarse a to approach
acostumbrarse a to get used to
asistir a to attend
bajar a to come down to
contribuir a to contribute to
correr a to run to
corresponder a to correspond to
dar a to face
dirigir a to direct to
invitar a to invite
ir a to go to

jugar a to play
llegar a to arrive (at)
manejar a to drive to
oler a to smell of
oponerse a to oppose
pasar a to go to
referirse a to refer to
salir a to go out to
subir a to get on
venir a to come to
volver a to return to

C. Verbs followed by **con** before an object:

acabar con to finish, put an
   end to
amenazar con to threaten with
casarse con to marry
consultar con to consult with

contar con to count on
encontrarse con to run into, meet
enfrentarse con to face
romper con to break (up) with
soñar con to dream about

D. Verbs followed by **de** before an infinitive:

acabar de to have just
acordarse de to remember to
alegrarse de to be happy to
cansarse de to get tired of

dejar de to stop
haber de to be supposed to
olvidarse de to forget to
tratar de to try to

E. Verbs followed by **de** before an object:

acordarse de to remember
arrepentirse de to regret
bajar de to get off
burlarse de to make fun of
cansarse de to get tired of
constar de to consist of
cuidar(se) de to take care of (oneself)
darse cuenta de to realize
depender de to depend on
despedirse de to say good-bye to
disfrutar de to enjoy
enamorarse de to fall in love with

equivocarse de to (verb) the wrong (noun)*
gozar de to enjoy
jactarse de to boast about
olvidarse de to forget
padecer de to suffer from
preocuparse de to worry about
quejarse de to complain about
reírse de to laugh at
salir de to leave
servir de to serve as
sufrir de to suffer from
tratar de to deal with, be about

F. Verbs followed by **en** before an infinitive:

consentir en to consent to
insistir en to insist on

tardar en to delay in, take (so long, so much time) to

G. Verbs followed by **en** before an object:

confiar en to trust in, to
convertirse en to change into
entrar en to go in, enter
especializarse en to major in

fijarse en to notice
fracasar en to fail
influir en to influence
pensar en to think about

H. Verbs followed by **por** before an infinitive:

preocuparse por to worry about

I. Verbs followed by **por** before an object:

estar por to be in favor of
luchar por to fight for
preguntar por to ask about

preocuparse por to worry about; take care of
votar por to vote for

---

* Me equivoqué de autobús. *I took the wrong bus.* Me equivoqué de puerta. *I went to the wrong door.*

D Regular Verbs

Simple tenses

	Present	Imperfect	Preterit	Future	Conditional
hablar	hablo	hablaba	hablé	hablaré	hablaría
	hablas	hablabas	hablaste	hablarás	hablarías
	habla	hablaba	habló	hablará	hablaría
	hablamos	hablábamos	hablamos	hablaremos	hablaríamos
	habláis	hablabais	hablasteis	hablaréis	hablaríais
	hablan	hablaban	hablaron	hablarán	hablarían
comer	como	comía	comí	comeré	comería
	comes	comías	comiste	comerás	comerías
	come	comía	comió	comerá	comería
	comemos	comíamos	comimos	comeremos	comeríamos
	coméis	comíais	comisteis	comeréis	comeríais
	comen	comían	comieron	comerán	comerían
vivir	vivo	vivía	viví	viviré	viviría
	vives	vivías	viviste	vivirás	vivirías
	vive	vivía	vivió	vivirá	viviría
	vivimos	vivíamos	vivimos	viviremos	viviríamos
	vivís	vivíais	vivisteis	viviréis	viviríais
	viven	vivían	vivieron	vivirán	vivirían

Simple Tenses

	Present Subjunctive	Imperfect Subjunctive	Imperative
hablar	hable	hablara (se)	—
	hables	hablaras (ses)	habla (no hables)
	hable	hablara (se)	hable
	hablemos	habláramos (semos)	hablemos
	habléis	hablarais (seis)	hablad (no habléis)
	hablen	hablaran (sen)	hablen
comer	coma	comiera (se)	—
	comas	comieras (ses)	come (no comas)
	coma	comiera (se)	coma
	comamos	comiéramos (semos)	comamos
	comáis	comierais (seis)	comed (no comáis)
	coman	comieran (sen)	coman
vivir	viva	viviera (se)	—
	vivas	vivieras (ses)	vive (no vivas)
	viva	viviera (se)	viva
	vivamos	viviéramos (semos)	vivamos
	viváis	vivierais (seis)	vivid (no viváis)
	vivan	vivieran (sen)	vivan

Perfect Tenses

	Present Perfect	Past Perfect	Future Perfect	Conditional Perfect
hablado	he hablado	había hablado	habré hablado	habría hablado
	has hablado	habías hablado	habrás hablado	habrías hablado
	ha hablado	había hablado	habrá hablado	habría hablado
	hemos hablado	habíamos hablado	habremos hablado	habríamos hablado
	habéis hablado	habíais hablado	habréis hablado	habríais hablado
	han hablado	habían hablado	habrán hablado	habrían hablado
comido	he comido	había comido	habré comido	habría comido
	has comido	habías comido	habrás comido	habrías comido
	ha comido	había comido	habrá comido	habría comido
	hemos comido	habíamos comido	habremos comido	habríamos comido
	habéis comido	habíais comido	habréis comido	habríais comido
	han comido	habían comido	habrán comido	habrían comido
vivido	he vivido	había vivido	habré vivido	habría vivido
	has vivido	habías vivido	habrás vivido	habrías vivido
	ha vivido	había vivido	habrá vivido	habría vivido
	hemos vivido	habíamos vivido	habremos vivido	habríamos vivido
	habéis vivido	habíais vivido	habréis vivido	habríais vivido
	han vivido	habían vivido	habrán vivido	habrían vivido

Progressive Tenses

	Present Progressive	Past Progressive		Present Progressive
hablando	estoy hablando	estaba hablando	**comiendo**	estoy comiendo
	estás hablando	estabas hablando		estás comiendo
	está hablando	estaba hablando		está comiendo
	estamos hablando	estábamos hablando		estamos comiendo
	estáis hablando	estabais hablando		estáis comiendo
	están hablando	estaban hablando		están comiendo

Perfect Tenses

Present Perfect Subjunctive	Past Perfect Subjunctive
haya hablado	hubiera (se) hablado
hayas hablado	hubieras (ses) hablado
haya hablado	hubiera (se) hablado
hayamos hablado	hubiéramos (semos) hablado
hayáis hablado	hubierais (seis) hablado
hayan hablado	hubieran (sen) hablado
haya comido	hubiera (se) comido
hayas comido	hubieras (ses) comido
haya comido	hubiera (se) comido
hayamos comido	hubiéramos (semos) comido
hayáis comido	hubierais (seis) comido
hayan comido	hubieran (sen) comido
haya vivido	hubiera (se) vivido
hayas vivido	hubieras (ses) vivido
haya vivido	hubiera (se) vivido
hayamos vivido	hubiéramos (semos) vivido
hayáis vivido	hubierais (seis) vivido
hayan vivido	hubieran (sen) vivido

Progressive Tenses

Past Progressive		Present Progressive	Past Progressive
estaba comiendo	vívendo	estoy viviendo	estaba viviendo
estabas comiendo		estás viviendo	estabas viviendo
estaba comiendo		está viviendo	estaba viviendo
estábamos comiendo		estamos viviendo	estábamos viviendo
estabais comiendo		estáis viviendo	estabais viviendo
estaban comiendo		están viviendo	estaban viviendo

Spelling-Changing, Stem-Changing, and Irregular Verbs

Orthographic Changes

Some rules to help you conjugate verbs that have orthographic (spelling) changes are:

1. A **c** before **a, o,** or **u** is pronounced like a *k* in English; a **c** before **e** or **i** is pronounced like *s* (except in certain parts of Spain, where it is pronounced like *th*). A **c** changes to **qu** before **e** or **i** to preserve the *k* sound.
2. A **g** before **a, o,** or **u** is pronounced like a *g* in English, but before **e** or **i** it is pronounced like a Spanish **j** (*h* in English). Before **e** or **i**, **g** is often changed to **gu** to preserve the *g* sound. Similarly, a **g** may be changed to **j** to preserve the *h* sound before **a, o,** or **u.**
3. A **z** is changed to **c** before **e** or **i.**
4. An unstressed **i** between two vowels is changed to **y.**

Examples of orthographic changes are noted in the list of verbs that follows.

Verb Index

In the following list, the numbers in parentheses refer to the verbs conjugated in the charts on pages 342–353. Footnotes are on page 353.

acordar o *to* ue (*see* contar)
acostar o *to* ue (*see* contar)
adquirir i *to* ie, i (*see* sentir)
agradecer c *to* zc (*see* conocer)
alargar g *to* gu[1]
almorzar o *to* ue, z *to* c[2] (*see* contar)
analizar z *to* c[2]
andar (1)
apagar g *to* gu[1]
aparecer c *to* zc (*see* conocer)
aplicar c to qu[3]
aprobar o *to* ue (*see* contar)
arrepentirse e *to* ie, i (*see* sentir)
atacar c *to* qu[3]
atender e *to* ie (*see* perder)
buscar c *to* qu[3]
caber (2)
caer (3)
cerrar e *to* ie (*see* pensar)
comenzar e *to* ie, z *to* c[2]
   (*see* pensar)
componer (*see* poner)
concluir y[4] (*see* huir)

conducir (4) c *to* zc, j
confiar (*see* enviar)
conocer (5) c *to* zc
conseguir[6] (*see* seguir)
construir y[4] (*see* huir)
contar (6) o *to* ue
contribuir y[4] (*see* huir)
costar o *to* ue (*see* contar)
crecer c *to* zc
creer (7) i *to* y[5]
criticar c *to* qu[3]
cruzar z *to* c[2]
dar (8)
decir (9)
defender e *to* ie (*see* perder)
demostrar o *to* ue (*see* contar)
desaparecer c *to* zc (*see* conocer)
despedir e *to* i (*see* pedir)
despertar e *to* ie (*see* pensar)
destruir y[4] (*see* huir)
detener (*see* tener)
diagnosticar c *to* qu[3]
dirigir g *to* j

divertirse e *to* ie, i (*see* sentir)
doler o *to* ue (*see* volver)
dormir (10) o *to* ue, u
elegir e *to* ie, j (*see* pedir)
empezar e *to* ie, z *to* c[2]
   (*see* pensar)
encontrar o *to* ue (*see* contar)
enriquecer c *to* zc (*see* conocer)
entender e *to* ie (*see* perder)
enviar (11)
envolver o *to* ue (*see* volver)
escoger g *to* j
establecer c *to* zc (*see* conocer)
estar (12)
exigir g *to* j
explicar c *to* qu[3]
extender e *to* ie (*see* perder)
favorecer c *to* zc (*see* conocer)
gozar z *to* c[2]
haber (13)
hacer (14)
herir e *to* ie, i (*see* sentir)
hervir e *to* i (*see* pedir)

huir (15) y[4]
impedir e *to* i (*see* pedir)
influir y[4] (*see* huir)
intervenir (*see* venir)
introducir c *to* zc, j (*see* conducir)
invertir e *to* ie, i (*see* sentir)
ir (16)
jugar (17) g *to* gu[1]
justificar c *to* qu[3]
juzgar g *to* gu[1]
leer i *to* y[5] (*see* creer)
llegar g *to* gu[1]
llover o *to* ue (*see* volver)
mantener (*see* tener)
mentir e *to* ie, i (*see* sentir)
merecer c *to* zc (*see* conocer)
morir o *to* ue, u (*see* dormir)
mostrar o *to* ue (*see* contar)
nacer c *to* zc (*see* conocer)
negar e *to* ie, g *to* gu[1] (*see* pensar)
nevar e *to* ie (*see* pensar)
obtener (*see* tener)
ofrecer c *to* zc (*see* conocer)
oír (18)
oponer (*see* poner)
padecer c *to* zc (*see* conocer)

pagar g *to* gu[1]
parecer c *to* zc (*see* conocer)
pedir (19) e *to* i
pensar (20) e *to* ie
perder (21) e *to* ie
pertenecer c *to* zc (*see* conocer)
poder (22)
poner (23)
preferir e *to* ie, i (*see* sentir)
probar o *to* ue (*see* contar)
producir c *to* zc, j (*see* conducir)
publicar c *to* qu[3]
quebrar e *to* ie (*see* pensar)
querer (24)
reaparecer c *to* zc (*see* conocer)
reconocer c *to* zc (*see* conocer)
recordar o *to* ue (*see* contar)
reducir c *to* zc, j (*see* conducir)
reír (25)
renacer c *to* zc (*see* conocer)
repetir e *to* i (*see* pedir)
resolver o *to* ue (*see* volver)
rezar z *to* c[2]
rogar o *to* ue, g *to* gu[1] (*see* contar)
saber (26)
salir (27)

seguir e *to* i, gu *to* g[6] (*see* pedir)
sembrar e *to* ie (*see* pensar)
sentar e *to* ie (*see* pensar)
sentir (28) e *to* ie, i
ser (29)
servir e *to* i (*see* pedir)
sonreír (*see* reír)
soñar o *to* ue (*see* contar)
sostener (*see* tener)
sugerir e *to* ie, i (*see* sentir)
tener (30)
tocar c *to* qu[3]
traducir c *to* zc, j (*see* conducir)
traer (31)
tropezar e *to* ie, z *to* c[2] (*see* pensar)
utilizar z *to* c[2]
valer (32)
vencer c *to* z
venir (33)
ver (34)
vestir e *to* i (*see* pedir)
visualizar z *to* c[2]
volar o *to* ue (*see* contar)
volver (35) o *to* ue

Verb Conjugations

Infinitive	Indicative				
	Present	**Imperfect**	**Preterit**	**Future**	**Conditional**
1. andar	ando	andaba	anduve	andaré	andaría
	andas	andabas	anduviste	andarás	andarías
	anda	andaba	anduvo	andará	andaría
	andamos	andábamos	anduvimos	andaremos	andaríamos
	andáis	andabais	anduvisteis	andaréis	andaríais
	andan	andaban	anduvieron	andarán	andarían
2. caber	quepo	cabía	cupe	cabré	cabría
	cabes	cabías	cupiste	cabrás	cabrías
	cabe	cabía	cupo	cabrá	cabría
	cabemos	cabíamos	cupimos	cabremos	cabríamos
	cabéis	cabíais	cupisteis	cabréis	cabríais
	caben	cabían	cupieron	cabrán	cabrían
3. caer	caigo	caía	caí	caeré	caería
	caes	caías	caíste	caerás	caerías
	cae	caía	cayó	caerá	caería
	caemos	caíamos	caímos	caeremos	caeríamos
	caéis	caíais	caísteis	caeréis	caeríais
	caen	caían	cayeron	caerán	caerían
4. conducir	conduzco	conducía	conduje	conduciré	conduciría
	conduces	conducías	condujiste	conducirás	conducirías
	conduce	conducía	condujo	conducirá	conduciría
	conducimos	conducíamos	condujimos	conduciremos	conduciríamos
	conducís	conducíais	condujisteis	conduciréis	conduciríais
	conducen	conducían	condujeron	conducirán	conducirían
5. conocer	conozco	conocía	conocí	conoceré	conocería
	conoces	conocías	conociste	conocerás	conocerías
	conoce	conocía	conoció	conocerá	conocería
	conocemos	conocíamos	conocimos	conoceremos	conoceríamos
	conocéis	conocíais	conocisteis	conoceréis	conoceríais
	conocen	conocían	conocieron	conocerán	conocerían
6. contar	cuento	contaba	conté	contaré	contaría
	cuentas	contabas	contaste	contarás	contarías
	cuenta	contaba	contó	contará	contaría
	contamos	contábamos	contamos	contaremos	contaríamos
	contáis	contabais	contasteis	contaréis	contaríais
	cuentan	contaban	contaron	contarán	contarían

Subjunctive		Commands	Participles	
Present	**Imperfect**		**Present**	**Past**
ande	anduviera (se)	—	andando	andado
andes	anduvieras (ses)	anda (no andes)		
ande	anduviera (se)	ande		
andemos	anduviéramos (semos)	andemos		
andéis	anduvierais (seis)	andad (no andéis)		
anden	anduvieran (sen)	anden		
quepa	cupiera (se)	—	cabiendo	cabido
quepas	cupieras (ses)	cabe (no quepas)		
quepa	cupiera (se)	quepa		
quepamos	cupiéramos (semos)	quepamos		
quepáis	cupierais (seis)	cabed (no quepáis)		
quepan	cupieran (sen)	quepan		
caiga	cayera (se)	—	cayendo	caído
caigas	cayeras (ses)	cae (no caigas)		
caiga	cayera (se)	caiga		
caigamos	cayéramos (semos)	caigamos		
caigáis	cayerais (seis)	caed (no caigáis)		
caigan	cayeran (sen)	caigan		
conduzca	condujera (se)	—	conduciendo	conducido
conduzcas	condujeras (ses)	conduce (no conduzcas)		
conduzca	condujera (se)	conduzca		
conduzcamos	condujéramos (semos)	conduzcamos		
conduzcáis	condujerais (seis)	conducid (no conduzcáis)		
conduzcan	condujeran (sen)	conduzcan		
conozca	conociera (se)	—	conociendo	conocido
conozcas	conocieras (ses)	conoce (no conozcas)		
conozca	conociera (se)	conozca		
conozcamos	conociéramos (semos)	conozcamos		
conozcáis	conocierais (seis)	conoced (no conozcáis)		
conozcan	conocieran (sen)	conozcan		
cuente	contara (se)	—	contando	contado
cuentes	contaras (ses)	cuenta (no cuentes)		
cuente	contara (se)	cuente		
contemos	contáramos (semos)	contemos		
contéis	contarais (seis)	contad (no contéis)		
cuenten	contaran (sen)	cuenten		

Infinitive	Indicative				
	Present	**Imperfect**	**Preterit**	**Future**	**Conditional**
7. creer	creo	creía	creí	creeré	creería
	crees	creías	creíste	creerás	creerías
	cree	creía	creyó	creerá	creería
	creemos	creíamos	creímos	creeremos	creeríamos
	creéis	creíais	creísteis	creeréis	creeríais
	creen	creían	creyeron	creerán	creerían
8. dar	doy	daba	di	daré	daría
	das	dabas	diste	darás	darías
	da	daba	dio	dará	daría
	damos	dábamos	dimos	daremos	daríamos
	dais	dabais	disteis	daréis	daríais
	dan	daban	dieron	darán	darían
9. decir	digo	decía	dije	diré	diría
	dices	decías	dijiste	dirás	dirías
	dice	decía	dijo	dirá	diría
	decimos	decíamos	dijimos	diremos	diríamos
	decís	decíais	dijisteis	diréis	diríais
	dicen	decían	dijeron	dirán	dirían
10. dormir	duermo	dormía	dormí	dormiré	dormiría
	duermes	dormías	dormiste	dormirás	dormirías
	duerme	dormía	durmió	dormirá	dormiría
	dormimos	dormíamos	dormimos	dormiremos	dormiríamos
	dormís	dormíais	dormisteis	dormiréis	dormiríais
	duermen	dormían	durmieron	dormirán	dormirían
11. enviar	envío	enviaba	envié	enviaré	enviaría
	envías	enviabas	enviaste	enviarás	enviarías
	envía	enviaba	envió	enviará	enviaría
	enviamos	enviábamos	enviamos	enviaremos	enviaríamos
	enviáis	enviabais	enviasteis	enviaréis	enviaríais
	envían	enviaban	enviaron	enviarán	enviarían
12. estar	estoy	estaba	estuve	estaré	estaría
	estás	estabas	estuviste	estarás	estarías
	está	estaba	estuvo	estará	estaría
	estamos	estábamos	estuvimos	estaremos	estaríamos
	estáis	estabais	estuvisteis	estaréis	estaríais
	están	estaban	estuvieron	estarán	estarían

Subjunctive		Commands	Participles	
Present	**Imperfect**		**Present**	**Past**
crea	creyera (se)	—	creyendo	creído
creas	creyeras (ses)	cree (no creas)		
crea	creyera (se)	crea		
creamos	creyéramos (semos)	creamos		
creáis	creyerais (seis)	creed (no creáis)		
crean	creyeran (sen)	crean		
dé	diera (se)	—	dando	dado
des	dieras (ses)	da (no des)		
dé	diera (se)	dé		
demos	diéramos (semos)	demos		
deis	dierais (seis)	dad (no deis)		
den	dieran (sen)	den		
diga	dijera (se)	—	diciendo	dicho
digas	dijeras (ses)	di (no digas)		
diga	dijera (se)	diga		
digamos	dijéramos (semos)	digamos		
digáis	dijerais (seis)	decid (no digáis)		
digan	dijeran (sen)	digan		
duerma	durmiera (se)	—	durmiendo	dormido
duermas	durmieras (ses)	duerme (no duermas)		
duerma	durmiera (se)	duerma		
durmamos	durmiéramos (semos)	durmamos		
durmáis	durmierais (seis)	dormid (no durmáis)		
duerman	durmieran (sen)	duerman		
envíe	enviara (se)	—	enviando	enviado
envíes	enviaras (ses)	envía (no envíes)		
envíe	enviara (se)	envíe		
enviemos	enviáramos (semos)	enviemos		
enviéis	enviarais (seis)	enviad (no enviéis)		
envíen	enviaran (sen)	envíen		
esté	estuviera (se)	—	estando	estado
estés	estuvieras (ses)	está (no estés)		
esté	estuviera (se)	esté		
estemos	estuviéramos (semos)	estemos		
estéis	estuvierais (seis)	estad (no estéis)		
estén	estuvieran (sen)	estén		

Infinitive	Indicative				
	Present	**Imperfect**	**Preterit**	**Future**	**Conditional**
13. haber	he	había	hube	habré	habría
	has	habías	hubiste	habrás	habrías
	ha	había	hubo	habrá	habría
	hemos	habíamos	hubimos	habremos	habríamos
	habéis	habíais	hubisteis	habréis	habríais
	han	habían	hubieron	habrán	habrían
14. hacer	hago	hacía	hice	haré	haría
	haces	hacías	hiciste	harás	harías
	hace	hacía	hizo	hará	haría
	hacemos	hacíamos	hicimos	haremos	haríamos
	hacéis	hacíais	hicisteis	haréis	haríais
	hacen	hacían	hicieron	harán	harían
15. huir	huyo	huía	huí	huiré	huiría
	huyes	huías	huiste	huirás	huirías
	huye	huía	huyó	huirá	huiría
	huimos	huíamos	huimos	huiremos	huiríamos
	huís	huíais	huisteis	huiréis	huiríais
	huyen	huían	huyeron	huirán	huirían
16. ir	voy	iba	fui	iré	iría
	vas	ibas	fuiste	irás	irías
	va	iba	fue	irá	iría
	vamos	íbamos	fuimos	iremos	iríamos
	vais	ibais	fuisteis	iréis	iríais
	van	iban	fueron	irán	irían
17. jugar	juego	jugaba	jugué	jugaré	jugaría
	juegas	jugabas	jugaste	jugarás	jugarías
	juega	jugaba	jugó	jugará	jugaría
	jugamos	jugábamos	jugamos	jugaremos	jugaríamos
	jugáis	jugabais	jugasteis	jugaréis	jugaríais
	juegan	jugaban	jugaron	jugarán	jugarían
18. oír	oigo	oía	oí	oiré	oiría
	oyes	oías	oíste	oirás	oirías
	oye	oía	oyó	oirá	oiría
	oímos	oíamos	oímos	oiremos	oiríamos
	oís	oíais	oísteis	oiréis	oiríais
	oyen	oían	oyeron	oirán	oirían

Subjunctive		Commands	Participles	
Present	**Imperfect**		**Present**	**Past**
haya	hubiera (se)		habiendo	habido
hayas	hubieras (ses)			
haya	hubiera (se)			
hayamos	hubiéramos (semos)			
hayáis	hubierais (seis)			
hayan	hubieran (sen)			
haga	hiciera (se)	—	haciendo	hecho
hagas	hicieras (ses)	haz (no hagas)		
haga	hiciera (se)	haga		
hagamos	hiciéramos (semos)	hagamos		
hagáis	hicierais (seis)	haced (no hagáis)		
hagan	hicieran (sen)	hagan		
huya	huyera (se)	—	huyendo	huido
huyas	huyeras (ses)	huye (no huyas)		
huya	huyera (se)	huya		
huyamos	huyéramos (semos)	huyamos		
huyáis	huyerais (seis)	huid (no huyáis)		
huyan	huyeran (sen)	huyan		
vaya	fuera (se)	—	yendo	ido
vayas	fueras (ses)	ve (no vayas)		
vaya	fuera (se)	vaya		
vayamos	fuéramos (semos)	vayamos		
vayáis	fuerais (seis)	id (no vayáis)		
vayan	fueran (sen)	vayan		
juegue	jugara (se)	—	jugando	jugado
juegues	jugaras (ses)	juega (no juegues)		
juegue	jugara (se)	juegue		
juguemos	jugáramos (semos)	juguemos		
juguéis	jugarais (seis)	jugad (no jugéis)		
jueguen	jugaran (sen)	jueguen		
oiga	oyera (se)	—	oyendo	oído
oigas	oyeras (ses)	oye (no oigas)		
oiga	oyera (se)	oiga		
oigamos	oyéramos (semos)	oigamos		
oigáis	oyerais (seis)	oíd (no oigáis)		
oigan	oyeran (sen)	oigan		

Infinitive	Indicative				
	Present	**Imperfect**	**Preterit**	**Future**	**Conditional**
19. pedir	pido	pedía	pedí	pediré	pediría
	pides	pedías	pediste	pedirás	pedirías
	pide	pedía	pidió	pedirá	pediría
	pedimos	pedíamos	pedimos	pediremos	pediríamos
	pedís	pedíais	pedisteis	pediréis	pediríais
	piden	pedían	pidieron	pedíran	pedíran
20. pensar	pienso	pensaba	pensé	pensaré	pensaría
	piensas	pensabas	pensaste	pensarás	pensarías
	piensa	pensaba	pensó	pensará	pensaría
	pensamos	pensábamos	pensamos	pensaremos	pensaríamos
	pensáis	pensabais	pensasteis	pensaréis	pensaríais
	piensan	pensaban	pensaron	pensarán	pensarían
21. perder	pierdo	perdía	perdí	perderé	perdería
	pierdes	perdías	perdiste	perderás	perderías
	pierde	perdía	perdió	perderá	perdería
	perdemos	perdíamos	perdimos	perderemos	perderíamos
	perdéis	perdíais	perdisteis	perderéis	perderíais
	pierden	perdían	perdieron	perderán	perderían
22. poder	puedo	podía	pude	podré	podría
	puedes	podías	pudiste	podrás	podrías
	puede	podía	pudo	podrá	podría
	podemos	podíamos	pudimos	podremos	podríamos
	podéis	podíais	pudisteis	podréis	podríais
	pueden	podían	pudieron	podrán	podrían
23. poner	pongo	ponía	puse	pondré	pondría
	pones	ponías	pusiste	pondrás	pondrías
	pone	ponía	puso	pondrá	pondría
	ponemos	poníamos	pusimos	pondremos	pondríamos
	ponéis	poníais	pusisteis	pondréis	pondríais
	ponen	ponían	pusieron	pondrán	pondrían
24. querer	quiero	quería	quise	querré	querría
	quieres	querías	quisiste	querrás	querrías
	quiere	quería	quiso	querrá	querría
	queremos	queríamos	quisimos	querremos	querríamos
	queréis	queríais	quisisteis	querréis	querríais
	quieren	querían	quisieron	querrán	querrían

| Subjunctive | | Commands | Participles | |
Present	Imperfect		Present	Past
pida	pidiera (se)	—	pidiendo	pedido
pidas	pidieras (ses)	pide (no pidas)		
pida	pidiera (se)	pida		
pidamos	pidiéramos (semos)	pidamos		
pidáis	pidierais (seis)	pedid (no pidáis)		
pidan	pidieran (sen)	pidan		
piense	pensara (se)	—	pensando	pensado
pienses	pensaras (ses)	piensa (no pienses)		
piense	pensara (se)	piense		
pensemos	pensáramos (semos)	pensemos		
penséis	pensarais (seis)	pensad (no penséis)		
piensen	pensaran (sen)	piensen		
pierda	perdiera (se)	—	perdiendo	perdido
pierdas	perdieras (ses)	pierde (no pierdas)		
pierda	perdiera (se)	pierda		
perdamos	perdiéramos (semos)	perdamos		
perdáis	perdierais (seis)	perded (no perdáis)		
pierdan	perdieran (sen)	pierdan		
pueda	pudiera (se)	—	pudiendo	podido
puedas	pudieras (ses)			
pueda	pudiera (se)			
podamos	pudiéramos (semos)			
podáis	pudierais (seis)			
puedan	pudieran (sen)			
ponga	pusiera (se)	—	poniendo	puesto
pongas	pusieras (ses)	pon (no pongas)		
ponga	pusiera (se)	ponga		
pongamos	pusiéramos (semos)	pongamos		
pongáis	pusierais (seis)	poned (no pongáis)		
pongan	pusieran (sen)	pongan		
quiera	quisiera (se)	—	queriendo	querido
quieras	quisieras (ses)	quiere (no quieras)		
quiera	quisiera (se)	quiera		
queramos	quisiéramos (semos)	queramos		
queráis	quisierais (seis)	quered (no queráis)		
quieran	quisieran (sen)	quieran		

Infinitive	Indicative				
	Present	**Imperfect**	**Preterit**	**Future**	**Conditional**
25. reír	río	reía	reí	reiré	reiría
	ríes	reías	reíste	reirás	reirías
	ríe	reía	rió	reirá	reiría
	reímos	reíamos	reímos	reiremos	reiríamos
	reís	reíais	reísteis	reiréis	reiríais
	rien	reían	rieron	reirán	reirían
26. saber	sé	sabía	supe	sabré	sabría
	sabes	sabías	supiste	sabrás	sabrías
	sabe	sabía	supo	sabrá	sabría
	sabemos	sabíamos	supimos	sabremos	sabríamos
	sabéis	sabíais	supisteis	sabréis	sabríais
	saben	sabían	supieron	sabrán	sabrían
27. salir	salgo	salía	salí	saldré	saldría
	sales	salías	saliste	saldrás	saldrías
	sale	salía	salió	saldrá	saldría
	salimos	salíamos	salimos	saldremos	saldríamos
	salís	salíais	salisteis	saldréis	saldríais
	salen	salían	salieron	saldrán	saldrían
28. sentir	siento	sentía	sentí	sentiré	sentiría
	sientes	sentías	sentiste	sentirás	sentirías
	siente	sentía	sintió	sentirá	sentiría
	sentimos	sentíamos	sentimos	sentiremos	sentiríamos
	sentís	sentíais	sentisteis	sentiréis	sentiríais
	sienten	sentían	sintieron	sentirán	sentirían
29. ser	soy	era	fui	seré	sería
	eres	eras	fuiste	serás	serías
	es	era	fue	será	sería
	somos	éramos	fuimos	seremos	seríamos
	sois	erais	fuisteis	seréis	seríais
	son	eran	fueron	serán	serían
30. tener	tengo	tenía	tuve	tendré	tendría
	tienes	tenías	tuviste	tendrás	tendrías
	tiene	tenía	tuvo	tendrá	tendría
	tenemos	teníamos	tuvimos	tendremos	tendríamos
	tenéis	teníais	tuvisteis	tendréis	tendríais
	tienen	tenían	tuvieron	tendrán	tendrían

Subjunctive		Commands		Participles	
Present	**Imperfect**			**Present**	**Past**
ría	riera (se)	—		riendo	reído
rías	rieras (ses)	ríe (no rías)			
ría	riera (se)	ría			
riamos	riéramos (semos)	riamos			
riáis	rierais (seis)	reíd (no riáis)			
rían	rieran (sen)	rían			
sepa	supiera (se)	—		sabiendo	sabido
sepas	supieras (ses)	sabe (no sepas)			
sepa	supiera (se)	sepa			
sepamos	supiéramos (semos)	sepamos			
sepáis	supierais (seis)	sabed (no sepáis)			
sepan	supieran (sen)	sepan			
salga	saliera (se)	—		saliendo	salido
salgas	salieras (ses)	sal (no salgas)			
salga	saliera (se)	salga			
salgamos	saliéramos (semos)	salgamos			
salgáis	salierais (seis)	salid (no salgáis)			
salgan	salieran (sen)	salgan			
sienta	sintiera (se)	—		sintiendo	sentido
sientas	sintieras (ses)	siente (no sientas)			
sienta	sintiera (se)	sienta			
sintamos	sintiéramos (semos)	sintamos			
sintáis	sintierais (seis)	sentid (no sintáis)			
sientan	sintieran (sen)	sientan			
sea	fuera (se)	—		siendo	sido
seas	fueras (ses)	sé (no seas)			
sea	fuera (se)	sea			
seamos	fuéramos (semos)	seamos			
seáis	fuerais (seis)	sed (no seáis)			
sean	fueran (sen)	sean			
tenga	tuviera (se)	—		teniendo	tenido
tengas	tuvieras (ses)	ten (no tengas)			
tenga	tuviera (se)	tenga			
tengamos	tuviéramos (semos)	tengamos			
tengáis	tuvierais (seis)	tened (no tengáis)			
tengan	tuvieran (sen)	tengan			

Infinitive	Indicative				
	Present	**Imperfect**	**Preterit**	**Future**	**Conditional**
31. traer	traigo	traía	traje	traeré	traería
	traes	traías	trajiste	traerás	traerías
	trae	traía	trajo	traerá	traería
	traemos	traíamos	trajimos	traeremos	traeríamos
	traéis	traíais	trajisteis	traeréis	traeríais
	traen	traían	trajeron	traerán	traerían
32. valer	valgo	valía	valí	valdré	valdría
	vales	valías	valiste	valdrás	valdrías
	vale	valía	valió	valdrá	valdría
	valemos	valíamos	valimos	valdremos	valdríamos
	valéis	valíais	valisteis	valdréis	valdríais
	valen	valían	valieron	valdrán	valdrían
33. venir	vengo	venía	vine	vendré	vendría
	vienes	venías	viniste	vendrás	vendrías
	viene	venía	vino	vendrá	vendría
	venimos	veníamos	vinimos	vendremos	vendríamos
	venís	veníais	vinisteis	vendréis	vendríais
	vienen	venían	vinieron	vendrán	vendrían
34. ver	veo	veía	vi	veré	vería
	ves	veías	viste	verás	verías
	ve	veía	vio	verá	vería
	vemos	veíamos	vimos	veremos	veríamos
	veis	veíais	visteis	veréis	veríais
	ven	veían	vieron	verán	verían
35. volver	vuelvo	volvía	volví	volveré	volvería
	vuelves	volvías	volviste	volverás	volverías
	vuelve	volvía	volvió	volverá	volvería
	volvemos	volvíamos	volvimos	volveremos	volveríamos
	volvéis	volvíais	volvisteis	volveréis	volveríais
	vuelven	volvían	volvieron	volverán	volverían

Subjunctive		Commands	Participles	
Present	Imperfect		Present	Past
traiga	trajera (se)	—	trayendo	traído
traigas	trajeras (ses)	trae (no traigas)		
traiga	trajera (se)	traiga		
traigamos	trajéramos (semos)	traigamos		
traigáis	trajerais (seis)	traed (no traigáis)		
traigan	trajeran (sen)	traigan		
valga	valiera (se)	—	valiendo	valido
valgas	valieras (ses)	val (no valgas)		
valga	valiera (se)	valga		
valgamos	valiéramos (semos)	valgamos		
valgáis	valierais (seis)	valed (no valgáis)		
valgan	valieran (sen)	valgan		
venga	viniera (se)	—	viniendo	venido
vengas	vinieras (ses)	ven (no vengas)		
venga	viniera (se)	venga		
vengamos	viniéramos (semos)	vengamos		
vengáis	vinierais (seis)	venid (no vengáis)		
vengan	vinieran (sen)	vengan		
vea	viera (se)	—	viendo	visto
veas	vieras (ses)	ve (no veas)		
vea	viera (se)	vea		
veamos	viéramos (semos)	veamos		
veáis	vierais (seis)	ved (no veáis)		
vean	vieran (sen)	vean		
vuelva	volviera (se)	—	volviendo	vuelto
vuelvas	volvieras (ses)	vuelve (no vuelvas)		
vuelva	volviera (se)	vuelva		
volvamos	volviéramos (semos)	volvamos		
volváis	volvierais (seis)	volved (no volváis)		
vuelvan	volvieran (sen)	vuelvan		

[1] In verbs ending in -gar, the g is changed to gu before e: jugué, llegué, negué, pagué, rogué.

[2] In verbs ending in -zar, the z is changed to c before e: almorcé, analicé, comencé, empecé, especialicé, gocé, recé.

[3] In verbs ending in -car, the c is changed to qu before an e: ataqué, busqué, critiqué, equivoqué, publiqué.

[4] In verbs like concluir, a y is inserted before any ending that does not begin with i: concluyo, construyo, contribuyo, destruyo, huyo.

[5] An unstressed i between two vowels is changed to y: creyó, leyó.

[6] In verbs ending in -guir, the gu is changed to g before a and o: sigo (siga).

Vocabulary

Spanish-English Vocabulary

The following vocabulary includes all words used in this text except exact or certain very close cognates, cognates ending in -**ción** or -**sión,** most proper nouns, most numbers, most conjugated verb forms, regular past participles when the infinitive is listed, and adverbs ending in -**mente** when the corresponding adjective is listed. Stem-changing verbs are indicated by (**ie**), (**ue**), or (**i**) following the infinitive. A (**zc**) after an infinitive indicates that **c** is changed to **zc** in the first-person singular form of the present tense; similarly, (**z**) indicates a change from **c** to **z**. The following abbreviations are used:

abbr. abbreviation
adj. adjective
adv. adverb
coll. colloquial
conj. conjunction
dir. obj. direct object
f. feminine
fam. familiar (**tú** or **vosotros**)
indir. obj. indirect object
inf. infinitive
m. masculine
n. noun

obj. of prep. object of a preposition
obj. pron. object pronoun
p. part. past participle
pl. plural
prep. preposition
pron. pronoun
recip. reflex. reciprocal reflexive
refl. pron. reflexive pronoun
rel. pron. relative pronoun
sing. singular
subj. pron. subject pronoun

Note also that in Spanish ñ—a separate letter of the alphabet—follows **n** in dictionaries, so that **bañar** would occur after **bandera** (for example).

A

a at; to; for; from; on
abajo below, underneath
abandonar to abandon, leave
la **abeja** bee
abierto open
el **abogado** (la **abogada**) lawyer
abolir to abolish
el **aborto** abortion
abrazar to embrace
el **abrazo** hug
abrigado heavy, warm
el **abrigo** coat, overcoat
abril April

abrir to open
absoluto absolute; **no... en absoluto** not ... at all
absurdo absurd, ridiculous
la **abuela** grandmother
el **abuelo** grandfather; *pl.* grandparents
la **abundancia** abundance
aburrido bored; boring
aburrir to bore; **aburrirse** to get bored
el **abuso** abuse
acá here
acabar to end, finish, run out; **acabar bien** (**mal**) to end well (badly), have

a happy (sad) ending; **acabar de** + *inf.* to have just (done something)
la **academia** academy
académico academic
acampar to camp
acaso perhaps
acceder a to get into
el **acceso** access
el **accidente** accident
la **acción** action; **Día de Acción de Gracias** Thanksgiving Day
el **aceite** oil
acelerado accelerated, hurried
el **acento** accent
aceptar to accept

acerca (de) concerning, about
acercarse (a) to approach
acompañar to accompany
aconsejar to advise, counsel
acordar (ue) to agree; **acordarse de** to remember
acortar to shorten
acostar (ue) to put to bed; **acostarse** to go to bed
acostumbrarse (a) to become accustomed to, get used to
la actitud attitude, position
la actividad activity
activo active
el acto act
el actor actor
la actriz actress
actual current, present day
la actualidad present, present time
actualmente currently
actuar to act (out), play a role
el acuario aquarium
acuático aquatic
acudir a to go (come) to
el acueducto aqueduct
el acuerdo agreement; **¿de acuerdo?** okay?; **estar de acuerdo con** to agree with, be in agreement with; **ponerse de acuerdo** to come to an agreement; **Sí, de acuerdo.** All right, okay.
acumular to accumulate
acusar to accuse
adaptarse a to adapt to
adecuado adequate
adelantado ahead
adelante forward; **adelante con...** on with ...; **desde ese día en adelante** from that day on; **salir adelante** to get ahead, make progress; **seguir adelante** to proceed straight ahead
además besides; also, in addition; **además de** in addition to
adentro inside
adicto a addicted to
adiós good-bye
la adivinanza riddle
adivinar to guess
el adjetivo adjective
la administración de empresas business administration
administrar to administer, keep account of
admirar to admire
admitir to admit
el adobe adobe, sun-dried brick
el, la adolescente adolescent

adonde where
¿adónde? (to) where?
adoptar to adopt
adorar to adore
adornar to adorn, decorate
el adorno decoration, accessory
adquirir (ie) to acquire
la aduana customs (office)
adulto adult
el adverbio adverb
aéreo (pertaining to) air
aeróbico aerobic
la aerolínea airline
el aeropuerto airport
afectar to affect
la afirmación statement
afirmar to state, affirm
afirmativo affirmative
afortunadamente fortunately
africano African
afrocubano Afro-Cuban
afuera outside
la agencia agency; **agencia de empleos** employment agency
la agenda calendar
el, la agente agent; **agente de viajes** travel agent
agradable pleasant
agradar to give pleasure, please
agradecer (zc) to thank
agradecido grateful, thankful
agregar to add
agresivo aggressive
el agricultor (la agricultora) farmer
la agricultura agriculture
el agua *f.* water
el aguacate avocado
ahora now, currently, at present; **ahora más que nunca** now more than ever; **ahora mismo** right away, immediately
ahorrar to save
el ahorro saving
el aire air; **al aire libre** in the open air
aislado isolated
el ajedrez chess
el ajo garlic
al (*contraction of* **a** + **el**); **al** + *inf.* on or upon doing something; **al aire libre** in the open air; **al amanecer** at dawn; **al contrario** on the contrary; **al fin** finally; **al final de** at the end of; **al mismo tiempo** at the same time; **al peso** by the weight; **de al lado** next door
alargar to lengthen

la alberca swimming pool
albergar to lodge, accommodate
el albergue inn, hostel
alcanzar to catch; to reach; to be enough; **No me alcanza el dinero.** My money won't reach—or stretch that far.
la alcoba bedroom
alcohólico alcoholic
alegrar to make happy: **alegrar la vida** to cheer up
alegrarse (de) to be glad, happy; **¡Cuánto me alegro!** How happy I am!
alegre cheerful, happy
la alegría joy, happiness; **¡Qué alegría!** How terrific!; **¡Qué alegría verte!** How nice to see you!
alemán German
alérgico allergic
el alfabeto alphabet
la alfombra carpet
algo *pron.* something, anything; *adv.* somewhat; **tener algo que ver con** to have something to do with
alguien someone, somebody; anyone, anybody
algún, alguno some; any; some sort of; *pl.* some; a few; some people; **a (en) alguna parte** somewhere; **alguna vez** ever; **algunas veces** sometimes; **de alguna manera** in some way, somehow; **en algunas partes** in some places, somewhere; **sin duda alguna** with no doubt
la alimentación food
alimentarse (de) to nourish oneself (by)
el alimento nourishment, food
el alivio relief; **¡Qué alivio!** What a relief!
allá there
allí there; **Sigan por allí.** Continue that way (direction).
el alma *f.* soul, spirit, heart
el almacén department store
la almeja clam
el almirante admiral
almorzar (ue) to have lunch, a large midday meal
el almuerzo lunch
Aló. Hello. (*on telephone*)
el alojamiento lodging, boarding
el alpinismo climbing, hiking
alquilar to rent

el alquiler rent
alrededor (de) around
la **alta tecnología** high technology
alternado: en forma alternada alternating, taking turns
la **alternativa** alternative, choice
los **altibajos** ups and downs
la **altitud** height
alto tall, high; **la clase alta** upper class
la **altura** height; **tener seis pies de altura** to be six feet tall
el **alumno (la alumna)** student
el **ama de casa** *f.* housewife
la **amabilidad** friendliness
amable kind
amanecer to dawn; to get up; *m. n.* dawn, daybreak
el, la **amante** lover
amar to love
amarillo yellow
ambicioso ambitious
ambiental environmental
ambientalista environmental
el **ambiente** environment; **medio ambiente** (natural) environment
ambos both
la **amenaza** threat
amenazar to threaten
americano American; **fútbol americano** football
el **amigo (la amiga)** friend; **ser muy amigo de** to be a good friend of
la **amistad** friendship
amistosamente in a friendly way
el **amor** love
amoroso loving, affectionate; amorous
el **analfabetismo** illiteracy
analfabeto illiterate
ancho wide; **tener 50 pies de ancho** to be 50 feet wide
el **anciano (la anciana)** elderly person
anciano old, aged
andar to walk; to ride in; to function
andino Andean, in the Andes
la **anécdota** anecdote
angloamericano Anglo-American
la angustia anxiety, anguish
animado animated, lively
el **ánimo** spirit
anoche last night
anochecer to get dark; *m. n.* dusk, nightfall
ansioso anxious
ante before; in the presence of

anteayer the day before yesterday
los **anteojos** eyeglasses
el **antepasado (la antepasada)** ancestor
anterior preceding; **anterior a** before
antes before, first; **antes de (que)** before
el **antibiótico** antibiotic
el **anticonceptivo** contraceptive
el **antidepresivo** antidepressant
el **antídoto** antidote
la **antigüedad** antique
antiguo old, ancient; former
antipático(a) unfriendly, not nice
el **antónimo** antonym
la **antropología** anthropology
el **antropólogo (la antropóloga)** anthropologist
anunciar to announce
el **anuncio** announcement, advertisement
el **año** year; **a fines del año** at the end of the year; **a los siete años** at the age of seven; **celebrar tus 80 años** to celebrate your 80th birthday; **durante dos años** for two years; **el año pasado** last year; **el año que viene** next year; **los años 70** the seventies; **hace un año** a year ago; **tener 19 años** to be 19 years old
apagar to turn off
el **aparato** appliance
aparecer (zc) to appear
la **apariencia** appearance
el **apartamento** apartment
aparte apart
el **apellido** last name
el **apéndice** appendix
el **aperitivo** aperitif, appetizer
el **apetito** appetite
aplicar to apply
aportar to bring
apoyar to support, back
el **apoyo** support
apreciar to appreciate
aprender to learn
aprobar (ue) to pass (an exam)
apropiado appropriate
aproximadamente approximately
aproximarse a to approach, move near
apuntar to make a note of
el **apunte** note; **tomar apuntes** to take notes
aquel, aquella *adj.* that; **aquél, aquélla** *pron.* that (one)

aquello *pron.* that
aquellos, aquellas *adj.* those; **aquéllos, aquéllas** *pron.* those
aquí here; **aquí cerca** nearby; **Aquí tienes.** Here you are.
el, la **árabe** Arab
arábigo Arabic
el **árbol** tree
archivar to file
el **archivo** file
el **arco** arch
el **área** *f.* area
la **arepa** corn pancake
argentino Argentinean
árido arid, dry
el **arma** *f.* weapon
armar to arm
el **arquitecto (la arquitecta)** architect
la **arquitectura** architecture
arreglar to fix
arrepentirse (ie) to repent; **arrepentirse de** to regret
arriba on top; up; **de arriba** above
la **arroba** @ or at sign
el **arroz** rice
el **arte** art; *pl.* **las artes** arts; **bellas artes** fine arts
el **artesano (la artesana)** artisan, craftsperson
el **artículo** article; **artículo definido** definite article; **artículo indefinido** indefinite article
el, la **artista** artist; actor, actress
artístico artistic
asar to roast
la **ascendencia** descent, origin
ascender to ascend, go up
el **ascensor** elevator
el **asco** revulsion, disgust
asegurar(se) to make sure
así in this way; like this (that); so; thus; **así que** so, in that way
asiático Asian
el **asiento** seat; **tomar asiento** to take a seat
asistir (a) to attend
asociado associate(d)
asociarse to be associated
el **asombro** astonishment, marvel
el **aspecto** aspect
la **aspirina** aspirin
la **astronomía** astronomy
asumir to assume
el **asunto** matter, subject, issue, affair

atacar to attack

el **ataque** attack

la **atención** attention; **prestar atención** to pay attention

atender (ie) to attend to; to wait on, respond

el, la **atleta** athlete

atlético athletic

la **atmósfera** atmosphere

atmosférico atmospheric

atractivo attractive; *m.* attraction

atraer to attract

atrás behind

atreverse a to dare

el **auditorio** auditorium

aumentar to go up; to increase; **aumentar de peso** to gain weight; **aumentar el doble** to double

el **aumento** increase; **aumento de sueldo** increase in salary, raise

aun even

aún still, yet

aunque even though, although

auténtico authentic

la **autobiografía** autobiography

el **autobús** bus; **en autobús** by bus

automático automatic

el **automóvil** automobile, car

automovilístico *adj.* automobile, car

la **autonomía** autonomy, independence

el **autor** (la **autora**) author

la **autoridad** authority

autoritario authoritarian

el **autostop** hitchhiking; **hacer autostop** to hitchhike

¡Auxilio! Help!

avanzado advanced

avanzar to advance

la **aventura** adventure

aventurero adventurous

avergonzar to embarrass

averiguar to find out

el **avión** plane; **en avión** by plane

¡Ay! Ouch! Oh!

ayer yesterday

el **ayllu** community unit (Quechua word)

la **ayuda** help

el, la **ayudante** helper, assistant

ayudar to help

el **azafrán** saffron

azteca Aztec

el **azúcar** sugar

azul blue

B

el **bachillerato** secondary school degree

bailar to dance

el **bailarín** (la **bailarina**) dancer

el **baile** dance

bajar to descend; to go down; **bajar de peso** to lose weight; **bajar un archivo** to download a file; **bajarse de** to get off

bajo *prep.* under; *adj.* short; low; **a precio más bajo** at a lower price

el **balcón** balcony

la **bancarrota** bankruptcy

el **banco** bank; bench

la **bandera** flag

bañar to bathe; **bañarse** to take a bath

el **baño** bath; bathroom

el **bar** bar

barato cheap

la **barbaridad** atrocity; **¡Qué barbaridad!** Good grief! How awful!

el **barco** boat

la **barra** bar

la **barrera** barrier; division

el **barrio** neighborhood

basar (en) to base (on)

la **base** staple, basis; **a base de** based on

básico basic

el **básquetbol** basketball

bastante *adj.* enough; *adv.* rather; quite a bit; **bastante bien** pretty good

bastar to be enough, suffice; **¡Basta!** That's enough!

la **bastardilla** italics

la **basura** garbage

el **basurero** garbage can

la **batalla** battle

el **bebé** baby

beber to drink

la **bebida** drink

la **beca** scholarship

el **béisbol** baseball

la **belleza** beauty

bello beautiful; **bellas artes** fine arts

la **bendición** blessing

beneficiar to benefit

beneficioso beneficial

besar to kiss

el **beso** kiss

la **biblioteca** library

la **bicicleta** bicycle; **andar en bicicleta** to go by bicycle

bien well; very; good, fine; **acabar bien** to have a happy ending; **bastante bien** pretty good; **¿Está bien que** + *subjunctive...* ? Is it okay to ... ?; **pasarlo bien** to have a good time

los **bienes** *pl.* goods

la **bienvenida** welcome; **dar la bienvenida a** to welcome

bienvenido welcome

bilingüe bilingual

el **billete** (*Spain*) ticket

la **biografía** biography

la **biología** biology

el **biólogo** (la **bióloga**) biologist

la **biosfera** biosphere

la **bisabuela** great-grandmother

el **bisabuelo** great-grandfather; *pl.* great-grandparents

la **bisnieta** great-granddaughter

el **bisnieto** great-grandson; *pl.* great-grandchildren

blanco white

la **blusa** blouse

la **boca** mouth

la **boda** wedding

el **bolero** Spanish song or dance

el **boleto** ticket

el **bolígrafo** ballpoint pen

la **bolsa** bag; **bolsa de valores** stock market

el **bolsillo** pocket

el **bolso** bag, purse

bombardear to bombard

el **bombón** sweet, candy

bonito pretty

borracho drunk

el **bosque** forest

el **bote** rowboat; **bote de vela** sailboat

la **botella** bottle

el **Brasil** Brazil

brasileño Brazilian

el **brazo** arm

breve brief

brillante brilliant

la **brillantez** brilliance

la **broma** joke; **en broma** in fun, jokingly

bromear to joke

el **bronce** bronze; brass

bruto stupid

bucear to dive, go diving

el **buceo** (scuba) diving; **hacer buceo** to go diving

buen, bueno good, nice; well, okay; **¡Buen provecho!** Enjoy your meal!;

Buen viaje. Have a good trip.; **¡Buena lección!** That will teach you (him, her, etc.)!; **Bueno.** Hello. (*Mexico, used as telephone greeting*); Well...; **Hace buen tiempo.** The weather is nice.; **¡Qué buenas noticias!** What good news!; **¡Qué bueno!** Great!

el **búho** owl

burlarse de to mock; to make fun of

la **burra** female donkey

el **burrito** large tortilla rolled around meat, beans, etc.

el **buscador** search engine

buscar to look for; **en busca de** in search of

la **búsqueda** search; **en búsqueda de** in search of

el **buzón** mailbox

C

caballeresco knightly, chivalrous

la **caballería** chivalry

el **caballero** gentleman

el **caballo** horse

la **cabaña** cabin

caber to fit

la **cabeza** head; **de cabeza** on its head; **le duele la cabeza** his (her) head aches

el **cabo** end; **al fin y al cabo** in the end

el **cacao** cacao tree or bean; chocolate, cocoa bean

cada each, every

caer(se) to fall (off)

el **café** coffee; café

la **cafeína** caffeine

la **caída** fall

la **caja** box; (cash) register

el **cajero** (la **cajera**) cashier

el **calcetín** sock

la **calculadora** calculator

calcular to calculate

la **calefacción** heat, heating

el **calendario** calendar

el **calentamiento (global)** (global) warming

la **calidad** quality

cálido warm, hot

caliente hot (temperature)

la **calificación** grade

callar to quiet, silence; **callarse** to keep quiet

la **calle** street; **calle principal** main street

la **calma** calmness, composure

el **calor** heat, warmth; **hace calor** the weather is hot; **tener calor** to be warm, hot

la **caloría** calorie

el **calzado** footwear, shoe(s)

la **cama** bed

la **cámara** camera; **cámara de video** video camera

el **camarero** (la **camarera**) waiter (waitress)

el **camarón** shrimp

cambiar to change; to exchange; **Cambiando de tema...** Changing the subject ...; **cambiar de opinión** to change one's mind; **cambiar de residencia** to move; **cambiar de trabajo** to change jobs

el **cambio** change; **en cambio** on the other hand, in contrast; **la casa de cambio** place for currency exchange; **la tasa de cambio** rate of exchange

caminar to walk

la **caminata** walk; **hacer una caminata** to take a walk

el **camino** road

el **camión** truck

la **camioneta** van

la **camisa** shirt

la **camiseta** T-shirt

el **camote** sweet potato

el **campamento** camp; **ir de campamento** to go camping

la **campaña** campaign

el **campeón** (la **campeona**) champion

el **campeonato** championship

el **campesino** (la **campesina**) country person, peasant, farmer

el **campo** country; field

canadiense Canadian

el **canal** channel

la **canción** song

la **candela** candle

el **candidato** (la **candidata**) candidate

la **canoa** canoe

cansado tired

cansar to tire out; **cansarse** to become tired

el, la **cantante** singer

cantar to sing

la **cantidad** quantity; **cantidad** *coll.* a whole lot

el **cañón** canyon; cannon

la **capa (de ozono)** (ozone) layer

la **capacidad** capacity

capaz able, capable

capitalista capitalist

el **capítulo** chapter

capturar to capture

la **cara** face

el **carácter** character; nature; **de buen carácter** good natured

caracterizar to characterize

¡Caramba! Good grief!

el **caramelo** sweet, candy

¡Caray! Good grief! Wow!

la **cárcel** jail

cardíaco heart, cardiac

carecer de to lack; to be without

el **cargo: a cargo de** in charge of

el **Caribe** Caribbean

el **cariño** affection

cariñoso affectionate

carismático charismatic

Carnaval Mardi Gras celebration

la **carne** meat; **carne de vaca** beef

caro expensive

la **carpintería** carpentry

el **carpintero** (la **carpintera**) carpenter

la **carrera** career; race; course of study; **estudiar a la carrera** to cram

la **carretera** highway

la **carta** letter; **a la carta** a la carte, with the ability to choose

el **cartel** sign

la **cartera** small purse; (*Mexico*) wallet

el **cartógrafo** (la **cartógrafa**) mapmaker

el **cartón** cardboard

el **cartonero** (la **cartonera**) (*Colombia*) person who collects recyclable materials from garbage bins or cans

la **casa** house; **en casa** in the home, at home; **fuera de casa** outside the home (out); **casa de cambio** place for currency exchange

el **casamiento** wedding

casar to marry; **casarse** to get married

casi almost

el **caso** case; **en caso de que** in case; **hacer caso** to pay attention

el **castellano** Castilian, Spanish (language)

el **castillo** castle

la **catedral** cathedral

la **categoría** category, class
católico Catholic
la **causa** cause; **a causa de** because of
causar to cause
la **cebolla** onion
ceder to cede, give up
la **cédula** card; **cédula de identidad** ID (card)
celebrar to celebrate
célebre famous
el **celo** jealousy; **tener celos** to be jealous
celoso jealous
celta Celtic
celtíbero Celtiberian
celular: el (teléfono) celular cell (phone)
el **cementerio** cemetery
la **cena** dinner
cenar to eat dinner
el **censo** census
la **censura** censorship
censurar to censor
el **centavo** cent
céntrico central
el **centro** center; downtown; **centro comercial** shopping center
Centroamérica Central America
centroamericano Central American
la **cerámica** ceramics
cerca (de) near; **aquí cerca** nearby
el **cerdo** pork
el **cereal** grain
la **ceremonia** ceremony
cero zero
cerrar (ie) to close; **cerrar con llave** to lock
el **cerro** hill
la **cerveza** beer
el **chaleco** vest
la **chaqueta** jacket
la **charla** talk, chat
charlar to chat, talk
charanga: charanga habanera band or party from Havanah
la **charrería** (*Mexico*) practice of traditional horsemanship
el **charro** (la **charra**) (*Mexico*) horseman (horsewoman)
el **chat** chatroom
¡Chau! (*Southern Cone of South America, from Italian "ciao"*) So long!, Bye!
checar (*Mexico, anglicism*) to check

el **cheque** check; **cheque de viajero** traveler's check
chequear (*parts of L. America, anglicism*) to check
la **chica** girl
el **chico** boy; *pl.* boys or boys and girls
chico small
el **chile** chili pepper; **chile relleno** stuffed chili pepper
chileno Chilean
la **chimenea** chimney
chino Chinese
el **chiste** joke
chistoso amusing, witty, funny
el **ciberamigo** (la **ciberamiga**) cyberfriend
el **cibercafé** cybercafé
ciego blind
el **cielo** sky, heaven
cien, ciento one hundred; **por ciento** per cent
la **ciencia** science; **ciencias de computación** computer science; **ciencias políticas** political science; **ciencias sociales** social sciences
la **ciencia-ficción** science fiction
el **científico** (la **científica**) scientist
cierto *adj.* certain, a certain; true; *adv.* of course, certainly; **lo cierto es que** the fact is that
el **cigarrillo** cigarette
el **cigarro** cigar
el **cine** cinema, movie theater
la **cinematografía** cinematography
la **cinta** tape
el **círculo** circle
la **circunstancia** circumstance
la **cita** appointment; date
la **ciudad** city
el **ciudadano** (la **ciudadana**) citizen
la **claridad** light; **con claridad** clearly
el **clarinete** clarinet
claro clear; light; **¡Claro!** Of course! **¡Claro que no!** Of course not!
la **clase** class; kind, type; **clase alta** upper class; **compañero(a) de clase** classmate; **viajar en primera clase** to travel first class
clásico classical
la **cláusula** clause
el, la **cliente** customer
el **clima** climate

la **clínica** clinic
cobrar to charge
la **cocaína** cocaine
el **coche** car; **en coche** by car
la **cocina** cuisine, cooking; kitchen
cocinar to cook
el **cocinero** (la **cocinera**) cook, chef
el **coco** coconut
el **cocodrilo** crocodile
el **coctel** cocktail (party)
la **coincidencia** coincidence
la **cola** line; **hacer cola** to stand in line
colaborar to collaborate
colectivo collective
el **colegio** (elementary or secondary) school, usually private
el **collar** necklace
el **colmo** height, limit; **¡Esto es el colmo!** This is the last straw!
colocar to place
colombiano Colombian
coloquial colloquial, informal
la **columna** column
la **comadre** close family friend; godmother of one's child
combatir to combat
combinar to combine
el **comediante** (la **comedianta**) comedian (comedienne)
el **comedor** dining room
comentar to comment (on)
el **comentario** comment; commentary
comenzar (ie) to begin
comer to eat
comercial commercial
el, la **comerciante** businessperson
el **comercio** commerce, business
cometer to commit, make
cómico comical, funny; **la tira cómica** cartoon, comic strip
la **comida** food; meal
el **comienzo** beginning; **a comienzos de** at the beginning of
como *adv.* as, as though; like, such as; how; *conj.* since, as long as; **cómo** how (to); **como quieras** as you like; **como si** as if; **tan... como** as ... as; **tanto (...) como** as much (...) as
¿cómo? (¡cómo!) how? (how); what? what did you say? what is it?; **¡cómo no!** of course!; **¿Cómo se dirá...?** How does one say... ?
cómodo comfortable
el **compa'** short for **compadre**

el **compadre**   close family friend; godfather of one's child

el **compañero** (la **compañera**)   companion; **compañero(a) de clase**   classmate; **compañero(a) de cuarto**   roommate

la **compañía**   company

la **comparación**   comparison

comparar   to compare

comparativo   comparative

compartir   to share

la **compasión**   compassion, pity, sympathy

la **competencia**   competition

la **competitividad**   competitiveness

competitivo   competitive

el **complemento**   object (grammar)

completar   to complete

completo   complete; full (i.e., no vacancies); **pensión completa**   room with three meals a day included

complicado   complicated

componer   to compose

comportarse   to behave

el **compositor** (la **compositora**)   composer

la **compra**   purchase; **ir de compras**   to go shopping

el **comprador** (la **compradora**)   buyer

comprar   to buy

comprender   to understand

la **comprensión**   understanding, comprehension; empathy

comprensivo   understanding

compuesto   *adj* composed; compound

la **computación**   computation; las **ciencias de computación**   computer science

la **computadora**   computer

común   common

la **comunicación**   communication

comunicar(se)   to communicate

la **comunidad**   community

el **comunismo**   communism

comunista   communist

con   with; **con gran interés en**   greatly interested in; **con más razón**   all the more reason; **con permiso**   excuse me, with your permission; **con respecto a**   with respect to, in reference to; **con tal (de) que**   provided that

concentrarse en   to be centered in

el **concepto**   concept

la **conciencia**   conscience; consciousness

el **concierto**   concert

concluir   to finish

concreto   concrete

conducir (zc)   to drive; to lead, conduct

la **conferencia**   lecture

confesar (ie)   to confess

la **confianza**   confidence, trust

confiar (en)   to trust

confundir   to confuse

el **congreso**   congress; conference

la **conjetura**   conjecture, guess

el **conjunto**   band

conmemorar   to commemorate

conmigo   with me

conocer (zc)   to meet; to know; to know about, be familiar with; **¡Qué gusto conocerlo(la)!**   Nice to meet you! Pleasure to meet you!

el **conocido** (la **conocida**)   acquaintance; *adj.* known, well known

el **conocimiento**   knowledge

la **conquista**   conquest

el **conquistador**   conqueror

conquistar   to conquer

la **consecuencia**   consequence

consecutivo   consecutive

conseguir (i)   to obtain, get

el **consejero** (la **consejera**)   adviser; counselor

el **consejo**   piece of advice; **dar consejos**   to advise

conservador   conservative

conservar   to conserve; save

considerar   to consider

consigo   *pron.* with you, with him, with her, with them; with yourself, with yourselves, with himself, with herself, with oneself, with themselves

consistir (en)   to consist (of)

consolado   consoled

constante   constant

constituir   to constitute

construir   to build

el **consuelo**   consolation

la **consulta: libro de consulta**   reference book

consultar   to consult

consumir   to consume

el **consumo**   consumption

el **contacto**   contact; **en contacto**   in touch

contado: pagar al contado   to pay cash

la **contaduría**   accounting

contaminar   to pollute

contar (ue)   to tell; **contar (con)**   to count (on)

contemporáneo   contemporary

contener (ie)   to contain

el **contenido**   contents

contento   happy

la **contestación**   answer, reply

el **contestador**   answering machine

contestar   to answer, respond

contestataria   questioning, rebellious

el **contexto**   context

contigo   with you (*fam. sing.*)

el **continente**   continent

continuación: a continuación   immediately after(wards), following

continuar   to continue

contra   against; **en pro o en contra**   for or against

contrario: al contrario   on the contrary; **por el contrario**   on the contrary, however

contrastar   to contrast

el **contraste**   contrast

contratar   to hire, employ

el **contrato**   contract

contribuir (con)   to contribute

controlar   to control; to check

convencer (z)   to convince

convenir (ie)   to be convenient, suitable

el **convento**   convent

conversar   to converse

convertir (ie, i)   to convert, change; **convertirse en**   to become

convivir   to live together, live with

el **coñac**   cognac

la **copia**   copy; **copia de seguridad**   backup file

copiar   to copy

coqueto   flirtatious

el **corazón**   heart

la **corbata**   necktie

la **cordillera**   range, chain (of mountains)

el **coro**   chorus

correcto   correct, right

corregir (i)   to correct

el **correo**   post office; mail; **correo postal**   regular mail (through the post office)

correr   to run

la **correspondencia** correspondence; **curso por correspondencia** correspondence course
corresponder to correspond
la **corrida: corrida de toros** bullfight
la **corte** court (royal)
cortés courteous
la **cortesía** courtesy, politeness
corto short, brief
la **cosa** thing
la **cosecha** harvest
coser to sew
cósmico cosmic
la **costa** coast; **costa marítima** seacoast
costar (ue) to cost
el **costo** cost; **costo de vida** cost of living
la **costumbre** custom, habit
el **creador** (la **creadora**) creator; *adj.* creative
crear to create
la **creatividad** creativity
creativo creative
crecer (zc) to grow; to grow up
el **crecimiento** growth
el **crédito** credit; **la tarjeta de crédito** credit card
la **creencia** belief
creer to believe, think; **Creo que no.** I don't think so.; **¿No crees?** Don't you think so?; **¡Ya lo creo!** I believe it!
criarse to grow up, be brought up
el **crimen** crime; murder
el **cristal** glass, crystal
cristiano Christian
Cristo Christ
la **crítica** critique, review
criticar to criticize
el **crítico** (la **crítica**) critic
la **crónica** chronicle
la **cruz** cross
cruzar to cross
el **cuaderno** notebook
la **cuadra** city block
el **cuadro** picture, painting
cual, cuales: el (la) cual, los (las) cuales which, whom; **lo cual** which
¿cuál? ¿cuáles? which? which one(s)? what?
la **cualidad** quality, attribute, characteristic
cualquier any; **cualquiera** anyone

cuando when, whenever
¿cuándo? when?
cuanto: en cuanto as soon as; **en cuanto a** as far as ... is concerned; **unos cuantos** a few
¿cuánto? how much? how many? **¡Cuánto me alegro!** How happy I am!; **¡Cuánto lo siento!** How sorry I am! I'm very sorry!;**¿cuánto tiempo?** how long?
el **cuarto** room; quarter; fourth; **cuarto de baño** bathroom; **cuarto doble** double room; **cuarto sencillo** single room
cubano Cuban
cubierto (de) covered (with); *m.* tableware
cubista cubist (art)
cubrir to cover
la **cuchara** tablespoon
la **cucharita** teaspoon
el **cuchillo** knife
el **cuello** neck
la **cuenta** bill, check; **a fin de cuentas** in the final analysis; **darse cuenta de** to realize
el **cuento** story
el **cuerpo** body
la **cuestión** question, matter, issue
el **cuestionario** questionnaire
el **cuidado** care; **Cuidado.** Be careful.; **tener cuidado** to be careful
cuidadosamente carefully
cuidar(se) to take care of (oneself)
culinario culinary
la **culpa** blame, guilt; **La culpa fue mía.** It was my fault.; **por culpa de** because of; **tener la culpa** to be guilty
culpable guilty
cultivar to cultivate
el **cultivo** cultivation
culto well educated, cultured
la **cultura** culture
el **cumpleaños** birthday
cumplir to reach; fulfill; **cumplir... años** to be ... years old
la **cuna** cradle
la **cuota** fee; installment, payment
el **cura** priest
la **cura** cure
curar(se) to cure (oneself)
la **curiosidad** curiosity

curioso curious, strange
el **curso** course; **curso de computación** computer science course; **seguir un curso** to take a course
cuyo *rel pron.* whose, of whom, of which

D

dado given
la **danza** dance
el **daño** harm; **hacer daño** to harm
dar to give; **dar a** to face, be on; **dar la bienvenida a** to welcome; **dar consejos** to give advice; **dar importancia a** to consider (something) important; **dar un paseo** to take a walk; **dar un paso** to take a step; **dar una vuelta** to go for a walk; **darse cuenta de** to realize; **darse la mano** to shake hands; **darse por vencido** to give up, surrender; **darse prisa** to be in a hurry; **¿Qué más da?** So what?
los **datos** data
de of, from, about; in; on (*after a superlative*); by; made of; as, with; **De nada.** You're welcome.; **de veras** really; **más de** more than (*before a number*)
debajo de underneath
deber to owe; to be obliged to, have to, ought to, should; *m. n.* duty; *pl.* homework
debido: debido a due to
débil weak
la **debilidad** weakness
la **década** decade
decente decent
la **decepción** disappointment
decepcionado disappointed
decidir to decide
decir (i) to say, tell; **¿Cómo se dice (dirá)... ?** How does one say ... ?; **es decir,...** that is, ...; **¿Es decir que... ?** Is that to say ... ? Do you mean ... ?; **querer decir** to mean
la **decisión** decision; **tomar una decisión** to make a decision
declarar to declare
dedicar to dedicate; **dedicarse a** to dedicate oneself to
el **dedo** finger
el **defecto** defect
defender (ie) to defend
la **defensa** defense

el **defensor** (la **defensora**)   defender
definido   definite
degustar   to taste, try
dejar   to leave (something behind); to let, allow; **dejar de**   to stop; **Déjeme presentarme.**   Allow me to introduce myself.; **dejar caer**   to let fall; to drop
del   *contraction of* **de** + **el**
delante (de)   in front of, before
los **deleites**   delights
delgado   slender
delicado   delicate
delicioso   delicious
demás   rest, remaining; **lo demás**   the rest; **los demás**   (the) others
demasiado   too, too much; *pl.*   too many
la **democracia**   democracy
el, la **demócrata**   democrat
democrático   democratic
demográfico: la explosión demográfica   population explosion
la **demoiselle** (*French*)   young lady, maiden
demonios: qué demonios   what the devil
demostrar (ue)   to demonstrate, show
el **demostrativo**   demonstrative
denso   thick
el, la **dentista**   dentist
dentro (de)   inside; within
depender (de)   to depend (on)
el, la **dependiente**   clerk
el **deporte**   sport; **hacer deportes**   to play sports
deportivo   *adj.* relating to sports
deprimido   depressed
derecho   straight; right; **a la derecha**   to the right; **seguir derecho**   to proceed straight ahead
el **derecho**   right; law (as a field)
derivar   to derive
derramar   to spill
el **desacuerdo**   disagreement; **estar en desacuerdo con**   to disagree with
desafortunadamente   unfortunately
desagradable   unpleasant
desaparecer (zc)   to disappear
la **desaprobación**   disapproval
desarrollar   to develop; to unfold
el **desarrollo**   development; growth; evolution
el **desastre**   disaster

desayunar(se)   to have breakfast; **desayunarse con...**   to have ... for breakfast
el **desayuno**   breakfast; **tomar el desayuno**   to have breakfast
descansar   to rest
el **descanso**   rest
descender (ie)   to descend
descompuesto   broken
descongestionar   to relieve congestion
desconocido   unfamiliar, not known; *n.* stranger
descortés   impolite, rude
describir   to describe
descriptivo   descriptive
descubierto   discovered
el **descubrimiento**   discovery
descubrir   to discover
el **descuento**   discount
desde   since; from; **desde chico**   since childhood; **desde hace mucho tiempo**   for a long time; **desde hace muchos años**   for many years
desdichado   unfortunate
deseable   desirable
desear   to wish, want
el **desempleo**   unemployment
el **deseo**   wish
desesperar   to despair, lose hope
la **desgracia**   misfortune; **¡Qué desgracia!**   What bad luck!
deshacer   to undo, take apart
deshonesto   dishonest
el **desierto**   desert; *adj.* deserted, desert
la **desigualdad**   inequality
la **desnutrición**   malnutrition
desocupar   to get out of, vacate
desorganizado   disorganized
la **despedida**   farewell, leavetaking; **despedida de soltera**   bridal shower
despedir (i)   to fire; **despedirse (de)**   to say goodbye (to)
desperdiciar   to waste
despertar (ie)   to waken; **despertarse**   to wake up, awaken
despierto   awake; alert
después (de)   after, afterwards; **después (de) que**   *conj.* after; **después de todo**   in the final analysis, in the end; **poco después**   shortly afterwards
el **destino**   destiny
destructivo   destructive
destruir   to destroy
la **desventaja**   disadvantage

el **detalle**   detail
determinar   to determine, fix
detestar   to hate, detest
detrás de   behind
la **deuda**   debt; **deuda externa**   foreign debt
devolver (ue)   to return, give back
el **devoto** (la **devota**)   devotee, adherent (of a religion); *adj.* devout
el **día**   day; **al día siguiente**   on the following day; **Buenos días.**   Good morning.; **de día**   by day; **día de fiesta**   holiday; **el Día de Acción de Gracias**   Thanksgiving Day; **el Día de Año Nuevo**   New Year's Day; **el Día de la Independencia**   Independence Day; **el Día de la Madre**   Mother's Day; **el Día de los Muertos**   All Souls' Day, Day of the Dead; **el Día de la Raza**   Columbus Day; **el Día de los Reyes Magos**   Epiphany; **el Día de San Valentín**   Valentine's Day; **el Día del Trabajo**   Labor Day; **hoy (en) día**   today, nowadays; *pl.* **en aquellos días**   in those days; **en unos días**   in a few days; **todos los días**   every day
el **diablo**   devil
el **diálogo**   dialogue
diario   daily; *m. n.* newspaper; diary
el, la **dibujante**   illustrator
dibujar   to draw
el **dibujo**   drawing
el **diccionario**   dictionary
el **dicho**   saying; *p. part.* said, told
diciembre   December
el **dictador**   dictator
la **dictadura**   dictatorship
el **diente**   tooth
la **dieta**   diet; **estar a dieta**   to be on a diet
la **diferencia**   difference
diferente   different
difícil   difficult, hard
la **dificultad**   difficulty
la **dignidad**   dignity
el **diminutivo**   diminutive; *adj.* tiny
dinámico   dynamic, energetic
el **dinero**   money; **dinero en efectivo**   cash; **¡Ni por todo el dinero del mundo!**   Not (even) for all the money in the world!
el **dios**   god; **si Dios quiere**   God willing
diplomático   diplomatic
el **diputado** (la **diputada**)   representative

la **dirección** address, direction; **dirección electrónica** e-mail address

directo direct

el **director** (la **directora**) conductor; director

dirigir to direct

la **disciplina** discipline

el **disco** record; disk; **disco compacto** compact disc; **disco duro** hard disk

la **discoteca** discotheque

discreto discreet

discriminar (a) to discriminate (against)

la **disculpa** excuse

disculpar to excuse, forgive; **disculparse** to apologize

el **discurso** speech

la **discusión** argument; discussion

discutir to discuss; to argue

diseñar to design, draw

el **diseño** design, drawing

disfrutar (de) to enjoy

disminuir to go down, decrease

la **disputa** fight, argument

la **distancia** distance; **llamada de larga distancia** long-distance call

distinguir to distinguish

distinto different, distinct, peculiar

la **diversidad** diversity

la **diversión** entertainment, diversion

diverso diverse, different; *pl.* several

divertido amusing, funny; amused

divertir (ie) to amuse, entertain; **divertirse** to have a good time

dividir to divide, separate, part; **dividirse en** to be divided into

divorciar to divorce; **divorciarse** to get a divorce

el **divorcio** divorce

doblar to double; to fold; to turn

el **doble** double; **aumentar el doble** to double

la **docena** dozen

el **doctor** (la **doctora**) doctor

el **doctorado** doctorate

documentar to document

el **documento** document

el **dólar** dollar

doler (ue) to hurt, ache; **Me duele la cabeza.** My head aches.

el **dolor** pain, ache; regret, sorrow

doméstico domestic; **animal doméstico** pet

dominador dominating

dominar to dominate, control, rule

el **domingo** Sunday

dominicano Dominican; of the Dominican Republic

el **dominio** domination

don, doña titles of respect or affection used before a first name

donde where

¿dónde? where?; **¿de dónde?** from where?

dondequiera wherever

dormido asleep

dormir (ue) to sleep; **dormirse** to fall asleep

el **dormitorio** bedroom

dramático dramatic

drástico drastic

la **droga** drug(s)

la **ducha** shower

la **duda** doubt

dudar to doubt

dudoso doubtful, dubious

el **dueño** (la **dueña**) owner, proprietor

el **dulce** sweet, piece of candy; *adj.* sweet; fresh

durante for; during; **¿durante cuánto tiempo?** for how long?

durar to last, take a long time

duro hard; difficult

E

e and (*replaces* **y** *before words beginning with* **i-** *or* **hi-**)

echar to throw (out); **echar una siesta** to take a nap

la **ecología** ecology

la **economía** economics; economy

económico economic

el, la **economista** economist

el **ecuador** equator

ecuatoriano Ecuadorian

la **edad** age; **la Edad Media** Middle Ages; **¿Qué edad tienes?** How old are you?; **tener... años de edad** to be... years old

el **edificio** building

editar to publish

la **educación** upbringing; education

educado brought up; educated; **bien educado** well brought up; **mal educado** badly brought up, rude, spoiled

educar to bring up; to educate

efectivo actual, real; **dinero en efectivo** cash

el **efecto** effect

eficaz efficacious, effective

eficiente efficient

el **egoísmo** selfishness

egoísta selfish

ejecutivo executive

el **ejemplo** example; **por ejemplo** for example

ejercer to exercise; **ejercer una profesión** to practice a profession

el **ejercicio** exercise; **hacer ejercicio** to exercise

el **ejército** army

el the; **el que** he who, the one who

él *subj. pron.* he; *obj. of prep.* him, it; **de él** (of) his

la **elección** election; choice

la **electricidad** electricity

eléctrico electric

la **elegancia** elegance

elegante elegant, stylish

elegir (i) to elect; to choose

elemental essential, basic

el **elemento** element

elevar to raise, elevate

eliminar to eliminate

ella *subj. pron.* she; *obj. of prep.* her, it; **de ella** her, (of) hers

ellos, ellas *subj. pron.* they; *obj. of prep.* them; **de ellos (ellas)** their, (of) theirs

emailear *coll.* to e-mail

embarazada pregnant

embargo: sin embargo however

la **emergencia** emergency

el, la **emigrante** emigrant

emigrar to emigrate

emocional emotional

emocionante exciting, moving

emotivo emotional

empeorarse to become worse

el **emperador** (la **emperadora**) emperor (empress)

empezar (ie) to begin, start, initiate

el **empleado** (la **empleada**) employee

el **empleador** (la **empleadora**) employer

emplear to use; to employ, hire

el **empleo** employment, job; **la agencia de empleos** employment agency; **dar empleo** to employ, hire

la **empresa** company, business; **administración de empresas** business administration

en in; into; at; on; **en bastardilla** in italics; **en busca (búsqueda) de** in search of; **en cambio** on the other hand, in contrast; **en casa** at home; **en caso (de) que** in case; **en cuanto** as soon as; **en cuanto a** as far as ... is concerned; **en la gloria** in seventh heaven; **en la luna** daydreaming; **en punto** on the dot; **en realidad** in reality; **en resumen** in summary; **en seguida** at once; **en serio** seriously; **en síntesis** in short; **en vez de** instead of; **en vivo** live (performance); **pensar en** to think about

enamorado (de) in love (with)

enamorarse (de) to fall in love (with)

encantador charming, enchanting

encantar to delight, enchant; **Encantado.** Delighted.; Glad to meet you.; **Me encanta(n)...** I love ...

encargarse de to be in charge of

encerrado closed in

la **enchilada** enchilada (a tortilla wrapped around meat or cheese and served with a rich sauce)

la **enciclopedia** encyclopedia

encima (de) above, on top (of)

encontrar (ue) to find, encounter; **encontrarse con** to meet, run across

la **encuesta** poll

enemigo hostile; *n.* enemy

la **energía** energy

enfermarse to become ill, get sick

la **enfermedad** illness

la **enfermería** nursing

el **enfermo** (la **enferma**) sick person; *adj.* sick, ill

el **enfoque** focus

enfrentar to confront

enfrente de in front of

engañar to deceive, trick, fool

el **engaño** deceit, cheating

engañoso tricky

el **enlace** link

enojado angry

enojar to anger; **enojarse** to become angry

enorme enormous

enriquecer (zc) to enrich; **enriquecerse** to be enriched; to get rich

la **ensalada** salad

el **ensayo** essay

la **enseñanza** teaching; education; instruction

enseñar to teach; to show

entender (ie) to understand; to hear

enterarse (de) (ie) to find out (about)

entero whole, entire

el **entierro** funeral, burial

entonces then; and so

la **entrada** entrance, entry; **el salón de entrada** lobby

entrado: entrado en años getting on in years

entrante: la semana entrante coming week

entrar to enter, go or come into; **entrar al chat** to go into a chatroom

entre between; among; **entre tanto** in the meantime

el **entremés** appetizer

entretener (ie) to entertain

el **entretenimiento** entertainment

la **entrevista** interview

entrevistar to interview

entusiasmado (con) excited, enthusiastic (about)

entusiasmarse por to be (get) enthusiastic about

el **entusiasmo** enthusiasm

el **envase (retornable)** (returnable) container

enviar to send

la **envidia** envy

la **epidemia** epidemic

el **episodio** episode

la **época** age, time

el **equipaje** luggage; equipment

el **equipo** team; equipment

la **equivalencia** equivalence

equivalente equivalent

equivocar to mistake, get wrong; **equivocarse** to be mistaken, be wrong; to make a mistake

la **escala** scale; stop

la **escalera** stairs; ladder

el **escándalo** scandal

escanear to scan

escaparse de to escape from, get out of

la **escena** scene, episode

el **escenario** stage, set

el **esclavo** (la **esclava**) slave

escoger to choose, select

escolar school

esconder to hide

escribir to write

escrito *p. part. of* **escribir** written

el **escritor** (la **escritora**) writer

el **escritorio** desk

la **escritura** writing

el **escuadrón** squad; **escuadrón de la muerte** death squad

escuchar to listen to

la **escuela** school; **escuela primaria** elementary school; **escuela secundaria** high school

el **escultor** (la **escultora**) sculptor

la **escultura** sculpture

ese, esa *adj.* that; **ése, ésa** *pron.* that (one)

el **esfuerzo** effort

la **esmeralda** emerald

eso *pron.* that; **a eso de** at around (time of day); **Eso es.** That's right.; **por eso** that's why, for that reason

esos, esas *adj.* those; **ésos, ésas** *pron.* those

el **espacio** space; **espacio en blanco** blank

la **espalda** back

espantoso frightening

español Spanish

especial special

la **especialidad** specialty; major

especializarse en to major in; to specialize in

especialmente especially

la **especie** species; type, kind

específico specific

el **espectáculo** show

el **espejo** mirror

la **esperanza** hope

esperar to wait for; to hope; to expect; **Es de esperar.** It's to be expected.; **¡No esperaba esto!** I didn't expect this!

el **espíritu** spirit, soul

espiritual spiritual

espléndido splendid

espontáneo spontaneous

la **esposa** wife

el **esposo** husband; *pl.* husband and wife

la **espuma** foam

el **esquí** ski

esquiar to ski

la **esquina** corner

estable stable

establecer (zc) to establish

la **estación** season; station

el **estadio** stadium

la **estadística** statistic(s)

el **estado** state, government status; **estado libre asociado** free associated state; **Estados Unidos** United States

estadounidense of or from the United States

la **estampilla** stamp

el **estante** shelf

estar to be; **¿Está bien que +** *subjunctive...?* Is it okay to ... ?; **estar cansado** to be tired; **estar de acuerdo con** to be in agreement with; **estar de buen (mal) humor** to be in a good (bad) mood; **estar de visita** to be visiting; **estar despierto** to be alert, awake; **estar en la luna** to be day dreaming

la **estatua** statue

este, esta *adj.* this; **éste, ésta** *pron.* this (one)

el **este** east

el **estereotipo** stereotype

el **estilo** style; **estilo de vida** lifestyle

estimado esteemed; dear

estimulante stimulating

estimular to stimulate

el **estímulo** stimulant

esto *pron.* this (one)

el **estómago** stomach

estrecho narrow, closed in; *n. m.* straits

el **estrés** stress (*Anglicism*)

estricto strict

la **estructura** structure

el, la **estudiante** student

estudiantil *adj.* student; **la residencia estudiantil** dorm

estudiar to study

el **estudio** study; survey

estupendo wonderful, great

eterno eternal

la **ética** ethics

la **etiqueta** label

étnico ethnic

el **euro** unit of money in Europe

europeo European

el **evento** event, happening

evidente evident, obvious

evitar to avoid, keep away from

evocar to evoke

exacto exact; **¡Exacto!** Right! Precisely!

exagerar to exaggerate

el **examen** examination, test; **fracasar en un examen** to fail an exam; **hacer (dar, pasar) un examen** to take an exam

examinar to examine

la **excelencia** excellence

excelente excellent

excepto except

exclamar to exclaim

exclusivamente exclusively

la **excusa** excuse

exigente demanding

exigir to demand

exiliarse to go into exile

existente existing

existir to exist, be

el **éxito** success; **tener éxito** to be successful

exitoso successful

exótico exotic

la **experiencia** experience

experimentar to experience

el **experto (la experta)** expert

la **explicación** explanation

explicar to explain

el **explorador (la exploradora)** explorer

explorar to explore

exponer to exhibit

la **exportación** exportation, export

exportar to export

la **exposición** exhibit

expresar(se) to express (oneself)

extender (ie) to extend

extenso extended

externo foreign; outer

el **extranjero (la extranjera)** foreigner; *adj.* foreign; **en el extranjero** abroad

extrañar to miss

extraño strange, odd

extraordinario extraordinary

extremo extreme

extrovertido extroverted

F

la **fábrica** factory

fabricar to manufacture

fácil easy, simple

la **facilidad** ease

la **facultad** school (of a university), department; faculty (capacity)

la **falda** skirt

fallar to fail

falso false

la **falta** lack

faltar to be lacking; **Me falta(n)...** I need ...; **¡No faltaba más!** That's all we need!

la **fama** fame

la **familia** family

familiar *adj.* family; *n.* family member

la **familiaridad** familiarity

famoso famous

la **fantasía** fantasy

fantástico fantastic, unreal

la **farmacia** pharmacy; pharmacology

fatal *coll.* horrible, awful

la **fatiga** fatigue

el **favor** favor; **por favor** please; **favor de...** please ...

favorito favorite

faxear to fax

la **fe** faith

febrero February

la **fecha** date

la **felicidad** happiness; *pl.* congratulations

las **felicitaciones** congratulations

feliz happy; **Feliz fin de semana.** Have a nice weekend.

femenino feminine

feminista feminist

fenicio Phoenician

fenomenal phenomenal, terrific

el **fenómeno** phenomenon

feo ugly

la **feria** fair

feroz ferocious; terrible

ficticio fictitious

la **fidelidad** loyalty

la **fiebre** fever

fiel faithful

la **fiesta** party; **día de fiesta** holiday; **hacer una fiesta** to have a party

figurar to figure; be present

fijar to affix; **fijarse (en)** to notice

fijo fixed, set

filosofar to philosophize

la **filosofía** philosophy

el **filósofo (la filósofa)** philosopher

el **fin** end; **a fin de cuentas** in the final analysis; **a fines de** at the end of; **al fin** finally; **al fin y al cabo** in the end (to make a long story short); **fin de semana** weekend; **poner fin a** to put an end to; **por fin** finally

el **final: al final (de)** at the end (of)

finalizar to finalize

finalmente finally

financiero financial

firmar to sign

firme firm; hard

la **física** physics

el **físico** (la **física**)   physicist; *adj.*
    physical
flamenco   pertaining to Gypsy music
el **flan**   dessert somewhat like a custard
la **flauta**   flute
la **flor**   flower
folklórico   folk (music), folkloric
el **fondo de pantalla**   screensaver
la **forma**   form; type; shape
la **formación**   education, training
la **formalidad**   formality
formar   to form, make
el **formulario**   form
el **foro de discusión**   chat or discussion
    group
fortalecer (zc)   to fortify, give strength
forzado   forcibly, by necessity
la **fotocopia**   photocopy
la **foto(grafía)**   photo(graph); photogra-
    phy; **sacar fotos**   to take pictures
el **fotógrafo** (la **fotógrafa**)   photogra-
    pher
fracasar (en)   to fail
francamente   frankly
francés   French
la **frase**   sentence, phrase
la **frecuencia: con frecuencia**   frequently
frecuente   frequent
frente a   opposite, facing
la **fresa**   strawberry
fresco   fresh; cool; **hace fresco**   the
    weather is cool
el **frijol**   bean
el **frío**   cold; **hace frío**   the weather is
    cold; **tener frío**   to be cold
frito   fried
la **frontera**   border; frontier
la **fruta**   fruit
el **fuego**   fire
la **fuente**   source; fountain
fuera (de)   outside (of)
fuerte   strong; loud; **plato fuerte**   main
    course
la **fuerza**   force, power
fulano   so-and-so
fumar   to smoke
funcionar   to function; **Esto no fun-
    ciona.**   This doesn't work (is out of
    order).
el **funcionario**   functionary
el **fundador** (la **fundadora**)   founder
fundar   to found, establish
furioso   furious
el **fútbol**   soccer; **fútbol americano**
    football
el **futuro**   future

G

el **galanteo**   courtship, wooing
la **galaxia**   galaxy
la **gallina**   hen, chicken
el **gallo**   rooster
el **galón**   gallon
el **ganador** (la **ganadora**)   winner
ganar   to earn; to win
las **ganas: tener ganas de** + *inf.*   to feel
    like (doing something)
la **garantía**   warranty
la **garganta**   throat
la **gasolina**   gasoline
gastar   to spend (money, for instance)
el **gasto**   expenditure, expense
la **gastronomía**   gastronomy
el **gato**   cat
generador   generative
general   general, usual; **por lo general**
    in general, generally
generalizar   to generalize
generar   to generate
el **género**   gender; genre
generoso   generous
genial   congenial; brilliant (having ge-
    nius)
el **genio**   genius
la **gente**   people
la **geografía**   geography
geográfico   geographic
el, la **gerente**   manager
el **gesto**   gesture, expression
el **gigante**   giant
el **gimnasio**   gym
la **gira**   tour
gitano   Gypsy
la **gloria: estar en la gloria**   to be in sev-
    enth heaven
gobernar (ie)   to govern
el **gobierno**   government
las **golosinas**   sweets
el **golpe**   blow, hit
gordo   fat
gozar (de)   to enjoy; **gozar de buena salud**
    to enjoy good health
la **gracia**   grace, charm; humor, quality
    of being funny or amusing; **hacerle
    gracia a uno**   to strike someone as
    funny; *pl.* thanks; **Día de Acción de
    Gracias**   Thanksgiving Day; **¡Gracias!**
    Thank you! Thanks!; **Gracias por lla-
    mar (venir).**   Thanks for calling
    (coming).
gracioso   funny, amusing
el **grado**   degree; grade

graduarse   to graduate
gráfico   graphic
la **gramática**   grammar
gran (*apocope of* **grande**)   great, large;
    gran parte   a large part
grande   big, large; great
el **grano**   grain, bean
gratis   free of charge
gratuito   free of charge
grave   grave, serious
griego   Greek
gritar   to shout
el **grupo**   group
guapo   good-looking
guaraní   Guaraní (Indian group of
    Paraguay)
guardar   to keep; to put away
guatemalteco   Guatemalan
güero   fair (complexion)
la **guerra**   war
el, la **guía**   guide; **la guía**   guidebook
el **guión**   script
la **guitarra**   guitar
gustar   to please, be pleasing to; **Me
    gusta(n)...**   I like ...; **Si gusta...**   If
    you like...
el **gusto**   pleasure; taste; **¡Cuánto gusto
    de verte!**   How nice to see you!; **El
    gusto es mío.**   The pleasure is mine.;
    Mucho (Tanto) gusto.   Pleased to
    meet you.; **No he tenido el gusto.**   I
    haven't had the pleasure.; **¡Qué gusto!**
    What a pleasure!; **Sobre gustos no hay
    nada escrito.**   To each his (her) own.

H

haber   to have (*auxiliary verb to form
    compound tenses*); to be (impersonal);
    haber de + *inf.*   to be supposed to, be
    expected to; **había**   there was (were);
    habrá   there will be; **hay**   there is
    (are); **hay que** + *inf.*   it is necessary to,
    one must (should); **No hay de qué.**
    You're welcome. Don't mention it.; **No
    hay pena.**   No need to be embar-
    rassed.; **¿Qué hay?**   What's up?;
    What's the matter?; **¿Qué hay de
    nuevo?**   What's new?
la **habilidad**   ability; skill
la **habitación**   room
el, la **habitante**   inhabitant
habitar   to inhabit, live
el **hábito**   habit
habituarse a   to get used to,
    accustomed to

el **habla: de habla hispana**   Spanish-speaking

hablador   talkative

hablar   to talk, speak; **hablando de todo un poco**   to change the subject; **¡Ni hablar!**   Don't even mention it!

hace (*with a verb in the past tense*)   ago; **hace dos años**   two years ago; **¿cuánto tiempo hace que...?**   how long has ... ?; **hace... que** + *present*   something has been going on for + *time period*

hacer   to make; to do; **hacer** + *inf.*   to have something done; **hacer buen (mal) tiempo**   to be good (bad) weather; **hacer calor (frío, sol, viento)**   to be hot (cold, sunny, windy); **hacer cola**   to stand in line; **hacer deportes**   to play sports; **hacer ejercicios**   to do exercises; **hacer una fiesta**   to have a party; **hacerle gracia a uno**   to strike someone as funny; **hacer mal a alguien**   to harm someone; **hacer un papel**   to play a role; **hacer una pregunta**   to ask a question; **hacer trampas**   to cheat; **hacer uso de**   to make use of; **hacer un viaje**   to take a trip; **hacerse** + *noun* (or *adj.*)   to become; **Eso no se hace.**   That's not allowed (done).

hacia   toward

hacía: hacía... que (+ *imperfect*)   something had been going on for + *time period*

hallar   to find

el **hambre**   *f.* hunger; **tener hambre**   to be hungry

la **hamburguesa**   hamburger

hasta   until; as far as; up to; even; **desde... hasta**   from ... to; **¡Hasta luego!**   See you later!; **hasta que** *conj.*   until

hecho   made; *m. n.* event; fact

el **helado**   ice cream

la **hembra**   female

el **hemisferio**   hemisphere

la **herencia**   heritage; inheritance

la **hermana**   sister

el **hermano**   brother; *pl.* brothers, brothers and sisters

hermoso   beautiful, handsome

el **héroe**   hero

la **heroína**   heroine

el **hidalgo** (la **hidalga**)   nobleman (noblewoman)

el **hielo**   ice

la **hierba**   herb; grass

el **hierro**   iron

la **hija**   daughter

el **hijo**   son; *pl.* children, sons and daughters

hipotético   hypothetical

hispánico   Hispanic

hispano   Hispanic

hispanoamericano   Hispanic American

la **historia**   story; history

el **historiador** (la **historiadora**)   historian

histórico   historic

el **hogar**   home; **sin hogar**   homeless

la **hoja**   leaf; sheet (of paper)

¡Hola!   Hello! Hi!

holandés   Dutch

el **hombre**   man; **¡Hombre!** *coll.*   Wow! Man! (*used as a form of address for women or men*)

el **hombro**   shoulder

homogéneo   homogeneous, similar

honesto   honest

honrar   to honor

la **hora**   hour; time; **durante una hora**   for an hour; **Es hora de...**   It's time to ...; **hora de partida**   time of departure; **No veo la hora** + *inf...*   I can't wait to...; **¿Qué hora es?**   What time is it?

el **horario**   schedule, timetable

la **hostería**   inn, hostel

el **hotel**   hotel; **hotel de lujo**   luxury hotel

la **hotelería**   hotel business or profession

hoy   today; **hoy (en) día**   these days, nowadays; **hoy mismo**   this very day

la **huelga**   strike; **hacer huelga**   to be on strike

la **huerta**   fruit or vegetable garden

el **hueso**   bone

el, la **huésped**   guest

el **huevo**   egg

huir   to flee

la **humanidad**   humanity

humanitario   humanitarian

humano   human

humilde   humble

el **humor**   humor; mood; **estar de buen (mal) humor**   to be in a good (bad) mood

humorístico   humorous

hundirse   to sink

el **huracán**   hurricane

¡Huy!   Ow!

I

ibérico   Iberian

el **ibero** (la **ibera**)   Iberian (Spanish or Portuguese)

iberoamericano   Iberian American

ida: de ida y vuelta   roundtrip

idealista   idealistic

la **identidad**   identity; **cédula de identidad**   ID (card)

identificarse (con)   to identify oneself (with)

ideográfico   ideographic, using symbols

la **ideología**   ideology

ideológico   ideological

el **idioma**   language

idiota   idiotic

la **iglesia**   church

ignorar   to ignore, not know

igual   the same; equal; **igual que**   the same as

la **igualdad**   equality

igualmente   equally; **Igualmente.**   Same to you.

ilegal   illegal

iluminar   to illuminate

ilustrar   to illustrate

la **imagen**   image, picture

imaginar   to imagine

imaginativo   imaginative

imitar   to imitate

impedir (i)   to impede, hinder

el **imperio**   empire

el **impermeable**   raincoat

impertinente   impertinent

implicar   to imply

imponer   to impose

la **importación**   importation, import

la **importancia**   importance; **dar importancia a**   to consider (something) important; **¿Qué importancia tiene?**   So what?

importante   important

importar   to matter, be important; **No importa.**   It doesn't matter.

imposible   impossible

impresionante   impressive

impresionar   to impress

impresionista   impressionist

impreso   printed

la **impresora**   printer

imprimir   to print

improvisar   to improvise

el **impuesto** tax
el **impulso** impulse
inaugurar to inaugurate, open
inca Inca; **Inca** *m.* supreme ruler of the Incas
incaico of the Incas
incitar to incite, encourage
incluir to include
incluso including; even
incómodo uncomfortable
incompleto incomplete
inconstante inconstant
la **incredulidad** disbelief
increíble incredible; **¡Qué increíble!** How amazing!
indeciso indecisive
indefinido indefinite
la **independencia** independence
independiente independent
independizarse to become independent, self-sufficient
indeseable undesirable
indicar to indicate; to note
el **indicativo** indicative
indígena native; indigenous
indio Indian
indirecto indirect
el **individuo** individual
indocumentado undocumented
la **industria** industry
industrializar to industrialize
inesperado unexpected
infeliz unhappy
el **infierno** hell
el **infinitivo** infinitive
la **influencia** influence
influir to influence
informarse to get information
la **informática** computer science
informativo informative
el **informe** report
la **ingeniería** engineering
el **ingeniero** (la **ingeniera**) engineer
ingenioso ingenious
Inglaterra England
inglés English
el **ingrediente** ingredient
los **ingresos** income
iniciar to initiate, strike up
inimaginable unimaginable
la **injusticia** injustice
injusto unfair; unjust
inmediato immediate
inmenso immense

el, la **inmigrante** immigrant
inmigrar to immigrate
la **inmunología** immunology
innovador innovative
innovar to innovate
inocente innocent
inolvidable unforgettable
insatisfecho dissatisfied
la **inseguridad** insecurity
insistir en to insist on
insolente insolent
el **insomnio** insomnia
insoportable unbearable
inspirar to inspire
el **instrumento** instrument
insultante insulting
insultar to insult
el **insulto** insult
intelectual intellectual
la **inteligencia** intelligence
inteligente intelligent
la **intensidad** intensity
intensivo intensive
intenso intense
la **interactividad** interactivity
intercambiar to exchange
el **interés** interest; **con gran interés en** greatly interested in
interesante interesting
interesar to interest; **interesarse** to be interested
internacional international
interno domestic
interpretar to interpret
interrogar to interrogate, question
interrumpir to interrupt
intervenir (ie) to intervene
íntimo intimate, close
intolerante intolerant
introducir (zc) to introduce
introvertido introverted
inútil useless
inundar to flood
invadir to invade
inventar to invent
el **invento** invention
el **invernadero** greenhouse
la **inversión** investment
invertir (ie) to invest
la **investigación** research; investigation
investigar to research
el **invierno** winter
el **invitado** (la **invitada**) guest
invitar to invite; to treat

la **inyección** injection
ir to go; **ir a** + *inf.* to be going to + *inf.*; **ir a pie** to go by foot; **ir de campamento** to go camping; **ir de compras** to go shopping; **ir de paseo** to go for a stroll; **ir en avión (tren, barco,** etc.**)** to go by plane (train, boat, etc.); **irse** to go (away), leave; **¡Qué va!, ¡Vaya!** Come on now!
irlandés Irish
la **ironía** irony
irónico ironic
irracional irrational
irresponsable irresponsible
la **irritabilidad** irritability
la **irrupción** eruption
la **isla** island
el **istmo** isthmus
italiano Italian
el **itinerario** schedule
izquierdo left; **a la izquierda** on (to) the left

J

el **jai alai** jai alai (game of Basque origin)
jamás never, (not) ever
el **jamón** ham
japonés Japanese
el **jardín** garden
la **jardinería** gardening
el **jardinero** (la **jardinera**) gardener
el **jaripeo** (*Mexico*) rodeo
el, la **jefe** (*also* la **jefa**) boss, leader
la **jícara** (*Mexico*) cup
el, la **joven** young person; *adj.* young
la **joyería** jewelry
judío Jewish
el **juego** (type of) game
el **jueves** Thursday
el, la **juez** judge
el **jugador** (la **jugadora**) player
jugar (ue) (a) to play (sports, games); to gamble
el **jugo** juice
el **juguete** toy
julio July
junio June
la **junta** junta; board, council; meeting
junto together, near
la **justicia** justice
justificar to justify
justo fair, just
la **juventud** youth

K

el **kilo(gramo)** kilo(gram)
el **kilómetro** kilometer

L

la the (*f. sing.*); *dir. obj.* her, it, you (**Ud.**); **la de** that of; **la que** the one that
laboral work
laboralmente in terms of work
el **lado** side; **al lado de** next to, next door to; **al otro lado** on the other side; **de al lado** next door; **del lado de** on the side of; **por todos lados** everywhere
el **ladrón** thief
el **lago** lake
lamentar to lament, be sad
el **lamento** lament
lanzar to throw
el **lápiz** pencil
largo long; **a lo largo de** along
las the (*f. pl*); *dir. obj.* them, you (**Uds.**); **las de** those of; **las que** the ones (those) that
la **lástima** pity; **¡Qué lástima!** What a pity!
lastimar to hurt, injure; **lastimarse** to hurt oneself
la **lata** tin (can); **¡Qué lata!** What a pain!
el **latín** Latin (language)
latino Latin; Latino
latinoamericano Latin American
lavar to wash; **lavarse las manos** to wash one's hands
le *indir. obj.* (to, for, from) him, her, it, you (**Ud.**)
la **lección** lesson
la **leche** milk
el **lector** (la **lectora**) reader
la **lectura** reading
leer to read
legalizar to legalize
el **legislador** (la **legisladora**) legislator, lawmaker
la **legumbre** vegetable, legume
lejos far; far away; **lo más lejos posible** as far away as possible
la **lengua** language; tongue; **lengua materna** native language
el **lenguaje** language, terminology
lento slow

les *indir. obj.* (to, for, from) them, you (**Uds.**)
la **letra** letter; lyrics; *pl.* letters; literature
el **letrero** sign (incorporating written information, such as a shop sign, billboard, poster), label
levantar to raise; to lift up; **levantarse** to get up; to stand up
la **ley** law
la **leyenda** legend
libanés Lebanese
liberado liberated
la **libertad** liberty; freedom
el **libertador** liberator
libertar to free; to liberate
la **libra** pound
libre free, at liberty; unoccupied, not in use; **al aire libre** in the open air
la **librería** bookstore
el **libro** book; **libro de consulta** reference book
el **liceo** high school
el **líder** leader
ligero light
limitar to limit
el **limón** lemon
la **limonada** lemonade
limpiar to clean (up)
limpio clean
lindo pretty
la **línea** line; **en línea** on line
el **lío** mess, confusion
el **líquido** liquid
la **lista** list
listo ready; clever; **estar listo** to be ready; **ser listo** to be clever; to be quick
literario literary
la **literatura** literature
el **litro** liter
la **llamada** call; **llamada de larga distancia** long-distance call
llamar to call; **llamar la atención** to get (one's) attention; **llamarse** to be called; **¿Cómo se llama Ud.?** What is your name?
la **llave** key; **cerrar con llave** to lock
la **llegada** arrival
llegar to arrive; **llegar a ser** to become; **llegar a tener fama** to become famous
llenar to fill, fill out
lleno (de) full; filled (with)

llevar to carry; to take; to wear; **llevar una vida feliz** to have a happy life; **llevarse bien** to get along well
llorar to cry
llover (ue) to rain
la **lluvia** rain
lo *dir. obj.* him, it, you (**Ud.**); the (*neuter*): **lo antes posible** as soon as possible; **lo cual** which; **lo máximo** *coll.* the greatest; **lo mejor** the best thing; **lo mismo** the same thing; **lo que** what, that which
loco mad; crazy; **estar loco por** to be crazy about; **volver loco** to drive (someone) crazy; **volverse loco** to go crazy
la **locura** craziness, madness; weakness
el **locutorio** (*Spain*) small Internet café that often has telephones or faxes, usually less expensive than a cibercafé
lógico logical, reasonable
lograr to achieve; to obtain; to manage to; to succeed in
la **longevidad** longevity
los the (*m. pl.*); *dir. obj.* them, you (**Uds.**); **los de** those of; **los que** the ones (those) that (who)
la **lotería** lottery
la **lucha** struggle, fight
luchar (por) to fight (for); to struggle
luego then; afterwards; **luego que** *conj.* as soon as
el **lugar** place; **fuera de lugar** out of place; **tener lugar** to take place
el **lujo** luxury; **el hotel de lujo** luxury hotel
la **luna** moon; **estar en la luna** to be daydreaming
el **lunes** Monday
la **luz** light; traffic light

M

el **machismo** attitude that considers men to be superior to women
machista (male) chauvinistic
el **macho** male
la **madera** wood
la **madre** mother
madrileño of Madrid
la **madrina** godmother
la **madrugada** early morning, dawn
madurar to mature
maduro ripe; mature
el **maestro** (la **maestra**) teacher; master

mágico magic, magical
magnífico magnificent
el **mago** magician; los (**Reyes**) **Magos** Three Kings, Wise Men
mailear to e-mail
el **maíz** corn, maize
mal *adv.* badly, poorly; **acabar mal** to have an unhappy ending; **mal educado** rude, spoiled
el **mal** evil; **Nunca hizo mal a nadie.** He never harmed anyone.
mal, malo *adj.* bad, naughty; **estar de mal humor** to be in a bad mood; **hace mal tiempo** the weather is bad; **¡Menos mal!** That's a relief! Just as well!
la **maleta** suitcase
malgastar to waste
mandar to order; to send; to command; **¿Mande?** *(Mexico)* Pardon?, Sorry?
el **mandato** order, command
la **mandioca** manioc
el **mando** command; authority
manejar to drive; to manage, handle, speak (a language)
la **manera** way; **de alguna manera** somehow; **de esta manera** in this way; **de ninguna manera** (in) no way; **¡De ninguna manera!** No way!; **¿De qué manera?** In what way? How?
el **mango** mango
la **manifestación** demonstration
manifestar (ie) to demonstrate, hold a rally
la **mano** hand; **darse la mano** to shake hands; **hecho a mano** handmade
la **manta** blanket
mantener (ie) to maintain; to support; to keep
la **mantequilla** butter
la **manzana** apple; *(Spain)* block
la **mañana** morning; *adv.* tomorrow; **de la mañana** A.M.; **por la mañana** in the morning
el **mapa** map
la **máquina** machine
el **mar** sea; ocean
el **maratón** marathon
maravilloso wonderful
la **marca** brand
marcado noticeable, obvious
marchar to go; **marcharse** to leave, depart
el **marido** husband

la **mariposa** butterfly
el **marisco** shellfish
marítimo maritime; **la costa marítima** seacoast
el **martes** Tuesday
marzo March
más *adv.* more; any more; most; *prep.* plus; **ahora más que nunca** now more than ever; **con más razón** all the more reason; **más adelante** farther on; **más bien** rather; **más de +** *number* more than... ; **más que** more than; **más o menos** more or less; okay; **más tarde** later; **más vale** it is better; **no tener más remedio** to have no other recourse; **¡Qué ciudad más bonita!** What a lovely city!; **¿Qué más da?** So what?
la **máscara** mask
la **mascota** pet
matar to kill
las **matemáticas** mathematics
el, la **matemático** mathematician
la **materia** subject, field of study
materno maternal; **lengua materna** native language
la **matrícula** registration; tuition
matricularse to register
el **matrimonio** married couple; matrimony; marriage
máximo: al máximo to the maximum; **lo máximo** *coll.* the greatest
maya Maya
mayo May
mayor greater; older; **el (la) mayor** the greatest; the oldest; **la mayor parte de** most of
la **mayoría** majority
me (to, for, from) me; myself
la **medalla** medal
la **medianoche** midnight
mediante by means of
las **medias** stockings
el **medicamento** medicine
la **medicina** medicine
el, la **médico** (*also* la **médica**) physician; *adj.* medical
la **medida** measure; measurement
medio half; middle; average; **la clase media** middle class; **la Edad Media** Middle Ages; **media mañana** in the late morning; **el medio ambiente** environment; **el Medio Oriente** Middle East

el **medio** medium; mean(s); **por medio de** by means of
el **mediodía** noon
mediterráneo *adj.* Mediterranean
mejor better; best; **lo mejor** the best part or thing
mejorar to improve; **mejorarse** to get better
la **memoria** memory; remembrance; *pl.* memoirs
mencionar to mention, tell
menor smaller; younger; smallest; youngest
menos less; least; except; **a menos que** unless; **al menos** at least; **más o menos** more or less; okay; **menos de** less than; **¡Menos mal!** That's a relief! Just as well!; **por lo menos** at least
el **mensaje** message; **mensaje de texto** text message
el **mensajero** (la **mensajera**) messenger
la **mente** mind
mentir (ie) to lie
la **mentira** lie
el **menudo** tripe soup
menudo: a menudo often
el **mercado** market
la **mercancía** merchandise
merecer (zc) to deserve
el **merenguero** (la **merenguera**) merengue musician
el **mes** month; **hace un mes** a month ago; **el mes pasado** last month; **por mes** monthly
la **mesa** table
el **mesero** (la **mesera**) waiter (waitress)
el **mestizaje** crossing of races
mestizo mestizo, Indian and European
la **meta** goal, aim
meter to put; to insert; **meter la pata** to put one's foot in one's mouth, blunder
el **método** method
el **metro** meter
mexicano Mexican
mexicano-americano Mexican-American
la **mezcla** mixture
mezclar(se) to mix
mi, mis my
mí *obj. of prep.* me; myself
el **miedo** fear; **tener (sentir) miedo** to be afraid
el **miembro** member

mientras (que)   while; **mientras tanto** in the meantime
el **miércoles**   Wednesday
mil   thousand; one thousand
el **milagro**   miracle
militar   military; *n.* soldier
la **milla**   mile
millón   million
el **millonario** (la **millonaria**)   millionaire
mínimo   minimal
el **ministro** (la **ministra**)   minister
la **minoría**   minority
minoritario   minority
el **minotauro**   minotaur (monster with the head of a bull)
el **minuto**   minute
mío(s), mía(s)   *adj.* my, (of) mine; **el mío (la mía, los míos, las mías)**   *pron.* mine; **¡Dios mío!**   My goodness!
mirar   to watch, look (at)
la **misa**   mass (religious)
miserable   poor; miserable
la **miseria**   extreme poverty; pittance
mismo   same; very; right; **ahora mismo** right now, immediately; **hoy mismo** this very day; **lo mismo**   the same (thing); myself, yourself, himself, herself, itself, ourselves, yourselves, themselves
el **misterio**   mystery
misterioso   mysterious
la **mitad**   half
el **mito**   myth
la **mitología**   mythology
la **mochila**   backpack
la **moda**   fashion
el **modelo**   model, style
moderado   moderate(d)
moderno   modern
modesto   modest
modificar   to change, modify
el **modismo**   idiom
el **modo**   style; way; mood (*grammar*); **de todos modos**   anyway; **¡Ni modo!**   No way!
el **mole**   spicy Mexican sauce
molestar   to bother, annoy; **¿En qué te molesta?**   What's wrong? How does it bother you?
la **molestia**   bother, trouble; **¡Qué molestia!**   What a pain!
molesto   upset
el **molino**   mill; **molino de viento** windmill
el **momento**   moment

la **monarquía**   monarchy
la **moneda**   coin
monetario   monetary
la **monja**   nun
el **monje**   monk
el **monólogo**   monologue
el **monstruo**   monster
el **montaje**   setting up
la **montaña**   mountain
montar a caballo   to ride horseback
montón: un montón de   a lot (*literally,* pile) of
morir (ue)   to die
moro   Moorish
el **mosaico**   mosaic
mostrar (ue)   to show
el **motivo**   reason; **por algún motivo** for some reason
la **motocicleta**   motorcycle
mover (ue)   to move
el **móvil**   mobile or cell phone
el **movimiento**   movement
la **moza** (*Spain*)   waitress
el **mozo** (*Spain*)   waiter
la **muchacha**   girl
el **muchacho**   boy; *pl.* children
mucho   *adj.* much; a lot; a great deal; very; *pl.* many; *adv.* very much; **muchas gracias**   thanks; **muchas veces**   many times, often; **Mucho gusto.** Nice to meet you.; **mucho tiempo**   a long time
mudarse   to move
el **mueble**   piece of furniture
la **muerte**   death
muerto   dead; deceased
la **muestra**   sign; sample
la **mujer**   woman
mulato   mulatto
mundial   *adj.* world; **Segunda Guerra Mundial**   Second World War
el **mundo**   world; **todo el mundo** everybody
la **muralla**   wall
el **músculo**   muscle
el **museo**   museum
la **música**   music
el, la **músico**   musician; *adj.* musical
mutuo   mutual
muy   very

N

nacer (zc)   to be born
el **nacimiento**   birth

la **nacionalidad**   nationality
nada   nothing; (not) anything; *adv.* not at all; **De nada.** You're welcome. Don't mention it.
nadar   to swim
nadie   nobody; no one; (not) anybody
la **naranja**   orange; **media naranja** (*coll.*) better half, significant other
el **narcotraficante**   drug dealer
la **nariz**   nose
narrar   to relate; narrate
la **natación**   swimming
natal   of birth, native
la **natalidad**   birth; **el control de la natalidad**   birth control
nativo   native
natural   natural; illegitimate
la **naturaleza**   nature
navegar (por)   to navigate; **navegar por la Red**   to surf the Web
la **Navidad**   Christmas, Nativity; *pl.* Christmas
navideño   Christmas
necesario   necessary
la **necesidad**   need; necessity
necesitar   to need
negar (ie)   to deny
negativo   negative
negociar   to negotiate, do business
el **negocio**   business
la **negrilla**   bold type
negro   black; *n.* black person
el **nervio**   nerve
nervioso   nervous
nevar (ie)   to snow
ni   nor; not even; **¡Ni a la fuerza!**   No way!; **¡Ni a palos!**   No way!; **¡Ni hablar!**   Don't even mention it!; **¡Ni loco(a)!**   No way!; **¡Ni modo!**   No way!; **ni... ni**   neither ... nor; **¡Ni por todo el dinero del mundo!**   Not (even) for all the money in the world!
la **niebla**   fog; **haber niebla**   to be foggy
la **nieta**   granddaughter
el **nieto**   grandson; *pl.* grandchildren
la **nieve**   snow
ningún, ninguno   not one; not any; none, no, neither (of them); **de ninguna manera**   by no means, (in) no way; **¡De ninguna manera!**   No way!
la **niña**   girl
la **niñez**   childhood
el **niño**   boy; *pl.* children; **de niño**   as a child

el nivel level; **nivel de vida** standard of living

no no; not; **¿no?** right?

la nobleza nobility, integrity

la noche night; evening; **buenas noches** good night, good evening; **de la noche** P.M.; **de noche** at night; **esta noche** tonight; **por la noche** at night; **toda la noche** all night

la Nochebuena Christmas Eve

la Nochevieja New Year's Eve

nocturno nocturnal, night

nombrar to name

el nombre name

la norma the standard

el norte north

norteamericano North American

nos (to, for, from) us, ourselves

nosotros, nosotras *subj. pron.* we; *obj. of prep.* us, ourselves

la nota note; grade; **sacar buenas (malas) notas** to get good (bad) grades

notar to note; to observe

la noticia news, notice; **mirar las noticias** to watch the news; **¡Qué buena noticia!** What good news!

el noticiero news program

la novedad (piece of) news

la novela novel; **novela de misterio** mystery

el, la novelista novelist

el novenario nine-day period of mourning

noveno ninth

la novia girlfriend; fiancée; bride

noviembre November

el novio boyfriend; fiancé; bridegroom

la nube cloud

nublado cloudy

nuestro *adj.* our, of ours; **el nuestro** *pron.* ours

nuevamente again

nuevo new; **de nuevo** again; **¿Qué hay de nuevo?** What's new?

la nuez (*pl.* **nueces**) nut

el número number; size (e.g., shoes)

numeroso numerous

nunca never, (not) ever

nutrir to nourish, feed

nutritivo nutritious

O

o or; **o... o** either ... or

obedecer (zc) to obey

el objeto object

obligar to obligate; to compel

obligatorio obligatory

la obra work

el obsequio gift

observar to observe

el observatorio observatory

obtener to obtain

obvio obvious; evident

la ocasión occasion

el océano ocean

ocupado busy; occupied

ocupar to occupy

ocurrir to occur, happen; to take place

odiar to hate

el oeste west

ofender (ie) to offend

ofensivo offensive

la oferta offer; **oferta de trabajo** job offer

oficial official

la oficina office, bureau

el oficio skill; trade

ofrecer (zc) to offer; to present

oír to hear; **¡Oiga!** word used to get someone's attention

Ojalá (que)... I wish (that) ..., I hope that ...; **¡Ojalá que nos veamos pronto!** I hope (that) we see each other soon!

el ojo eye; **¡Ojo!** Take notice!

la ola wave

oler (present: **huele**) to smell

olvidar(se) de to forget

la onda sound wave; **¿Qué onda(s)?** What's up?

la opción option; choice

opinar to give an opinion; to think or have an opinion

oponer(se) to oppose

la oportunidad opportunity

la oposición opposition

la opresión oppression

el optimismo optimism

el, la optimista optimist; *adj.* optimistic

opuesto opposite

la oración sentence; prayer

el orden order; sequence

la orden order, command

el ordenador *(Spain)* computer

la oreja ear

orgánico organic

organizar to organize

el orgullo pride

orgulloso proud

el oriente orient, east

el origen origin, source

originar to originate

la orilla edge; border; margin; **orilla del mar** seashore

el oro gold

la orquídea orchid

la ortografía spelling

la oruga caterpillar

os (to, for, from) you, yourselves

oscuro obscure; dark

el otoño autumn; fall

otro another; other; **en otras palabras** in other words; **otra vez** again

P

la paciencia patience

el, la paciente patient; *adj.* patient

pacífico peaceful

padecer (zc) to suffer

el padre father; *pl.* parents; **¡Qué padre!** *(Mexico)* Great! How terrific!

el padrino godfather; *pl.* godparents

la paella paella, Spanish dish of saffroned rice, usually with seafood or chicken

pagar to pay, pay for

la página page; **página personal** personal home page; **página principal** home or main page

el pago pay

el país country

el pájaro bird

el paisaje landscape

la palabra word; **en otras palabras** in other words

la palabrota swearword

el palacio palace

la palmera palm tree

el palo stick

el pan bread

la panadería bakery

panameño Panamanian

el panecillo roll (bread)

la pantalla screen

los pantalones pants, trousers

la papa potato

el papá dad, papa

el papel paper; role; **hacer (tener) un papel** to play a role

el paquete package

el par pair; couple

para for; for the purpose of; in order to; by (a certain time); toward, in the direction of; **estar para** to be about to, to be in the mood for; **para mí** as far as I'm concerned; **para que** so that; **¿para qué?** why?; **para siempre** forever

la **parada** stop

el **parador** government-operated hotel in Spain

el **paraguas** umbrella

paraguayo Paraguayan

el **paraíso** paradise

parar to stop

parecer (zc) to appear; to seem, look like; **¿Qué te parece?** What do you think (about it)?

la **pared** wall

la **pareja** couple; one person of a couple

el **paréntesis** parenthesis

el **pariente** (la **parienta**) relative

la **parodia** parody

el **parque** park

el **párrafo** paragraph

la **parranda** partying; **la noche de parranda** a night of partying

la **parte** part; place; **a todas partes** everywhere; **¿De parte de quién?** On whose behalf? Who is calling?; **en alguna parte** somewhere; **en algunas partes** in some places; **en otra parte** somewhere else; **en/por todas partes** everywhere; **la mayor parte de** most of; **por otra parte** on the other hand; **la tercera parte** one third

participar to participate

el, la **partícipe** participant

particular (a) special (to)

la **partida** departure; **la hora de partida** time of departure

el **partido** political party; game, match; **sacarle el máximo partido** to get the most out of

partir to part; to leave, depart

el **pasado** past; last; *adj.* past; **pasado mañana** the day after tomorrow; **el tiempo pasado** past tense, past

el **pasaje** passage; fare, ticket

el **pasajero** (la **pasajera**) passenger

el **pasaporte** passport

pasar to pass; to pass along; to spend (time); to happen; **pasarlo bien** to have a good time

la **Pascua** Passover; Easter

pasear to take a walk; to stroll

el **paseo** walk, stroll; drive, ride; **paseo a caballo** horseback ride; **dar un paseo** to take a walk, ride

pasivo passive

el **paso** step; pace; **dar un paso** to take a step

el **pastel** pastry; pie; cake

la **pata** foot, leg (of animal); **meter la pata** to put one's foot in one's mouth, blunder

la **patata** *(Spain)* potato

patinar to skate; **patinar sobre hielo** to ice skate

la **patria** homeland

el **patrimonio** inheritance

el **patrón** patron; protector; boss

la **paz** peace

el **pedazo** piece

el **pedido** request

pedir (i) to ask (someone to do something), ask for, request; to order (in a restaurant); **pedir prestado** to borrow

la **pelea** fight; quarrel

pelear to fight

la **película** film; movie; **de película** great, super

el **peligro** danger

peligroso dangerous

el **pelo** hair; **tomarle el pelo a uno** to put someone on, pull someone's leg

la **pena** punishment; penalty; sorrow; embarrassment; **No tenga(s) pena.** No need to be embarrassed.; **¡Qué pena!** What a shame!

el **pendiente** earring

el **pensamiento** thought; idea

pensar (ie) to think; to plan; **pensar en** to think about

la **pensión** room and board; **pensión completa** room with three meals a day included

peor worse; worst; **lo peor** the worst thing or part; **Tanto peor.** So much the worse.

pequeño small, little

percibir to perceive

perder (ie) to lose; to miss; **perder (el) tiempo** to waste time; **perderse** to get lost; **¡No se puede perder!** You can't miss it!

la **pérdida** loss

el **perdón** pardon; forgiveness; **Perdón.** Pardon.; I'm sorry.

perdonar to pardon; to forgive

la **pereza** laziness

perezoso lazy

perfecto perfect

el **periódico** newspaper

el, la **periodista** journalist

el **permiso** permission; **Con permiso.** Excuse me.

permitir to permit; to allow; **¿Me permite...?** May I...? Will you permit me to...?

pero but

el **perro** dog

perseguir (i) to pursue; to persecute; to follow

la **persona** person; **toda persona** everyone

el **personaje** character (in a film or literary work)

la **personalidad** personality

la **perspectiva** perspective

pertenecer (zc) a to belong to

peruano Peruvian

pesado heavy; tiresome, boring

pesar to weigh

pesar: a pesar de (que) in spite of (the fact that)

la **pesca** fishing

el **pescado** fish

pescar to fish

la **peseta** peseta (unit of money in Spain before the **euro**)

el, la **pesimista** pessimist

el **peso** weight; peso (unit of money); **bajar de peso** to lose weight

la **petición** petition; request

el **petróleo** oil; petroleum

petrolero *adj.* petroleum, oil

el **pez** fish

picante highly seasoned, hot

picar to mince; to nibble, snack

el **pie** foot; **con el pie izquierdo** with (on) the left foot, left foot first; **ir a pie** to walk; **ponerse de pie** to stand up; **tener... pies de altura** to be... feet tall (high)

la **piedra** rock, stone

la **piel** skin; fur

la **pierna** leg

la **pieza** room; part

la **pimienta** pepper

el **pingüino** penguin

pintar to paint

el **pintor** (la **pintora**) painter

pintoresco   picturesque
la **pintura**   painting
la **piña**   pineapple
la **piñata**   a decorated papier-mâché figure filled with candies, fruits, and gifts and hung high to be broken by a blindfolded person with a stick
piramidal   in the form of a pyramid
la **pirámide**   pyramid
el **pirata**   pirate
la **piscina**   swimming pool
el **piso**   floor, story
la **pistola**   pistol
la **pizarra**   blackboard
el **placer**   pleasure
plagiar   to plagiarize, copy
planear   to plan
el **planeta**   planet
el **plano**   (city) map
la **planta**   plant
plantar   to plant
plantear   to set, define (a problem)
el **plástico**   plastic
la **plata**   silver; money
el **plátano**   banana
la **platería**   silver work
la **plática**   chat
el **plato**   dish; plate; **plato fuerte**   main course
la **playa**   beach
la **plaza**   plaza, square; **plaza principal**   main square; **plaza de toros**   bullring
el **pluscuamperfecto**   past perfect (tense)
la **población**   population
poblano   native of Puebla (a central Mexican state)
pobre   poor; **¡Pobre de ti!**   Poor you!
la **pobreza**   poverty
poco   little (in amount); *pl.* few; *adv.* not very; **en poco tiempo**   in a short while; **poco después**   shortly afterwards; **un poco**   a little (bit)
poder (ue)   to be able, can; **Podría ser.**   Could be.; **Querer es poder.**   Where there's a will there's a way.
el **poder**   power; authority; **subir al poder**   to rise to power
poderoso   powerful
podrido   rotten
el **poema**   poem
la **poesía**   poetry
el, la **poeta**   poet

poético   poetic
el **policía**   policeman; *f.* policewoman; police force; police station
policíaco   police, detective
la **política**   politics; policy
el, la **político**   politician; *adj.* political; in-law
el **pollo**   chicken
el **polo**   pole; **polo norte (sur)**   North (South) Pole
poner   to put, place; **poner la mesa**   to set the table; **ponerse**   to put on (clothing); **ponerse de acuerdo**   to come to an agreement, agree; **ponerse + *adj.*** to become; **ponerse de pie**   to stand up
poquísimo (*superlative of* **poco**)   very little; *pl.* very few
por   for; because of, on account of; for the sake of; by; per; through; throughout; along; around; in place of; in exchange for; during; in; **darse por vencido**   to give up, surrender; **estar loco por**   to be crazy about; **estar por**   to be in favor of; **por algún motivo**   for some reason; **por ciento**   percent; **por completo**   completely; **por el contrario**   on the contrary, however; **por debajo de**   underneath; **por desgracia**   unfortunately; **por Dios**   for goodness sake; **por ejemplo**   for example; **por eso**   for that reason; **por favor**   please; **por fin**   finally; **por lo general**   generally; **por la mañana (tarde, noche)**   in the morning (afternoon, evening); **por medio de**   through, by means of; **por lo menos**   at least; **por otra parte**   on the other hand; **por primera vez**   for the first time; **¿por qué?**   why?; **por si acaso**   just in case; **por suerte**   luckily; **por supuesto**   of course; **por lo tanto**   therefore; **por temor que**   for fear that; **por todas partes (todos lados)**   everywhere; **por lo visto**   evidently
el **porcentaje**   percentage
pornográfico   pornographic
porque   because; **porqué** *n.*   reason
portarse   to behave
portátil   portable
porteño   of Buenos Aires
portugués   Portuguese
la **posibilidad**   possibility

posible   possible; **todo lo posible**   everything possible
la **posición**   position; status; stance
positivo   positive
postal: tarjeta postal   postcard
el **postre**   dessert
la **práctica**   practice
practicante   practicing
practicar   to practice; to perform
práctico   practical
el **precio**   price; **a precio más bajo**   at a lower price; **a precio reducido**   on sale; **precio fijo**   fixed price
precioso   precious
preciso   precise, exact; **es preciso que...**   It's necessary (essential) that ...
precolombino   pre-Columbian
precoz   precocious
predecir   to predict, foretell
predominar   to predominate
la **preferencia**   preference
preferible   preferable
preferido   favorite
preferir (ie)   to prefer
el **prefijo**   prefix
la **pregunta**   question; **hacer una pregunta**   to ask a question
preguntar   to ask; **preguntarse**   to wonder
el **prejuicio**   prejudice
el **premio**   prize
la **prensa**   press
la **preocupación**   worry
preocupar   to worry, concern, preoccupy; **preocuparse**   to worry, be concerned
preparar   to prepare
la **presencia**   presence
la **presentación**   presentation; introduction
presentar   to present; to introduce; **Déjeme presentarme.**   Allow me to introduce myself.
presente   present
preservar   to preserve
presidencial   presidential
el, la **presidente** (la **presidenta**)   president
la **presión**   pressure
el **préstamo**   loan
prestar   to lend; **pedir (tomar) prestado**   to borrow; **prestar atención**   to pay attention

el **prestigio** prestige

el **presupuesto** budget

la **pretensión** pretentiousness

el **pretérito** preterit

prevenir (ie) to prevent

primaria: escuela primaria elementary school

la **primavera** spring

primer, primero first; **lo primero** the first thing

el **primo** (la **prima**) cousin

principal main

principio: a principios de at the beginning of; **al principio** at the beginning

la **prioridad** priority

la **prisa** haste; **darse prisa** to hurry; **tener prisa** to be in a hurry

la **prisión** prison

el **prisionero** (la **prisionera**) prisoner; **hacer prisionero** to take prisoner

privado private

el **privilegio** privilege

pro pro, for; **en pro o en contra** for or against

la **probabilidad** probability

probable probable, likely; **Es probable que no.** That's probably not so; **Es probable que sí.** That's most likely true.

probablemente probably, in all likelihood; **Probablemente no.** Probably not.; **Probablemente sí.** Probably.

probar (ue) to try, taste; **probarse** to try on or out

el **problema** problem

el **proceso** process; trial

proclamar to proclaim

producir (zc) to produce

el **producto** product

el **profesor** (la **profesora**) teacher, instructor, professor

profundo deep, profound

el **programa** program; *pl.* software; **programa informático** computer program

programar to program

progresivo progressive

el **progreso** progress

prohibir to forbid, prohibit

prolongar to prolong

la **promesa** promise

prometer to promise

promocionar to promote

el **pronombre** pronoun

pronto soon; fast; **tan pronto como** as soon as

pronunciar to make (a speech); to pronounce

la **propiedad** property

la **propina** tip

propio own

propósito: a propósito by the way; **a propósito de...** regarding ..., talking about

la **prosa** prose

prosperar to prosper

la **prosperidad** prosperity

próspero prosperous

proteger to protect

la **protesta** protest

protestar to protest

el **prototipo** prototype

provecho: ¡Buen provecho! Enjoy your meal!

el **proverbio** proverb

la **provincia** province

provocar to provoke

próximo next, coming

proyectar to project

el **proyecto** project

prudente prudent, cautious

la **prueba** test, trial; proof

la **psicología** psychology

el **psicólogo** (la **psicóloga**) psychologist

psíquico psychic

publicar to publish

la **publicidad** publicity, advertising

el **público** public; **un público amplio** wide range of people; *adj.* public

el **pueblo** town; people

el **puente** bridge

el **puerco** pork

la **puerta** door

el **puerto** port

puertorriqueño Puerto Rican

pues well; because

puesto (*p. part. of* **poner**) put, positioned

el **puesto** job, position; stand

la **pulsera** bracelet

el **punto** point; **punto de vista** point of view

puntual punctual

puro pure; total; mere

Q

que *rel. pron.* that, which, who, whom; *adv.* than; **algo que hacer** something to do; **de lo que** than; **del (de la, de los, de las) que** than; **el (la, los, las) que** that, which, who, the one(s) that, he (she, those) who; **lo que** what, that which; *indirect command* may, let, have; **no más que** only

¿qué? what? which?; **¿para qué?** why? for what purpose?; **¿por qué?** why?; **¿Qué hay?** What's up? What's the matter?; **¿Qué hay de nuevo?** What's new?; **¿Qué importancia tiene?** So what?; **¿Qué más da?** So what?; **¿Qué onda?** *coll.* What's up?; **¿Qué tal?** How's it going?; **¿Qué tal el viaje?** How was the trip?; **¿Y qué?** So what?; **¡Qué...!** What (a) ...! How ...!; **¡Qué barbaridad!** Good grief! How awful!; **¡Qué buena noticia!** What good news!; **¡Qué ciudad más bonita!** What a lovely city!; **¡Qué gusto!** What a pleasure!; **¡Qué va!** Come on now!; **¡Qu'húbole!** (*coll. salutation*) Hi!

quebrar (ie) to break; **quebrarse la pierna** to break one's leg

quedar to remain, be left; to fit; to go with; **quedar grande (pequeño)** to be big (small); **quedarse** to stay, remain; to be left (in a state or condition)

el **quehacer** chore

la **queja** complaint

quejarse to complain

quemar to burn; **quemarse** to burn oneself

querer (ie) to want, wish; to love; **como quieras** as you like; **querer decir** to mean

querido dear; *m.* dear one

el **queso** cheese

quien, quienes who, whom; he (she, they) who, the one(s) who, those who

¿quién? ¿quiénes? who? whom?; **¿de quién?** whose?

la **química** chemistry

quinto fifth

quitar to take away; **quitarse** to take off

quizás perhaps, maybe

R

racional rational

racista racist

la **raíz** (*pl.* **raíces**) root

el **rancho** ranch

rápido quick, fast, rapid

raro rare, strange

el **Rastro**   flea market (in Madrid)
el **rato**   short time or while; **un buen rato**   quite a while; **un largo rato** (for) a long time; **los ratos libres**   free time
el **ratón**   mouse (computer)
la **raza**   race; **el Día de la Raza**   Columbus Day
la **razón**   reason; **con más razón**   all the more reason; **tener razón**   to be right
razonable   reasonable
reaccionar   to react
real   real, actual; royal
la **realidad**   reality; **en realidad**   actually, really, in reality
realista   realistic
realizar   to realize, bring about (a plan, project)
la **rebaja**   reduction
el, la **rebelde**   rebel; *adj.* rebellious
la **recepción**   hotel registration desk
el, la **recepcionista**   receptionist, desk clerk
la **receta**   recipe; prescription
recibir   to receive, get
el **recibo**   receipt
el **reciclaje**   recycling
reciente   recent
la **reciprocidad**   reciprocity, give and take
recitar   to recite
recoger   to gather, pick up
recogido   recovered, recaptured
la **recolección**   gathering
recomendar (ie)   to recommend
reconocer (zc)   to recognize
recordar (ue)   to remember
recorrer (**la Red**)   to go through, navigate (the Net)
el **recreo**   recreation
el **recuerdo**   memory; souvenir
el **recurso**   resource
la **Red**   Net (Internet)
reducido   reduced; **a precio reducido** on sale
reducir (zc)   to reduce
reemplazar   to replace
la **referencia**   reference
referirse (ie) a   to refer to; to relate to, concern
reflejar   to reflect
reflexionar   to reflect, ponder
reflexivo   reflexive
la **reforma**   reform

reformar   to reform
el **refrán**   proverb
el **refresco**   refreshment; drink
el **refugiado** (la **refugiada**)   refugee
regalar   to give as a gift
el **regalo**   gift, present
regatear   to bargain
el **regateo**   bargaining, haggling
el **régimen**   regime
regio (*Colombia*)   great, fantastic
registrarse   to log in
la **regla**   rule
regresar   to return, come back
regular   regular; all right
rehusar   to decline
la **reina**   queen
el **reino**   kingdom
reír (i)   to laugh; **reírse de**   to laugh at
la **relación**   relationship
relacionado con   related to
relacionar   to relate
relajar   to relax; **relajarse**   to relax, become relaxed
relatar   to tell
relativo   relative
releer   to reread
religioso   religious
relleno   stuffed
el **reloj**   watch
el **remedio**   remedy; recourse
renacer (zc)   to be reborn
renovable   renewable
renunciar   to give up
la **reparación**   repair
el **repaso**   review
repente: de repente   suddenly
repetir (i)   to repeat
el **reportaje**   report
reportar   to report
el **reportero** (la **reportera**)   reporter
el, la **representante**   representative
representar   to represent
el **reproductor**   player (music)
la **república**   republic
el **requisito**   requirement
la **res**   head of cattle; **carne de res**   beef
rescatar   to rescue
la **reserva**   preserve
reservar   to reserve
la **residencia**   residence; **residencia estudiantil**   dorm
el, la **residente**   resident
resolver (ue)   to solve
respectivamente   respectively

el **respecto**   respect, reference; **con respecto a**   with respect (regard) to
respetar   to respect
el **respeto**   respect, esteem
respetuoso   respectful
la **respiración: tubo de respiración** snorkle
respirar   to breathe
responder   to respond, answer
la **responsabilidad**   responsibility
responsable   responsible
la **respuesta**   answer
el **restaurante**   restaurant
el **resto**   rest, remainder
resuelto (*p. part of* **resolver**)   solved
el **resultado**   result
resultar   to result; to turn out
el **resumen**   summary; **en resumen**   in summary
resumir   to summarize
retirarse de   to retire from
el **retrato**   portrait, description
la **reunión**   meeting
reunir   to bring together, unite; **reunirse** to meet
reventar (ie)   to break, burst
el **reverso**   back, reverse
la **revista**   magazine
revolucionar   to revolutionize
revolucionario   revolutionary
revuelto   scrambled
el **rey**   king; *pl.* king and queen, kings
rezar   to pray
rico   rich; delicious
ridículo   ridiculous
la **rima**   rhyme
el **río**   river
la **riqueza**   wealth
la **risa**   laughter
rítmico   rhythmic
el **ritmo**   rhythm
robar   to rob, steal
rodear   to surround; **rodear el ganado** to round up cattle
el **rodeo**   rodeo
la **rodilla**   knee
rogar (ue)   to beg, plead, entreat; to request
rojo   red
romano   Roman
romántico   romantic
romper con   to break (up) with
la **ropa**   clothing; **ropa interior**   underwear
la **rosa**   rose

rosado rosé (wine)
roto broken
el **ruido** noise
la **ruina** ruin
la **rumba** rumba
ruso Russian
la **rutina** routine, daily grind

S

el **sábado** Saturday
saber to know; **saber** + *inf.* to know how to; *preterit* to find out; **¿Qué sé yo?** What do I know?
el **sabor** taste; flavor
sabroso delicious
sacar to take out; **sacar una A** to get an A; **sacar buenas (malas) notas** to get good (bad) grades; **sacar fotos** to take photos; **sacarle el máximo partido** to get the most out of
el **sacerdote** priest
el **sacrificio** sacrifice
sagrado holy
la **sal** salt
la **sala** living room; large room; **sala de clases** classroom; **sala de espera** waiting room
salado salty
el **salario** salary
la **salida** exit, way out; starting gate; **salida del sol** sunrise
salir to go out, leave (a place); to come out or up (as sun, moon, stars); **salir de** to go out of; **salir del sistema** to log off; **salir para...** to leave for...
el **salón** large room, salon; **salón de entrada** lobby; **salón de té** tea room
la **salsa** sauce; salsa music
el **salsero** (la **salsera**) salsa musician
saltar to jump
la **salud** health; **gozar de buena salud** to enjoy good health; **¡Salud!** Cheers!; Gesundheit!
saludar to greet, say hello
el **saludo** greeting, salutation; **¡Saludos a la familia!** Regards to the family!
la **salvación** rescue, salvation
el **salvapantallas** screensaver
salvar to save, rescue
san (*apocope of* **santo**) saint
la **sandalia** sandal
la **sangre** blood
sano healthy
la **santería** Afro-Caribbean religion

el **santo** (la **santa**) saint; **santo patrón** patron saint
la **sátira** satire
satirizar to satirize
satisfacer to satisfy
satisfecho satisfied
se *indir. obj.*(to, for, from) him, her, it, you (**Ud., Uds.**), them; *refl. pron.* (to, for, from) himself, herself, itself, yourself (**Ud.**), themselves, yourselves (**Uds.**), oneself; *recip. refl.* each other, one another
secar to dry
seco dry; unconcerned
el **secretario** (la **secretaria**) secretary
el **secreto** secret; *adj.* secret
secundario secondary; **escuela secundaria** high school
la **sed** thirst; **tener sed** to be thirsty
la **seda** silk
seducir to seduce
el **seductor** (la **seductora**) seducer
sefardí Sephardic
seguido in a row, consecutive; **en seguida** right away
seguir (i) to follow; to continue, keep on; **seguir adelante, seguir derecho** to proceed straight ahead; **seguir un curso** to take a course
según according to; depending on; **según dicen** as people say; **según su opinión** in your opinion
el **segundo** second; second one; *adj.* second
la **seguridad** security; certainty; **copia de seguridad** backup file
seguro sure, certain; secure, safe; *adv.* certainly, that's for sure
seleccionar to choose
el **sello** (*Spain*) stamp
la **selva** forest, jungle
la **semana** week; **el fin de semana** weekend; **la semana que viene** next week; **Semana Santa** Holy Week
semejante similar, such (a)
el **semestre** semester
la **semilla** seed
sencillo simple, plain; **el cuarto sencillo** single room
sensible sensitive
sentarse (ie) to sit down, be seated
el **sentido** sense; direction
el **sentimiento** feeling, sentiment
sentir (ie) to feel, sense; to be sorry (for); **¡Cuánto lo siento!** How sorry I

am!, I'm very sorry!; **sentir miedo** to be afraid; **sentir que** to be sorry that; **sentirse** to feel
la **señal** sign; signal; gesture
señalar to mark; to point out; to gesture
el **señor** (*abbr.* **Sr.**) man, gentleman; sir; mister; Mr.; **los señores** (*abbr.* **Sres.**) Mr. and Mrs.
la **señora** (*abbr.* **Sra.**) lady, wife; ma'am; Mrs.
señorial stately, majestic
la **señorita** (*abbr.* **Srta.**) young lady; miss; Miss
separar to separate; **separarse de** to be separated from
septiembre September
el **ser** being; **ser humano** human being
ser to be; **es que** that's because; **llegar a ser** to become; **ser de** to be made of; to be from; **ser de pago** to require tuition
la **serie** series
serio serious; **en serio** seriously
el **servicio** service
el **servidor** server (computer)
servir (i) (de) to serve (as); **servirse** to help oneself (to something); **¿En qué puedo servirles?** How can I help you?; **No sirve.** It's no good.; **¿Para qué sirven?** What are they good for?; **para servirle** at your service
el **sexo** sex
si if; whether; **como si** as if
sí yes; *reflex. pron.* himself, herself, etc. (*after prep.*)
el **SIDA** AIDS
siempre always
la **siesta** midday break, nap; **echar una siesta** to take a nap
el **siglo** century
el **significado** meaning
significar to mean, signify, indicate
significativo significant
siguiente following; **al día siguiente** on the following day
la **silla** chair
simbolizar to symbolize
el **símbolo** symbol
la **simpatía** empathy
simpático nice, congenial
sin with; **sin embargo** however, nevertheless; **sin hogar** homeless; **sin igual** unparalleled; **sin que** *conj.* without

sincero   sincere

el **sindicato**   labor union

sino   but, but rather; **sino que** + *clause* but rather

el **sinónimo**   synonym

la **síntesis**   synthesis; **en síntesis**   in short

el **síntoma**   symptom

sirio   Syrian

el **sistema**   system

el **sitio**   place, spot; site, location; **los sitios**   sights

situar   to situate

el **SMS** (*Spain*)   text message, *abbrev.* for short message system

sobre   about; over; on top of; **sobre todo**   especially

la **sobrevivencia**   survival

sobrevivir   to survive; to outlive

el **sobrino** (la **sobrina**)   nephew (niece)

la **sociabilidad**   sociability

el **socialismo**   socialism

socialista   socialist

socializado   socialized

la **sociedad**   society

el **socio** (la **socia**)   member

el **socorro**   help

sofisticado   sophisticated

el **sol**   sun; **al salir el sol**   when the sun rises; **haber sol**   to be sunny; **tomar sol**   to sunbathe

solamente   only

el, la **soldado**   soldier

la **soledad**   loneliness; isolation; solitude

soler (**ue**)   to do customarily

solicitar   to seek out, ask for

el, la **solista**   soloist

solitario   solitary; lone

solo   alone; lone; single

sólo   only; **no sólo... sino también**   not only ... but also

soltero   unmarried

solucionar   to solve

la **sombra**   shadow

el **sombrero**   hat; **Se quitan el sombrero.**   They take off their hats.

la **somnolencia**   drowsiness

el **son**   Cuban musical style, precursor of salsa

sonar (**ue**)   to ring

el **sondeo**   poll

el **sonido**   sound

sonreír   to smile

soñar (**ue**) (**con**)   to dream (about)

la **sopa**   soup

soportar   to put up with, stand; to support

sor (*before the name of a nun*)   sister

sorprendente   surprising

sorprender   to surprise

la **sorpresa**   surprise

sospechoso   suspicious

sostener   to support, maintain

su, sus   his, her, its, their, your (**Ud., Uds.**)

suave   soft; mild

la **subida**   ascent; rise

subir   to go up, climb; **subir a**   to get in or on; **subir al poder**   to rise to power

el **subjuntivo**   subjunctive

subrayado   underlined

suceder   to succeed, follow in order

sucesivo   successive

sucio   dirty

Sudamérica   South America

sudamericano   South American

el **sueldo**   salary

el **suelo**   floor

el **sueño**   dream; sleep; **¡Es un sueño!**   It's terrific (a dream)!; **tener sueño**   to be sleepy

la **suerte**   fortune, luck; **por suerte**   luckily; **¡Qué suerte!**   What luck!

el **suéter**   sweater

suficiente   sufficient, enough

el **sufrimiento**   suffering

sufrir (**de**)   to suffer (from)

la **sugerencia**   suggestion

sugerir (**ie**)   to suggest

el **suicidio**   suicide

el **sujeto**   subject

la **suma**   sum

superlativo   superlative

el **supermercado**   supermarket

la **superpoblación**   overpopulation

supersticioso   superstitious

suponer   to suppose, assume

supuesto   supposed; **por supuesto**   of course

sur   south; **América del Sur**   South America

sureste   southeast

suroeste   southwest

suspender   to suspend; to flunk

la **sustancia**   substance

el **sustantivo**   noun

la **sustitución**   substitution

suyo(s), suya(s)   *adj.* (of) his, her, of hers, your, of yours (**Ud., Uds.**),   their, of theirs; **el suyo** (**la suya, los suyos, las suyas**) *pron.* his, hers, yours (**Ud., Uds.**),   theirs

T

el **tabaco**   tobacco

el **taco**   taco, corn tortilla stuffed with cheese, beans, etc.

la **tagua**   kind of tropical nut

tal   such (a); **con tal (de) que**   provided that; **¿qué tal?**   How are things?; **¿Qué tal el viaje?**   How was the trip?; **tal como**   such as; **tal vez**   perhaps

la **tala**   felling, cutting (trees)

talar   to fell, cut (trees)

el **talento**   talent

talentoso   talented

la **talla**   size

el **tallado**   carving

tallar   to carve

el **tamal**   tamale

el **tamaño**   size

también   too, also

el **tambor**   drum

tampoco   neither, (not) either

tan   so, such; **tan... como**   as... as; **tan pronto como**   as soon as

tanto(a, os, as)   *adj. and pron.* so much (many), as much (many); *adv.* as (so) much; **mientras tanto**   in the meantime; **por lo tanto**   however; **tanto como**   as much (many) as; **Tanto gusto.**   Nice to meet you.; **¡Tanto mejor!**   So much the better!; **¡Tanto peor!**   So much the worse!

la **tapa** (*Spain*)   appetizer

la **tapería** (*Spain*)   small restaurant-bar that serves **tapas**   (appetizers)

tardar en + *inf.*   to take (+ *time period*) to

la **tarde**   afternoon or early evening; **Buenas tardes.**   (used from noon until sundown) Good afternoon.; Good evening.; **de la tarde**   P.M.; **por la tarde**   in the afternoon

tarde   *adv.* late

la **tarea**   homework; **tareas del hogar**   housework

la **tarifa**   rate

la **tarjeta**   card; **tarjeta de crédito**   credit card; **tarjeta postal**   postcard

la **tasa**   rate; **tasa de cambio**   exchange rate

el **tatuaje** tattoo

el, la **taxista** taxi driver

la **taza** cup

te *obj. pron.* to for from you, yourself (*fam.sing*)

el **té** tea

teatral theatrical

el **teatro** theater

la **técnica** technique

el **técnico** (la **técnica**) technician

la **tecnología** technology

tejer to knit

el **tejido** weaving, textile

la **tela** fabric

telefónico *adj.* telephone, of the telephone

el **teléfono** telephone; **número de teléfono** telephone number

el **televisor** television set

el **tema** theme, topic, subject; composition; **Cambiando de tema...** To change the subject ...

temer to fear

el **temor** fear

el **temperamento** temperament

la **temperatura** temperature

la **tempestad** tempest; storm

el **templo** temple

temporal temporary

temprano early

la **tendencia** tendency

tender (ie) (a) to tend (to)

el **tenedor** fork

tener (ie) to have; **Aquí tienes.** Here you are; **¿Qué edad tienes?** How old are you?; **¿Qué importancia tiene?** So what?; **tener alternativa** to have a choice; **tener... años** to be ... years old; **tener buena (mala) suerte** to have good (bad) luck; **tener calor** to be hot; **tener celos** to be jealous; **tener cuidado** to be careful; **tener la culpa** to be guilty; **tener derecho a** to have the right to; **tener dolor de cabeza (estómago)** to have a headache (stomachache); **tener éxito** to be successful; **tener frío** to be cold; **tener ganas de** + *inf.* to feel like (doing something); **tener gracia** to be funny; **tener hambre** to be hungry; **tener lugar** to take place; **tener miedo (de) que** to be afraid that; **tener pena** to be embarrassed; **tener prisa** to be in a hurry; **tener que** + *inf.* to have to (do something); **tener razón** to be right; **tener sed** to be

thirsty; **tener sueño** to be sleepy; **tener vergüenza** to be ashamed

el **tenis** tennis

el **tentempié** snack

la **teoría** theory

la **terapia física** physical therapy

tercer, tercero third

el **tercio** third

la **terminación** ending

terminar to end, finish

el **término** term

la **terminología** terminology

el **terremoto** earthquake

el **terreno** terrain; land; ground

el **terrorismo** terrorism

la **tertulia** regular meeting of people at a fixed place and time, often for conversation about literary or artistic issues

el **tesoro** treasure

el **texto** text; **libro de texto** textbook

ti *obj. of prep.* you, yourself (*fam. sing.*)

la **tía** aunt

el **tiempo** weather; time; tense (grammatical); **a tiempo** on time; **al mismo tiempo** at the same time; **¿Cuánto tiempo hace que... ?** How long ... ?; **en poco tiempo** in a short while; **en tiempos pasados** in times past; **hace buen (mal) tiempo** the weather is good (bad); **mucho tiempo** a long time, a great deal of time; **perder (el) tiempo** to waste time; **¿Qué tiempo hace?** What's the weather like?; **tiempo pasado** past tense, past; **tiempo completo (parcial)** full (part) time; **todo el tiempo** all the time

la **tienda** shop, store

la **tierra** land; earth, soil

tímido shy

la **tinta** ink

tinto red (wine)

el **tío** uncle; *pl.* aunt and uncle, uncles

típico typical

el **tipo** type, kind; guy

la **tira cómica** cartoon, comic strip

tirar to throw; to pull

la **tirolesa** zip line

el **título** title, degree

la **toalla** towel

tocar to touch; to play (a musical instrument); to knock

todavía still, yet

todo *adj.* all, entire, whole; complete; every; *m. n.* everything; **después de todo** in the end; after all;

por todas partes (todos lados) everywhere; **sobre todo** especially; **todo el día** all day; **todo el mundo** everyone; **toda persona** everyone; *pl.* all, every; *n.* everyone; **todos los días** every day

la **tolerancia** tolerance

tomar to take; to drink; **tomar asiento** to take a seat; **tomar una copa** to have a drink; **tomar una decisión** to make a decision; **tomar el desayuno** to have breakfast; **tomarle el pelo a uno** to pull someone's leg, put someone on; **tomar prestado** to borrow; **tomar sol** to sunbathe

el **tomate** tomato

el **tono** (ring)tone

la **tontería** foolishness; **¡Qué tonterías!** What nonsense!

tonto silly, foolish

el **torero** bullfighter

el **toro** bull; **la corrida de toros** bullfight; **la plaza de toros** bullring

la **torre** tower

la **tortilla** corn or wheat pancake or flat bread (*Mexico*); omelette (*Spain*)

la **tortuga** turtle

torturarse to torture oneself

total total, complete; **Total (que)...** So ...

la **totalidad** totality; whole

el **trabajador** (la **trabajadora**) worker; *adj.* hard-working

trabajar to work; **¡A trabajar!** Get to work!

el **trabajo** work, job; **cambiar de trabajo** to change jobs; **el Día del Trabajo** Labor Day; **la oferta de trabajo** job offer

la **traducción** translation

traducir (zc) to translate

el **traductor** (la **traductora**) translator

traer to bring; to carry

el, la **traficante** trafficker

el **tráfico** traffic

trágico tragic

el **traje** costume; suit; outfit; **traje de baño** bathing suit

trampas: hacer trampas to cheat

tranquilamente quietly, peacefully

la **tranquilidad** tranquility

tranquilo quiet

transformarse en to transform, change into

transmitir to transmit

transportar to transport

el **transporte**   transportation

el **trapo**   rag

tratar   to treat; **tratar de**   to try to, attempt to; to deal with, be concerned with

través: a través de   across, through

tremendo   tremendous

el **tren**   train; **en tren**   by train

el **trimestre**   quarter (of the academic year)

triste   sad

la **tristeza**   sadness

el **triunfador** (la **triunfadora**)   winner

triunfar   to triumph, win, succeed

el **triunfo**   triumph, victory

el **trombón**   trombone

la **trompeta**   trumpet

tropezar (ie)   to stumble; **tropezar con** to bump into

tu, tus   your (*fam. sing.*)

tú   you (*fam. sing.*)

el **tubo**   tube; **tubo de respiración** snorkle

la **tumba**   tomb

el **turismo**   tourism

el, la **turista**   tourist

turístico   *adj.* tourist

tuyo(s), tuya(s)   *adj.* your, of yours; **el tuyo (la tuya, los tuyos, las tuyas)** *pron.* yours (*fam. sing.*)

U

u   or (*used instead of* **o** *before a word beginning with* **o-** *or* **ho-**)

ubicado   located

Ud., Uds.   *abbr. for* **usted, ustedes**

último   last; most recent; latest

único   unique; only

la **unidad**   unit

unido   united; close; **Estados Unidos** United States

unir   to unite

la **universidad**   university, college

universitario   *adj.* university, college

el **universo**   universe

uno (un), una   one; a, an

unos, unas   some; a few; several; **unos +** *a number*   about; **unos con otros** with each other

urbano   urban

urgente   urgent

uruguayo   Uruguayan

usar   to use; to wear

el **uso**   use; **hace uso**   makes use

usted (*abbr.* **Ud., Vd.**)   you (*formal*); *pl.* **ustedes** (*abbr.* **Uds., Vds.**)   you (*fam. + formal*)

usualmente   usually

el **usuario** (la **usuaria**)   user

útil   useful

la **utilidad**   usefulness, utility

utilizar   to use

la **uva**   grape

V

la **vaca**   cow; **la carne de vaca**   beef

las **vacaciones**   vacation(s); **estar de vacaciones**   to be on vacation

la **vacilación**   hesitation

vacío   empty

la **valentía**   courage

valer   to be worth; **más vale**   it is better

válido   valid, true

valiente   brave, valiant

la **valija**   suitcase

valioso   valuable

el **valle**   valley

el **valor**   value; courage

valorar   to value

el **vals**   waltz

variado   varied

variar   to vary; **variar según**   to vary with or according to

la **variedad**   variety

varios   several; various

vasco   Basque

el **vaso**   glass

¡Vaya!   Come on now!; **¡Que le vaya bien!**   May all go well with you!

el **vecindario**   neighborhood

el **vecino** (la **vecina**)   neighbor

vegetar   to vegetate, sit idle

el **vegetariano** (la **vegetariana**) vegetarian

el **vehículo**   vehicle

la **vejez**   old age

la **vela**   candle; sail(boat)

la **velocidad**   speed

el **velorio**   wake, vigil

vencer (z)   to overcome, triumph, conquer; **darse por vencido**   to give up, surrender

el **vendedor** (la **vendedora**)   seller, trader, salesperson

vender   to sell

venezolano   Venezuelan

venir   to come; **el año que viene**   next year; **Ven acá.**   Come here.

la **venta**   sale; **a la venta**   for sale; **en venta**   for sale

la **ventaja**   advantage

la **ventana**   window

ver   to see; **A ver.**   Let's see; **Bueno, nos vemos.**   Well, see you.; **No veo la hora...**   I can't wait ...; **Ojalá que nos veamos pronto.**   I hope we see each other soon.; **¡Qué alegría verte!**   How nice to see you!; **Te veo pronto.**   See you soon.; **tener algo que ver con**   to have something to do with

el **verano**   summer

veras: ¿de veras?   really?

el **verbo**   verb

la **verdad**   truth; **en verdad**   in fact; **¿verdad?**   right?, isn't that so?

verdadero   true, real

verde   green; unripe

la **verdura**   vegetable

la **vergüenza**   shame; **tener vergüenza** to be ashamed

verificar   to verify

el **verso**   verse

el **vestido**   dress; **estar vestido de**   to be dressed as

vestir (i)   to dress; **vestirse**   to get dressed

la **vez** (*pl.* **veces**)   time, instance, occasion; **a la vez**   at the same time; **a veces** sometimes; **alguna vez**   ever, at some time; **algunas veces**   sometimes; **de vez en cuando**   from time to time; **en vez de**   instead of; **muchas veces**   often, many times; **otra vez**   again, once more; **otra vez más**   one more time; **por primera vez**   for the first time; **tal vez**   perhaps, maybe; **una vez**   once

viajar   to travel; **viajar en primera clase** to travel first class

el **viaje**   trip; **agente de viajes**   travel agent; **¡Buen viaje!**   Have a good trip!; **hacer un viaje**   to take a trip

el **viajero** (la **viajera**)   traveler; **el cheque de viajero**   traveler's check

la **víctima**   victim

la **vida**   life; **el costo de vida**   the cost of living; **gozar de la vida**   to enjoy life; **llevar una vida feliz**   to have a happy life; **el nivel de vida**   standard of living; **la vida familiar**   family life; **la vida nocturna**   night life

el **video** (*also,* **vídeo**)   videotape

el **videojuego**   videogame

el **vidrio**   glass

viejo old, elderly; *n.* old person

el **viento** wind; **hacer viento** to be windy

el **viernes** Friday; **Viernes Santo** Good Friday

el **vinagre** vinegar

el **vino** wine

la **violencia** violence

violento violent

la **virtud** virtue

la **visita** visit; **estar de visita** to be visiting

el, la **visitante** visitor

visitar to visit

la **vista** view; eyesight; **punto de vista** point of view

visualizar to visualize

la **vitalidad** vitality

el **viudo** (la **viuda**) widower (widow)

¡**Viva...!** Hooray for ... !, Long live ... !

la **vivienda** housing

vivir (de) to live (from)

vivo alive; bright

el **vocabulario** vocabulary

volar (ue) to fly, be in flight

el **volcán** volcano

el **vólibol** volleyball

el **voluntario** (la **voluntaria**) volunteer

volver (ue) to return; **volver a** + *inf.* to do something again; **volverse loco** to go crazy

vosotros (vosotras) *subj. pron.* you (*fam. pl.*); *obj. of prep.* you, yourselves

votar (por, contra) to vote (for, against)

el **voto** vote

la **voz** (*pl.* **voces**) voice; **en voz alta** out loud

el **vuelo** flight

la **vuelta** change (money); trip; **de ida y vuelta** roundtrip

vuelto (*p. part. of* **volver**) returned

vuestro *adj.* your; **el vuestro** *pron.* your, (of) yours (*fam. pl.*)

Y

y and; ¿**Y qué?** So what?

ya already; now; **ya no** no longer; ¡**Ya lo creo!** I believe it!

yo (*subj. pron.*) I

Z

la **zanahoria** carrot

la **zapatería** shoe store

el **zapato** shoe

la **zona** zone

el **zorro** fox

Index

Credits

Realia and Literary

p. 8: José San Martín Escobar. Cartoon, *¿Qué le gustaría que le regalaran en su cumpleaños?*

p. 32: Maitena Burundarena. Cartoon, *¿Parará papá?* used by permission of the artist. Argentina.

p. 42: Nuria Pompeia. Cartoon, *"… y se casaron y fueron felices",* used by permission of the artist, España.

p. 47: Elizabeth Subercaseaux. Cartoon, *"Ayer"* and *"Hoy"* as seen in **Vanidades,** 24 May 1994.

p. 48: Maitena Burundarena. Cartoon, *¿Quién dijo que todo tiempo pasado fué mejor?,* used by permission of the artist. Argentina.

p. 52: Pablo San José. Cartoon, *¿Qué juventud…!,* used by permission of the artist, España.

p. 84: Santiago Cohen. Drawing of globe with money circulating around it, used by permission of the artist.

p.104: Abelardo Sánchez León. Cartoon, *Autopercepción del ama de casa* from "Perfil del ama de casa limeña" from **Debate,** (marzo – mayo) 1993. Perú.

p. 106: Nuria Pompeia. Cartoon, *"Valentín mi amor….,"* used by permission of the artist, Spain.

p. 121: Ad, Universidad Mayor de San Marcos, public domain, Perú.

p. 129: Enrique Ventura y Tony Coromina. Cartoon, *"Es intolerable que le dejen entrar con un pañuelo tan estrambótico,"* used by permission of the artists. Spain.

p. 137: Ad, *International House,* Spain.

p. 139: Forges. Cartoon, *"Maravillas de la técnica,"* used by permission of the artist.

p. 159: Ad, *Cruceros Torre del Oro.*

p. 165: Ad, *Aventura Tropical.*

p. 169: Maitena Burundarena. Cartoon, *"¡Vacaciones…!,"* used by permission of the artist.

p. 172: Ad, *Hotel Paris.*

p. 175: Ad, Government of Argentina, *Secretaría de Turismo,* Argentina.

p. 175: *Map of Argentina,* Government of Argentina, Argentina.

p. 182: Ad, *"De la siguiente relación...?,"* Debate, Perú.

p. 186: Ad, *Palacio Andaluz,* Public domain, Spain.

p. 189: Jimmy Scott. Cartoon, *"Me encanta el pulpo",* used by permission of the artist, Chile.

p. 191: Roberto Fontanarrosa. Cartoon, *"Me gusta el cine….",* used by permission of the artist, Argentina.

p. 192: Maitena Burundarena. Cartoon, *"Es que después de los cuarenta….,"* used by permission of the artist, Argentina.

p. 194: Albert Monteys. Cartoon, *Chico en el Club Tunait,* used by permission of the artist.

p. 201: Ad, *Casa Marita,* Spain.

p. 201: Ad, *Cantina Mariachi,* Spain.

p. 201: Ad, *La Vaca,* Spain.

p. 201: Ad, *Aroma de las Indias,* Spain.

p. 201: Ad, *Bar Zeruko,* Spain.

p. 201: Ad, *Bar Restaurante El Aurrera,* Spain.

p. 201: Ad, *Salon Italiano,* Spain.

p. 213: Cartoon, *"Y así hijito..."* used by permission of **Mujer y Sociedad,** Perú.

p. 216: Oscar Sierra Quintero, OKI. Cartoon, *"Acuérdese capitán…"* used by permission of the artist, Costa Rica.

p. 223: Maitena Burundarena. Cartoon *"Seis buenas razones para detestar las fiestas,"* used by permission of the artist, Argentina.

p. 243: Graphic of environmental problems. **Debate,** Lima Perú.

p. 244: Ad, Xcaret ad. Cancún, México.

p. 244: Ad, Xcaret ad. Cancún, México.

p 245: Ad, *"El mundo está de cabeza"* from **Eres,** México D.F., México.

p. 246: Maitena Burundarena. Cartoon, *"Sabés que tenés razón….",* used by permission of the artist, Argentina.

p. 248: Cartoon, *Man suffering from insomnia,* from **Más,** Miami, Fl.

p. 254: Díaz. Cartoon, *"Si hubiera moderado mi apetito…"* used by permission of María Rosa vda. de Díaz, Costa Rica.

p. 254: Díaz. Cartoon of a *Man blowing up tree at deforested campsite,* used by permission of María Rosa vda. de Díaz, Costa Rica.

p. 255: Map of Reserva de la Biosfera del Manu *"Paraíso Peruano",* from **Diario El País,** February 6 1998, Spain.

p. 258: Ad for *El Sitio,* The Claxton Company, Miami Beach, Fl.

p. 262: Ad, *"Sabes que hay detrás de la platería hecha en México,"* Secretaría de Economía de México, México.

p 262: Ad *Expresión de libertad Jeep,* Daimler-Chrysler Corporation.

p. 269: Díaz. Cartoon *"Algo me dice que nuestro presidente no nos trae muy buenas noticias,"* used by permission of María Rosa vda. de Díaz, Costa Rica.

p. 288: OKI, Oscar Sierra Quintero. Cartoon *"Ese control no es para el televisor papá…¡Es la llave del automóvil!,"* used by permission of the artist, Costa Rica.

p. 289: Norma Vidal. Cartoon, *Man and woman on internet,* used by permission of the artist. Canada.

p. 293: Forges. Cartoon, *"Como consejero delegado…"* used by permission of the artist, Spain.

p. 295: Maitena Burundarena. Cartoon, *"Prueba de amor,"* used by permission of the artist, Argentina.

p. 296: Juan Ballesta. Cartoon, *Camilo.*

p. 303: Maitena Burundarena. Cartoon, *"Pero cuando no habia celulares….,"* used by permission of the artist, Argentina.

p. 315: Chart, *Tabla de tiempos* from **Muy Interesante**, Spain.

p. 318: QUICO, Luis Martín Zabala. Cartoon, *"¡Cuidado! Carlos no plagia....,"* used by permission of the artist, Spain.

Photo

p. 2: ©Fabrik Studios/Index Stock Imagery

p. 3 top: ©David Mercado/Reuters/Landov

p. 3 bottom: ©Iván Franco/EPA/Landov

p. 4: ©Imapress/The Image Works

p. 23: ©Rich Pilling/MLB Photos via Getty Images

p. 31: ©The Thomson Corporation/Heinle

p. 32: ©Bob Daemmrich/The Image Works

p. 33: ©William Floyd Holdman/Index Stock Imagery

p. 44: *The Wake* by the Aguilar Family, ©The Girard Collection. Photo by Michel Monteaux, The Museum of International Folk Art (A Unit of the Museum of New Mexico, Santa Fe)

p. 51: Provided by Teresa Faith, author

p. 55: ©Rufus F. Folkks/CORBIS

p. 61: ©The Thomson Corporation/Heinle

p. 62: ©Kelly-Mooney Photography/CORBIS

p. 63 top: ©Gustavo Cuevas/EPA/Corbis

p. 63 bottom: ©Bob Hsiang

p. 64: ©David Bergman/CORBIS

p. 65: ©Rufus F. Folkks/CORBIS

p. 68, 69, 78: Provided by authors

p. 91: ©The Thomson Corporation/Heinle

p. 92: ©eStock Photo/Alamy

p. 93: ©The Thomson Corporation/Heinle Image Resource Bank

p. 94: ©Frank Rumpenhorst/DPA/Landov

p. 117: ©The Thomson Corporation/Heinle

p. 118: ©Pedro Coll/agefotostock

p. 145: ©The Thomson Corporation/Heinle

p. 146: ©Hoa Qui/Index Stock Imagery

p. 147 top: ©Stephen Frink/Index Stock Imagery

p. 147 bottom: ©2006 Ulrike Welsch

p. 148 left: ©Inga Spence/Index Stock Imagery

p. 148 right: ©AP Photo/Martin Mejia

p. 151 top: ©Jeremy Horner/CORBIS

p. 151 bottom: ©Sean Hunter/Alamy

p. 152: ©Dave G. Houser/Post-Houserstock/Corbis

p. 153: ©Garry Adams/Index Stock Imagery

p. 177: ©The Thomson Corporation/Heinle

p. 178: ©AP Photo/Jose Goitia

p. 179 top: ©Peter Maiden

p. 179 bottom: ©AFP/Getty Images

p. 180 top: ©AP Photo/Andres Leighton

p. 180 bottom: ©George Haling/Stone/Getty Images

p. 186: Advertisement for *El Palacio Andaluz*, Seville, Spain

p. 201 top left: Advertisement for *Casa Marita*, Donostia-San Sebastian

p. 201 top center: Advertisement for *Cantina Mariachi*, Donostia

p. 201 top right: Advertisement for *La Vaca*

p. 201 bottom left: Advertisement for *Aroma de las Indias*

p. 201 bottom center left: Advertisement for *Bar Zeruko*, San Sebastian

p. 201 bottom center right: Advertisement for Bar-Restaurante *El Aurrera*, San Sebastian

p. 201 bottom right: Advertisement for *Salon Italiano*, San Sebastian

p. 205: ©The Thomson Corporation/Heinle

p. 206: ©Nessi/age footstock

p. 207 top: ©Bill Gentile/CORBIS

p. 207 bottom: ©Suzanne Murphy-Larronde/DDB Stock Photography

p. 208: *La imposibilidad del café a media mañana*, (Acrylic on paper), 30" × 22", by Elizabeth Gómez-Freer. 2001 Collection of Lydia Itoi.

p. 222: ©Mariangeles Sanchez/ASA/Aurora

p. 231: ©The Thomson Corporation/Heinle

p. 232: ©Stuart Westmorland/Stone/Getty Images

p. 233 top and bottom: ©Haroldo Castro

p. 234: ©Robert Frerck/Odyssey/Chicago

p. 238: Illustration of world "¡Cuídalo! Solo hay uno", from *Ragazza*, September 1993, Madrid, Spain.

p. 239: ©AP Photo/Kent Gilbert

p. 244: *Xcaret México Espectacular Mapa* brochure.

p. 245: Advertisement "El mundo está de cabeza", from *Eres**, México, D.F., México.

p. 255: Map of Reserva De La Biosfera Del Manu (Peru) Credit: Alta Press. Source: *Diario El País*, 6 February 1998, Madrid, Spain.

p. 257: ©The Thomson Corporation/Heinle

p. 258: Advertisement for *Cupido.net*, El Sitio, The Claxon Company, Miami Beach, Florida.

p. 262 top: Courtesy of Secretaría de Economía de México

p. 262 bottom left: Conill for ©Toyota Motor Sales; Illustration by Mark Thomas/Bernstein & Andriulli

p. 262 bottom right: ©2005 American Family Insurance; Photo: ©Chuck Savage/Corbis

p. 283: ©The Thomson Corporation/Heinle

p. 284: ©age fotostock/SuperStock

p. 285 top: Mendoza Dillon for ©Cingular Wireless; Photo by Lew Robertson

p. 285 bottom: ©María Asensi–Barcelona

p. 305: ©The Thomson Corporation/Heinle

p. 306: *The Grapefruit Seller, 1958*. Tamayo, Rufino. ©Museo Tamayo Arte Contemporaneo; Photo: ©Art Resource, NY

p. 307 top: ©Pierre-Philippe Marcou/AFP/Getty Images

p. 307 bottom left: ©Macduff Everton/CORBIS

p. 307 bottom right: ©Jan Butchofsky-Houser/CORBIS

p. 308 top: ©Roger Antrobus/CORBIS

p. 308 bottom: ©Donna Coveney/MIT

p. 309 top: ©El Deseo/Renn/France 2/The Kobal Collection

p. 309 bottom: Courtesy of Gloria Achucarro

p. 315: Illustration and photo from *Muy interesante*, año XVI, número 7, pp. 68–72.

p. 327: ©The Thomson Corporation/Heinle

p. 320: Nuria Pompeia. Cartoon, *"Siempre metida en casa…"* used by permission of the artist, Spain.